北京高等教育精品教材

BEIJING GAODENG JIAOYU JINGPIN JIAOCAI

新编21世纪社会学系列教材

法社会学教程

第三版

主编　黄家亮　郭星华

The Sociology of Law

中国人民大学出版社

·北京·

内容简介

《法社会学教程》是国内第一本由社会学学者编写的法律社会学教科书，主要内容分为三编：

第一编理论脉络与研究方法。法社会学作为一门独立的学科，有其自身的概念体系和理论脉络，也有其独特的研究方法。本编主要从学术史的角度介绍了法社会学的基本概念、基本视角、研究方法和理论发展史。

第二编法律运行与社会秩序。主要从法律的运作实践来探讨法律与社会发展之间的关系。在社会秩序形成过程中，影响法律运行的因素有很多，本书选取了对于我国社会发展与法治建设具有基础性作用的若干个重要因素来综合探讨法律运行与社会秩序之间的关系。

第三编社会转型与法治建设。主要研究社会转型时期在中国法治建设过程中产生的、与中国社会发展密切相关的本土性、现实性问题。通过对这些具体问题的研究，试图从不同侧面揭示社会转型与法治建设之间关系的复杂性。

主编简介

黄家亮　中国人民大学社会学理论与方法研究中心副教授，中国人民大学社会与人口学院副院长，兼任中国社会学会法律社会学专业委员会副会长兼秘书长、教育部高等学校社会学类专业教学指导委员会副秘书长。主要研究领域为法律社会学、农村社会学、基层社会治理。代表作有《法律在基层法院中的实践逻辑》《新乡土社会的纠纷解决与秩序重建：以华北米村为例》《中国特色和谐社区建设“上城模式”实地调查研究》等。曾获北京市高等学校教育教学成果奖、全国优秀博士学位论文提名奖、北京市优秀博士学位论文奖等教学科研奖励。

郭星华　中国人民大学社会学理论与方法研究中心教授、法律社会学研究所所长，中国社会学会法律社会学专业委员会名誉会长。主要研究领域为法律社会学、农民工问题。主要代表作有《当代中国社会转型与犯罪研究》《社会结构与社会发展》《社会转型中的纠纷解决》《漂泊与寻根：流动人口的社会认同研究》《现代法治建设与传统文化变迁》等。出版译著《社会学视野中的司法》《诉讼的话语》《法社会学讲义》等。曾获第三届钱学森城市学金奖、北京市高等学校教育教学成果奖、北京市高等学校教学名师称号等教学科研奖励和荣誉。

第三版前言

《法社会学教程》第三版与大家见面了。这距离第二版正式出版已有六年，距离第一版正式出版已有十年。自问世以来，本教材得到了广大法社会学研究者和学习者的厚爱，被不少单位列为相关课程的教材或参考书，也获得了北京高等教育精品教材、中国人民大学优秀教材一等奖等荣誉，并被列为中国人民大学“十三五”规划教材，这既是我们的荣幸，也是对我们的鞭策。

在过去几年中，我国法治建设实践和法社会学的学术研究均取得了显著成就。党的十八大以来，全面依法治国被作为治国理政的总体战略布局“四个全面”的一个重要方面提出来，并明确将建设中国特色社会主义法治体系和建设社会主义法治国家作为全面依法治国的总目标。在这一目标的指引下，我国的法律规范体系、实施体系、监督体系等均得到了不断完善，有“社会生活的百科全书”之誉的《中华人民共和国民法典》的颁布实施就是我国法制建设的重大成果。但如何真正实现法治国家、法治政府、法治社会的建设目标，依然是当前我国社会所面临的重大命题，还有很长一段路要走。

在国家大力推进法治建设的进程中，法社会学以其独立的研究视角、理论基础和研究方法，发挥着不可替代的独特作用，并在这一过程中获得了自身的发展。在这里，有两件事值得提一提。一是由国务院立项、中宣部牵头组织的《中国大百科全书》第三版的编纂工作于 2015 年正式启动，在这一版的《中国大百科全书》中，法社会学作为应用社会学的一个重要分支被纳入了社会学卷，本人有幸主持了这一部分 72 个词条的编撰工作。这标志着我国法社会学的学科地位得到进一步巩固和提升，法社会学的知识体系得到进一步完善和发展。二是 2019 年，中国社会学会法律社会学专业委员会理事会成功实现了新老交替，一批 70 后、80 后青年学者成为该学术共同体的骨干力量，一批 90 后成为该学术共同体的新生力量。这标志着我国法社会学的研究队伍正在不断壮大、核心力量正在迅速成长，作为学会的开创者，我感到十分欣慰。

正是为了及时反映我国法治建设的最新实践和国内外法社会学研究的最新进展，我们接受出版社的邀请，再次对本教材进行修订。

本版教材仍然延续了前两版的基本特色和架构，主要从以下方面进行了修订：

第一，优化了篇章结构。基于完善法社会学知识体系的考虑，我们删去了原来的第九章“法律的社会化”，增加了现在的第十一章“法律运行的组织结构与法律职业”。此外，还增加了第十六章第三节“社区警务与犯罪防控”。

第二，完善了各章内容。借本次修订机会，我们对各章节均进行了不同程度的修订，或补充了新的材料、文献，或吸纳了新的研究成果，或订正了在教学实践过程中发现的问题。其中，修订幅度较大的有：第五章、第十三章、第十五章的部分内容是经过重写的；第六章增加了大数据等新的研究方法在法律社会学中的应用，并对整章的论述进行了系统调整；第十六章除了增加第三节之外，还补充了关于中国犯罪问题最新情况的介绍和分析；附录中增加了本研究团队的最新研究成果。

第三，进一步精简了已有论述。为了方便教学，本次改版的一个基本原则仍然是尽量保持总体篇幅的稳定，这就需要对现有论述进行精简。尽管如此，读者仍可以看到本版在篇幅上相对于上一版有一定增加，这主要是因为我们对多个章节的内容进行了较大幅度的增补。

参加此次修订工作的人员及分工，与上一版相比也有一些变化。依照惯例，为保证教材的前沿性，暂时离开学术研究领域的上一版作者原则上不再参加本次修订工作，但相关章节的修订工作仍建立在既有的文本和研究工作之上，这是需要特别说明的。同时，也纳入了个别新的作者。还需要特别说明的是，在本次修订过程中，从方案制定到组织实施、最后统稿，我都放心地交给黄家亮去做，我只是大致翻了翻，觉得不错，我也坚决主张由他来做这一版的第一主编。进入 60 岁之后，我更明确地提出了自己的主要任务就是铺路搭桥、培养年轻人。我很高兴地看到，学术团队中以黄家亮为代表的一批青年学者正在迅速成长，我相信他们能够在法社会学本土化的道路上走得更好更远。

第三版具体分工如下：

郭星华（中国人民大学社会学系）：第一章、第五章、第六章、第八章、第九章、第十二章、第十三章、第十四章、第十五章、第十六章和附录；

邢朝国（北京科技大学文法学院）：第二章、第五章；

黄家亮（中国人民大学社会学系）：第三章、第九章、第十章、第十五章、附录；

储卉娟（中国人民大学社会学系）：第四章；

邱洪敏（西南政法大学政治与公共事务学院）：第六章；

韩恒（郑州大学公共管理学院）：第七章、第十二章；

张晶（东南大学社会学系）：第八章；

梁坤（西南政法大学刑事侦查学院）：第十一章、第十二章；

秦强（全国宣传干部学院）：第十二章、第十四章；

张晓红（华南师范大学政治与行政学院）：第十六章；

周延东（中国人民公安大学治安与交通管理学院）：第十六章。

本书的出版，要感谢中国人民大学出版社的努力和人文分社社长潘宇博士、策划编辑盛杰女士等卓有成效的工作。

郭星华

于中国人民大学社会学理论与方法研究中心

2021 年 1 月 28 日

第二版前言

在从传统向现代转型、本土化全球化并存的当代中国，法律与社会之间是怎样的关系，我们应如何理解二者的互动与共同演化，如何以积极的反省来应对未来，社会学的视野和方法又可以为此做出怎样的贡献？这是我们编写这本《法社会学教程》所致力于回答的问题。

作为国内第一部由社会学学者编写的法社会学教科书，本教材自 2011 年年初出版以来得到了学界的广泛认可，不少教学科研单位将它列为学生了解法社会学的首选参考书。2013 年，本教材被评为北京高等教育精品教材。我想这本教科书之所以能受到各方面的欢迎，主要原因有三：第一，人们需要更具整体性和宏观性的理论视角，来认识法律在社会生活中的位置；第二，社会学研究方法可以帮助人们观察纷繁的现象，理解法律经验与事实的社会性意义；第三，在国内，本教材第一次用社会学的视角系统呈现了法社会学的知识体系。

最近几年，法社会学这一学科在国内有着可喜的发展。一个标志性的事件就是 2011 年 11 月，民政部正式批准成立了中国社会学会法律社会学专业委员会，这标志着国内法律社会学学术共同体初步形成了。从成立之年起，该专业委员会每年组织召开一次“法律与社会”高端论坛，今年已经是第四届。这对整合研究力量、提升学科意识、扩大学科影响具有重要意义。我尤其感到高兴和欣慰的是，近年来，已有越来越多的青年才俊加入到法社会学的研究行列。

为了及时反映本领域国内外的最新研究进展，我们接受出版社的建议和邀请，从 2013 年年底开始着手教材修订工作。在修订工作启动之初，我就郑重提醒各位编者“一定要珍惜本团队和本教材来之不易的荣誉，尽自己最大努力，发挥出自己最高的水平，推出一本经得起学界推敲和历史考验的精品教材”。经过精心准备，第二版终于呈现在读者面前了。当然，由于种种原因，修订工作肯定还有不少不完善的地方，我们愿意听取读者的批评、建议，并在教学实践中接受检验。

第二版秉承了第一版的基本特色，即对于社会学视角的强调，以及对于理论、方法与中国实践的重视，同时也沿用了第一版的基本架构。但相对于第一版来说，这一版主要做了以下几个方面的修订：

第一，进一步优化了整个教材的篇章结构。首先，从整体上，由原来的十八章一个附录压缩为现在的十六章一个附录；将原来的第十一章“法律执行的社会学模式”和十七章“法律的实践逻辑与运行效果”，合并为现在的第十一章“法律的实践逻辑与运行效果”并调整到第二编；将原来的第十五章“国家法与民间法的关系”和第十六章“当代中国的规则演化”，合并为现在的第十二章“国家法与民间法”并调整到第二编。其次，将原来的第二编的第十章“法律与纠纷解决”进行了重写，并调整为现在的第三编第十五章“社会转型与纠纷解决”。此外，还删除了第一版中的第十三章“现代法治建设与社会资源合理配置”，增加了现在的第十三章“社会转型与诉讼文化”。经过以上调整，整本教材的体系更加完整、逻辑更加清晰、重点更加突出。

第二，对第一版中各章的内容进行了修订。首先，我们要求各章作者都要补充国内外最新研究成果，增加实践中的最新案例，更新旧的数据信息。其次，我们要求对一些章节进行大幅度修改甚至重写，如现在的第五章是经过重写的；又如除以上提到的合并的几个章节外，现在的第九章（第一版中是第七章）、第十四章（第一版中是第十章）、第十六章（第一版中是第十八章）以及附录，都经过了大幅度的修改。

第三，精炼已有的论述。我们这次改版的原则之一是，为了便于教学和阅读，各章篇幅只能减少而不能增加，尽量精简论述。这一点，各位编者也把握得比较好，使得整本书的内容增加了很多而篇幅却减少了很多。

此外，这次修订的一个明显特点是加大了转型社会诸法律问题之实证分析的分量，强调以经典案例带动理论探讨，一方面凸显中国经验之特殊性，另一方面也向读者展示法社会学实证研究的魅力，即所谓授人以鱼不如授人以渔。希望这样的安排与尝试，能够更好地帮助读者理解与实践法社会学的研究方法。

参加此次修订工作的人员及分工，相对于第一版也有一些变化。最明显的变化是增加了储卉娟、黄家亮两位杰出的青年学者作为副主编，两位都长期跟随我研究法社会学，最近一年又先后回到人大社会学系任教 。这次修订，由我负责设计总体方案，两位副主编负责具体的组织实施工作并协助我进行先期统稿工作，然后由我最终统稿和定稿。各章节的撰稿人均为本研究团队的成员，他们都曾经跟随我研修法社会学。为保证教材修订紧跟学术研究的最新进展，暂时离开学术研究领域的第一版作者不再参加修订工作，但修订工作仍建立在既有的文本和研究工作之上，特此声明，谨致谢意。

第二版具体分工如下：

郭星华（中国人民大学社会学系）：第一章、第五章、第六章、第八章、第十章、第十二章、第十三章、第十四章、第十五章、第十六章和附录；

邢朝国（北京科技大学文法学院）：第二章、第五章；

黄家亮（中国人民大学社会学系）：第三章、第十章、第十一章；

储卉娟（中国人民大学社会学系）：第四章、第九章、第十五章、第十六章；

邱洪敏（西南政法大学政治与公共事务学院）：第六章；

韩恒（郑州大学公共管理学院）：第七章、第十二章；

张晶（香港科技大学社会学系）：第八章；

梁坤（西南政法大学刑事侦查学院）：第十二章；

秦强（全国宣传干部学院）：第十二章、第十四章；

郑日强（中国人民大学社会学系）：第十三章；

张晓红（华南师范大学政治与行政学院）：第十六章。

作为主编，我对各位作者的辛勤劳动和通力合作表示感谢。同时，也要感谢本书的策划编辑、中国人民大学出版社人文分社社长潘宇博士以及各位责任编辑们卓有成效的工作。

郭星华

2014年7月1日

第一版前言

法社会学，或称法律社会学（sociology of law），是一门社会学与法学的交叉学科，也是运用社会学的理论和方法研究法律问题、分析法律与社会关系、探讨法律在实际运行过程中的内在逻辑与规律的社会学分支学科。法社会学作为法学与社会学的交叉学科，有两个研究取向：一是规范分析，法学界通常采取这种研究取向；二是实证分析，社会学界主要采取这种研究取向。法学教育界从 20 世纪 80 年代即开设“法社会学”本科教程，成果颇丰。但是，社会学教育界直到 21 世纪初才开始关注法社会学课程的建设。

本书主编于 1999 年在中国人民大学社会学系为本科生开设“犯罪社会学”，成为我国社会学系第一个开设该课的教师。从 2002 年开始，为了扩大知识讲授领域，将“犯罪社会学”课程改为“法社会学”，至今已经八年，在教学和科研方面都取得了较大的成绩，也引起了法学界同行的广泛关注。经过八年的努力，在中国人民大学社会学系已经有 300 余名本科毕业生上过法社会学课程，另有大量外系学生选修法社会学课程，在学生中间获得了一致好评。在本科教学过程中，法社会学团队还多次组织同学到外地进行实践学习。例如，2007 年奔赴江西都昌、湖口农村调查、实习，2009 年到大连市监狱调查、实习，都获得了大量的一手资料，既提高了学生理论联系实际的能力，也为授课老师提供了更多的经典案例，使上课内容更生动活泼、容易理解。

当前中国社会学专业建设的一个重要内容就是加强社会学新兴学科建设，进一步完善学科体系，提高与国际学术前沿研究接轨的水平。法社会学在我国作为一门交叉学科和新兴的研究领域，其教材和教学内容以及人才培养环节等已经远远滞后于国际社会学的前沿，而且和当下中国社会转型的现实存在一定程度的脱节。国内目前现有的法社会学教材，基本上都是从法学视角和研究路径来梳理法社会学的历史脉络和体系，缺少对社会学研究方法和研究传统的观照，迄今尚无一本由社会学背景的学者编撰的法社会学教材。同时，当下翻译和编写的法社会学教材基本上是对西方法社会学理论流派的再现，与中国的本土实践和现实经验联系不够紧密，对中国的社会现实关注不足，难以回答当下中国社会转型过程中出现的问题。鉴于此，中国人民大学法社会学团队尝试从社会学视角出发，编写一本专门的法社会学教材——《法社会学教程》。本教程获得了中国人民大学法社会学课程建设项目和中国人民大学出版社的大力支持，并于 2009 年 6 月列入北京高等教育精品教材立项项目。

本书在体系安排上不仅充分梳理了西方法社会学的历史进程和理论演进脉络，而且将法社会学理论与中国社会实践和本土经验相结合，分析转型中的中国问题，介绍中国本土研究，以培养了解中国社会实际、适应社会建设需要的人才，发展属于中国自己的法社会学。希望在教学过程中，通过理论教学与实践讨论相结合的方式，激发同学们自主学习的积极性，使学生掌握法社会学的基本理论，了解法社会学的研究方法，重点掌握近代以来西方法社会学的主要理论。同时，通过对我国法制现代化进程的分析与介绍，了解我国法制建设过程中存在的问题，学会用法社会学的理论视野来分析社会现象，解决现实问题。

本书可供高等院校法学和社会学专业本科、研究生课程使用。本教程在编写体例上一共分为三编，每编附有一个“学习提要”，从总体上介绍本编的基本内容和逻辑框架，有利于读者高屋建瓴地把握每编内容。在每章的正文之后，附有“推荐阅读书目”和“复习思考题”。“推荐阅读书目”的作用是帮助学生扩大阅读面、增加知识积累，“复习思考题”的作用是启发并帮助学生对重点问题进行思考和总结。

本书由郭星华主编负责架构设计和统稿，秦强协助主编统稿。各章节的撰稿人均为本研究团队的成员，他们都曾经跟随郭星华研修法社会学。具体分工如下：

郭星华（中国人民大学社会学系）：第一章、第四章、第五章、第六章、第九章、第十章、第十二章、第十四章、第十五章、第十六章、第十八章和附录；

邢朝国（中国人民大学社会学系）：第二章、第十三章；

黄家亮（北京科技大学文法学院）：第三章、第十二章、第十七章；

储卉娟（北京大学社会学系）：第四章、第七章；

隋嘉滨（日本爱知大学博士候选人）：第五章；

邱洪敏（西南政法大学政治与公共事务学院）：第六章、第十一章；

韩恒（郑州大学公共管理学院）：第八章、第十六章；

张晶（中国人民大学社会学系）：第九章；

张晓红（华南师范大学政治与行政学院）：第十章、第十八章；

秦强（中国人民大学社会学系）：第十四章、第十五章。

郭星华

2010 年 7 月 1 日

目录

第一编

理论脉络与研究方法

第一章
导 论

第二章
经典法社会学理论

第三章
现代法社会学理论

第十四章
社会转型与法律意识

第十五章
社会转型与纠纷解决

第十六章
社会转型与犯罪治理

附 录
法社会学理论的本土化探索

第一编

理论脉络与研究方法

学习提要

本编主要从学术梳理的角度介绍法社会学的基本概念和理论发展史。法社会学作为一门独立的学科，有其自身的概念体系和理论脉络，也有其特有的基本研究方法。从学术发展史角度来了解法社会学的基本发展历程，对于学习法社会学课程具有重要的作用。

第一章
导　论

第一节　法社会学是什么

一、法社会学的基本概念

从奥地利法学家埃利希（Eugen Ehrlich，1862—1922）于1913年出版的《法律社会学基本原理》算起，法社会学这一学科已经产生百余年了。① 应该说，法社会学这门学科的诞生，得益于法学家们试图借助社会学的理论和方法来研究法律、拓展法学研究的视野和领域的努力。因此，梳理法社会学的理论渊源和发展脉络的时候，我们会发现，在法社会学的发展历程中，对法社会学具体理论做出贡献的大多数来自法学家阵营而非社会学家阵营。这样，我们也就不难理解为什么从事法社会学研究的大多数是法学家而非社会学家了。这一现象在欧美国家是这样，在中国更是如此。

最早出版法社会学著作的中国学者是张知本，他于1931年出版了《社会法律学》，该书较为系统地介绍了西方法社会学的理论知识。直到1981年，“法律社会学”这一名词才在我国正式出现。此后，中国学界开始了对法社会学全面、系统、深入的研究与讨论，然而所有的这些研究与讨论都是在法学界内部发生的，社会学界几乎是置身其外。直到20世纪90年代中期之后，才有社会学界的人士开始比较系统地关注法社会学。我国引入法社会学初期讨论最热烈的问题就是：法社会学是什么？关于法社会学的概念，我国学者大致上有如下五类观点。②

（1）特征论。“法律社会学是对法律现象形成和运动的机制与规律以及法律体系的功能进行客观研究的社会科学。这一学科强调法律与社会整体及其内部各种要素之间的关系和作用，把法学分析建立在通过观察、实验和统计所获得的经验材料的基础上。”③

---

① 据考证，“法社会学”这一名词最早见于意大利法学家安齐洛蒂（Dionisio Anzilotti，1867—1950）的《法哲学与社会学》（1892）一书。参见朱景文．法社会学．2版．北京：中国人民大学出版社，2008：24。

② 王仲云，张涵．中国的法律社会学研究．法学论坛，2005（3）：59－66.

③ 苏梅凤，等．法律社会学．武汉：武汉出版社，1990：2.

（2）关系论。“法律社会学或称法社会学是以法和社会的关系为研究对象，横跨法学和社会学两个领域的边缘学科。”①

（3）过程论。“法律社会学就是研究法律社会化过程及其规律的科学。”②

（4）条件论。“法律社会学应当是以法与社会实际的联系为基础的，关于法的作用、发展和法现实化的社会条件的一门科学。”③

（5）效果论。沈宗灵认为，西方法律社会学包含三种含义：一是指以社会学的观点和方法来研究法律；二是指强调法律的“社会化”，强调“个人本位”转向“社会本位”；三是指强调法律的实行、功能和成效。其中只有第三种含义在形式上同我们的法律社会学的含义是一致的。④

也有学者不对法社会学给出具体的定义，只是强调“法社会学是研究法律社会的关系的学科，是法学与社会学相互结合的产物”⑤。其理由是，西方许多国家把这门学科称为“法律与社会”（law and society）或“法律与社会科学”（law and social science）。

从产生的渊源来看，法社会学是法学家们试图借助社会学的理论和方法来研究法律、拓展法学研究的视野和领域的一门学科。其研究对象是法律与社会的关系，但理论与方法却来自社会学。在社会学的创始人与奠基人那里，社会是一个有机的整体，法律只是这一有机体的组成部分，因而不存在“法社会学”这一概念，正如他们不会提出“城市社会学”“农村社会学”“经济社会学”“教育社会学”“环境社会学”“体育社会学”“语言社会学”“医疗社会学”“军事社会学”等一样，他们也不会提出“法社会学”。许多社会学分支学科与法社会学一样，都不是社会学家首倡的，而是其他学科的学者试图借助社会学的理论与方法而提倡的。对于法社会学来说，虽然社会学家没有提出这一学科领域的主张，但是法律一直就在他们的研究视野里面。例如，古典社会学家埃米尔·涂尔干（Emile Durkheim，1858—1917）认为社会学是研究“社会事实”的，而所谓的“社会事实”就包含了法律、宗教等社会制度。再如，在马克斯·韦伯（Max Weber，1864—1920）那里，法律一直是他关注的重要研究对象，并且根据他的“理想类型”方法，将权威的类型分为传统型权威、感召型（个人魅力型）权威和法理型权威，将法律的类型分为形式合理、形式不合理、实质合理、实质不合理，认为现代化的过程就是法理权威取代其他权威、形式合理法律取代其他类型法律的过程。韦伯的这些理论，直到今天仍然对法社会学的研究起着重要的影响作用。

可以这么说，在社会学家眼里，法律与教育制度、婚姻制度等一样，只是诸多社会制度中的一种，是社会有机体的一部分。恰恰是社会学家的这一理论视野引起

---

① 王子琳．法律社会学．长春：吉林大学出版社，1991：7.

② 陈信勇．法律社会学．北京：中国社会科学出版社，1991：24.

③ 陈明华．法社会学刍议．西北政法学院学报，1987（4）：37－40.

④ 沈宗灵．法律社会学的几个基本理论问题．法学杂志，1988（1）：4－6.

⑤ 朱景文．法社会学．2版．北京：中国人民大学出版社，2008：4.

了其他学科学者的关注，他们亟须跳出本学科褊狭的领域，在更为广阔的社会背景中去考察具体的研究对象，从而产生了借鉴社会学理论与方法的要求。正如有的学者指出的那样，"法律社会学正是在中国社会学分科发展的潮流中确立起学科地位的"①。

根据以上分析，我们认为，法社会学，或称法律社会学（sociology of law），是一门社会学与法学的交叉学科，也是运用社会学的理论和方法研究法律问题、分析法律与社会关系、探讨法律在实际运行过程中的内在逻辑与规律的社会学分支学科。

二、法社会学与社会学法学的关系

从我们对法社会学的定义可知，法社会学是社会学的分支学科，属于社会学的研究领域。这里，我们要特别注意区分法社会学与社会学法学（或称社会法学）的联系与区别。在西方法学中有两个名词：法社会学（sociology of law）和社会学法学（sociological jurisprudence）。两者的共同点是，都反对只研究法——规则、法律制度本身，都强调要用社会学的观点和方法研究法律现象，重视法律的实行、功能和成效。两者的不同点表现为：

第一，法社会学是社会学的分支学科之一，属于社会学的研究领域，社会学法学是法学诸多理论流派中的一种，属于法学的研究领域。法社会学的创立者是奥地利法学家埃利希，社会学法学的创立者是美国法学家罗斯科·庞德（Roscoe Pound，1870—1964）。

第二，法社会学强调要运用"实证分析"方法，主张从经验事实中探求法律运行的规律；社会学法学更多地采用"规范分析"方法，从理论预设出发，通过严谨的逻辑演绎与论证，得出结论。简而言之，法社会学主张的是"实然"，注重的是客观描述与解释事实；社会学法学主张的则是"应然"，结论往往是"应当如何如何""怎样做才是正确的"等。

三、学习法社会学的目的与意义

法治化是现代化最核心的内容之一，法律已经渗透到社会生活的各个领域。在现代社会中，可以说几乎所有的社会行为和社会关系都要受到法律的制约和调节，法学研究也就成了当下最为热门的社会科学研究领域之一。法学研究大致上可以分为两大方向：第一个是内在型研究方向，第二个是外向型研究方向。所谓内在型研究方向，就是传统的法学研究，即将法律系统看作一个独立的社会系统，研究法律的发展历史、法律内部的结构、法律内部以及法律之间的逻辑性与耦合性等；所谓

---

① 陈信勇．法律社会学在中国的发展．浙江大学学报（人文社会科学版），2003（3）：22-28.

外向型研究方向，是指将法律系统看作社会系统中的一个组成部分，借鉴其他学科的理论和方法，研究法律的功能、效果、效益和实施过程，其中最主要的研究方向是法社会学。

因此，无论是学习社会学专业的学生，还是学习法学专业的学生，学习法社会学都是有意义、有价值的。对于社会学专业的学生来说，社会学关注社会现象、研究社会问题、强调社会秩序，而法律与社会问题、社会秩序紧密相关。社会秩序是如何形成、如何维系的，社会纠纷是如何产生、如何处理的，法律在实施过程是如何运行、如何实践的等，都需要社会学专业的学生运用法社会学的理论与方法去分析、去解决。对于社会学专业的学生来说，虽然学习过“法律概论”之类的公共课程，但这对于学习并深入理解“法社会学”这门课程来说还是不够的。我们建议社会学专业的学生在学习“法社会学”课程的时候，能够主动地研习“法理学”“西方法制史”及“中国法制史”等方面的教材和专著。同样，对于法学专业的学生来说，学习“法社会学”这门课程，对于拓展视野、形成一种开放型的学术思维也是很有意义的。对于法学专业的学生，我们也建议在学习“法社会学”课程的时候，能够主动地研习“社会学概论”“西方社会学理论”及“社会学研究方法”等方面的教材和专著。

第二节　法社会学的基本视角

功能论和冲突论是社会学理论中最重要的两个宏观理论，也是社会学考察社会结构、研究社会现象（包括法律现象）最重要的两个视角。法律多元化理论和法律现实主义中的“书本中的法”与“行动中的法”则是法学家创立的理论，也是法社会学研究法律问题时最常用的视角。

一、功能论的视角

功能论（functionalism），也称“结构功能主义”，其基本观点就是将社会看作一个社会有机整体，组成这一有机体的各个部分之间形成一种有机联系。各个组成部分之间的关系与联系方式，就称为结构；各部分对有机体产生的作用与影响就称为功能。功能论强调的是，法律系统只是整个社会系统的一个组成部分，它在其中承担社会控制、社会整合的功能。法律系统与社会有机体的其他组成部分一起，共同维护社会运行、维持社会秩序。

以下五点是法社会学中功能论的基本理论架构：

（1）法律与文化、经济等部门共同组成社会有机整体。

（2）由于设立法院、检察院、监狱等具体的司法机构，所以法律的结构比较稳定。

(3) 法律系统对维护社会稳定、维持社会秩序有正功能，也对社会运行有负功能。

(4) 法律的变迁会引导整个社会变迁，社会其他部分的变迁也会导致法律系统的变迁。

(5) 法律的运行依赖于法律的合法性。

英国社会学家斯宾塞（Herbert Spencer，1820—1903）奠定了功能论的基础，他将社会类比为人体的生物有机体。法国社会学家涂尔干则将功能论扎根，他认为社会由不同部分组成，各个部分都对社会整体具有功能。美国社会学家帕森斯（Talcott Parsons，1902—1979）和墨顿（Robert K. Merton，1910—2003）是功能论的集大成者。帕森斯创建了“行动的一般理论”，寻求去发展一个可以用来分析所有类型社会现象的理论框架，从分析社会的主要制度到分析个人的行动。墨顿则将功能的概念进行了拓展，他将功能分为正功能、负功能、显功能和潜功能。

二、社会冲突的视角

冲突论（conflict theory）的理论来源是马克思，是对功能论的反思与批判。马克思认为，在阶级社会中，根据在经济体系里的不同位置人们被划分成不同的阶级，阶级之间的冲突构成社会的主要矛盾，阶级斗争是推动社会发展的动力。冲突论的主要代表人物是德国社会学家达伦多夫（R. Dahrendorf，1929—2009），他认为社会冲突的来源是某些人高于其他人的权威，也就是说，社会权力的不平等是社会冲突的主要根源。他的主要理论观点如下。

(1) 社会冲突的主要特征是宰制、冲突和强制。

(2) 社会结构立基于社会各团体所拥有的权威大小差别之上。

(3) 每个团体内都有其共同的利益，异于其他团体。

(4) 当人们意识到彼此有共同的利益时，他们会结合为一个社会阶级。

(5) 如果所有的权力皆集中于少数人，而社会又有组织政治团体的自由时，阶级冲突就会变得更加紧张。①

与功能论不同，法社会学的冲突论视角将法律看作一种阶级统治的工具，法律用强制性的方式维护统治阶级的利益，压制被统治阶级的反抗。

三、法律多元化的视角

在法社会学看来，法律可以分为两个组成部分：国家法和民间法。所谓国家法是指通过一套严格的立法程序并以国家名义颁布的一系列行为准则，它的实施是以

---

① 史美舍．社会学．台北：桂冠图书股份有限公司，1996：12－13.

国家强制力量为后盾的。所谓民间法，也称习惯法，是指在长期的社会生活中逐渐形成的、用以调节人们社会关系、约束人们社会行为的一套行为准则。国家法包括法律、法令、行政规范等；民间法包括伦理、道德、风俗、习惯、舆论等。

实际上，法社会学对法律做出了一种比较宽泛的理解，它将所有社会规范都列入法律的范畴。日本社会学家青井和夫曾经指出："法律社会学从社会控制的观点，不仅把国家法律而且也把习惯法、传统、惯例、习俗、习惯这一系列的社会规范统统作为研究对象。而且在与社会控制相关的意义上，把研究延伸到道德规范，延伸到更加普遍化和绝对化的伦理问题，甚至对立法、行政、司法的具体程序也进行了研究。"①

法社会学的创立者埃利希就认为社会生活中实际上被人们所广泛遵循的规则，不是那些被称为"判断规范"（entscheidungs normen）的指导法官如何断案的特殊有限的规则，而是应用范围更为广泛的"活的法律"（也称"活法"，德文为 lebendes recht，英文为 living law）。所谓"活的法律"，按埃利希的话说就是指"支配生活本身的法律，尽管这种法律并不曾被制定为法律条文"；"活的法律的科学意义，不限于对法院所适用的、供判决之用的规范，或对成文法的内容有影响。活的法律知识还具有一种独立的价值，它构成了人类社会法律秩序的基础"②。由此可见，埃利希所说的"活的法律"，实质上就是指社会秩序本身。他还指出，"活的法律"的知识一是来源于现代法律性文件（主要指商业文件），二是来源于对生活、商业、惯例等的直接观察。③

四、法律实践的视角

法律的制定是一个过程，法律的实施也是一个过程，而且在法律的实施过程中，并不一定与法律的规定完全吻合，这就是法律的实践视角。也就是说，在法律的实施过程中，由于受到各种因素的影响，会偏离法律的规定，所谓的"法律面前人人平等""类似的案件会得到类似的司法判决"只是一个神话，而不是事实。这种视角的主要代表是所谓的"法律现实主义"（legal realism），它将法律区分为"书本上的法"（law in book，即国家制定法）和"行动中的法"（law in action，即法律实施过程中实际遵循的准则）。

弗兰克（Jerome N. Frank，1889—1957）和卢埃林（Karl Llewellyn，1893—1962）是美国法律现实主义法学派的主要代表人物。他们对当时美国司法制度的公正性提出了挑战。弗兰克从精神分析学的原理出发，认为法律的确定性，即所谓法律是固定不变的观念，实际上是一种"法律神话"，是不存在的；法律并不是"书本上的法律"，而是"行动中的法律"；法律不是固定的规则，而是官员特别是法官

① 青井和夫．社会学原理．北京：华夏出版社，2002：22.

②③ 张文显．西方法社会学的发展、基调、范围和方法．社会学研究，1988（3）：44－54.

的行为；法律不是一个规则体系，而是一种事实。他进一步指出，如果法官的个性是司法中的中枢因素，那么法律就可能要依碰巧审理某一具体案件的法官的个性而定，而所谓个性则包括这个法官的特征、性情、偏见和习惯。卢埃林则认为法律具有双重的功能：第一是解决纠纷，第二是引导行动。他把法律看作一种有用的但自身并不含有价值的工具。

美国社会学家唐纳德·布莱克（Donald Black，1941— ）在法律现实主义的基础上创立了所谓的“案件社会学”。他认为每一个案件都有复杂的社会地位和社会关系的结构，结构的不同会导致案件的处理结果不同。他认为案件处理结果出现的差异主要取决于案件的社会结构。这些结构包括当事人双方的关系及双方的地位差异，参与案件的律师、法官、检察官、证人的社会特征，甚至包括证人在法庭上讲话的方式。①

本章要点

导论部分主要介绍了法社会学的基本概念和研究视角。法社会学是一门社会学与法学的交叉学科，也是运用社会学的理论和方法研究法律问题、分析法律与社会关系、探讨法律在实际运行过程中的内在逻辑与规律的社会学分支学科。在研究视角上，我们认为功能论和冲突论是社会学理论中最重要的两个宏观理论，也是社会学考察社会结构（包括法律现象）最重要的两个视角。法律多元化理论和法律现实主义中的“书本中的法”与“行动中的法”则是法学家创立的理论，也是法社会学研究法律问题时最常用的视角。

复习思考题

1. 法社会学研究的特征是什么？
2. 法社会学有哪些基本的视角？
3. 学习法社会学有何意义？

推荐阅读书目

1. 朱景文．现代西方法社会学．北京：法律出版社，1994.
2. 王子琳．法律社会学．长春：吉林大学出版社，1991.
3. 陈信勇．法律社会学．北京：中国社会科学出版社，1991.
4. 王威．法律社会学．北京：群众出版社，2004.
5. 赵震江．法律社会学．北京：北京大学出版社，1998.

① 布莱克．社会学视野中的司法．北京：法律出版社，2002：2-15.

6. 朱景文．法社会学．2版．北京：中国人民大学出版社，2008.
7. 科特威尔．法律社会学导论．2版．北京：中国政法大学出版社，2015.
8. 马林诺夫斯基．原始社会的犯罪与习俗．北京：法律出版社，2007.
9. 布莱克．社会学视野中的司法．北京：法律出版社，2002.
10. 埃利希．法律社会学基本原理．北京：九州出版社，2007.

第二章
经典法社会学理论

作为社会学的一门分支学科，法社会学形成于古典社会学时期。古典社会学家们从各自的理论视角和研究方法出发对社会中的法律进行了详细深入的探讨，形成了综合性视角，并大体上确定了法社会学的研究进路和范式，促进了法社会学的制度化和规范化发展。其中埃米尔·涂尔干和马克斯·韦伯的贡献尤为突出，具有奠基性的地位。但是与涂尔干和韦伯在法社会学中的显赫地位不同，作为公认的三大经典社会学家之一的马克思对法社会学学科发展的影响却相对有限。此外，法社会学学科史上一个令人费解的现象是，诸如斯宾塞、萨姆纳（William Sumner，1840—1910）、齐美尔（Georg Simmel，1858—1918）以及滕尼斯（Ferdinand Tönnies，1855—1936）等早期社会学家虽然对法律的演化进行了开创性讨论，但他们却很少被当代的法社会学著作所提及，甚至有被遗忘的迹象。[①]

当然，法社会学的形成和发展并不能简单地归功于古典社会学。涂尔干以及韦伯等社会学家的法律研究并不是凭空产生的，而是基于 19 世纪其他社会科学和社会学史前时期的法律研究。此外，对法律与社会进行跨学科研究的其他知识传统对法社会学的建立和发展也功不可没。因此，我们在对经典法社会学理论进行梳理时，需要观照一些相关的知识传统。

第一节　萨维尼：作为“民族精神”的法律

弗里德里希·卡尔·冯·萨维尼（Friedrich Karl von Savigny，1779—1861）是德国法学家和历史法学派的代表人物。萨维尼出身于贵族家庭，早年在马尔堡大学接受法学教育，并在耶拿大学、莱比锡大学、哥廷根大学就读，曾任教于马尔堡大学以及柏林大学。1815 年萨维尼与卡尔·弗里德·艾希霍思（Karl Friedrich Eichhorn）等人一起创建了《历史法学派》杂志社。萨维尼的代表作有：《论立法和法理学的现代使命》（1814）、《中世纪罗马法史》（1815—1831）、《现代罗马法制

① DEFLEM M. Sociology of law：visions of a scholarly tradition. New York：Cambridge University Press，2008：35－36.

度》(1840—1849)。

19世纪初，一场围绕是否应当制定全德统一法典的论战在德国展开。其中论战的一方是海德堡大学法学教授蒂博特（A. F. J. Thibaut）。蒂博特从民族主义出发，写成《论制定全德法典的必要性》（1814）一书，主张制定一部全德国适用的法典，即以罗马法和《拿破仑法典》为基础，对德国各邦的法律和习惯进行统一的安排和编纂，以统一德国的立法。而作为论战另一方的萨维尼对此极力反对，他写了著名的《论立法和法理学的现代使命》一书，详细阐述了自己的法律观。萨维尼认为，法律如同语言、建筑、风俗一样深深地植根于一个民族的历史之中，有自己产生和发展的历史，而不是主观意志的产物。民族的习惯和信念等是法律的真正源泉，因此法律具有“民族特性”，是“民族精神”最重要的表达形式之一，是“民族共同意识”的体现，并“随着民族的成长而成长，随着民族的加强而加强”[①]，而当这一民族丧失个性时，其法律就会趋于消解。所以，法律绝不是立法者可以任意制定和改变的。那种根据人类理性制定普适性法典的企图是“荒诞无稽的”，甚至是“一种灾难”。因为法律的法典化总是谋求将法律思想固定为恒久不变的原则，但作为一种文化形态，法律思想应当得到自由发展。“任何时代记录下的民族或民众的法律只不过是一种始终在变化着的文化演化的静态表象。”[②]

萨维尼认为法律起源于习惯。每个民族都有一套自己的传统和习惯，这些传统和习惯通过不断地被使用逐渐地变成了法律规则。[③] 换言之，法律的发展经历了从早期不成文的习惯性规范向成文化法典转变的过程。这一转变过程是由政治力量推动的，即法律的成文化本身是“政治力量的一部分”，而这种转变的后果是民族精神的衰落。在早期社会中，法律能够较好地反映和表达民族精神，但随着社会的发展，法律已逐渐偏离或脱离民族精神。而导致这一状况的具体原因是：“第一，功能和阶级的分化使得人们的共同意识难以给法的自发创立提供强有力的激情；第二，直到法律置共同意识于脑后而仅讨论规则的细节和技术性问题，法律形式本身总是在不断地复杂化。”

民族精神的衰落使法律的自发生产过程难以像早期社会那样有效地进行，此时立法制度逐渐地得以发展。立法的功能是降低法律演化过程中的不确定性和模糊性，并使习惯法固定化——但这种固定化不能否定法律的发展性，阻碍法律的演变。此外，立法的制度化使法律与人们的日常社会生活相分离，与地方性知识相偏离，成为一项专业化的活动和法学家的地盘，被“受过专门法律知识训练的特殊阶层”所垄断。但是，尽管如此，从事立法工作的专家只是“被授权对法律进行技术处理的社会精神的代表”，他们应该体现和代表民族精神。

萨维尼关于法律是“民族精神的体现”这一命题所要揭示的是，法律并不是对普遍理性的反映，而是对民族文化和民族特性的展示，因此法律是历史的特殊产

---

① 博登海默．法理学：法律哲学与法律方法．北京：中国政法大学出版社，1999：83.

② 科特威尔．法律社会学导论．北京：华夏出版社，1989：25.

③ 同①83.

物，其形式和内容是不断变迁的，因而我们只有将法律置于其得以产生的社会场域和背景之中进行观察和解释，方能抓住其本质和内涵。鉴于此，萨维尼非常注重考察法律与特定的社会结构和价值体系之间的特殊关系。

透过萨维尼的著作，我们可以看到这样一个法律变迁图景，即“理性的现代法律从它所治理的社会生活中分离出来，并会达到危机的临界点”[①]。从中我们可以看出萨维尼对逝去的法律传统的眷念、对法律变迁的深深忧虑。但是萨维尼对历史方法的偏爱以及对“民族精神”概念的简单化一直为诸多学者所诟病。此外，他关于习惯法优于法典的结论在学术界也备受争议和批评。这些都使萨维尼被认为是一个保守派法学家。尽管如此，萨维尼倡导把法律置于历史维度和社会情境之中进行考察的观点仍具有十分重要的方法论意义。此外，萨维尼对法律与民族精神之间关系的讨论，显示了他对法律同社会生活和民族特性之间内在关系的敏锐洞察。因此，即使萨维尼的法律观不可避免地存在局限性，他在法律社会学史中也仍然占有非常重要的地位。

第二节　埃利希：“活的法律”

奥地利法学家埃利希出生于切尔诺夫策的一个犹太家庭，早年在维也纳大学学习法律，1899 年起在切尔诺夫策大学任罗马法教授。埃利希是欧洲社会学法学派、自由法学派的创始人之一，因首倡“法律社会学”这一术语被西方法学界誉为法律社会学的奠基人。埃利希的主要代表作有：《法的自由发现和自由法学》（1903）、《法律社会学基本原理》（1913）、《法学逻辑》（1918）等。

埃利希对法律的论述中最广为人知的是“活的法律”（lebendes recht，living law）。他通过对大量第一手调查材料的分析发现，法律职业者所接触和学习的法律多半是与纠纷解决有关的国家法，在社会生活领域中国家法越系统、控制力度越强，纠纷发生率就越低；即使存在一些纠纷，纠纷当事人通常也不是诉诸专门的法律机构和国家法律制度来解决，而是求助于其他社会规范。基于此，埃利希认为社会中通常存在两种法律：一种是由国家制定的法律，即国家法；一种是社会秩序本身，即人类社会整合的内在秩序。这种内在秩序是原生性秩序，它是法律的基本形式，是国家法的最初形式。因此，埃利希将这种社会秩序本身称为“活的法律”。这些“活的法律”是“支配生活本身的法律，尽管这种法律并不曾被制定为法律条文”[②]。“活法”在国家法出现之前就已存在，自发地存在于社会生活之中，而国家制定和执行的法律仅是法的很小的一部分。

埃利希指出社会生活中实际上存在着大量的“活的法律”，这些“活的法律”

---

① 科特威尔．法律社会学导论．北京：华夏出版社，1989：25，26，29.

② 沈宗灵．现代西方法理学．北京：北京大学出版社，1992：275.

被人们广泛遵从，指导着纠纷和争端的解决，维系着社会秩序，如行为规范、债务清偿、夫妻义务等。而法官判案所依据的一套特殊的有限的“判断规范”则很少被人们所提及和运用，法院的审判只是一种例外的情况而已。在现实生活中，人们往往更倾向于履行社会组织和社会习俗所要求他们承担的义务，依照道德和惯例行事，以避免自己在社会交往中陷入尴尬境地，在交易买卖中丧失信誉。在某种意义上，我们可以说，与国家制裁方式（如罚款、监禁）相比，社会制裁（如失去声誉和信任）的压力甚至更为严厉和难以承受。

当然，埃利希也承认现代国家正从事着大范围的立法活动，但是国家所制定的这些法律的大部分内容，尤其是有关家庭关系和商业行为的法律条款，仍然来源于社会生活的惯例和约定。因此，国家制定法的支配作用仅仅存在于理论上以及法律职业者的信条中，而事实上对社会秩序的维系真正发挥实效的是“活的法律”。

因此，埃利希认为法律发展的中心是社会本身。他在《法律社会学基本原理》一书中写道：“无论现在和其他任何时候，法律发展的重心不在于立法，也不在于法律科学和司法判决，而在于社会本身。”[①] 关于这一点，德国法律社会学家尼古拉斯·卢曼（Niklas Luhmann，1927—1998）在评价埃利希的《法律社会学基本原理》一书时清楚地指出：“对于埃利希来说，法律就是社会交往中真实的行为组织；法律来源于社会生活且法律的着重点在于社会本身及其实际变迁。”[②]

因此，埃利希反对将国家法作为法学研究的主要内容，认为法学应该关注和研究日常生活中的“活法”，因为“活法”才是支配生活本身的法律。而为了理解和把握“活法”，我们需要关注社会生活本身，研究商业惯例、买卖合同、结婚契约、遗嘱、合伙条款以及组织规章等。此外，我们不仅要观察那些制定法所承认的规则，而且要研究制定法忽略和省掉的规则，甚至是制定法所不赞成的规则。

鉴于社会中存在着大量起实际作用的“活法”，埃利希认为法官在司法判决中仅固守于制定法是远远不够的，因为制定法从本性上看是不完整的，而且滞后于社会的发展，因此他主张法律职业者应当根据民族特性和时代精神来适用法律，尤其在制定法含糊不明的情况下，法官应当就案件事实根据正义感加以判决。此外，埃利希认为法律社会学的旨趣在于系统地展示和分析社会生活中不同领域的“活法”，探讨“活法”与国家制定法之间的差异状况以及各自的社会效果。

埃利希的这些法学思想是对法律实证主义的重要批评，其分析范畴摆脱了以往对法律进行单维度研究的局限，将法律分析的重点引向了更广阔的社会生活，实现了法律的研究对象从法律文献和法律原则向法律所赖以存在的社会条件和社会环境的转换。

美国著名的法律人类学家霍贝尔（E. A. Hoebel，1906—1993）曾在《原始人的法：法律的动态比较研究》中称赞埃利希为“让大陆法学从不现实的抽象观念以

---

① 博登海默．法理学：法律哲学与法律方法．北京：中国政法大学出版社，1999：134.

② 赵震江．法律社会学．北京：北京大学出版社，1998：15.

及不适当的技术法规和方法中摆脱出来做过很大贡献”[①]。

第三节　涂尔干：法律与社会团结

埃米尔·涂尔干是法国犹太裔社会学家，与马克思及韦伯并列为社会学的三大奠基人。涂尔干出生于法国东部一个名叫埃皮纳尔的小镇，父母都信仰犹太教。涂尔干早年被送往专门的犹太教学校学习，但他在青年时期放弃了家族传统的宗教信仰，志趣转向学术研究。1879 年，涂尔干考入著名的巴黎高等师范学校，结识了哲学家布特鲁（Emile Boutroux，1845—1921）、历史学家库朗日（Fustel de Coulanges，1830—1889），他们对涂尔干日后的研究方向和研究方法有着重要影响。1882 年，涂尔干从巴黎高等师范学校毕业后，任教于一所公立中学。1887 年，涂尔干执教于波尔多大学，并在这所大学创办了法国第一个教育学和社会学系，成为法国第一位社会学教授。1898 年，涂尔干创办了《社会学年鉴》（*L'Année Sociologique*），围绕这一刊物形成了一批年轻社会学家的团体——法国社会学年鉴派。1902 年，涂尔干成为巴黎大学教授。涂尔干的主要著作有：《社会分工论》（1893）、《社会学方法的准则》（1895）、《自杀论》（1897）、《宗教生活的基本形式》（1912）。

涂尔干致力于探讨的核心问题是社会秩序和社会团结何以可能，即个体如何结合成一个有序的社会。在《社会分工论》中，涂尔干提出了“机械团结”和“有机团结”这一对概念，探讨了从传统社会到现代社会，社会团结的性质和特征发生了怎样的演变。

涂尔干认为社会成员间存在一定的向心力和联系，即“团结”。如果没有这种“团结”，作为成员集合体的社会则难以存续。涂尔干将原始社会或传统的农村社会的那种团结称为“机械团结”——这种团结建立在个人相似性和社会同质性的基础上，通过强烈的集体意识[②]将同质性的个体结合在一起。当机械团结主宰社会时，个人之间的分化程度低，从事高度同质性的物质活动和精神活动，如同样的生活方式、心理情感、道德准则和宗教信仰。这些同质性的信仰、规范和情感形成了一股强大的集体意识，支配着个体的行动，湮没了社会成员的个性。而这种集体意识的“外在的明显特征”是约束性法律。

在机械团结的社会中，强烈的集体意识使得社会的法律具有高度的压制性和约束性。这种法律把所有违反和破坏集体意识的行为都视为犯罪。犯罪已不是对特定个人的侵犯，而是对作为整体的社会的威胁和冲击。因此法律的任务是惩罚那些违反和破坏集体意识（如风俗习惯）的个人，严惩偏离规范的行为。而法律对惩罚的

---

① 霍贝尔．原始人的法：法律的动态比较研究．北京：法律出版社，2006：5.

② 涂尔干认为集体意识是“一般社会成员共有的信仰和情感的总和……是社会的精神象征，有着自己的特性、生存环境和发展方式”。参见阿隆．社会学主要思潮．北京：华夏出版社，2000：216。

判定不是基于合理地分析个体对社会规范的实际破坏程度而定，而是出于道德义愤。此外，惩罚的目的也不是为了使违犯者遵守社会规范，而是表达对违反集体意识的行为的义愤，治愈越轨行为给集体意识带来的伤害，从而强化人们对集体的激情和服从，巩固社会秩序的基础。因此这种惩罚具有强烈的感情色彩，其典型的惩罚形式是将违犯者驱逐出社会或者判处死刑。

与以机械团结为纽带的传统社会不同，现代社会是一个分工高度发达的有机体，其中每个成员都根据社会分工从事某一专门的活动，承担某种专门的职能。涂尔干认为导致社会分工程度提高的原因是人口的增长使社会容量、物质密度（单位面积上的人口数量）和精神密度（个体之间的交往、联系的强度）增加，导致人们互动频率加大，进而加剧了生存竞争的激烈程度，其后果是犯罪、战争等社会冲突出现，社会面临解组的危险。而职业专门化的社会分工则是降低竞争和冲突的一条有效途径。

一方面，职业专门化使个体因职业的不同而发挥着不同于他人的功能，因而个体的生活方式、价值观念以及道德准则的异质性增加，这使集体意识对个体的影响减弱，因此，社会分工削弱了集体意识。另一方面，社会分工使社会成员意识到自己是一个单独的个体，必须依赖他人或组织提供生存所必需的产品、服务和资源，而自己也必须为他人或群体提供服务，这就造成人们彼此之间的相互依赖感、团结感以及自己与社会的联结感，因此，社会分工又使社会成员以及社会各个组成部分产生了相互依赖的需要。而这些都使机械团结向有机团结的演化具有必要性和可能性。

社会分工带来的社会成员的相互依赖感代替了集体意识在社会整合中的作用，成为现代社会整合的基础和联结的纽带。涂尔干把那种建立在社会分工、社会成员的异质性和相互依赖基础之上的社会联结方式称为有机团结。有机团结的客观标志是复原性法律。这种法律对违犯者的惩罚比较理性审慎，相对比较宽容，其惩罚的目的不是对集体意识和集体情感的表达，而是维系基于社会分工之上的相互依赖关系，将被越轨行为破坏的依赖关系恢复到原先的正常状态。这里的犯罪行为不再是对社会整体的威胁，而是对个体的侵犯。其惩罚形式通常是金钱补偿，或者允许释放被监禁者，使其重新回归社会。涂尔干认为，在劳动分工高度发达的情况下，复原性法律能够为经济生活提供保障，避免由社会分工所带来的社会问题和社会秩序的紊乱。

除了在《社会分工论》中探讨了社会变迁与法律演化的问题之外，涂尔干以及以他为核心的学术团队在《社会学年鉴》上发表了多篇关于法律与犯罪、惩罚的形式和性质的变迁等方面的论文。与其机械团结社会向有机团结社会演化的思想相一致，涂尔干讨论了从原始社会向现代社会变迁的过程中惩罚所发生的演变。第一，在以机械团结为纽带的社会中，其压制性法律对社会关系的调控是建立在超自然的基础之上的。违犯法律的行为被视为对社会整体的威胁和破坏，因此违犯者很难得到人们的宽恕，也很难再回归社会。此时的惩罚公开执行，非常残酷和严厉，典型的惩罚形式是肉体惩罚（比如鞭笞），而且惩罚的形式象征着违犯者已犯下的罪行，比如砍下偷盗者的双手。第二，现代社会可能仍然是专制主义的，其惩罚仍然可能很严酷，但现代社会的专制主义是病态的而不是常态的。在正常的社会历史条件下，现代社会是民主的，其惩罚的严厉程度相对较低。现代社会的复原性法律将当事人双方的关系视为双方或多方订立的契约，各方在法律面前都是平等的。任何侵犯行为都是私人性的，因此侵犯行为不会像违犯宗教法律那样激起众怒。在有机团结的社会中，惩罚的主要形式是监狱系统，它提供了个人化的惩罚形式而且为个人重新回归社会并修复社会关系提供可能。①

总而言之，涂尔干将法律视为社会团结的外在的客观标志，或者说，法律是社会事实的标准范例，这与其社会学研究方法是一致的。涂尔干作为法律社会学的创始人之一，对于确立法律作为社会学的一个研究领域做出了重要贡献。对法律和法律现象的探讨贯穿于涂尔干的整个学术研究中，由其创办的《社会学年鉴》对法律制度以及法律社会学的讨论也一直持续到第一次世界大战的爆发。涂尔干及其学术团队倡导把法律作为一种社会过程来研究，将法律的演化作为社会道德基础变迁的指标，为法律社会学提供了一条有价值的研究路径。其研究方法被后来的法律社会学家以及法律人类学家所借鉴和发展，如霍华德·温伯利（Howard Wimberley）、厄普伦德·巴克斯（Uprenda Baxi）等。此外，涂尔干对压制性法律向复原性法律演变的探讨现今仍然具有价值。

第四节 韦伯：现代法律的理性化

马克斯·韦伯出生于德国埃尔福特市，父亲是知名的政治家。1882 年，韦伯进入海德堡大学读书，主修法律，兼习经济学、历史、哲学和神学。1884 年，韦伯到柏林大学继续深造，其间担任过实习律师，后来在柏林大学担任讲师。1889 年，韦伯以论文《中世纪商业社会史》获得了柏林大学法学博士学位。两年后，韦伯以《罗马农业史及其对公法和私法的意义》一书取得了柏林大学的教授资格。1894 年，韦伯被聘为弗赖堡大学经济系教授，之后被聘为海德堡大学国民经济系教授。1899 年，韦伯因神经疾病完全停止了教学活动，离开教职长达 20 年之久。但在此期间，韦伯并没有停止学术研究。他和同事创办了《社会科学与社会政策文库》，并在上面发表了著名的《新教伦理与资本主义精神》。1918 年，韦伯重返教职，首先在维也纳大学任教，后来转到慕尼黑大学。1920 年，韦伯因肺炎在慕尼黑逝世。其未竟之作《经济与社会》在 1911—1922 年被整理出版，在西方学术界引起了极大轰动。除了上文所提及的著作之外，韦伯的主要著作还包括：《宗教社

① DEFLEM M. Sociology of law：visions of a scholarly tradition. New York：Cambridge University Press，2008：62 - 66.

会学论文集》(1922)、《科学理论论文集》(1922)、《社会科学与社会政策论文集》(1924)。

对现代社会理性化的探讨是韦伯整个学术研究的核心。韦伯借助“理想类型”的方法，将社会行动分为四种类型，即工具合理性行动（目的理性化）、价值合理性行动、情感行动和传统行动。这四种行动类型可分为理性行动和非理性行动，前者包括工具合理性行动和价值合理性行动，后者则包括情感行动和传统行动。其中工具合理性行动中的行动者对行动的目标进行充分的权衡，并以最为有效的手段实现目标。而在价值合理性行动中，对终极价值的信仰是行动者的目的，而行动的现实成效则不是行动者所考虑的。此外，韦伯从形式和内容的角度将经济行动分为形式合理性行动和实质合理性行动，其中形式合理性行动是可以用量的形式来衡量和计算的行动，即行动的合理性程度可以由可计算的程度来决定，其目标是追求收益的最大化；而实质合理性行动并不满足于目的合乎理性的计算，而是具有伦理的、道德的、政治的或者其他的价值要求（如关注人的需求以及社会的公正等），并用这些价值合乎理性的要求来衡量行动的结果。韦伯认为资本主义社会是工具合理性（形式合理性）和价值非理性（实质非理性）的社会，并且认为现代文明的成就和问题都根源于工具理性和价值理性的内在紧张。[①] 韦伯将这一理论运用到许多重要的社会制度和社会现象，包括科学、政治、文化以及法律的研究中。

韦伯指出现代社会的实质标志是高度的目的理性化，社会生活的诸多领域越来越依赖于效率计算。在考察现代社会生活的理性化时，韦伯不仅讨论了科层制和统治类型，而且对现代法律的特征进行了深入的探讨，详细地描述了一个形式理性化了的法律系统的特点。

首先，韦伯的国家理论与其法社会学之间有着内在的联系，因为现代国家统治的合法性基础是法律。韦伯根据政治权力的合法性基础区分了三种政治统治类型，即建立在人们对传统权威的信仰基础之上的传统型统治、建立在政治领袖的非凡品质之上的卡里斯马型统治（charisma）以及建立在理性化的法律系统之上的法理型统治。其中法理型统治是现代社会普遍的统治形式。其典型的特点是，统治形式的合法性来源于法律的承认，其统治关系是一种非人格化的法律关系，统治者只是根据法律规定而暂时拥有权力，服从者服从的是法律，而不是某个具体的个人，办事程序的制度化、条例化、法律条文一经颁布就必须得到所有成员的服从等。[②] 法理型统治的典型形式是科层制——因为科层制正是按照正式程序和法律系统运转的。

其次，韦伯对实质理性的法律和形式理性的法律进行了区分，并用法创制（lawmaking）和法发现（lawfinding）来阐释现代社会中法律的理性化形式。“在形式上，其为非理性的情况是：为了顺当处理法创制与法发现的问题而使用理智所能控制之外的手段，譬如诉诸神谕或类似的方式。在实质上，其为非理性的情形是：

① 侯钧生．西方社会学理论教程．天津：南开大学出版社，2001：119.

② 贾春增．外国社会学史．北京：中国人民大学出版社，2000：116.

全然以个案的具体评价——无论其为伦理的、感情的或政治的价值判断——来作为决定的基准，而非一般的规范。”[①] 韦伯以传统的中国法以及穆斯林法律为例来说明实质非理性的问题。在传统的中国法律中，执法者可以根据各个案件的情况自由地做出判决，他们只受到普遍的神圣传统的约束。类似地，穆斯林“卡迪司法”（Khadi justice）的法律判决也缺乏对一般原则的关照而完全基于每个案件的具体情况。

此外，韦伯认为当法律判决是基于理智所不可控的手段（比如神谕、神判法和宗教法）做出时，它就是形式非理性的。在判决过程中，疑犯常常遭受痛苦的考验，考验的结果决定其是否有罪。在形式非理性的法律中，法律判决缺乏一般性的标准，因此它是不可预测的。而当法律判决完全是根据案例事实的一般特征做出时，它就是形式理性的。[②]

韦伯认为，伴随着社会的异质性、多样化程度的加深，法律的数量在逐渐增多，日趋精密和复杂。与此同时，法律的形式化程度也在逐渐提高，日趋法典化和非人格化。换言之，法律体系越来越独立，具有一套自身的逻辑，法律的实施也只考量案件事实中明确的一般化特征。此外，现代法律作为技术理性的精密体系也大大提高了现代法律的实质非理性成分。韦伯认为，作为现代社会祛魅化的一个重要表现是，西方社会中的法律越来越具有形式理性化的特点，其程式化和抽象化的程度越来越高，而且这一形式理性化过程仍在继续。

最后，韦伯还讨论了身份契约向目的契约演变的历史过程，以此来说明法律的形式理性化。韦伯认为身份契约允许订立契约的各方变动位置，如“兄弟契约”[③]（Verbrüderungs Vertrag）。这种契约“在内容上均意味着人们在法律整体资格上的转变，亦即人们的整体地位和社会行动样式（habitus）的变更”，个体并不是为了具体的目的（如赠予礼物、期待获得一些特定的物资效用等）而订立契约。而目的契约则与参与者的身份无关，其订立契约的目标是获得一些具体的结果（如可用于换取钱财的商品）。韦伯指出：“‘目的’契约是一种目的仅止于取得具体的（多半是经济性的）资源或效用的协议，并不涉及相关当事者的‘身份’（例如交换），也不会促成他们产生新的‘伙伴’素质，所以并非原始自然的一种协议。”[④] 韦伯强调，目的契约的形式理性使人们通过计算去预测自身行为的法律后果成为可能，因此它扩大了人们的自由。

在韦伯看来，这种形式理性化的法律才是现代西方社会最基本的、最典型的法律形式，是资本主义社会得以发展的重要因素。法律的形式理性化和资本主义是相

---

① 韦伯．法律社会学．桂林：广西师范大学出版社，2005：28.

② DEFLEM M. Sociology of law：visions of a scholarly tradition. New York：Cambridge University Press，2008：45-46.

③ 韦伯认为这种契约多半是巫术性的行为，至少带有巫术的特质。根据这种契约，任何人都有可能成为他人的儿子、妻子、兄弟、主人、族人等，即广义上的“伙伴”（genosse）。参见韦伯．法律社会学．桂林：广西师范大学出版社，2005：40。

④ 同①40，41.

伴而生的，但二者之间的关系非常复杂。“法律的形式理性化是受经济、文化、政治等因素综合影响的。在经济方面，资本主义的扩张推动了法律的理性化进程，例如私人合同法是成熟资本主义的产物。同时，韦伯又指出现代法律的发展反过来也影响了经济行为。例如，尽管现代资本主义在形式理性化程度相对较低的法律系统中也能够繁荣，但一套严密的审判体系对经济市场的发展至关重要。在文化层面，法律的世俗化摒弃了法律中的实质非理性、宗教性卡里斯马以及神秘感。在政治上，科层制管理形式的膨胀同样有利于法律形式理性化的发展（因为科层制追求明确性和条理性）。……在众多因素中，法律专业化的作用是举足轻重的，因为律师专业训练是法律形式理性化的重要方面。”①

韦伯对法律的分析是其社会学理论的重要组成部分。他关于现代西方社会法律的形式理性化以及形式（非）理性与实质（非）理性之间关系的论述仍然是当代社会学和法律社会学的核心论题，其提出的一些核心概念和研究方法仍然被诸多的学者所接受和运用。韦伯成功地实现了法律研究的法学思维向社会学思维的转变。可以毫不夸张地说，韦伯对法社会学的影响是无所不在的，而且会一直持续下去。

第五节　马林诺夫斯基：原始社会的法律与秩序

布罗尼斯拉夫·卡斯珀·马林诺夫斯基（Bronislaw Kaspar Malinowski，1884—1942）是英国著名的社会人类学家，功能学派的创始人之一。马林诺夫斯基出生于波兰的克拉科夫，早年因身体状况欠佳，曾与母亲到热带地区旅行。1902 年，马林诺夫斯基进入波兰著名学府杰格隆尼大学哲学系就读，受法学教授达根（L. Dargun）、艾斯特莱赫（S. Estreicher）以及历史学家波特康斯基（K. Portksnski）等人的影响，对家庭、社会和民族学产生兴趣。1910 年，马林诺夫斯基拿到奖学金到伦敦政治经济学院学习。1914—1918 年，他到西太平洋的新几内亚和特罗布里安德群岛进行田野调查，开创了人类学的实地研究方法。1922 年，马林诺夫斯基出版了著名的《西太平洋的航海者》，在西方学术界引起了极大的轰动，不久之后马林诺夫斯基被任命为首位社会人类学课程教授。1938 年，马林诺夫斯基离开伦敦政治经济学院，前往美国耶鲁大学任教。马林诺夫斯基主要的著作除了《西太平洋的航海者》之外，还有《原始社会的犯罪与习俗》（1926）、《科学的文化理论》（1944）和《巫术、科学与宗教》（1948）等。

马林诺夫斯基对法律的讨论主要集中在《原始社会的犯罪与习俗》一书中。该书探讨的一个核心问题是原始社会秩序的形塑力量和机制是什么。当时人类学的传统观点是原始社会的居民对传统和习俗深怀敬意，他们出于对公共舆论、超自然惩

① DEFLEM M. Sociology of law：visions of a scholarly tradition. New York：Cambridge University Press，2008：47.

罚的畏惧，或者基于“群体本能”和神秘的“群体情感”，奴隶般地、自愿地服从部落的规则和戒律。马林诺夫斯基认为那种将原始人假想为本能地服从部落法律的观点是与人性相悖的，而且任何社会都存在要求公民做出重大的自我牺牲的法律、禁忌和义务，人们是基于道德、情感或注重事实的理性，而不是出于任何“自发性”来遵守它们的。此外，传统的人类学研究习惯于在原始社会找寻制定、实施和执行法律的具体机构，但常常是无功而返。因此，这种将中央权威、法典、法庭和警察界定为法律强制力的研究方式必然会得出原始社会的居民自愿自发地遵守法律而不要强制力的结论。①

马林诺夫斯基通过对居住在美拉尼西亚的特罗布里安德群岛上的土著居民的日常生活中的文化事项进行描述，阐明了在婚姻关系、捕鱼队中的合作、内陆和环岛村社的居民之间易货贸易以及哀悼活动中的一些礼仪性义务等法律问题。例如，在独木舟的使用上，人们形成了一个明确的分工制度和严格的双向义务制度。独木舟的主人同时也是所有船员的首领和捕鱼巫师，负有筹资建造新船以及对独木舟进行维修的义务。独木舟的每一个共同的拥有者根据各自的地位、年龄和个人能力综合决定其头衔以及与此相关联的责任、特权和利益。此外，在内地村寨与沿海渔民的食品交换中，双向的义务制度迫使双方无论何时收到伙伴的礼物都必须予以相应的回报，在回报时不能斤斤计较，更不可无限拖延。马林诺夫斯基认为形成这种义务的背后驱动力是互惠。在特罗布里安德群岛上，每个人都有永久的贸易伙伴，而且只在彼此间相互交易。他们通常是姻亲和盟友，或者是被称作“库拉”的重要礼仪性交换制度中的搭档。在这一规则下的持续交换中，“双向互惠原则为每一项规则都提供了约束力。在每一个行动中都存在着社会学意义上的二元性：提供服务和负有交换责任的双方，每一方都密切注视着对方履行义务的程度和行为的公正性”②。

此外，马林诺夫斯基还对特罗布里安德群岛上居民的宗教行为中的法律规则和婚姻法进行了阐释，以此来说明首领对普通人、丈夫对妻子、父母对子女的要求都不是随心所欲和单方面实施的，而是按照确定的规则，安排在互惠服务的对称锁链之中。例如，在丈夫的葬礼上，妻子的责任就是让丈夫家族的健在者感受到她的悲痛，并坚持长期服丧等，这样她就可以在随后的财产分配仪式上从丈夫的男性亲属手中获得一份较丰厚的礼仪性报酬，以作为她在葬礼上悲痛洒泪的补偿。因此，“对土著居民而言，哀悼行为只是丈夫和妻子以及他们各自族系之间终生互惠锁链中的一个环节”。再比如，婚姻所建立的不只是夫妻之间的纽带，更是丈夫和妻子的家庭，特别是和妻子的兄弟之间所建立的一种长远的互惠关系纽带。按照特罗布里安德群岛的母权制度，男性需为姐妹及其孩子提供食物、经济援助以及其他福利，而等孩子们长大成人之后则直接由母系的舅舅监护，男孩子们都必须尽力协助舅舅处理好任何事情，并要从自己的收成中奉献一个固定的份额给他，以报答他的

---

① 马林诺夫斯基．原始社会的犯罪与习俗．北京：法律出版社，2007：6.

② 同①14.

养育之恩。此外，在原始社会的巫术制度中，居民与巫师之间的关系是建立在习俗规定的契约基础上的。巫术表演是公共巫师必须履行的义务，而巫师又会根据其履行的表演义务享有特定的权利和地位。

通过对原始居民的生活进行考察，马林诺夫斯基指出，原始社会中的大部分行为是建立在互惠的锁链上，双方均衡长远利益，平等收益。那些在经济交往中刻意不遵守互惠规则的人很快就被排除在社会和经济秩序之外。“或许此类社会关系的法律性质最明显的标示就是互惠和公平交换原则，它不仅在氏族内部，就是在最亲近的近亲团体中也是占有优势的至高无上的原则。正如我们已经见识过的舅舅与外甥之间的关系、兄弟之间的关系，甚至一个男人与他的姐妹之间最无私的关系，也是完全建立在相互依存和提供对等劳务的基础上。”

除了互惠之外，马林诺夫斯基认为对这些义务形成约束力的另外一种机制是礼仪。在交换制度中，人们必须向对方提供载在特制量具中的作为礼物的食品，并按特定的礼仪将其展示出来。“炫耀的欲望、显示慷慨大度的抱负、对积累财富和食物的极度尊重，构成了履行义务的另一种强制力。”

因此，除了法律规则以外，原始社会中还有一些其他类型的、主要是由心理动机或力量来支持的规范和传统戒律。换言之，法律规则只不过是总体习俗中的一个确定的形式。而法律规则与其他规则的不同之处在于“它们能被感受并确定为一个人的义务和另一个人的权利诉求。它们不仅只依靠心理动机，而是正如我们所知道的那样，是由建立在互赖基础上和互惠服务的同等安排的认同上的特定社会约束力机制所强制执行的，并将这些权利主张融入错综复杂的关系网络中才能得以实现。(加之）配合了必需的公共控制和批评的礼仪形式后，可以在绝大多数的交易中被完整地执行，从而更增强了它们的约束力”。

至此，马林诺夫斯基批评了传统的人类学过分强调原始社会的刑法、否定民法存在的可能，认为原始社会的法律并不只是由消极禁令组成的，因此原始社会的法律并不全是刑法。马林诺夫斯基指出，在特罗布里安德群岛存在着一套有约束力的规则，支配着部落生活的各个方面，“它规范了亲属、氏族成员和部落成员之间的个人关系，明确了经济规模，规定了权力的行使和巫术的实施，确定了夫妻及各自家庭的地位。美拉尼西亚社区的这些规则就相当于我们所谓的民法”。“‘民法’这一实质性的法律统治着部落生活的一切方面，它由一组有约束力的责任组成……通过原始社会结构中固有的互惠和公开性这一特殊机制保证了其效力。……它们的说服力来自土著居民对原因和结果的理性评估，而这种评估与诸如抱负、虚荣、自豪、公开自我炫耀的欲望和依赖、友情、对宗教的奉献及忠诚等社会成员和个人的情感休戚相关。”

在考察原始社会的法律与秩序的基础上，马林诺夫斯基检视了原始社会的犯罪与惩罚，重点分析了具有法律影响力的巫术和自杀行为。他指出，在原始社会中，自杀并不是一种主持正义的方式，但却为自杀者提供了摆脱困境和雪耻的途径。而巫术既不是主持正义的唯一手段，也不是一种犯罪行为，但它常常屈从于当权者而不正当地加罪于弱者。

此外，马林诺夫斯基发现，原始社会的法律并不是呆滞单一的习俗“块”或习俗“束”，而是存在冲突的。它们不仅是人类感情和法律长期斗争的结果，也是法律原则之间长期斗争的结果。土著居民的法律是由相对独立的系统组成的，如母权制、父权、婚姻法、首领的特权和职责等，这些法律规则并不是完全协调一致的。一次偶然的冲突就可能使这些法律规则陷入紧张的状态，如作为特罗布里安德群岛最重要的法律原则的母权制与具有最强烈情感之一的父爱之间的冲突。母权制规定亲属关系只能根据女方确定，所有的社会特权归属母系成员所有，排除父亲和孩子之间的血缘纽带以及由这一纽带产生的父子关系道德方面的法律效力。但既有的惯例和传统却认可父爱之情，接受儿子在成年之后以及在婚后仍受父亲关照，并且通过表亲互婚制度使父系纽带渗入母权制之中。但这一惯例和传统本身是与母权制相对立的，是不合规则的，因此它一旦遭到以母权制法律的名义进行的反对和抵制，就只有屈从。①

因此，马林诺夫斯基在这本书中反驳了传统人类学认为“群体感情”或“集体责任”是维系原始社会秩序的唯一的或主要的力量的观点，认为原始社会存在着积极的、具有灵活性和约束力的各种义务（这些义务相当于我们通常所说的民法），并且互惠的锁链、公开的规则和礼仪等为法律和秩序提供了主要的约束力。

第六节 霍贝尔：原始人的法

霍贝尔是继马林诺夫斯基之后西方人类学界极为重要的法律人类学家之一。1934年，霍贝尔在哥伦比亚大学获哲学博士学位，之后任犹他大学人类学系教授兼系主任、密歇根大学人类学教授、明尼苏达大学明尼阿波利斯分校人类学系名誉教授，并曾当选美国民族学会会长和美国人类学协会主席。霍贝尔的主要著作有《晒延人方式》（1941）、《原始世界的人们》（1949）以及《科曼契人》（1934）等。霍贝尔对法律的讨论主要集中在《原始人的法：法律的动态比较研究》（1954）这一广受赞誉的著作中。

霍贝尔在这本书中要回答的问题是：原始社会到底有没有法律？如果原始社会存在法律，那么它的起源、本质和作用又是什么？霍贝尔认为之前那种将法律与社会文化割裂开来使其成为一个孤立的研究对象的研究方式难以深入地认识法律的本质、存在方式以及功能。因此，霍贝尔在《原始人的法：法律的动态比较研究》一书中首先建立了一套研究原始社会法律的观念和方式，在此基础上，他通过对七个原始部落的法律进行比较分析，探讨从最简单到最复杂的原始文化中潜在的法律公理是如何转化为法律规则的以及法律在社会中的作用是什么。

霍贝尔认为法人类学必须将法律视为社会文化的一部分，必须从社会文化中研

① 马林诺夫斯基．原始社会的犯罪与习俗．北京：法律出版社，2007：20，30，17，36，44，38，71.

究法律。“从人类学角度考虑，法律只是我们文化的一个因素，它运用组织化的社会集团的力量来调整个人及团体的行为，防止、纠正并且惩罚任何偏离社会规范的情况。”因此，“我们必须全面仔细地俯视社会和文化，以便发现法律在整个社会结构中的位置。我们必须先对社会如何运转有所认识，然后才可能对何为法律以及法律如何运转有一个完整的认识”。

那么霍贝尔所说的文化到底是何物？霍贝尔认为文化是靠学习而获得的行为，是“一个社会的成员表现和分享的、后天得到的行为方式的完整一致的总和”。但人类行为的范围不仅广阔，而且彼此之间充斥着矛盾，因此需要对这些行为进行选择以维系行为方式的一致性。“每个社会都十分有必要在可能性中选择有限的行为，以适应它的文化。它必须断然地抛弃选择范围内的不适合的行为，以及其他不一致的行为。”[①] 但选择并不是偶然的、杂乱无序的，而是存在着一定的选择标准，即所谓的“公规”和“公理”。这些公规是社会成员在长期的社会实践中自然而然地总结出来的不证自明的真理和规则。依据基本公规，新的行为方式不仅可以被社会成员所接受、排除或修正，而且也会反过来作用于公规，因此公规本身也不是一成不变的。而法律就是公规的一种。“法律规范如同其他社会规范一样，是选择的产物。”

但正如全体社会成员可能同意也可能不同意一种社会公规一样，作为公规的一种的法律也需要经过较量来决定哪些公规应该被普遍执行，以及对某一项公规的解释应如何运用到立法和诉讼中。而社会学家的工作就在于从研究对象的日常生活中抽象出这种公规。霍贝尔指出：“法律的一个主要功能就是作为一个选择的规范，用它来保护法律制度与建立在其中的社会文化与基本公规的一致。因此，比较法学中的一个重要问题，就在于去寻求不同法律制度的法律公规，然后确定它们是怎样从法律制度中表现出来的。”[②]

此外，霍贝尔指出人类学对法律的研究是沿着行为主义和经验主义的研究路径进行的。其基本的假设之一是人类的法律都存在于人类的行为之中，只有通过对人类社会的各种关系以及自然力对其侵害的准确观察方能彰显出来。[③] 紧接着，霍贝尔对人类学的三种研究方法进行了评述，认为观念方法只是研究者自身观念的体现，忽视了研究对象自身的特性，而描述方法虽然注重对研究对象本身的观察和描述，但它过于沉迷于特殊性，而忽视了事物的普遍性。因此，霍贝尔提倡使用个案方法，即对纠纷事件的解决过程进行析解，以此来勾勒一个社会的法律规则。霍贝尔认为该方法很好地结合了事件的特殊性和普遍性，因此具有优越性。

在对人类学研究原始社会法律的观念和方法进行阐述之后，霍贝尔对法律的特性进行了归纳，认为特殊的强力、官吏的权力和规律性是构成法律的因素。其中特殊的强力是法律存在的必备条件，这种强力保证了被授权的当权者合法地使用强制

---

① 霍贝尔．原始人的法：法律的动态比较研究．北京：法律出版社，2006：4－5，7，12.

② 同①5，14.

③ 同①15.

手段。官吏因素是指法官、法庭、执法机关等，它们是一般地或特殊地被承认的正确执行强制手段的因素，是社会权力的构成部分。而规律性则是针对法律内容的稳定性和科学性而言的。基于对法律的三个特性的阐释，霍贝尔对法律进行了如下界定："法律可以定义如下，这样的社会规范就是法律规范，即如果对它置之不理或违反时，照例就会受到拥有社会承认的、可以这样行为的特权人物或集团，以运用物质力量相威胁或事实上加以运用。"[①]

接下来，霍贝尔在《原始人的法：法律的动态比较研究》一书中通过对七个原始部落（具体是北极地带的因纽特人，菲律宾北吕宋岛的伊富高人，北美洲印第安人中的科曼契、凯欧瓦和晒延部落，南太平洋的特罗布里安德人以及非洲的阿散蒂人）的社会制度进行分析，按照社会发展程度对七个部落进行了详细的介绍，以尝试描绘出从原始社会到现代社会法律形态的发展演变图。霍贝尔根据人们获取食物的方式将人类社会史划分为三个大阶段，即渔猎文化阶段、农业文化阶段和机械文化阶段，并对每个阶段的法律制度进行了描述。霍贝尔认为在简单渔猎文化阶段，社会几乎不需要法律，其主要的社会组织是氏族公社，部落事务由成年男子讨论决定，部落之间的事务通过血亲复仇和格斗的方式解决。到了高级渔猎文化阶段，法律仍不发达，私法也没有产生，但赔偿制度已出现。在农业文化阶段，农业经济的兴起使人口大大增加，人际关系变得更为复杂，社会已产生动产和不动产，这促进了相应的法律和法律机构的发展，如物法、公法等。此时首领已具备立法权和执法职能。在机械文化阶段，法律制度的系统化和一体化程度得到极大的提高，以便用统一的方式应对和处理异质性较强的人群。

此外，霍贝尔还讨论了法律与宗教、巫师的关系，这是《原始人的法：法律的动态比较研究》一书中极为重要的部分。霍贝尔首先指出，人们惯常认为梅因（Henry Maine）在《古代法》中提出了"法律起源于宗教"这一理论，这其实是对梅因的误读。梅因本人所强调的是原始社会中宗教与法律交织在一起，"从大量的法规汇编的遗物中可以看出，无论是在东方还是西方，无论它们之间在本质上的区别如何大，都表现出它们与宗教、道德规范的结合"[②]。霍贝尔通过对原始部落社会生活的分析指出，法律与宗教都有各自的领域，宗教应对的多半是人与超自然力量之间的关系，而法律处理的往往是社会成员之间的关系，因此宗教既不包括所有生活，也不包括法律。[③] 当然法律与宗教之间存在区别并不意味着宗教与法律无关，相反，在原始社会中宗教必然会影响法律，法律也会依赖宗教，比如，法律规定不能相悖于宗教观念，法律执行者往往需要借助宗教的权威来实施法律，通过宗教手段解决法律难以解决的问题等。

当谈到法律与巫术之间的关系时，霍贝尔认为两者本质上是对立的，一方的增长意味着另一方的削弱。"如果一套完整的法律制度还未公开制定出来，那么，隐

---

① 霍贝尔．原始人的法：法律的动态比较研究．北京：法律出版社，2006：27.

② 同①238.

③ 同①246.

藏着的巫术必然会跳出来。”[①] 由于巫术会阻碍法律的发展，因此法律必须要战胜巫术，使其枯萎和消亡，才能发挥自身的效力，但这在原始社会困难重重。

第七节　庞德：社会学法学

罗斯科·庞德是美国著名的法理学家、社会学法学的创始人。庞德于 1870 年出生于美国内布拉斯加州的一个律师家庭。1889 年，庞德进入哈佛大学法学院学习，后获取律师资格，从事律师工作。1901 年，庞德担任内布拉斯加州高等法院上诉委员会委员职务，并受聘为内布拉斯加州大学的法学副教授，之后升任为法学院院长。1907—1910 年，庞德又任教于美国的西北大学和芝加哥大学。1910 年，庞德重返哈佛大学法学院，并于 1916 年担任法学院院长职务，创造了哈佛法学院历史上的黄金时期。他所创立的社会学法学（sociological jurisprudence）在 20 世纪 30 年代成为显学。庞德一生著述颇丰，其中许多著作在西方法学史上有着重要的影响，如《社会学法学的范围和目的》（1911—1912）、《普通法精神》（1921）、《法律史解释》（1923）、《法律与道德》（1926）、《普通法的历史和制度释义》（1927）、《通过法律的社会控制》（1942）、《法律的任务》（1944）以及五卷本的《法理学》（1959）等。

庞德于 20 世纪早期提出并发展了社会学法学这一法学学派，主张重视法律的实际运行，关照法律运行的社会效果，提高法律规则的有效性，并从社会控制的角度提升法律的最终目标等。[②] 庞德强调实际的法律运行与法律条文和法律规范之间是存在差别的，而导致这种差别的原因主要是法律滞后于社会现实的发展以及立法与执法之间的脱节等。因此我们有必要研究一个社会的发展状况对法律实施的影响，以便及时地调整法律，使其反映处于变化中的社会事实，进而提高法律的效能。

“通过法律的社会控制”是庞德法律思想的核心内容之一。在《通过法律的社会控制》一书中，庞德深入讨论了文明、社会控制和法律之间的相互关系。他认为文明的实质在于对物质世界和对人类本性控制的有机结合，只有征服物质世界，人类才能获得生存和发展，只有控制人类本性，才能更有效地创造物质文明。庞德认为人的自我扩张本性使人只顾自己的欲望和需求，甚至通过损害他人的利益来满足自身的欲求，但人的社会性又使人具有与他人交往、在集体中生活的需求，因此二者之间具有矛盾性。但在二者的交锋中，通常情况下人的社会性会压制人的自我扩张性，从而维系和促进社会的发展。但人的自我扩张性是与生俱来的，很难被限制，更不可能被摒除。因此，社会需要一种外在的控制力量来压制人的自我扩张性的膨胀，保存和延续社会的文明，而法律便是这样一种社会控制手段。

---

① 霍贝尔．原始人的法：法律的动态比较研究．北京：法律出版社，2006：254.

② DEFLEM M. Sociology of law：visions of a scholarly tradition. New York：Cambridge University Press，2008：100.

正如庞德所言，控制人类自我扩张的内在本性的力量是“直接通过社会控制来保持的，是通过人们对每个人所施加的压力来保持的。施加这种压力是为了迫使他尽自己的本分来维持文明社会，并阻止他从事反社会的行为，即不符合社会秩序假定的行为”。庞德认为社会控制的手段从文明起源至今已经历了从道德、宗教向法律的演化，并且法律在 16 世纪之后已经取代道德和宗教成为主要的社会控制手段。当然法律成为主要的社会控制手段并不意味着社会不再需要其他的控制手段，相反，法律仍然需要宗教、道德以及教育的支持和补充。

庞德法律思想的另一重要内容是法律的功能在于实现社会利益。所谓利益是指“人们个别地或通过集团、联合或亲属关系，谋求满足的一种需求或愿望”①。庞德将利益分为三大类，即个人利益、公共利益和社会利益。其中个人利益是那些直接与个人生活相关并以个人生活名义提出的需求和愿望（如身体健康、名誉、信仰和社会救济等）；公共利益又可称为国家利益，是从政治组织角度提出的主张和要求（如作为法人的国家的利益）；社会利益则是为维护社会秩序和社会正常生活而提出的要求和主张（如社会安全、对道德的保护、对经济制度和政治制度的保障以及对社会资源的使用等）。而法律就是保障这些利益的重要机制。庞德表示：“我愿意把法律看成是这样一种社会制度，即在通过政治组织安排人们的行为而可以满足人们的需要或实现这些要求的情形下，它能以付出最小代价为条件而尽可能地满足社会需求——产生于文明社会生活中的要求和期望……通过社会控制对人类的需求、需要和欲望的承认和满足得到不断扩大；对社会利益的保护日益广泛和有效；更彻底、更有效地杜绝浪费并防止人们在享受生活利益时发生冲突——总而言之，一个日益有效的社会工程。”② 法律作为一种社会工程，它必须具体地表达和彰显社会利益，并且当各种利益发生冲突时必须及时有效地给予调解，唯有如此才能有效地维护社会秩序。

此外，庞德为了论证自己的社会工程法学，还对法律价值进行了阐述。庞德认为人们是否认可和保障某一利益是根据一定的价值标准做出的。他对当时存在的三种法律价值论进行了评述。第一种是经验论——主张从实际经验中寻找调整和协调各种利益冲突的方法。第二种是理性论——主张按照处于特定时空中的文明所秉持的法律理论对利益进行评价。第三种是权威论——主张按照某些被普遍认可的传统的权威性的法律观念作为价值标准。庞德认为后两种法律价值论并不符合实际，因为社会秩序是不断变迁的，实际的法律价值标准也要适时地做出调整以适应变化了的社会状况，从而给整个利益方案带来最大的效果。鉴于此，只有法律价值的经验论才具有合理性和可行性。③

庞德的社会控制和社会工程理论推动了社会学法学视角的系统化发展，为在法学中开展社会学运动开辟了一条可行的路径。在社会急剧变迁的时代，庞德将法律

---

① 庞德．通过法律的社会控制．北京：商务印书馆，1984：9，35.

② 博登海默．法理学：法律哲学与法律方法．北京：中国政法大学出版社，1999：140.

③ 李龙．西方法学名著提要．南昌：江西人民出版社，2005：455－456.

视为一种社会控制，体现了他对当时美国社会学潮流的关注和把握。尽管法学界长期以来对庞德的评价褒贬不一，但都无法遮掩庞德作为法理学集大成者的光芒以及他在西方法学史上的影响。

本章要点

本章主要从学术发展史角度介绍了古典法社会学的发展与演变情况。从学术发展史来看，法社会学作为社会学的一门分支学科形成于古典社会学时期。古典社会学家们从各自的理论视角和研究方法对社会中的法律进行了详细深入的探讨，形成了综合性视角，并大体上确定了法社会学的研究进路和范式，促进了法社会学的制度化和规范化发展。

复习思考题

1. 简述埃利希“活的法律”思想。
2. 谈谈你对韦伯法律理性化的理解。
3. 比较马林诺夫斯基和霍贝尔对原始社会法律的研究。
4. 谈谈你对庞德的社会工程法学的认识。

推荐阅读书目

1. 博登海默．法理学：法律哲学与法律方法．北京：中国政法大学出版社，1999.
2. 科特威尔．法律社会学导论．北京：华夏出版社，1989.
3. 涂尔干．社会分工论．北京：三联书店，2000.
4. 韦伯．法律社会学．桂林：广西师范大学出版社，2005.
5. 马林诺夫斯基．原始社会的犯罪与习俗．北京：法律出版社，2007.
6. 霍贝尔．原始人的法：法律的动态比较研究．北京：法律出版社，2006.
7. 庞德．通过法律的社会控制．北京：商务印书馆，1984.
8. 戴弗雷姆．法社会学讲义：学术脉络与理论体系．北京：北京大学出版社，2010.
9. DEFLEM M. Sociology of law：visions of a scholarly tradition. New York：Cambridge University Press，2008.

第三章

现代法社会学理论

经过古典时期的奠基，到20世纪三四十年代特别是第二次世界大战后，西方法社会学进入了一个新的发展阶段。从20世纪40年代到70年代末，是西方法社会学继往开来、走向成熟的时期。

第一节　西方现代法社会学发展概况

在这一阶段，西方法社会学的发展呈现四个方面的显著特点：第一，随着社会学研究中心从欧洲到美国的转变，法社会学的研究中心也从欧洲转移到美国；第二，随着研究的深入和拓展，多种研究取向开始出现，并逐渐形成了几个声势浩大、影响广泛的研究运动或流派；第三，社会学的实证研究方法被广泛应用到法社会学的研究中；第四，研究规模明显扩大，有了自己独立的课程体系、学术机构和专业杂志。

一、研究中心从欧洲转移到美国

现代社会学起源于欧洲，并且在第二次世界大战以前一直是以欧洲为中心的。从社会学的创始人孔德（Auguste Comte，1798—1857）到社会学三大理论传统的奠基人马克思、韦伯、涂尔干，再到早期社会学的其他理论大师斯宾塞、滕尼斯、齐美尔、帕累托（Vilfredo Pareto，1848—1923）、托克维尔（Tocqueville，1805—1859）等，都来自欧洲。到20世纪二三十年代，美国逐渐完成了社会学的本土化过程，开始尝试自己独立的经验研究和理论构建。从20世纪40年代到70年代末，美国社会学无论是在理论研究上，还是在经验研究上都取得了同时代其他国家无与伦比的成就，使美国不仅成功地代替欧洲成为世界社会学的中心，而且几乎没有挑战的对手。如在理论研究上，美国社会学界贡献出了以结构功能主义、社会冲突理论、社会交换理论、符号互动理论四大理论流派为代表的一大批影响深远的理论成果；在经验研究上，美国社会学界也贡献出了以《街角社会》《中镇》等为研究代表的一大批至今仍被奉为典范的经验研究成果。

法社会学的世界格局经历了类似的转变。无论是其奠基人孟德斯鸠、贝卡利亚、梅因、耶林、马克思等人，还是其创始人埃利希，以及早期的理论大师萨维尼、韦伯、涂尔干、狄骥（Leon Duguit，1859—1928）等人，都来自欧洲。但是，随着美国的全面崛起，从20世纪二三十年代起，法社会学的中心开始向美国转移。在20世纪40年代以前，庞德、霍姆斯（Oliver Wendell Holmes，1841—1935）、卡多佐（Benjamin N. Cardozo，1870—1938）、格雷（John Chipman Gray，1839—1915）等美国法社会学就以他们对于法律的独到见解，在世界法社会学界产生了重要影响，为美国法社会学逐渐赢得了地位。第二次世界大战后，美国取代欧洲成为世界法社会学研究的中心，这从我们本章将要具体介绍的法社会学的著名研究运动和重要学术流派就可以清楚地看到。

二、多种学术流派相继形成

无论是在广度上还是深度上，这一时期的法社会学研究都有许多新的突破。随着研究的深入和拓展，多种研究取向开始出现，并逐渐形成了几个声势浩大、影响广泛的研究运动或流派。其中，最为重要的理论成果包括：现实主义法学运动（legal realism movement）、计量法学派（jurimetrics）、法律与社会研究运动（law and society movement）、法律与发展研究运动（law and development movement）、批判法律研究运动（critical ；egal studies movement）、伯克利学派、纯粹法社会学学派、ADR（alternative of dispute resolution，中文译为“替代性纠纷解决或非诉讼纠纷解决”）研究运动、司法行为主义（judicial behaviouralism）等。

此外，多种带有明显法社会学倾向的法学研究领域也在这一时期开始登上历史舞台，并在20世纪80年代产生了巨大的影响力，如法律与经济研究、法律与文学研究、女性主义法学、种族主义法学等。同时，在这一时期，社会法学的理论大师庞德也继续发挥其影响力，使其社会控制和社会工程理论不仅在理论上更加深化，在实践中也开始发挥作用。[①] 法人类学家也突破了既有的西方法理学模式，取得了快速发展，吉尔茨（Clifford Geertz，1926—2006）的《地方性知识：事实与法律的比较透视》、霍贝尔的《人类学和政治》、博安南（Paul Bohannan）的《提伍人的正义与审判》等一大批法人类学的经典成果相继诞生。[②]

总之，在这一时期，西方法社会学呈现出学派林立、群星闪耀的兴盛局面，各个学派既相互补充又相互争鸣，共同促进了法社会学的繁荣发展。

---

① 如1946年6月，庞德受聘担任中华民国司法部和教育部顾问。从1946年6月28日来华到1948年11月21日正式离华，他花了大量的时间在中国就法律改革进行调查研究、建言献策，其法律观点对中国的法学研究、法律教育以及立法和司法都产生了不小的影响。参见翟志勇．罗斯科·庞德：法律与社会——生平、著述及思想．桂林：广西师范大学出版社，2004：326－341。

② 赵旭东．秩序、过程与文化：西方法律人类学的发展及其问题．环球法律评论，2005（5）：557－570.

三、实证研究方法广泛运用

如果说前一阶段的法社会学研究主要是着力于勾勒轮廓、圈定纲领、构建框架等宏观理论建设的话，那么这一阶段法社会学研究的一个显著特点就是，社会学和法学的结合更加紧密，更加注重用社会学的经验研究方法来研究具体法律现象和法律问题。这一时期，社会学的问卷调查、量表测量、观察、访谈等实证研究方法被全面引入对具体法律问题的研究中。

这一时期，比较有影响的经验研究集中在对法律意识、司法过程、法律运作、纠纷解决、律师职业等主题的研究上。如波兰的 A. 波德哥列奇、日本的川岛武宜都对本国国民的法律意识进行了深入调查；美国的芝加哥大学、加州大学、纽约大学等单位开展了关于庭审过程、审判拖延、陪审制度、法律服务等关于审判的方方面面的实证研究；美国行为主义法学的代表人、著名法社会学家布莱克对法律运作的整个过程展开了丰富的实证研究，提出了“案件的社会结构”这一重要概念；博安南等法人类学家则通过长期的田野调查，对原始部落的纠纷解决方式进行了实证研究；海因茨（Heinz）和劳曼（Laumann）通过问卷调查对芝加哥律师业进行了实证研究。

这一时期的实证研究是如此之多，以至于有人诘难道：“这个时期的研究受行为主义影响较大，注重问卷、资料统计、法官行为调查和心理测验等社会学技术，课题过多集中在具体法律问题上，忽视了对法律基本理论的研究，有些人则把法社会学庸俗化为统计和整理资料。”① 但正是这些实证研究，使得法社会学研究在独立于社会法学、法哲学，向规范化、科学化的发展方向上迈出了重要的步伐。

四、研究规模迅速扩大

在这一阶段，法社会学逐渐发展成为一门相对独立的学问，形成了相当规模的研究队伍，并有着自己的课程体系、学术机构、专业杂志。

首先，开设了法社会学方面的课程。如法国巴黎法律学院于 1956 年首次开设了法社会学课程，从而初创了法社会学教育。② 随后，法社会学课程在很多国家的高校都开设起来了。

其次，设立了法社会学的专门机构。如日本于 1947 年设立了法社会学会，美国于 1964 年 11 月成立了法与社会协会（Law and Society Association），英国社会科学研究理事会于 1972 年在牛津大学设立了社会-法律研究中心（Oxford Centre for Socio-Legal Studies）。而最为重要的是，1962 年，作为世界性学术团体的国际

---

① 张文显．西方法社会学的发展、基调、范围和方法//李楯．法律社会学．北京：中国政法大学出版社，1999.

② 布律尔．法律社会学．上海：上海人民出版社，1987：100.

社会学学会（ISA）设立了法社会学学会（ISA. RCSL）作为其重要分会。法社会学学会每四年随国际社会学学会举行一次国际性会议，并且每年在不同的地方举行一次年度会议。

最后，创办了法社会学的专业杂志。如 1966 年，美国法与社会协会创办了机关刊物《法与社会评论》(*Law & Society Review*)。随后，《法律与社会调查》《法律与历史评论》等专业刊物也诞生了。这些专业刊物的创办对于法社会学学术共同体的形成有着不可小觑的作用。

这一时期的法社会学思想内容非常庞杂，涉及的学术流派和法社会学家都很多，不可能面面俱到地介绍。本章将重点介绍观点比较系统、成熟，影响比较深入、持久，而且倡导者在观点和方法上形成了较强共识的几种理论流派，包括现实主义法学运动、法律与发展研究运动、伯克利学派和批判法律研究运动。

第二节　现实主义法学运动

现实主义法学是法社会学历史上第一个比较成规模的研究运动，其参加人数之多、影响之大、时间之持久，都是法社会学历史上所罕见的。它不仅成功地颠覆了传统的法律思维方式，而且也在美国社会转型时期对改革美国法制和法学教育做出了重要贡献。其后的行为主义法学、纯粹法社会学、批判法学、后批判法学、法律经济学、女权主义法学、种族主义法律等一系列法学思潮都不同程度地受到现实主义的影响，以致美国法学界常常调侃“如今我们都成了法律现实主义者”①。更有甚者，2005 年，以威斯康星大学法学院麦考利（Stewart Macaulay）为首的一些美国当代法学家宣称要在新时期重振法律现实主义雄风，开始倡导一种与“老法律现实主义”（old legal realism）既有联系又有区别的“新法律现实主义”（new legal realism）。②

一、美国现实主义法学运动概述

美国现实主义法学正式登上历史舞台是在 20 世纪 20 年代，其直接影响一直持续到 60 年代。在其盛行的几十年中，许多重量级的法学家都参与其中，但因为他们所持观点也有诸多分歧，所以并不能统称为一个学派，正如艾伦·亨特（Alan

① KALMAN L. Legal realism at yale，1927—1960. Chapel Hill and London：The University of North Carolina Press，1986：229.

② 2005 年，在一次高峰专题研讨会上，麦考利教授发表了一篇堪称宣言的重要论文《新老法律现实主义：“今非昔比”》(The New Versus the Old Legal Realism：“Things Ain't What They Used to Be”)，并开通了专业网站“新法律现实主义网”（http：//www. newlegalrealism. org），标志着该学派正式登场。参见麦考利．新老法律现实主义：“今非昔比”．政法论坛，2006（4）：54－74；范愉．新法律现实主义的勃兴与当代中国法学反思．中国法学，2006（4）：38－51。

Hunt）在《法律中的社会学运动》一书中所说，“人们一致认为法律现实主义并不能称之为一个学派，而称其为一场运动更为确切”[①]。

（一）基本主张及背景

“法律现实主义”是对“法律形式主义”（legal formalism）的反对，其基本主张就是将法律放回到社会生活当中去理解，关注在现实当中法律是如何运行的，如法官到底是如何做出判决的、人们对法律到底如何理解。他们认为，在现实中法律并不是一些机械的条条款款，而是具有很大的不确定性，总是与社会资源、社会利益、法官个人好恶等方方面面的社会因素联系在一起。

在此之前，关于法律的主导观点是法律形式主义范式，“法律被认为是一个永恒真理的神秘实体，法官则被视为宣告那些真理是什么并使它们能被理解的人——一个发现和口译法律的神的使者”[②]。

法律形式主义的理论基础是布莱克斯通（William Blackstone，1723—1780）的“法律发现论”，认为法官好比是一台自动售货机，当事人只要塞进金钱和案情，法官便可从包罗万象的“先例”（case precedent）中发现所需的规则并给出公正的判决。哈佛大学法学院院长、法律形式主义代表人物兰德尔（Christopher Columbus Langdell，1826—1906）甚至主张，法学应该和希腊传统的欧几里得几何一样，从少数几个公理（axioms）出发，就可以凭推理得出若干定理（theorems），然后通过逻辑推理就可以运用于所有案件的事实。他相信精通法律原理的法科生凭借法学教授们总结出的“定理”便可驰骋天下，因此，从 1870 年开始，他在教学中提倡一种判例法方法，将符合法律原则的审判案例收集起来，让学生演习高等法院的判决来发现并掌握其中的“定理”。这种观点和方法在 19 世纪后半期的“法律科学”中极为盛行。

在法律形式主义那里，普通法被认为是自足和完美的，因此反对法官造法和成文法，有人甚至认为成文法是一种侵入法律肌体的毒瘤。法律形式主义基于自由的市场政策和私法自治的原理，在自由资本主义阶段应付相对简单稳定的社会生活尚能游刃有余；少量的法律原则尤其是契约自由和侵权过失原则为商人们提供了交易的可预期性。但是，当垄断资本主义到来时，“市场失灵”导致的经济危机频频发生，市场自足和个人理性的神话开始破产，各种社会问题集中爆发。面对危机，不仅议会大量立法要求政府干预市场，开明的法官也通过或明或暗的方式修正乃至推翻先例。在急剧的社会变革面前，法律形式主义成为阻碍法制改革的羁绊。[③] 正是在这一背景下，在 20 世纪初，法官和法学家们纷纷开始挑战法律形式主义的僵硬思维。

---

① HUNT A. The Sociological Movement in Law. London：Macmillan Press，1978：37.

② 朱景文．法社会学．2 版．北京：中国人民大学出版社，2008：44.

③ 许庆坤．重读美国法律现实主义．比较法研究，2007（4）：1－13.

（二）思想渊源

说到法律现实主义，不得不提到塑造现代美国人性格特征的一种哲学思想——实用主义。美国实用主义鼻祖皮尔士（Charles Sander Peirce，1839—1914）提出“任何一种观念的意义就在于它所引起的一切可能的或实际行动的后果”，这一思路为实用主义哲学奠定了基调。后来的詹姆斯（William James，1842—1910）和杜威（John Dewey，1859—1952）发展了这一思路。詹姆斯主张彻底的经验主义，并提出了“有用的就是真理”这一著名命题；杜威则特别强调科学和实验的重要性。在这一哲学思想的影响下，霍姆斯、格雷、庞德、布兰代斯（Louis Dembitz Brandeis，1856—1941）、卡多佐等法官或法学家纷纷向形式主义法学发起了进攻。他们的思想为后来的法律现实主义运动奠定了坚实的基础。

按照形式主义法学的观点，立法至上、议会至上是毋庸置疑的，法官充其量只是诠释、运用法条，实现立法的意图，而改变立法意图是绝不允许的渎职行为。这种传统的法律观念大大限制了法律的积极性，阻碍了法律的发展。兰德尔的哈佛同事格雷对这种法律形式主义观点提出了批评。在《法律的性质与渊源》中，他首先区分了立法和司法的功能，特别强调司法的重要性。他说：“归根结底，立法机关所说的只是语言，而这些语言的真实意义是由法官来说的。……人们有时说法律由两部分组成，一部分是立法机关制定的法，另一部分是法官制定的法。而实际上，所有的法律都是由法官制定的，只有法官才能给法规——这些死文字以生命。在一个立法机关与司法机关分立的社会中，什么是法，什么不是法，有最后发言权的只能是司法机关。”他进一步指出：“法律是由指导法院制定判决的各种规则所组成的；所有这类规则都是法律；法院不适用的规则都不是法律……法官与其说是法律的发现者，不如说是法律的创造者。”在他看来，法官在国家的同意下，根据判例、制定法、习惯、法律专家的意见、伦理原则、公共政策等制定法，即所谓“法官造法”是必然的。而判例法、制定法等并不是法，而只是制定法的依据，或者说只是法的渊源，而非法本身。

另一位对法律形式主义提出系统挑战的是霍姆斯——他早年是兰德尔在哈佛的同事，后来长期担任联邦最高法院大法官。霍姆斯是最早将实用主义哲学引入法学的学者之一，有法律实用主义始祖之美誉，著有《普通法》（1881）、《法律的道路》（1897）等多部影响广泛的作品。他非常强调法律的经验性、历史性、实用性，主张法律必须在实践中检验，通过社会实效来辨别优劣。其主要观点可以总结为：（1）法律经验论。他的名言是：“法律的生命从来不是逻辑，而是经验”“普遍的命题不裁决具体案件”。他认为法律是历史和经验的总结和体现，任何时代的法律“大体上都相当于当时认为方便的东西”，真正的法律不是从一个公理或定理推导出来的逻辑体系，而是能够产生预期效果的社会事实。当然，他也不是完全否认逻辑的作用，而是强调“占主导地位的道德和政治理论、对公共政策的直觉，甚至法官及其同僚所共同持有的偏见，在确定规则的过程中，比逻辑的演绎具有更大的作用”[①]。（2）法律预测论。他认为法官应拥有较大的自主性，承担起发展法律的责任，最好的法官必须时时关注公共政策、时代需要和社会的方便，并以此作为判案的依据。而法律只是人们对法官事实上要做什么判决的预测，“对法院实际将做什么的预测，而非什么虚妄之物，就是我们所说的法律”。（3）坏人假设。霍姆斯认为，要想真正了解法律，就必须从“坏人”而不是“好人”的视角出发，“坏人仅仅关心这一法律知识能做出预计的具体后果，这不像一个好人在模模糊糊的良心约束之下，要为他的行为寻求根据，无论这些根据是在法律之内还是在法律之外”。[②]

卡多佐也是一个坚定的法律形式主义批评者。他出生于1870年，1914—1932年担任纽约上诉法院法官（1927年开始担任首席法官），1932年开始接替退休的霍姆斯担任联邦最高法院大法官，是美国历史上最具影响力的法官之一。他著有《司法过程的性质》（1921）、《法律的生长》（1924）、《法律科学的悖论》（1928）等。其主要观点是，司法必须适应社会现实，它是一个包括法律、先例以及其他各种社会、心理因素在内的多种成分的酿造过程。在这一过程中，法官实际起着创造法律的作用，“司法的最高境界不是发现法律，而是创造法律”[③]。他还指出，司法过程总是一个在多种因素之间进行权衡的过程，“在我们现有的知识状态下，在两个或者更多的社会利益相互冲突时，对其相对价值的评估，将由法官根据其中有多种因素相互协作的判断来做出，这就像立法者所做的一样。他们将根据自己的生活经验，根据他对现行正义和道德准则的理解，根据他对社会科学的研究，最后，有时还要根据他的直觉、他的猜测甚至他的无知或偏见去做出这种评估”[④]。他还分析了案件判决的四种方法，即逻辑的方法、判例的方法、习惯的方法和社会学的方法，司法过程的本质就是法官通过对判决效果的考量，选择必要的方法。

（三）主要特征

正是在以上各位学者的基础上，现实主义法学家们展开了更加深入的探讨。纵观这些学者的研究，我们可以发现其主要特征包括：

第一，倡导实证主义的思维方式和研究取向。从某种程度上来看，现实主义法学就是从实证主义的视角来看待法律。[⑤] 其注重的是法律在现实生活中的运作行为和实践效果，是从客观的、事实的层面来考察法律，而不再是停留在主观想象和理想状态的法律条文上。用卢埃林的话来说，就是“以事实来检验观念、规则、公式，并试图使其与事实保持一致”。

第二，重新定义法律。在现实主义法学那里，法律不再是立法部门制定的、作

---

① HOLMES O W. The common law. Cambridge：Harvard University Press，1963：5.

② 霍姆斯．法律的道路．南京大学法律评论，2000（2）：6－19.

③ 卡多佐．司法过程的性质．北京：商务印书馆，1998：105.

④ 卡多佐．法律的生长．贵阳：贵州人民出版社，2003：48.

⑤ 孙文恺．社会学法学．北京：法律出版社，2005：167.

为永恒真理化身的规则体系，而是具有很强的不稳定性，只是提供一个法官将要做出怎样判决的大致预期。

第三，重新定位法官的功能。法官不再只是“自动售货机”，机械地对应法条和事实从而得出千篇一律的判决。其工作是创造性的，在司法实践中创造法律是其重要职责，也是他应该具备的权力。

第四，重新解读司法的过程。司法过程不是一个自动售货式的机械过程，而是充满了不确定性和能动性，各方利益、社会政策、政治环境等各种复杂的因素在这一过程中相互博弈、相互妥协。正如勒内·德莫格所说，“司法工作的目标并非合乎逻辑的综合，而是妥协”。而在这一过程中，法官个人的素质、偏好对于最终的判决是有很大作用的。

作为一场研究运动，现实主义法学在其鼎盛时期吸引了众多追随者。但他们是一个比较松散的群体，因为没有产生一个具有同样理念和统一纲领的群体，只是一种独特的研究方法，即那些自称法律现实主义者所特有的思考法律问题的特殊思考方式把大家凝聚在一起。[①] 一般而言，得到公认的代表性人物有卢埃林、弗兰克、库克（Walter Wheeler Cook，1873—1943）和穆尔（Underhill Moore，1879—1949）。其中，最为著名的是卢埃林和弗兰克。

二、卢埃林的现实主义法学思想

卡尔·N. 卢埃林是美国现实主义法学的领袖人物之一，曾任耶鲁大学、芝加哥大学、哥伦比亚大学法学教授，还曾担任美国《统一商法典》总起草人。其代表性作品有《荆棘丛》(1930)、《晒延人方式》(与霍贝尔合著，1941)、《普通法传统》(1960) 和《法理学：现实主义的理论和实践》(1962)。其中，《法理学：现实主义的理论和实践》一书收集了他关于现实主义法学的一些经典论文，如《现实主义法理学：下一步》(1930)、《关于现实主义法学的一些现实主义：答庞德院长》(1931)、《法律传统与社会科学方法》(1931) 等。卢埃林法学思想中最为突出的特点就是对“现实规则”(real rules) 的重视，以“规则怀疑论者”著称。

(一) 纸面规则与现实规则

在《现实主义法理学：下一步》这篇经典文献中，卢埃林将法律明确区分为“纸面规则”(paper rules) 和“现实规则”。所谓纸面规则是指关于法律的书面表述，现实规则是法官“在特定案件中将做的那些东西”，是法院、行政机构和官员的具体行动和真实实践。他认为只有现实规则才是真正的法。

卢埃林提醒人们要特别注意实际司法行为与纸面规则之间的区别，他说：“要通过研究案件是如何实际运作的，来寻求实践的真实。要努力确定纸面规则中有哪

① 博登海默．法理学：法律哲学与法律方法．北京：中国政法大学出版社，1999：152.

些是现实规则，又有哪些只是停留在纸面上。要努力了解司法的实际运作过程，将纸面的规则与实践进行对比；还要了解律师和法官在辩论中对纸面规则的应用技巧以及正式的纸面规则对判决的影响。要努力确定何时虽有规定但被熟视无睹，何时规定又得到了遵守。”①

（二）现实主义法学的主要特征

在《关于现实主义法学的一些现实主义：答庞德院长》一文中，卢埃林全面地总结并阐述了现实主义法学的九大特征：（1）法律的概念是不断发展变化的，包括变动中的法、司法创造的法。（2）法律是达到社会目的的一种手段，而不是目的本身，因此，人们应不断研究法律的目的和效果。（3）社会也是不断发展变化的，而且比法律发展变化得更快，因此要不断审查法律是否与社会相适应。（4）为了更便于研究，应当暂时将“事实”（is）和“价值”（ought）区分开来。在确定研究目标时，应该诉诸价值判断；但在研究“事实”本身时，应尽可能排除价值因素。（5）对用传统的法律规则和概念来说明法院和人们实际行为的做法持怀疑态度。（6）对传统的关于法律规则在法院判决中起重要作用的学说也持怀疑态度。（7）主张对案件和法律情况做比过去更狭义的分类。（8）坚持从法律效果来评价法律。（9）坚持以上述方针持久地和有步骤地解决法律问题。②

卢埃林说，这些规则并非全是他的创新，但有一大群人坚持并前后一致地贯彻这些观念，则是前所未有的，这才构成了现实主义法学运动。该运动的旗帜就是对传统的法律规则持怀疑态度，同时强调法官的主观能动作用。

（三）法律的功能

卢埃林对法律和法律的功能都进行了重新定位。他将法律界定为解决社会纠纷的官方行为。他说：“围绕纠纷所做的事情就是法律事务。……负责法律事务的人们，无论法官还是官员、书记员、律师等，都是法律官员，这些官员所做的关于解决纠纷的事务，就是法律本身。”③ 这就意味着他对传统法律规则理论进行了颠覆，即不再把规则视为判决的唯一依据，主张法律的核心并不是规则，而是解决争端的官方行为。

进而，他认为法律的功能就在于：（1）清理麻烦事件（cleaning-up of trouble cases），法律工作的日常事务就是处理不满、纠纷、冒犯行为等纷争。（2）对行为进行引导，以防止或减少麻烦事件，促使人们积极合作。（3）在美国这样高度流动的社会中，需要对行为进行反复不断的引导（rechanneling），以便建立新的习惯和期望以适应不断变化发展的社会生活。（4）当发生疑难或麻烦时，做出权威性的裁

---

① LLEWELLYN K N. Jurisprudence：realism in theory and practice. Chicago and London：The University of Chicago Press，1962：55－57.

② 同①199－200.

③ 沈宗灵．卢埃林的现实主义法学．法学研究，1990（5）：86－94.

决。(5) 对社会和集体的组织和工作提供激励，以实现有效的领导和管理。(6) 建立和利用使一切法律工作人员和机制出色地进行工作的技能。[①]

（四）司法的理性风格和形式风格

在晚年，针对美国律师界对法院判决越来越不稳定和难以预测的诘难，卢埃林提出了司法的两种风格的解释。在《普通法传统》中，他提出普通法具有理性风格（grand style）和形式风格（formal style）两种不同的风格。理性风格是诉诸理性而不是死板地服从“前例”，即每一个现在的判决都应根据生活智慧来检验；形式风格指仅仅根据法律条文来判案。他赞成前者而反对后者。在他看来，理性风格不仅是防止不稳定性和矛盾以及寻求正义的最好手段，而且还是避免或减少分歧、不断创造和改进规则的有效方式。

正如有学者总结的那样，“卢埃林的现实主义法学是以‘行为’为中心，以怀疑主义的态度，以及‘科学’的方法表现出来的对传统法学的批判。这种批判是为了使美国的法律制度适应已经发生了变化的政治、经济和社会生活”[②]。

三、弗兰克的现实主义法学思想

杰罗姆·弗兰克是美国法学界的一个传奇人物，也是美国现实主义法学的领袖人物之一。他1889年出生于美国纽约，1909年和1912年分别在芝加哥大学获得哲学学士和法学硕士学位。此后，他担任过17年的职业律师。在“罗斯福新政”时期，他曾担任过一系列公职，如农业调整署总顾问和金融重建组织特别顾问(1933—1935)、美国证券与交易委员会主席（1939—1941）。从1941年起，他开始担任联邦第二巡回法院法官。自20世纪30年代开始，他经常在耶鲁大学法学院执教。他的主要著作有：《法律与现代精神》(1930)、《初审法院：美国司法神话和现实》(1949)、《无罪》(与其女儿芭芭拉·弗兰克合著，1957）等。

（一）破除“基本法律神话”

按照传统的法律观念，法律是国家制定的具有稳定性、明确性、确定性等特征的行为规范，法官只是发现事先存在的法律并将其通过形式推理运用于具体案件从而做出判决。弗兰克在其代表作《法律与现代精神》一书中强烈地批判了这种观点，并将其称为“基本法律神话”（basic law myth）。在他看来，“基本法律神话”主要是出于人们儿童时期的“父权情结”，总是惧怕接受现实生活中无法控制的一面，总是希望找到一个“父亲般的权威”来依赖。此外，宗教、美学、职业习惯、经济、人类寻求安全和确定的本能、对和平和安静的实际利益、模仿、对习惯的热

---

① LLEWELLYN K N. Jurisprudence: realism in theory and practice. Chicago and London: The University of Chicago Press, 1962: 199-200.

② 孙文恺．社会学法学．北京：法律出版社，2005：179.

忧、惯习、懒惰和疲劳、愚蠢的智力结构、语言及词的魔力以及心理学的因素等，都是造成人们“基本法律神话”的原因。不仅仅普通百姓相信这一神话，律师、法官和法学家们也相信它。

但是，事实上，法律过去是、现在是、将来也永远是含混和变动不居的。即使在一个比较静态的社会中，人们也不可能创造出万能和永恒的法律。况且，现代社会是高度流动、变幻莫测的，人与人、人与组织、组织与组织之间的关系都是非常复杂的，又怎么可能有一个固定不变的法律呢？因此，只有流动的、弹性的或相对确定性的法律制度，法律的常态是不确定的。“现代文明要求有一种不受父亲管束的精神，而现代精神是不受儿童般情感拖累的精神。一定要公开承认法律是实用主义的，为了达到这一目的，就一定要消灭对父亲的万能恐惧和崇拜。”他指出：“人不是为法律而创造的，而法律是由人并为了人才创造的。”法律必须要从法律的“确定性的神话”中解放出来，走向法律的现实主义。认识到法律的不确定性，不仅不是灾难，而且还大有好处。它可以使人们的注意力从“书本上的法律”转移到“现实中的法律”上来，使人们不得不重视法官个人因素在司法中的重要作用。①

（二）“事实怀疑论”

弗兰克认为“建设性的怀疑精神”（constructive skepticism）是法律现实主义的一个共同研究取向。他又将其区分为“规则怀疑论”（rule skeptics）和“事实怀疑论”（fact skeptics）。前者认为法律原则不能可靠地引导我们去预测司法判决，后者是指对初审法院认定事实的准确性表示怀疑。

按照传统的观点，审判过程是依据三段论方法即大前提（规则）—小前提（事实）—结论，经过逻辑推理做出判决的。弗兰克认为这只是一种假象而已。从心理学看来，即使是人们日常判断的过程也很少是三段论式的，而是先形成一个模糊的结论，然后从这个结论出发，试图找到证实该结论的前提。法官断案的过程与普通人的思维方式并无两样。他引用了著名法官哈奇森在《直觉的判断：司法中预感的作用》中谈到的自己判案的过程：“在我看过手边所有材料并经过适当考虑之后，我就让我的想象力发挥。我陷入沉思，等待着感觉和预感的到来，这个预感就是了解问题的直觉的闪光，它是能把问题和决定连接起来的火花。”

弗兰克认为直觉和预感往往才是决定案件判决最重要的因素。由于经历、特征、性格、习惯、偏见等个性的不同，对于同一个事实，不同法官的判断可能极为不同。同时，他们对案件的判断还会受到各种潜在因素的影响，如当事人、律师、证人的性别、肤色、相貌、职业、口音、姿态、服饰等都会引起法官对案件事实的认定。法官个人的情绪，甚至连早餐的味道、上班途中交通的状况都有可能影响到法官对当事人和证人证据的信赖程度。弗兰克将所有这些外在的因素统称为“刺激”。他将司法判决的过程总结为几个公式。

① FRANK J. Law and modern mind. Gloucester：Peter Smith，1970.

法律形式主义视野下司法过程的公式：

R（rule，法律规则）$\times F$（fact，事实）$=D$（decision，判决）

法律现实主义视野下司法过程的公式：

S（stimulus，刺激）$\times P$（personality，个性）$=D$（decision，判决）

他后来又将后一个公式发展为：

R（rule，法律规则）$\times SF$（subjective fact，主观事实）$=D$（decision，判决）

这个公式体现了现实主义法学的一个基本主张，即司法中的事实都是主观事实，而不是客观的。寄希望于以纯粹的客观事实作为判案依据，那只是“法律神话”。

（三）法官中心论

实际上，以上介绍已经涉及弗兰克的另一个主张——法官中心论，即认为法官而不是法条，在司法过程中起主导作用。法官绝对不是类似自动售货机的法律机器，他们的性格、好恶、心情等各种主观的因素都会影响他们的决策。弗兰克还重新定义了法律。他认为法律并不是“书本上的法律”而是“行动中的法律”，不是一成不变的规则，而是法官的行为。更简单地说，法律就是法官的判决。他举例说，当一个当事人就某一事件咨询律师时，这时是无所谓法律的，因为法院判决尚未形成。这时候，律师所发表的意见只是一种预测，律师精通的只是“预言的艺术”。他们所依凭的是“大概的法律”“书本上的法律”，这些只能作为判决的依据，它们本身并不是法律。法院的判决才是实际的法律，是“行动中的法律”，法律就是一个法院关于某一事件的判决。这种观点把法官置于具有绝对权威的中心位置。

以卢埃林和弗兰克为代表的现实主义法学以其敏锐的眼光和犀利的笔调，对当时占主导地位的形式主义法学进行了猛烈的抨击，对法律改革的实践和法学的研究都产生了很大的冲击。正如若干年后著名法学家弗里德曼（Friedman）指出的那样，“法律现实主义在终结时几乎打败了其所有的敌人。今天，如果你告诉一个法律家群体，你认为政治对法律制度起着重要的影响，法治并非像表面上的那样确定而是相当灵活的，你相信法律不是也不可能是中立的，以及诸如此类的观点，他们可能会哈欠连天并表示同意……至于他们是否据此陈词滥调行事，则是另一回事”①。

第三节 法律与发展研究运动

到 20 世纪 50 年代，美国法律现实主义运动基本完成了它的历史使命——尽管其言辞颇为偏激，但其基本观点还是得到了主流法学界的认可，甚至成为人们的常

---

① 麦考利．新老法律现实主义：“今非昔比”．政法论坛，2006（4）：54－74.

识。同时，这也意味着其作为一个整体推动法制改革和社会发展的势头开始下滑。这时，另外一种名为“法律与发展”的研究运动开始取而代之成为新的潮流。

一、法律与发展研究运动兴起的背景

法律与发展研究（studies in law and development，SLADE；或 the studies of law and development，law and development studies），又称法律与发展运动（the law and development movement），或者直接称之为法律与发展（law and development），是从 20 世纪 50 年代开始兴起、60 年代达到顶峰、70 年代走向衰落的一种学术研究运动。[①] 它是 20 世纪 50 年兴起的法律与社会研究运动的主要组成部分之一，其基本旨趣在于以法律手段促进发展中国家的经济发展，通过法律制度改革促进发展中国家的社会进步。

法律与发展研究运动的兴起是与以下条件分不开的。

第一，战后发展中国家的发展需要。在第二次世界大战以后的民族解放运动中，一大批亚非拉殖民地半殖民地国家纷纷宣布脱离宗主国，建立起独立的民族国家。这时，摆在它们面前的是如何尽快解决一系列严峻的社会的、政治的、经济的问题，“发展”成了它们的迫切愿望。

第二，西方国家广泛的发展援助实践。以美国为首的西方国家希望在这些新独立的国家中保持和加强其在经济、社会、政治和文化等各方面的影响，以争夺世界霸权地位。于是，在第二次世界大战以后，大量针对发展中国家的援助项目在全世界范围内铺开，作为意识形态输出的一种形式，法律援助也是一个重要组成部分，各种名目的“法律与发展”“法律与现代化”项目在全球展开。

第三，社会发展理论的勃兴。随着现代化实践的展开，各种关于发展的理论纷纷出笼，影响最大的是现代化理论、依附理论、世界体系理论。这些理论对法律与发展研究产生了重要的影响。

第四，庞德及现实主义法学家们的理论奠基。庞德的社会工程学说使得“通过法律的社会工程”“通过法律的社会控制”等理念大为流行，成为法律与发展研究运动的重要理论支撑。同时，现实主义法学关于法律效果研究的倡导，也使得法学家们非常注重对法律与发展实践实际效果的研究。

二、法律与发展研究运动的历程

法律与发展研究是随着法律与发展实践的兴起而兴起的。这一运动最初是在美

① 与法律现实主义研究运动一样，虽然有众多的学者参与其中，但它并没有形成一个统一的纲领，也没有构建出一个公认的理论框架，学者们基本都是单兵作战，而且内部分歧也比较大，所以不能称之为一个学派，只能称其为一种理论联系松散的运动或思潮。

国兴起的，后来扩展到整个西方世界。学界一般将其发展历程概括为几个阶段。[①]

（1）20 世纪 50 年代为第一阶段，是酝酿孕育期。正如该运动的重要代表人物之一戴维·M. 杜鲁贝克（David M. Trubek）所说，法律与发展研究基本是“发展援助”（development assistance）活动的副产品。在 20 世纪 50 年代，随着发展援助项目的推进，就有学者开始关注法律与发展的关系了。但当时人们关于发展的理解和实践主要还停留在经济的维度上，只有少数几个关于法律与发展的研究项目。

（2）20 世纪 60 年代初到 60 年代末的几乎整个 60 年代为第二阶段，是成长和兴盛期。经过 20 世纪 50 年代的孕育和准备，人们逐渐形成一个共识：对于发展实践来说，法律是一个无法回避也不能忽视且已具备重大影响的因素，因此很有必要针对发展实践中的若干法律问题开展切实的研究。于是，各种实践和研究的项目蜂拥而至，大量的研究机构、研究报告、学术论文、研讨会纷纷诞生，正式形成了一场蔚为壮观的研究运动。这一时期的研究主要是以法律教育及其改革为中心主题展开的，也具有明显的西方中心主义色彩。

（3）20 世纪 60 年代后期到 70 年代中期为第三阶段，是批判和反省时期。从 20 世纪 60 年代后期开始，西方援助的发展实践受到批判理论和世界体系理论的批判，认为发展中国家落后的根源正在于发达国家的掠夺。同时，美国国内的反越战运动、性别解放运动、种族平等运动等一系列社会抗议使得美国神话破灭了，其援助发展中国家的理论依据、真实动机和目的都受到了质疑。对法律与发展运动的批判性反应也是这一怀疑的组成部分。而且，从实践上看，西方国家的若干法律与发展计划并未取得预期效果。于是，关于法律与发展的批判和反省声音逐渐兴起。

（4）20 世纪 70 年代中期以后为第四阶段，是衰落和存续阶段。在 20 世纪 70 年代中期以后，随着发展实践的没落，相关机构和基金会纷纷撤资，作为一场完整的研究运动的法律与发展研究逐渐归于沉寂和平淡。虽然仍有一些学者在坚持相关主题的研究，但昔日学者云集、资金充裕、研讨活跃的盛况已然不在。

在这四个阶段中，一批又一批的学者参与到这场研究运动之中，其中的代表性人物有：梅里曼（J. H. Merryman）、弗里德曼、克拉克（D. S. Clark）、贝克斯托罗姆（John H. Beckstrom）、富尔利希（Dale D. Furnish）、赛德曼（R. B . Seidman）和杜鲁贝克（David Trubek）。

三、法律与发展研究运动的理论主张

法律与发展研究主要是针对发展实践提出对策建议，其在理论方面并没有多少自己独立的创建，更多的是将当时流行的发展理论引入法学的研究当中。所以，作为一场研究运动，其理论主张也总是发展理论在法律领域的延伸。概括起来，有三种理论先后支配着法律与发展的研究，这就是现代化理论、批判理论和多元理论。

---

① 姚宗建．美国法律与发展研究运动述评．北京：法律出版社，2006：73－90.

这三种理论倾向分别在法律与发展研究的孕育、成长和兴盛时期，批判和反省时期以及衰落和存续时期居于优势地位。①

(一)现代化理论视野下的法律与发展研究

这一研究倾向的核心主张是必须用西方先进的现代法律理念和制度来改造发展中国家落后的法律理念和制度，才能使后者真正走向现代化。这一主张包括以下具体要点。

第一，发展中国家是传统、落后的，而西方发达国家是现代、先进的，所谓现代化就是指发展中国家向发达国家靠拢的过程。

第二，法律在社会发展和变迁中起着重要作用。现代法律是现代社会的必然要求，只有现代法律才能适应并促进现代社会的发展。传统社会要向现代化社会转变，是绝不能依靠传统法律的，首先必须对法律制度进行改良，实现法律的现代化。也就是说，法律现代化不仅是现代化的重要内容，而且还是推动其他领域现代化的重要力量。而法律的现代化就是发展中国家的传统法律向西方现代法律过渡的过程。

第三，主流的法律现代化理论认为法律移植是法律现代化的途径。这一阶段的大多数学者基于进化论的视角，认为西方法律是人类法律发展的高级阶段，为了节约时间和成本，可以直接把这些高级阶段的现代法律移植到发展中国家去。前期法律与发展实践的主要内容就是这种法律移植。如法国著名法学家勒内·达维（René David）就曾以《法国民法典》为母本为埃塞俄比亚起草了一部《民法典》，后者几乎照搬前者。达维的理由也许可以代表法律与发展运动学者们的主流观点。他说，埃塞俄比亚极其需要这样一部法典，“不能在等待了 300 年或者 500 年之后才用经验的方式来构建其独特的法律制度。……埃塞俄比亚的发展与现代化使得采用这样一种‘现成的’制度成为必要”。他还认为，引进西方法律并非仅从效率来考虑问题，而是西方法律的确具有优越性，能够较好地适合现代生活。他说，法典并不仅仅只是工具，它也反映了最先进的思想和价值观念，因此，法典不会屈尊去适应一个并不完善的社会的需要；相反，社会的成长倒要依照法典的指引。②

第四，有一部分学者对如何实现法律现代化持工具主义的视角。这部分学者的观点是：一方面，他们仍然认为西方法律是现代的、先进的，发展中国家必须进行法律改革以向其靠拢；另一方面，他们认为纯粹的法律移植是不对的，对发展中国家接受法律改革计划有害无益。法律是自觉的社会改革的实用工具，要想实现法律的现代化首要的是要引进现代的法律理念而非制度。一旦发展中国家的律师学会了像社会工程师那样思考问题，他们就能够依靠自己想出他们的法律体系需要进行什么变革，他们将学会怎样通过法律手段，最恰当地进行社会的和经济的改革。因此，工具论者认为，发展中国家的法律人在掌握西方先进法律理念后，要把重心放

---

① 姚宗建．美国法律与发展研究运动述评．北京：法律出版社，2006：91－128.

② 同①103.

在留心自己的社会上，学会理解他们领导者的目标，确定那些能够实现国家规划的法律措施，并且指出成功地落实国家目标的法律障碍。①

（二）批判理论视野下的法律与发展研究

从 20 世纪 60 年代后期开始，依附理论和世界体系理论逐渐兴起了。它们对现代化理论展开了猛烈的批判，认为现代化理论是绝对西方中心主义的，以西方的眼光来打量发展中国家，所以必然导致理论的谬误和实践的失败。这种批判理论对法律现代化理论也产生了很大的冲击。在这一视角影响下的法律与发展研究有以下主张。

第一，法律不同于生物，无所谓高级和低级，也无所谓好坏优劣，只有是否适应本国的社会实践之分。

第二，只有建立在本国文化、社会、政治、经济和法律传统基础上的法律才具有现实可能性。对于不同的国家和民族，社会发展的模式有可能千差万别，每个国家都有权也应该选择自己的发展道路，并不存在一个必然的“理想图景”。正如杜鲁贝克所总结的那样，“这种批判性的历史观点完全不同于进化论的解释：进化论者认为历史有一部已经写出来的脚本；而批判者则相信各个国家有选择权，它们能够而且必须做出选择”②。

第三，实践也表明法律移植是不会成功的。例如，19 世纪巴西、阿根廷、墨西哥和委内瑞拉几乎都照搬了美国的宪法模式，并同样规定了实行联邦主义、权力分离、司法审查、对个人自由和私人财产予以保护；而海地、多米尼加、玻利维亚、智利、厄瓜多尔、哥伦比亚、萨尔瓦多、尼加拉瓜、巴拿马、阿根廷、巴西、乌拉圭和古巴则采用了《法国民法典》。然而，这些移植的法律并未取得预期效果，甚至完全失败了。这种失败是必然的，因为其理论基础是站不住脚的社会进化论。

（三）多元理论视野下的法律与发展研究

在 20 世纪 70 年代以后，法律与发展研究朝着多元主义的方向发展。这既是法律与发展研究作为一种运动已衰落的典型症状，又是法律与发展研究在新的时代背景下继续存续发展的象征。从总体上看，法律与发展研究的多元理论倾向包含如下几方面的内容：（1）现代化理论倾向。（2）以人权和正义为中心的法律价值倾向。（3）法律的社会理论研究。（4）法律与发展的全球性视野。（5）经济分析法学。（6）法律文化研究与比较法研究。③

四、对法律与发展研究运动的评价

法律与发展研究运动经过 30 年的风起云涌、潮起潮落，最终于 20 世纪 70 年

---

①② 杜鲁贝克．论当代美国的法律与发展运动（上）．比较法研究，1990（2）：46－53．

③ 姚宗建．美国法律与发展研究运动述评．北京：法律出版社，2006：113，118－128．

代末淡出了历史舞台。因其强烈的西方中心主义色彩，国内学界常常对其没有好感。然而，客观地说，它所留下的经验和教训都是我们今天法制建设和法学研究的宝贵财富。我们这里择其要者而述之。

第一，对于法律现代化的反思。法律与发展研究运动的理论与实践都表明，对于法律现代化不能做简单化考虑，单纯的法律移植是不足取的，而完全固守传统法律同样是不可取的。如何探索适合本国的法律现代性是法律与发展研究运动留给我们的未解难题。虽然未解，但如爱因斯坦所说，提出问题比解决问题更重要——在这个意义上，这是这一研究运动的重要贡献。

第二，对于法学研究主题的拓展。杜鲁贝克将法律与发展研究的主题总结为五个方面，即法律改革与法律移植问题、城市化过程中的法律问题、法律与政治发展的问题、法律与经济发展的问题以及人权与发展问题。[①] 这些主题的提出和研究极大地拓展了传统法学的研究范围，也加深了人们对法的本质、功能和作用的认识。而且，其中的一些思想火花也为其他法学思潮和法学流派播下了种子。

第三，对于法学研究方法的发展。法律与发展研究的方法论意义主要体现在两个方面：一是对实证方法的大量运用——法律与发展运动的研究者们强调以定量为主、定量和定性相结合的研究方法，并开展了大量实际的调查研究；二是多学科合作的综合研究方法——在法律与发展的研究项目中，通常都是不同学科甚至不同国家的学者以及政府、民间组织的实践者等各方面的力量一起进行合作研究。这两个方面的实践都为法学研究方法的发展做了有益的尝试，到今天仍然具有重要的借鉴意义。

第四，理论自觉的价值。法律与发展研究运动走向没落的一个重要原因就是理论建设的不足，它重实务而轻理论，仅仅将自己定位为政策制定者的参谋，沉溺于技术性的对策研究和实证分析，而始终没有提炼出自己独立的理论。因此，作为发展实践的寄生物，一旦实践遇到了挫折，这场研究运动的命运也就岌岌可危了；而一旦实践以失败而告终，这场运动很快也就烟消云散了。这个教训是惨痛的。它表明在学术研究中理论的重要性——再丰富的实践经验，如果缺乏理论自觉[②]而不能将其上升到理论高度，其价值都不可能持久。

第四节　伯克利学派

伯克利学派是 20 世纪 60 年代出现在美国的一个重要的法社会学流派，因其大本营是加利福尼亚大学伯克利分校法律与社会研究中心而得名。该学派与当时流行

① 杜鲁贝克．论当代美国的法律与发展运动（上）．比较法研究，1990（2）：46－53．

② 理论自觉是中国社会学家郑杭生提出的一种主张，意为面对丰富的经验现实，我们应该有意识地对其进行理论概括和提升。参见郑杭生．促进中国社会学的“理论自觉”：我们需要什么样的中国社会学?．江苏社会科学，2009（5）：1－7。

的行为主义学派、纯粹法社会学学派、威斯康星学派等法学流派都有直接的渊源，因此在整个 20 世纪法学史上也有重要地位。

一、科学主义与规范主义之争①

20 世纪 60 年代是美国法社会学发展的黄金时期，除了我们上面已经介绍过的“法律与发展”研究运动外，还有多种流派问世。有学者将这一时期的各种法社会学思潮概括为两种范式——科学主义范式和规范主义（或制度主义）范式。科学主义范式将法律行为看作纯粹客观的对象，应用自然科学的研究方法对其进行精确研究，排除任何价值等主观因素的影响。规范主义（或制度主义）范式则是强调法社会学应该认真思考与法理学密切相关的规范问题——政治的、历史的、价值的等，而不应该局限在对行为的数量的科学研究之上；而且，法社会学必须对决策具有价值，要把法理学与政策分析整合起来。科学主义的代表是布莱克的行为法学和纯粹法社会学以及威斯康星学派；规范主义的代表是伯克利学派。关于布莱克的观点，本书第四章中将具体介绍，这里主要介绍一下威斯康星学派和伯克利学派。

（一）威斯康星学派

威斯康星学派的奠基人是著名法制史学家 J. W. 哈斯特（James Willard Hurst）。他主张把法理解为随社会变化而变化的函数，通过对具体的事实资料进行经济学和社会学的解读，来探讨法与社会之间的相互关系和相互作用，如他的经典研究是根据各州的经济基础考察私法的发展。在 20 世纪 60 年代初的威斯康星大学法学院，哈斯特具有极大的影响力同时又热衷于法的社会科学化，以他为中心形成了一个具有共同学术取向的学术群体，这就是威斯康星学派。

该学派的主要成员包括麦考利、弗里德曼、博尔（Harry Ball）、雅各布（Herbert Jacob）、J. 格罗斯曼（Joel Grossman）、J. 汉德勒（Joel Handler）等。为了教学的需要，他们共同编辑了厚达 1 000 页的大部头著作《法与行为科学》。该书网罗了截至 20 世纪 60 年代美国关于法的经验科学研究的所有重要的文献资料，分别附加解说和批评，至今仍被列为全面把握法与社会科学关系的最佳读本。

该学派在方法论上有以下主要观点：（1）把研究的问题意识限定在可观察的现象上，强调经验性研究。（2）关于社会现象和法律关系的描述必须尽量精确到数学处理的程度。（3）以正确预测法律决定的结果为研究的目标。（4）建立经得起科学验证的理论体系并用以指导具体的研究。（5）民主、公正等价值的真伪是无法通过科学方法来检验的，因此涉及价值判断的问题应当排除在社会科学的研究范围之外。只有符合上述方法论标准的才是严格意义上的社会科学研究，然而，实际上要

① 季卫东．从边缘到中心：20 世纪美国的“法与社会”研究运动．北大法律评论，1999，2（2）：546－578.

严格做到这些并不容易。因此，许多学者为了维持“纯粹的科学性”，不得不排斥应用性研究和法律性问题的思考。

（二）伯克利学派

与科学主义范式不同，伯克利学派强调法社会学的规范主义或者制度主义的侧面，注重政策性研究和价值体制。该学派始自美国社会学家塞尔兹尼克（Philip Selznick，1919—2010）创建的伯克利法律与社会研究中心，并聚集了以其弟子诺内特（Philippe Nonet）为代表的一批法律社会学学者。其主要成员包括塞尔兹尼克、诺内特、默辛哲（Sheldon Messinger）、纳德（Laura Nader）、卡林（Jerome Carlin）和斯科尔尼克（Jerome Skolnick）。

塞尔兹尼克是伯克利学派的精神领袖，在1940年年底曾师从著名社会学家默顿（Robert K. Merton，1910—2003）专攻组织理论，20世纪60年代转而研究法律现象。他著述颇丰，代表作是《法律社会学》（1959）、《社会学和自然法》（1961）、《法律、社会和工业正义》（1969）以及《转变中的法律与社会：迈向回应型法》（1978，与诺内特合著）等。

塞尔兹尼克和诺内特将他们的研究自称为“伯克利观察法”（Berkeley perspective），其主旨是探讨法律究竟是怎样适应社会需求、解决现实问题的，试图在法律的稳定与发展变革之间保持一种平衡，主张用“软性法治”取代“硬性法治”。与纯粹法社会学和威斯康星学派相比，伯克利学派的研究倾向可以概括为三个方面：（1）在研究方法上，主张超越事实与价值的二元对立，主张在研究法律现象时引入自然法哲学，将价值追求与经验研究结合起来，而反对在研究中将价值与事实分离开来，坚持价值中立以维持科学的纯粹性主张。（2）认为法律社会学研究必须建立在对法律背后的法理了然于心的基础上，通过对法律经验的研究发展传统法理学的各种学术关注，而不能回避或忽略法律背后的价值和原则。（3）有着强烈的改革动机和应用倾向，为解决各种社会问题提供法律对策，使法学贴近社会、贴近现实。如果说纯粹法社会学和威斯康星学派强调的只是冷静地认识世界，那么伯克利学派却还要通过制度创新去改造世界。围绕这一宗旨，他们还开展了一系列的研究项目，如“民事司法与贫民”“伯克利乡村法制发展项目”“旧金山邻里法律服务基金会关于街道法律顾问处的研究和制度创新”等。

二、伯克利学派的主要观点

伯克利学派的理论主张中最有特色的是其关于法律发展的理论。他们将社会上存在的法律模式划分为三种类型，即压制型法、自治型法和回应型法——当然，这只是一个理想类型的分类。

作为压制性权力的工具的法律就是压制型法。其最独特、最系统的表现形式表现出的特征是：（1）法律机构容易直接受到政治权力的影响。法律被认同于国家并服从于以国家利益为名的理由。(2) 权威的维护是法律官员首先关注的问题。在随之而来的“官方观点”中，现行体制获得善意的解释，行政的便利性具有重要意义。(3) 诸如警察之类的专门的控制力量变成了独立的权力中心。(4)“二元法”体制通过强化社会服从模式并使它们合法正当，把阶级正义制度化。(5) 刑法典反映居支配地位的道德态度，法律道德主义盛行。他们指出：“压制的一个共同根源是统治精英可以利用的资源的匮乏。他们认为如果统治者不顾被统治者的利益，或被统治者否认统治者的正统性，那么其法律形态就是压制型的。但他们又反复强调压制并不必然就是强制，也不必然就是出于统治者的恶意，更不必然就是‘坏的’。因为压制极有可能伴随着政治秩序的形成和维持过程，它在追求各种仁慈的目的时不知不觉地出现。”[①] 压制型法为设置秩序提供了便利的工具，但其在寻求以认同为基础的稳定方面，还远远不能胜任。因此，这一发展阶段既初始又不安定。自治型法的出现就是为了救治这种无能。

简单地说，所谓自治型法就是指在通常所说的“法治”状态下的法律，这种形态的法律能够成为控制压制的一种方式，法律机构也具有足够独立的权威以对政府权力的行使进行规范约束。但他们使用这一术语并不是想表明一种牢靠和圆满的自治，而是表明在这一阶段，巩固和捍卫自治是法律官员关注的中心，甚至为了这种所谓以维护机构完整性为内容的自治不惜牺牲其他法律目的。自治型法的主要属性是：(1) 法律与政治的分离。具有特色的是，现行体制宣布司法独立，并且在立法职能和司法职能之间划分出严格的界限。(2) 法律秩序采纳“规则模型”。以规则为焦点有助于实施某种衡量官员所负责任的尺度；同时，它既能限制法律机构的创造性，也能减少它们侵入政治领域的危险性。(3)“程序是法律的中心。”法律秩序的首要目的和主要效能是规则性和公平，而非实质正义。(4)“忠于法律”被理解为严格服从实在法的规则。对现有法律的批判必须通过政治程序的渠道进行。相对于压制型法，自治型法更加强调“合法性”。但这种合法性是指对法律条文的严格遵守，是仅仅建立在程序的基础上，即形式正义意义上的合法，其结果往往是法律上的法条主义和政治上的官僚主义盛行，而且很难解决实质正义和形式正义之间的冲突。而且，这种形态的法律，还很容易滞后于现实的社会生活，而不能及时对社会变迁进行回应。

所谓回应型法，就是作为回应各种社会需要和愿望的一种便利工具的法律。其优点在于能够及时解决“在开放性和忠于法律之间存在着的某种紧张关系”。回应型法的特点可以概括为：(1) 法律发展的动力加大了目的在法律推理中的权威。(2) 目的使法律义务更加成问题，从而放松了法律对服从的要求，使一种较少僵硬而更多文明的公共秩序概念有了形成的可能。(3) 由于法律取得的开放性和灵活性，法律辩护就多了一种政治尺度，由此而产生的力量虽然有助于修正和改变法律

① 诺内特，塞尔兹尼克．转变中的法律与社会：迈向回应型法．北京：中国政法大学出版社，1994：36-37.

机构的行为，但是也有损害机构完整性的危险。(4) 由于法律目的的持续权威和法律秩序的完整性取决于设计更有能力的法律机构，所以，富有效率和更加公平的法律机构陆续设置出来。[①] 回应型法的实质是企图将法律的形式正义和实质正义结合起来，使法律在保证形式公正的前提下，更能及时适应社会现实的变迁。

三、对伯克利学派的评价

有学者评论："回应型法在扬弃和综合压制型法和自治型法的基础上，试图改变法学方法论上的自然法和法律实证主义二元对立的局面，赋予国家制度以自我修正的精神。因此，它既是一种社会变革的模式，又是一种法制变革的模式。"[②] 作为20世纪美国法学史上的一个重要流派，伯克利学派既具有重要的理论贡献，也具有较大的实践价值。

具体地说，其贡献在于：第一，突破了实然与应然、事实与价值、自然法与法律实证主义等一系列二元对立，提出了在法社会学研究和法制改革中要兼顾这两个方面的因素，要实现法律的完整性与开放性、形式正义与实质正义的有机结合的观点。这是一种非常具有新意和深度的视角。第二，努力发掘了古典法社会学代表人物的理论，重新确立了"正统法社会学"的各项原则，也使韦伯、庞德以及其他现实主义法学家们的作品在20世纪70年代后又受到普遍重视。第三，经过伯克利学派的努力，法社会学重新走向了理性化和理论化。法学家们强调，法社会学既是实践的学问，也是理性的学问，法学研究既要为司法实践服务，也要为立法和执法服务。[③] 第四，伯克利学派提出的法制改革思路，对于化解现代形式主义法律的内在困境、构建适应社会发展的现代法治具有重要的启发意义。

第五节　批判法律研究运动

20世纪70年代末，美国兴起了一场以批判西方法律传统为主旨的左翼法学思潮，即批判法律研究运动，通常又称批判法学。目前，国内对这一运动的研究还不多，本节将简要介绍其产生的社会背景、思想渊源、发展过程、主要观点以及实际影响。

一、批判法律研究运动概述

美国的20世纪60年代是一个极具戏剧色彩的年代，各种社会问题的积聚导致

---

① 诺内特，塞尔兹尼克．转变中的法律与社会：迈向回应型法．北京：中国政法大学出版社，1994：60，87.

② 季卫东．社会变革的法律模式（代译序）//诺内特，塞尔兹尼克．转变中的法律与社会：迈向回应型法．北京：中国政法大学出版社，1994：7.

③ 汤唯．法社会学在中国：西方文化与本土资源．北京：科学出版社，2007：16－17.

了社会冲突空前尖锐、社会运动风起云涌，如席卷全国的反战运动、黑人民权运动和学生运动。这些运动使得美国社会的统治秩序和正统观念受到了极大的挑战。而批判法律研究运动正是在这种社会根源和社会背景下兴起的一股批判美国乃至整个西方法律传统的左翼思潮。其中的中坚分子，如肯尼迪（Duncan Kennedy）、杜鲁贝克、阿贝尔（R. Abel）和图什内特（M. Tushnet）等，本身就是当年耶鲁大学校园内造反运动的活跃者。正是在他们的倡导下，一些志趣相同、对现实抱着类似态度的学者于 1977 年春季在威斯康星大学组织了标志着这一研究运动正式诞生的批判法律研究第一次大会。

批判法律研究运动的主要思想渊源是法律现实主义和新马克思主义。从学术脉络上看，批判法律研究运动继承并发展了法律现实主义的一些观点，如对法律纸面规则的怀疑、对法律与政治关系的强调。从意识形态倾向来看，批判法律研究运动受当时流行于欧洲的各种新马克思主义思想，特别是葛兰西（Antonio Gramsci，1891—1937）的领导权理论、哈贝马斯（Jürgen Habermas）的意识形态和合法化理论以及解构主义的影响较大。因此，昂格尔（Roberto Mangabeira Unger）称其为“现代法律思想和实践中的左派运动”，还有学者称其为“法学领域中的左派学术思潮”[①]。

一般来说，批判法律研究运动可以分为三个发展阶段：（1）从 20 世纪 60 年代末到 1977 年为第一阶段，是批判法律研究运动的酝酿和产生阶段。（2）从 1978 年到 1989 年为第二阶段，是批判法律研究运动从产生到兴盛的时期。（3）从 1990 年到现在为第三阶段，是批判法律研究运动处于低潮阶段的时期。[②]

如同前几个法律研究运动一样，严格地说，批判法学也不是一个学派，而是一群具有各种不同观点但却都以批判正统法律思想为特征的左派法学家（主要是年轻一代法学家）所形成的一种法律研究运动。该运动的代表性人物有：昂格尔、肯尼迪、霍维茨（Morton J. Horwitz）、杜鲁贝克、戈登（Robert Gordon）、凯尔曼（Mark G. Kelman）等。其代表性著作有：昂格尔的《知识与政治》（1975）、《现代社会中的法律》（1976）、《批判法学运动》（1986），肯尼迪的《私法审判中的形式和实质》（1976），霍维茨的《美国法的变迁 1780—1860》（1977）。

二、批判法律研究运动的主要观点

批判法律研究运动的批判靶子是西方现代法理学殿堂的、具有悠久历史传统的西方自由主义法律思想以及体现这些思想的法律制度。批判法律研究运动的学者运用社会理论对自由主义意识形态主导下的所谓现代法治观进行了系统的抨击，声称那不过是一个神话。在批判过程中，他们自己形成了一系列较为深刻的主张和

---

① 沈宗灵．批判法学在美国的兴起．比较法研究，1989（2）：1-9.

② 朱景文．对西方法律传统的挑战：美国批判法律研究运动．桂林：广西师范大学出版社，2004：26-35.

见解。

杜鲁贝克在《行动在哪里：批判法律研究运动与经验主义》（1984）一文中把批判法律研究运动对自由主义法律教义（liberal legal doctrine）的批判归纳为四个方面：一是不确定性（indeterminacy），即法律是不确定的，在逻辑上不成体系，认为司法判决只有一个正确而符合逻辑的答案是虚妄的。二是反形式主义（anti-formalism），即否认有独立和中立的法律推理模式，法律就是政治，法官判决受意识形态和政治因素的影响。三是矛盾的（contradiction），亦即自由主义法律教义充满各种矛盾。四是边缘（marginality），即法律不是解决争议的唯一决定因素，它是边缘的，由于人际关系十分复杂，司法判决过程中有很多法律之外的、更重要的因素需要考虑。因此，杜鲁贝克认为："'法律'本身并非坚固可靠之物，而是规范指引的一种晦涩而模糊的来源。法律本身是一种阴影，我们在它的阴影下进行协商。"①据此朱景文将批判法律研究运动的理论主张概括为三点：法律推理的非确定性；法反映统治者的意志；法不是适应社会需要的必然产物，而是阶级统治的偶然产物。②

综合起来，我们将这一研究运动的主张概括为以下几个方面。

（1）对法律理性神话的批判。所谓法律理性神话，是指在自由主义法学看来，法律完全是人类理性的产物和反映，是客观、中立的理性逻辑体系。在他们看来，社会总是复杂多元的，为了实现整体利益的最大化，人们之间达成共识，而这种共识正是法律的基础，因此，法律是中性的。而批判法学则认为法律不是基于共识，而是基于统治阶级的意志，是社会中占统治地位的阶层为了使压迫合法化和固定化而制定出来的意识形态体系。法律即政治，是阶级压迫的工具，它绝不像自由主义法学所标榜的那样是价值中立的。但是，法律比统治阶级的直接暴力要包含更多东西，它把社会上占统治地位的观念与关系以普遍化的形式固定下来，把偶然的、社会的产物装扮成必然的、自然的产物，把有政治倾向、有利于统治者的东西打扮成中性的、有利于全社会的东西。法的所有这些作用都是通过"意识形态"的功能实现的。

（2）对法律自治性神话的批判。自由主义法学认为法律是自治的，不受其他因素干扰，昂格尔称之为"法律自治主义"，并分析认为这种自治包括四个方面：第一，内容上的自治，即法律是独立于经济、政治、宗教等任何非法律的信念，不是任何非法律观念的法典化。第二，机构上的自治，即法律规则是由那些以审判为主要任务的专门机构来适用，而不受其他机构单独干涉。第三，方法上的自治，即法律推理具有一种使其区别于科学解释以及伦理、政治、经济论证的方法和风格。第四，职业上的自治，即法律的实践是一个由其活动、特权和训练所确定的特殊集团即法律职业集团，操作规则、充实法律机构及参加法律争讼的实践。③ 而批判法学

① 朱景文．法社会学．2版．北京：中国人民大学出版社，2008：47.

② 朱景文．对西方法律传统的挑战：美国批判法律研究运动．桂林：广西师范大学出版社，2004：10－11.

③ 昂格尔．现代社会中的法律．南京：译林出版社，2001：50.

则认为封闭的法律系统在现实中是不存在的，无论是在内容、机构以及方法上，还是在职业上，都不可能自治。实际上，法律系统时时刻刻都在受到政治、经济、社会以及宗教等其他因素的影响，法律机构也不可能独立运行，而总是受到整个官僚体制其他机构的影响，也受到法官等主观因素的影响。

（3）对法律统一性神话的批判。所谓法律统一性神话包括两层意思：一是人类所有的法律都是统一的，都将走向一致，即都将向现代西方的形式主义法律靠拢。二是在一个国家内，所有的法律制度都是统一的。法律是一个金字塔式的结构，从下往上，总是可以溯源到一个被赋予了某一法律制度的合法性以及规则系统有效性的最终权威，所有法律都统一在这一最终权威之下。而批判法学认为，既不存在全人类统一的法律制度，也不存在一国内统一的法律制度。法律总是多元的，不同国家由于不同的历史传统、社会背景，具有不同的法律传统和法律模式，不能苛求都向西方法律靠拢。在一个国家内部，各种法律也不可能完全统一，各种法律之间的冲突、断裂无处不在。

（4）对法律确定性神话的批判。所谓法律的确定性神话，是指在自由主义法学看来，法律的内容是非常确定的，就是白纸黑字的法律条文，人们对某一规则的理解也基本是一致的。即使法律语言具有一些灰色地带，也不会影响到法律整体的确定性。而批判法学认为，法律是不确定的。首先，法律条文本身是不确定的甚至模糊的，法律规则之间经常充满了矛盾。其次，法律是以语言来表述的，而对语言的解释往往是不确定甚至可以是截然不同的。对于同样一条规则，人们之间的理解由于受到各种因素的影响，会大有不同。

（5）对司法推理神话的批判。所谓司法推理神话，是指在自由主义法学看来，司法过程就是一种逻辑推演过程。推理的形式有很多种，如三段论式的演绎推理、归纳推理、模拟推理以及“遵循先例”等，但无论采用哪一种推理方法，司法判决过程都是一个相对严密的推理过程，不带有任何随意性和主观性，而司法判决只是这一客观过程的必然结果。因此，司法是绝对公正、不偏不倚的，司法结果也是唯一的。而批判法学则认为司法判决不是一个严密的推理过程的必然产物，而是充满了变数。这是因为：首先，法律推理的大前提和小前提都不是确定的，如某一案件究竟适用什么法律规则、确认哪些法律事实，都是法官或陪审员选择和认定的，是人为选择的产物，而这种选择必然会影响到判决的结果。其次，法律推理本身也并没有所谓“不同于政治的特殊模式”，它只不过是穿着不同外衣的政治。“法律推理是政治的”是批判法学的著名口号。比如，在司法过程中，法官有时可能倾向于个人主义，强调个人自由方面，有时又倾向于集体主义，强调社会的合作与保障方面，而究竟优先选择哪一个法律原理，完全是主观、任意的。因此，司法判决从来就不存在唯一正确的结果，而只不过是若干选择中的一种。而且，不同法官很可能会做出不同的选择。

总之，在批判法学看来，法律不是一种客观、科学的或依赖逻辑的知识系统，或某种一成不变的自然规律的反映，而是一种人为选择的规则体系，受到各种因素的影响；法律更不是从内容到形式都能够高度自治的，而是一种与政治、经济、文化、社会和人的主观性等方方面面因素都有着千丝万缕联系的社会现象，自由主义法学所认同的法的自治性、确定性和中立性都只是一种神话而已。

三、批判法律研究运动的影响

批判法律研究运动对自由主义法学的批判是颠覆性的，同时也是具有重要价值的。它打破了笼罩在法律之上的种种神话，冲击了人们对法律的传统看法，同时，也使得人们对于法律移植、司法改革等实践有了新的反思。尽管它的主张不乏偏激，但其诸多的观点也逐渐被人们所接受；而且，其基本思想已经渗透到法学的各个分支学科，产生了广泛而深远的影响。

实际上，从 1977 年在威斯康星大学召开的研讨会倡导“以批判的态度研究社会中的法律”开始，批判法学的研究领域就已经从法理学、法制史、法律教育扩展到宪法、财产法、合同法、侵权法、刑法、犯罪学、律师制度、劳动法等各个法学部门。如在宪法领域，批判法学对三权分立制度、言论自由与出版自由、种族和性别歧视等进行了批判，形成了批判女权主义法学（critical feminist jurisprudence）和种族批评法学（critical racial legal studies）；在合同法领域，批判法学对传统自由主义和经济分析法学就契约自由所做的论证进行了批判；在侵权法领域，批判法学对现代侵权法进行了批判；在刑法与犯罪学领域，批判法学提出了新的犯罪观念，批判了保守主义犯罪学理论；在劳动法领域，创建了批判劳动法学理论（critical labor jurisprudence）；在律师制度领域，批判法学从冲突理论出发，反对和批判结构功能主义的职业理论；在法律教育领域，批判法学提出了法律教育改革方案，强调增加社会理论教学。[①]

而且，批判法律研究运动中提出的一些基本命题和主要观点在随后的诸多法学流派中都得以延续和发扬。正如有学者分析的那样，所谓的后现代法学的诸多派别，大多直接或间接地继承和发展了批判法学，如女性主义批判法学（FemCrits）、种族批判法学（RacCrits）、拉丁批判法学（LatCrits）、同性恋批判法学（QueerCrits）以及美籍亚太裔批判学派（APACrits）等。[②]

本章要点

本章主要从学术发展史角度介绍了现代法社会学的发展与演变情况。经过古典时期的奠基，到 20 世纪三四十年代特别是第二次世界大战以后，西方法社会学进

---

① 朱景文．对西方法律传统的挑战：美国批判法律研究运动．桂林：广西师范大学出版社，2004：209-274.

② 於兴中．批判法学与后现代主义法学//朱景文．当代西方后现代法学．北京：法律出版社，2002：224-237.

入了一个新的发展阶段。从20世纪40年代到70年代末，是西方法社会学继往开来、走向成熟的时期。在这一时期重要的法社会学流派主要有现实主义法学运动、法律与发展研究运动、伯克利学派以及批判法律研究运动。

复习思考题

1. 简述现代法社会学的主要特点。
2. 简述法律现实主义运动的主要代表人物及其理论观点。
3. 评述法律与发展研究运动的主张和得失。
4. 简述伯克利学派的主要理论观点。
5. 简述批判法律研究运动的主要理论主张。

推荐阅读书目

1. 季卫东．从边缘到中心：20世纪美国的“法与社会”研究运动．北大法律评论，1999（2）.
2. 昂格尔．现代社会中的法律．南京：译林出版社，2001.
3. 麦考利．新老法律现实主义：“今非昔比”．政法论坛，2006（4）.
4. 诺内特，塞尔兹尼克．转变中的法律与社会：迈向回应型法．北京：中国政法大学出版社，1994.
5. 孙文恺．社会学法学．北京：法律出版社，2005.
6. 姚宗建．美国法律与发展研究运动述评．北京：法律出版社，2006.
7. 朱景文．对西方法律传统的挑战：美国批判法律研究运动．桂林：广西师范大学出版社，2004.
8. 萨拉特．布莱克维尔法律与社会指南．北京：北京大学出版社，2011.
9. 萨拉特，尤伊克．法社会学手册．北京：法律出版社，2018.

第四章
当代法社会学理论

第一节 欧洲当代法社会学理论

欧洲当代法社会学理论呈现出强烈的社会整体理论的倾向。法律不再仅仅被理解为与社会无关的自治系统，或者是社会的某个子系统，思想界开始更多关注作为社会结构构成机制的“法”。

首先，欧洲各个思想学派都对法律的功能和角色表现出强烈的兴趣。在各派关于社会与历史理解的新图景中，法律构成其中关键性的一环。例如，法兰克福当代大师哈贝马斯反复强调法律在事实性与有效性之间所扮演的模糊角色，甚至认为法律可能成为解决现代社会危机的出路；布迪厄（Pierre Bourdieu，1930—2002）则从人类学与社会学的传统出发，秉持其关系社会学和实践理论的基本立场，将司法场域纳入社会学的视野，一方面打破了法律自治的神话，另一方面重新揭示了司法场域内存在的各种复杂的社会关系，以及社会行为的相互塑造。

其次，受到严格法律训练的思想家也开始瞩目法社会学，从更深层的角度打通了法学与社会学的界限，从而从法学的角度为现代社会理论注入新的内容与活力。尼古拉斯·卢曼作为最重要的法社会学思想家，其系统理论与自我塑成的法的理论，在新的理论基础上赋予“法律自治”以社会思想层面的意义，并在更为宏大的社会理论层面对社会做出新的解释。

总之，法社会学在当代欧洲已超出社会学分支学科的局限，不再满足于将社会理论应用于法律领域，而是将法律看作社会理论的有机部分。没有对法律领域的深刻理解，就无法真正深入体会这些社会思想理论背后所隐含的对现实世界的判断，以及对根本问题的解决途径。

一、卢曼：法律的社会学原理

尼古拉斯·卢曼（Niklas Luhmann，1927—1998），德国当代最负盛名的社会思想家，新结构功能主义的代表人物之一，以系统理论和对现代社会反身性的研究而著称。卢曼年轻时受过严格的法学训练，1949 年获得法学学位。1960 年，卢曼前往哈佛大学师从帕森斯，回国后开始专注于学术研究。1965—1968 年，他先后工作于斯派尔行政科学研究院、多特蒙德社会研究所和缪恩斯特大学。1968 年以后，卢曼前往比勒弗尔德大学任教，直到 1993 年退休。其代表著作包括：《法律的社会学理论》（1972）、《自我参照文集》（1990）、《福利国家的政治理论》（1990）、《作为一种社会系统的法》（1993）、《现代性观察》（1992）等。

总体而言，卢曼的法律与社会理论既带有法律实证主义的色彩，又具有社会学倾向。作为社会学家，卢曼对法律的定义和理解都是从社会学的角度出发的。他认为，作为社会的一种基本结构，法律最基本的功能在于为社会成员提供行为预期。法律与社会相互依存，一切社会生活都是直接或间接地由法律所形成的。随着社会复杂性的进化，法律也会相应发生改变。同时，作为受过严格德国法学训练的学者，卢曼敏锐地看到现代社会中法律系统格外突出的相对独立性。他拒绝将法律看作与道德等并列的社会子系统，去进行简单的功能主义分析，而是试图以社会学的眼光重新阐述法律在现代社会的自治性，并将之作为理解整个社会的关键切入点。

（一）法律与社会

针对法律与社会的关系，20 世纪一直存在两种对立的认识视角和研究方向。法学家视野下的法与社会往往脱不开法庭与律师的背景，这并不意味着这一群体对社会背景全面漠视，而是源于他们采取的内在视角。尽管他们承认法与社会之间不可分割的内在联系，认为法律必然首先是作为社会规则而存在的，但在分析法学传统中，最重要的却并非阐明概念的天然含义，或者说概念根本没有所谓固有的含义。例如，哈特认为对于概念恰当的提问形式不是“什么是……”，而是“包含了……这个词的句子是如何发挥功能的”。这样的语义学分析使得分析法学成为一种描述的社会学（descriptive sociology），通过对语词的分析来认识社会现象，因此法律规则本身就成为一种社会规则，一种“情形定位的规则”①（rule-situation）。社会学家视野下的法与社会则呈现出几乎完全不同的图景，研究者基于“外在视角”对法律及其运作做出各种外在描述，典型表现就是将法律看成社会的子系统，探讨法律发生作用的各种外生变量。

至此，实证法社会学的发展陷入一种认识论上的僵局。一方面，人们看到整个法律系统相对于其他系统的独特性，如果对法律职业者所使用的概念、符号和论证方法缺乏理解，就很难进入法律系统的独特性，并得出真正深入的理解和判断。另一方面，一旦将关注点放在专业法律术语之上，又往往切断了法律系统与其他系统以及整个社会环境的关联性，容易导致在经验上将法律视为一种孤立的现象。为走出这一僵局，法社会学的经验研究开始转移其关注点。有学者将注意力从法律本身转向法律职业者和法律职业本身，即通过对法律行为主体专业性和社会性的考察，来同时切入法律系统和其他系统；也有学者将重点放在司法机构的行为分析之上，

① 哈特．法律的概念．北京：中国大百科全书出版社，1996：110.

考察行为选择与哪些社会因素有关，以及社会背景如何决定行为结构。然而，卢曼认为这些不过是一种“法庭与律师的社会学”，是角色理论和职业社会学理论的发展新方向，却与真正有意义的法社会学研究相距甚远。它们在将主题严格限定在某一领域的同时，也将法律本身的复杂性分割殆尽，甚至让法律本身消失在社会学视野之中，从而遮蔽了法社会学真正的洞察力。[①]

那么，怎样才能超越“法庭与律师的社会学”？卢曼提供了一种“对法律的自我理解的社会学理解”。他试图将看似水火不容的传统理论结合起来，既强调法律系统的统一性、封闭性、独立自治，又突出法律与社会之间密不可分的联系。他认为，法律是自我塑成、自我参照、独立自治，并且自我再生产的。同时，法律与社会的关系极为密切，每一方的术语都依赖于另一方；法律并非法官或律师所执行的一系列技术程式，而是对基本社会秩序问题的回答。因此，法社会学不是考察一方影响另一方的学问，而是探究法律与一切社会生活之间的必不可少的内在联系的学问，其所研究的不再是“与社会截然不同的法律”，而是“与社会不可分割的法律”[②]，在此意义上，它又是社会学的。

卢曼尤其强调将法律与社会的关系与整个现代社会的根本问题联系在一起。他认为，在现代社会，人们越来越生活在非中心化的媒体中，宏大的权力结构已经不复存在。一方面，法律与社会不能再按照过去那种抽象的宏大叙事来理解，而必须重视人们的经验和遭遇，必须更多地关注地方的（或局部的）、事实上的、个人之间的层面，关注特定事件的特定经验及其独一无二性；另一方面，不能就此认为一切宏大的抽象的关系都已不复存在，必须回到对社会结构和更广阔的历史动力的深入探究。法律是“社会系统的结构”，因此法律与社会的关系构成了进入此问题的关键。[③]

（二）法律自治

作为西方法律传统的重要组成部分，法律自治一直强调法律相对于其他社会控制机制的独立性[④]，但这一传统的法律自治观念在进入现代社会后遭遇了巨大的挑战。无论是法经济学、法社会学还是法人类学，大量经验研究都说明，政治的、经济的、文化的因素，甚至是人某时某刻的精神状态，都有可能影响法律的运作，法律根本不可能完全排除社会其他领域的影响。在此背景下，有些学者开始批评法律自治不过是一种不现实的理想，是附属于自由主义社会生活形态的虚幻的观念。[⑤]

---

① 关于卢曼对传统法律理论的批评和构建思路，参见卢曼．社会的法律．北京：人民出版社，2009：1-16。

② 此总结来自马丁·阿尔布劳（Martin Albrow），转引自胡水君．法律的政治分析．北京：北京大学出版社，2005：198。

③ 胡水君．法律的政治分析．北京：北京大学出版社，2005：199-200.

④ 典型的论述，可参见伯尔曼．法律与革命：西方法律传统的形成．北京：中国大百科全书出版社，1993。

⑤ 昂格尔．现代社会中的法律．南京：译林出版社，2001.

有些研究者仍然坚持法律自治，但为了应对此类批评，不得不退而认为法律具有“相对自治性”。由于“相对”概念的模糊性，因此它无法起到指引经验研究的作用，也无法面对学理和实践层面的质疑。

卢曼对以上理论都做出了批评。首先，他反对传统法律自治的理论，认为它习惯于从个人或法律职业的角度出发，强调法官的独立、法律职业家团体的自治，完全违背了真实世界的运行逻辑，经不起实践层面的挑战，注定会走向瓦解。其次，他也反对实践层面针对传统法律自治理论的批评，认为只不过是对真实世界逻辑的复述，并不构成真正深刻的批判。最后，他强调不存在所谓的“相对”状态，法律要么是自治的，要么是不自治的。

卢曼认为，必须从系统论的视角出发，重新认识何谓法律的自治性。首先，法律系统是具有特定功能的社会系统，其功能在于维持对预期的普遍一致的一般化。其次，合法/非法构成法律系统与其他系统区分的依据，法律系统的沟通具有内在性，它凭借合法/非法这对二元符码来确定哪些元素属于自身，哪些元素属于环境。无论是宗教、道德还是政治，都不能直接决定法律自身的运作。最后，基于功能的特定性和沟通的内在性，法律系统的运作是自我指涉、自我再生产的。正如卢曼所说，“也许存在对立法的政治控制，但是只有法律能够改变法律。只有在法律系统的范围内，才能把法律规范的变化理解为法律的改变。这不是一个关于权力或者影响力的问题，而且这并不意味着要否认环境，尤其是政治系统对法律系统的影响。但是，法律系统是通过法律事件，而且也只是通过法律事件来进行自我复制的”①。

因此，法律自治意味着封闭性与开放性的同时存在。封闭性并不等于法律系统与其他社会领域的孤立和隔离，法律一旦脱离社会这个环境，也就失去了存在的意义；没有来自环境的刺激，系统自身的运作也就无法继续下去。所以，系统在自身运作逻辑封闭的同时，又同时对环境保持开放，接受环境带来的刺激，并通过自身的运作机制来简化社会中的各种利益诉求、各种领域的纠纷，以及个人的思想与行动的不确定性所带来的复杂性。

总体来说，卢曼将系统论视角引入分析法律自治，通过对封闭与开放不同层次的区分，详细阐明了“法律是自主的而不是自足的”，克服了法律实证主义在对待法律自治问题上的困境，证实了法律系统完整的自治性，同时也没有割裂法律与社会之间的紧密联系，更加深刻地描述了现代社会中法律的状态。

（三）法与社会进化

关于法与社会进化的关系，传统理论一般存在两极化的理解：或者认为法律自治，甚至认为法律具有普适性价值，不随社会变化而变化；或者认为法是社会的产物，社会进化决定法律进化。卢曼认为，这两种理解都没有抓住法与社会关系的根本，法与社会进化是共时性进化的关系。

---

① 卢曼．法律的自我复制及其限制．北大法律评论，1999，2（2）：449.

由于人类生活在一个由意义所构成的世界中，存在着广泛的经验和行动的可能性。这些可能性既具有复杂性，即总是存在比实际更多的可能性，也具有偶然性，即经验结果往往与最初的预期不同。在“单一偶然性”层面上，预期结构是固定且稳定的，然而，在“双重偶然性”层面上，经验和行动不仅依赖个人，而且也依赖别人。因为每个人都可以自由地改变其行为，所以不能期望他人的行为是确定的事实，而应当充分考虑到其变化的可能性，也就是说，预期结构依赖于“对预期的预期”，因而更为复杂和多变。卢曼指出，法律和规则的功能就在于寻求直接预期与“对预期的预期”这两个层面的整合。规则的意义便在于为“对预期的预期”提供了一定的确定性，从而也为互动提供了实质基础。在这个意义上，作为结构的法律和作为系统的社会必须在一种相互依存的关系中被审视和研究。一方面，法律作为对预期的整合机制，依赖于预期本身的分化形式，即依赖于社会结构本身；另一方面，作为社会系统的法对预期做出整合之后，就会成为预期的决定性因素之一，影响到整个预期结构，因而构成社会进化的基础之一。①

结合关于分化类型的区分，卢曼提出法与社会进化的一般规律：随着社会复杂性的增长，社会系统从区隔分化向功能分化进化，法律也从相对具体的法逐渐变得更加抽象，发展出应对复杂情形的高度灵活性和实际上的可变性。按照分化程度的不同，卢曼区分了三种社会：古代社会、高度文明的社会和现代社会。古代社会指的是原始社会或部落社会；前现代的高度文明出现于那些没有完全功能分化的社会，如中国、印度、伊斯兰、希腊-罗马以及欧洲大陆、盎格鲁-撒克逊；现代社会指工业社会。这三种社会分别对应于三种社会分化。社会分化是系统为了应对复杂性而再生产系统。与此三种社会相对应，存在着三种法律：古代法、前现代高度文明的法和现代社会的实证法。这三种法律，卢曼有时又分别称作神法、法律家法和立法/制定法。卢曼最为关注的是与现代社会处境密切相关的实证法。他认为，实证法的出现源于社会发展，与通过功能分化产生大量可能性的社会结构相关。在后期著作中，他倾向于逐渐用“自我塑成的法”替代“实证法”。在卢曼看来，法律的实证性即法律的自我塑成。现代社会的“自我塑成”性意味着自我再生产、自我规制、自我参照。与此相适应，实证法也是“自我塑成”的，是一个自我参照的、自我生产和再生产的，在规范上封闭、在认知上开放的系统。②

二、哈贝马斯：事实与规范之间

尤尔根·哈贝马斯，德国哲学家，法兰克福学派第二代领袖，1929 年生于杜塞尔多夫，曾先后学习哲学、心理学、历史学、经济学等，获得哲学博士学位。1961 年完成教授资格论文《公共领域的结构转型》，历任海德堡大学教授、法兰克

① 胡水君．法律的政治分析．北京：北京大学出版社，2005：202－203．

② 朱景文．法社会学．2 版．北京：中国人民大学出版社，2008：51－52．

福大学教授、法兰克福大学社会研究所所长以及德国马普协会生活世界研究所所长，1994 年荣休。哈贝马斯对当代人文社会科学的发展起到了巨大的推动作用。其主要著作包括：《公共领域的结构转型》（1962）、《理论和实践》（1963）、《社会科学的逻辑》（1967）、《知识和人类旨趣》（1968）、《技术和作为意识形态的科学》（1968）、《合法性危机》（1975）、《沟通与社会进化》（1976）、《沟通行为理论》（1981）、《真理与论证》（1998）、《在事实与规范之间：关于法律和民主法治国的商谈理论》（1992）等。

20 世纪末以来，“相对主义”和“文化多元”成为最具影响力的两股思潮。在此背景下，哈贝马斯却逆潮流而动，通过系统阐释其“沟通理性”理论，企图为行为准则的普适性建立一个具有普遍性的规范基础，并以此来描述、分析和批判现代社会。1992 年，哈贝马斯出版以法律与社会关系为核心的《在事实与规范之间：关于法律和民主法治国的商谈理论》，在沟通行为理论的基础上，创造性地建起一个法律与民主的商谈理论。他指出，只有透过沟通行为理论才能说明现代社会面临的“理性化”实质所在、刻画“事实性”与“有效性”之间的张力，而法律作为沟通事实性和有效性之间的社会媒介，在现代社会中扮演着远超一般理论想象的重要角色。

（一）沟通行为理论

哈贝马斯认为，人们之所以有意识地进行沟通行动，是为了达成人与人之间的相互理解。为了实现沟通和相互理解，言辞中不仅必须包括对事实的描述，还伴随着没有被明确说出来的“有效宣称”。所谓沟通理性，就是人们在进行沟通行动时预设的准则和条件。在交往的过程中，人们对于描述事实的真假、规范的有效性，乃至交流态度真诚与否，都可能提出质疑。在此情形下，提问者和被提问者往往展开论辩，以确认被质疑的有效宣称，经过质疑—论辩—确认的过程所达到的共识才是合乎沟通理性的。

无论是个人的理性化还是社会的理性化，都是围绕沟通理性展开的。首先，社会的理性化过程就是社会的现代化过程。从传统社会走向现代社会的过程，包含三个层面的变化。（1）随着语言形式和商谈形式的区分，不同的活动领域或文化领域间开始出现相应的分化，现代社会日益趋向专业化，分工日趋精细，不同专业形成自己的一套语言、对错优劣的准则和商谈形式，很难互相理解和参与。（2）人越来越倾向从个人的利益出发去考量或判断自己和他人的行为。人际交往渐渐以策略性行为为主，以是否最有效率地达到既定目标作为选择行动或手段的准则，因此人与人之间的沟通、了解逐渐变得更加困难，社会的团结与整合从而出现危机。（3）人们世界观的分化给人际沟通和社会整合带来阻力。传统社会的世界观是神话式或宗教式的，其合理性来自社会各成员所共同接受的神话或宗教教义。当社会从传统走向现代、传统社会的生活世界崩溃时，来自生活世界的世界观、信念、价值和其他知识也都受到怀疑而纷纷失去效力。其次，对个人来说，理性化过程意味着以语言为核心的学习过程，通过学习语言，人们逐渐获得语言背后的种种有效宣称和世界概念。在某种意义上，正是社会的理性化带来了人的理性化。在社会的理性化过程中，随着传统生活世界的逝去和世界观正当性的丧失，个人的生命意义、人生目的和选择生活的方式、工作的准则也被拉到台前，接受理性的检验与批判。

个人和社会的理性化进而导致了生活世界与系统的分离，以及生活世界的理性化。由于失去旧有世界观的支撑，原本赋予人生以合理性和意义的价值与信念，在现代社会就变成主观、非理性的个人偏好。由于不同的人会选择不同的价值作为行动与生活方式的合理性选择，于是形成现代社会多元化的生活世界。在一个多元化的生活世界中，不同形态的行为可以从不同的对错、好坏准则得到合理性的依据，渐渐地，在生活世界中受不同准则指引的行为形成了一些次系统。[①] 哈贝马斯进一步引入有效性和事实性这一对概念，以进一步阐明现代社会所面临的张力。有效性指的是合理地引发的信念的约束力，事实性则是指外在制裁施加的约束力。[②] 在传统社会，规范秩序的有效性与事实性是融合的。例如，在家族社会中，整个规范秩序的有效性和事实性都源自生活世界中一元的世界观和信念。规范秩序和社会制度建立在某些神话式的世界观基础之上，它们受到禁忌的保护，具有不可挑战的权威性。同时，社会的个别成员也都接受甚至崇拜规范背后的世界观以及伴随它出现的禁忌、神话和信念，惧怕触犯规范所带来的惩罚。因此，在这样的规范体系中，人际沟通行动的发生和过程都显得相当顺畅，人们不需要为每一次沟通行动单独辩论背后的有效性根据。然而，在现代社会，由于理性化过程的发生，传统规范秩序的有效性与事实性开始分离。一元的世界观受到质疑，生活世界出现多元化，原有规范秩序背后的禁忌都被打破，有效性的神圣性随之受到挑战，人们必须拿出理性即工具理性，来对之进行检验和论辩。社会由此分化成不同的活动领域，而个人则基于不同的动机和价值选择个人的生活方式和行动规则。也就是说，随着传统秩序规则有效性的丧失，其事实性也随之失去。

那么，传统秩序规范丧失的现代社会如何处理有效性与事实性的危机，维持自身的整合，避免瓦解呢？这构成了哈贝马斯的核心问题。他认为，解决之道就是人与人之间能够达成相互沟通、理解，从而使社会能够重新建立共识，协调人际交往。要达到这个目的，最理想的情况是透过沟通行动，重新让行动规范的有效性与事实性融合。

然而，哈贝马斯也认识到，沟通行动本身也蕴含着危机。在现代社会，沟通行动的成本过于高昂，同时，透过沟通行为而达成共识的可能性是不稳定的。一方面，沟通行动是必须提出理论根据的活动，参与者必须首先拥有一些共同接受的知识和信念，即共享的知识背景。这也就意味着，仍然存在一个相对而言未曾分化的生活世界，当中的知识和信念在参与者之间不会被质疑。但是，如同哈贝马斯已经

① 关于哈贝马斯有关沟通行为及理性化过程的描述，参见德夫林．哈贝马斯、现代性与法．北京：清华大学出版社，2008：26－29；杨善华．当代西方社会学理论．北京：北京大学出版社，1999："哈贝马斯"章节。

② 杨善华．当代西方社会学理论．北京：北京大学出版社，1999：199.

指出的，现代社会的根本困境便在于生活世界的理性化，任何知识和信念都必须经过理性的检验，方可获得认同。所以，当现代人进行沟通行动时，我们必须首先以理性来为行动的有效性寻找依据，这构成了沟通行动的负担。另一方面，现代社会及其个体成员都是以策略性行为作为行为主旨的，每个人都时刻忙碌于计算成败得失，在这种背景下，要求每个人同时还必须保持行动的开放性，随时准备为不同的有效宣称做出论辩，为自己在不同领域的行动提出不同的理据，这样的要求近乎不可能。此外，由于沟通行为开放了其背后“有效宣称”的真实性，留待参与者的理性论辩来加以确认，这就使得以相互理解为目的的沟通行为往往导致更多的异议危机。人们越是理性地讨论，就越发增加产生异议的可能性，理性论辩只能无止境地继续下去。这反过来进一步增加了现代人的沟通负担。

由此，我们可以看到沟通理性自身在有效性和事实性之间的差距和张力。从有效性的角度而言，沟通行动可以透过理性化的准则去融合人际交往规范的有效性和事实性；从事实性的角度而言，沟通行动不但对现实社会中的个人造成行动的负担，而且悖论式地加强人际交往中的异议危机。既然沟通行为必须承担其解决现代社会整合危机的功能，那么就有必要对沟通行为进行必要的限制或制度化，使得沟通行为在事实上成为可能。哈贝马斯认为，只有法律才能担此重任。①

（二）作为事实性和有效性之间社会媒介的法律

在哈贝马斯看来，现代社会的法律能够以“某种方式协调哲学的正当化诉求和社会学的制度化诉求”②，就在于它能够提供一个法律有效性的向度。在这个向度之中，事实性和有效性再一次彼此交叉。但它既不同于生活世界的强制性，也不同于传统的规范秩序，它不是一个建立在神话或传统权威之上的、排除一切讨论可能的强制性权威秩序，而是经由立法程序制定的秩序，或者说，它可以被看作经由立法程序转化的传统秩序。当立法者制定法律时，他不仅表达和传递了法律规定，也做出了某些有效宣称。在他宣布该法律有效的时候，同时也在邀请这条法律的施行对象或公众对它的有效性提出质疑。在这个转化过程中，改变的不仅仅是秩序的形式，更是秩序本身，一个经由沟通行为而形成的事实性与有效性交织的规范秩序。

按照哈贝马斯的说法，法律的有效性涉及两个方面：一方面是根据其被遵守的情况来衡量，即社会有效性；另一方面是根据它得到的规范性接受来衡量，即合法性。换句话说，法律的社会有效性指法律的强制性，即违法者被制裁；法律的合法性指法律应由有认受性的立法程序制定，应保障所有人享有平等的自由。当某一条法律规范的有效性被质疑时，人们实际上期望同时从以上两个方面得到确认。这也就意味着，法律的有效性和事实性是紧密联系在一起的。③ 哈贝马斯指出，法律的特殊性就在于即使在理性化的现代社会，现代人却并不经常要求对法律的有效性做

---

① 杨善华．当代西方社会学理论．北京：北京大学出版社，1999：“哈贝马斯”章节．

② 德夫林．哈贝马斯、现代性与法．北京：清华大学出版社，2008：53．

③ 哈贝马斯．在事实与规范之间．北京：三联书店，2003：33－52．

出理性商谈。是否做出这样的要求，取决于人们作为法律的施行对象会采取观察者还是参与者的视角去理解法律。

从观察者视角出发，法律是一组客观存在的规则系统，有协调人际交往的功能。法律的有效性只涉及法律的强制性和协调的效率性。对法律的这种理解完全没有触及法律的认受性及法律背后的有效宣称，因此也不涉及沟通行动。人们对法律的态度非常简单自然，只要知道法律的具体规定，计算遵守或违犯法律的后果，就可以对人际交往进行规范和协调。从这一点看，法律的确减轻了现代人在沟通方面的重任。当法律的施行对象觉得有必要的时候，他们往往会脱离纯粹的观察者视角，而采用内部参与者视角来认识法律。他们会同时注意到法律的社会有效性和合法性，质疑某项具体法律规定是否经由一个有合法性的立法程序制定，是否保障所有人的平等权利，并就法律的有效性进行商谈。

透过这两种不同的视角，可以区分两种接受法律的态度：事实上的接受和有理论根据的接受。前者建立在对强制性制裁的恐惧的基础上，后者则同时是对法律社会有效性和合法性的认同。如果法律仅仅在事实上被社会成员接受，那么因为立法者意志的可改变性，这样的法也是不稳固的，并不足以成为社会整合的媒介；具备合法性的法律才是相对稳定的，立法程序本身就是一个沟通行动，法律则是立法者和法律的施行对象之间就有效宣称进行商谈和论辩后的结果。这里，我们可以清楚地看到哈贝马斯透过沟通行动理论重构法律在现代社会中的中枢地位的用意，看到法律作为行动规范如何把事实性和有效性重新融合，从而成为社会整合的媒介。[①]

三、布迪厄：迈向司法场域的社会学

皮埃尔·布迪厄，法国当代社会学家，1930 年生于法国南部的贝恩亚。从巴黎高等师范学校毕业之后，他获得哲学教授的资格。第二次世界大战后，他分别在巴黎大学担任研究助手，在里尔大学担任讲师，主要从事民族学研究。1964 年任社会科学高等试验研究院教授、研究主任，主持教育文化社会学中心，致力于组织开展社会学的共同研究。1981 年至今，担任法兰西学院教授，后兼任院长职务。他的主要著作包括《艺术的规则》（1965）、《再生产：教育、社会、文化》（1970，与让-克劳德·巴塞朗合著）、《实践理论纲要》（1972）、《区隔：趣味判断的社会批判》（1979）和《语言与符号暴力》（1991）等。

布迪厄的核心贡献被认为是实现了社会理论从实体论到关系论的转向。华康德曾指出，布迪厄的唯物主义人类学，即方法论上的关系论，构成了他社会学认识论的核心观念。在布迪厄看来，传统社会学中常见的个人与社会的对立，不但在理论上毫无意义，更会因为它们和各种政治对立乃至社会对立密切相关，而导致研究上的深层困境。社会科学没有必要在这个二元对立中做出选择，因为社会现实的内容

---

① 杨善华．当代西方社会学理论．北京：北京大学出版社，1999：“哈贝马斯”章节．

既体现在行动的现实中，也体现在结构的现实中。“在社会世界中存在的都是各种各样的关系——不是行动者之间的互动或个人之间主体际性的纽带，而是各种客观关系。”① 这一认识论的立场决定了布迪厄对关系的关注，以及他对于反思和实践的重视。实践理论与现象学的知识以及客观主义的知识存在根本的差别，实践理论不仅关注各种客观关系系统，还要考虑这些客观结构和主观性情倾向之间的辩证关系。非常重要的一点，就是要从对规则的过度关注转向对策略的重视，从建立模型的机械力学转向勾勒策略的辩证法。

策略作为实践的基本原则，是行动者在生活和家庭物质环境中逐渐培养形成的。策略就是惯习，这些惯习又是行动者的实践再生产出来的结构的终极产物，这些结构就体现在场域中。场域与惯习都是指一定的关系束，场域由附带一定的权力或资本形式的各种位置之间一系列在历史上形成的关系所构成，而惯习则由积淀在个人身体内的一系列历史关系构成。前者是一个冲突与竞争的空间，后者则是一个结构形塑机制，涉及社会行动者具有的对应于其占据的特定位置的性情倾向。在布迪厄看来，要摆脱各种二元困境，关键就在于正视场域与惯习之间的辩证关系，即一方面，场域形塑惯习，惯习成为某个场域固有的必然属性体现在身体上的产物；另一方面，惯习有助于把场域建构成一个有意义的世界，一个被赋予了感觉和价值、值得社会行动者去投入的世界。②

关系、实践、场域、惯习、权力、资本，这些关键词同样构成了布迪厄关于法与社会关系理论的基本出发点。

（一）对卢曼的批评

布迪厄认为，严格意义上的法律科学不同于传统意义上的法理学，后者不过是前者的研究对象。因此，真正的法律科学无须纠缠于形式主义和工具主义之间的论辩。司法形式在社会世界中究竟是绝对自主的，还是仅仅充当服务于统治集团的工具？在卢曼看来必须正面回应的法律自治问题，在布迪厄这里，只是传统法理学的困境，不是真正的法律科学所关心的问题。

布迪厄指出，形式主义法理学不过是法律学者本身职业意识形态固化的结果。他们倾向于将法律看作一个自主的和封闭的体系，强调其发展的“内在的动力”；工具主义者的理论核心则趋向于将法律和法理学看作现存的社会权力关系的直接反映，尤其是表达了统治集团的利益，满足于经济基础和上层建筑的解释。但这两种理论都忽视了符号体系的结构、司法话语的具体形式，忽略了司法从政治场域（即权力场域）的斗争中分离出来的历史条件，即必须要有一个使相对独立于外在约束的司法体得以出现的自主的社会世界，同时这个自主的社会世界还可以通过其自己的具体运作逻辑生产和再生产出这个司法体。③ 布迪厄认为，这使得人们不可能具

① 杨善华．当代西方社会学理论．北京：北京大学出版社，1999：268.

② 同①279.

③ 布迪厄．法律的力量：迈向司法场域的社会学．北大法律评论，1999，2（2）：499.

体地想象使法律得以产生并制约法律实践具体形式的特定社会世界。

形式主义意识形态和工具主义法律观虽然是截然对立的视角，却同时忽视了一种完整的社会世界（即“司法场域”）的存在。布迪厄认为，要理解法律的社会意味，就不能忽略这一世界，因为正是在这一世界中，司法的权威才得以产生和行使。法律的社会实践事实上就是“场域”运行的产物，这个场域的特定逻辑是由两个要素决定的，一方面是特定的权力关系，另一方面是司法运作的内在逻辑，前者为场域提供了结构并安排场域内发生的竞争性斗争，后者则一直约束着行动的范围，并限制了特定司法解决办法的领域。

那么，作为社会空间的司法场域与卢曼的“法律系统”区别在哪里？布迪厄指出，卢曼的“自我指涉”的“法律结构”理论错误地混淆了符号结构与生产符号结构的社会结构，导致他只不过以新的名称重述了一个陈旧的形式主义理论。布迪厄承认系统理论为司法制度的形式表象和抽象表象提供了理想的框架，尽管规范和符号秩序包含了客观的发展可能性以及变化的方向，却并不能包含它自身发展动力的原则。也就是说，卢曼的理论尽管在理论上能够解释法律系统的进化及其可能的方向，却无法解释进化的动力来自何处。布迪厄认为，必须在作为符号结构的法律系统和客观关系所产生的秩序之间做出必要的区分，后者是由行动者在相互竞争对法律的控制决定权的过程中所形成的，是在实践中被构造出来的行动者与制度的关系。“没有这种区分，我们将不能理解这一点：尽管司法场域从可以想象的各种观点中获得表达其冲突的语言，但是司法场域自身包含了它自己在客观利益的斗争中予以转化的原则，这些利益与这些观点是联系在一起的。”①

布迪厄认为，一种真正的反思性的法律科学，如果既要考虑到法律的相对自主性，又要考虑到法律的符号效果，就必须跳出规范的限制，走向司法场域的实践分析。所谓司法场域指的是竞争垄断法律决定权的场所。拥有某种技术性资格能力的行动者在司法场域内发生直接对抗，这种资格能力无疑是社会性的，实质上就是由社会所认可的解释一整套文本的能力，正是这一文本确认了长期以来被忽视的合法化了的社会世界的图景。②

（二）迈向司法场域的社会学

1. “法律自治”

“法律自治”的图景来自司法分工和法律专家对法律资源的垄断，司法分工则来源于对法律资源使用权的相互竞争。通过竞争，普通大众和法律专家之间实现了劳工分工，基于法律的裁决与基于朴素的公平直觉的裁决开始分离，并且距离日渐拉大，最终导致了“法律自治”——司法规范体系看起来完全独立于它赖以存在并获得合法性的权力关系。

---

①② 布迪厄．法律的力量：迈向司法场域的社会学．北大法律评论，1999，2（2）：500.

2. 法律职业化与专业化

在司法场域自身内部也存在着劳动分工，这种分工并非来自有意识的计划和角色分配，而是通过司法场域内行动者之间与制度之间的竞争确立的。从理论上讲，对法律文本的解释实践本身并不是目的；相反，它直接针对一种实践目标以及某种实践效果。因此，“权威解释者”之间的分歧必然要加以限制，必然要排除相互竞争的多重司法规范之间的共存。对法律文本的解读就是一种占用潜藏于文本之内的符号权力的方式。布迪厄强调，尽管法学家们相互之间就文本争论不休，但是他们的争论依然是一个群体内部的争论，这个群体有严密的等级层次，而且有能力解决解释者之间和解释之间的冲突。也就是说，解释者之间的竞争受到这样一个事实的限制：司法机关必须依照一种严格的等级制来组织司法体系及其权力的不同等级，同时借此来组织判决和解释的等级，以及给这些判决赋予权威性的法律规范和法律渊源的等级。

3. 法律行动者

“司法场域”意味着在行动者之间确立边界。它区分了两种行动者，一种有资格参与游戏，另一种则由于没有能力完成进入这个社会空间所必需的心理空间（尤其是语言态势）的转换，而被排除在外。也就是说，在司法场域存在两种假设体系、两种意图表达体系、两种世界观。当事人对案件的普通想象与专家证人、法官、律师和其他司法行动者的职业想象之间的差异，对于权力关系而言是根本性的。然而，司法过程的运转方式则倾向于将自己转化为一个中立的空间，通过将双方当事人之间的直接冲突转变为调解人之间的对话，来使得这一过程去现实化，将任何处于冲突中的利害关系中立化。布迪厄认为，将法庭描述为利益冲突转为专家对话的一个独立而有弹性的空间，将审判描述为一个井然有序地通向真理的过程，这种自我表述构成了司法活动符号效果的一个维度，即司法活动是自由而理性地运用被人们普遍认可的“科学”规范。因此，判决作为不可调和的要求之间的一种政治妥协，本身就包含了司法场域的全部含混性。它同时参与到两个相互分离的场域的逻辑之中：一个是政治场域，它的特征在于朋友（或联盟）与敌人之间的敌对，非此即彼，拒绝第三方的介入；另一个则是科学场域，它倾向于承认实践优先于真理与错误的对立，从而赋予专家意见以效力。

4. 法律职业

进入司法场域意味着默认了这个场域的基本法，也就是说，在这个场域中，冲突只能以司法的方式来解决。因此，进入司法场域本身是对普通经验的重新界定。例如，将一个没有意识到的伤害转化为一个被意识到的、被加以命名的且可以具体地找出原因的伤害。重新界定之所以可能，是因为它来自被社会承认的法律职业者的特权。换句话说，法律职业者的具体权力就在于揭示出某些权利，或者说，“操纵法律激情，即在某些案件中创造法律激情，而在另外一些案件中夸大或打消法律激情”。法律职业者将日常语言所表述的问题重新界定为法律的问题，将日常语言转译为法律语言，并对不同策略的胜算机会进行预期的评估，从而为他们的服务创造了需求。因此，无论在逻辑上还是在实践中，拥有法律资格的人依照司法场域的基本法来构筑司法形势，那些通过接受进入司法场域而默认放弃自己直接解决冲突的努力的人，则转化成当事人。司法场域将他们进入司法之前的利益转化为法律案件，并将职业资格转化为社会资本，这种职业资格保证法律职业者掌握着司法场域自身的逻辑所要求的那些司法资源。因此，司法场域就像一种运作的“机器”，法律职业者拥有一套固定的程序来解决内部冲突，这种等级分明的法律职业者群体的纪律强化了法律解释者的凝聚力。这样，法律学者就有理由使他们自己相信，法律的基础来自它本身，来自一种基本性规范，一种像宪法这样的“规范的规范”，所有低级的规范都可以从这种基本性规范中演绎出来。这就是法律自治观念的来源：“法律职业者的一般意见植根于法律解释者群体的社会统合之中，它们倾向于给法律理由的历史形式和这些历史形式所生产的社会整体的有序图景的信仰，赋予一种具有超验基础的表象。”①

5. “法律自治”的当代危机

在每一个文化生产的场域中都存在以下趋向：将特定主体所分享的图景普适化为一般经验。司法语言的特殊性在于作为一种体现自主性、中立性和普适性的修辞技术，它并不是一个简单的意识形态面具，而是表达了司法场域的整个运作过程，尤其是表达了法律规范体系总是要服从的理性化运作。法律不断地被评述，并不断置身于条文与现实之间，反复来回拉锯。正是在这一点上，法律职业者所强调的“法理”才成为可能。这种“法理”是一种特殊形式的来自学者的知识，它拥有自己的规范和逻辑，它能够生产出具有理性一致性的外在符号。当人们谈论“法律感”和“法律能力”时，表达的无疑正是这样一种普适化的态度。在布迪厄看来，这种态度就构成了司法场域的入场券。这种基本态度主张从一个内部连贯一致的规则体中严格演绎出某种特定的裁决形式，它与源自普通公平感的直觉完全不同。一旦这种想象从理论问题转变为真正的社会实践问题，往往就会出现严重的合法性危机。这正是“法律自治”观念在现代法治社会所面临的基本困境。

将司法场域带入法社会学分析，有助于研究者从法律系统的观察者层面深入司法场域内部的实践层面。在实践层面，我们会发现，沉溺于纯粹的建构法律教条的“法律理论家”与只关心法律适用领域的“法律实务者”往往处于相敌对的位置上。布迪厄认为，这种敌对状态源于长期以来的符号争夺。在一个阵营中，“理论家”从纯理论的角度来解释规范文本，负责传授以常规化和形式化的方式存在的现行有效的规则；在另一个阵营中，“实务者”通过在实践中评价某一个具体的案件来解释规范文本，即法官有责任采取法律推理对司法解释做出贡献。实际上，法律的实际意义往往取决于受不同具体利益驱动的不同法律群体（比如法官、法学家、律师）之间的争斗，这些法律群体本身又可以划分为不同的集团，受不同利益的驱

---

① 布迪厄．法律的力量：迈向司法场域的社会学．北大法律评论，1999，2（2）：522，503.

使，这些利益依赖于他们在法律群体中内在等级体系中的位置，而这些位置则对应于他们的客户在社会等级体系中的位置。

此外，强调以司法场域为中心的法社会学，意味着研究者将不能再问权力究竟是来自上面，还是来自下面，或者法律究竟是不是从习惯走向规则、从集体实践走向法律法典化。取而代之的是，研究者必须考虑司法场域与权力场域之间、司法场域通过权力场域与整个社会场域之间的客观关系，重新考虑司法工作在最具体的场所中、在形式化的活动中、在从事形式化工作的行动者在司法场域中的竞争所决定的利益当中、在司法场域与更大的权力场域的关系中所体现出来的深层的逻辑，只有透过这种关系和逻辑，才能理解司法行动所特有的目的和具体效果。

总之，司法生产如同其他形式的文化生产一样都发生在“场域”之内，传统的分析将“意识形态”归咎于集体的选择，甚至直接归咎于个人的意图。但布迪厄指出，在社会场域中产生的意识形态及其社会效果，既不是人们随机行动的数学加总，也不是某个协调一致的计划的整合性结果。它们是在社会空间内相互竞争中产生的，这个空间影响了竞争的总体趋势，影响了司法场域与权力场域之间的关系。正是场域的结构，而不是行动效果的简单总和，使得个人行动产生了超然的客观效果和集体效果。这正是迈向司法场域的社会学所希望揭示的。①

第二节 美国当代法社会学理论

20 世纪 80 年代以来，美国法社会学理论继续蓬勃发展。法社会学作为社会学的一门独立分支学科，虽然仍以经验研究为基本形式，但逐渐吸收了当代社会理论发展的最新成果，通过具体的实证研究，在学科边界、基本理论假设、方法论等根本性问题上做出更为深刻的反思，就现代法与社会的关系做出了更为深入的探讨。1981 年，汉特对美国法社会学的现状做出评论，认为在几乎以“法律过程”的经验调查研究为唯一特征的贫乏年代过去之后，终于重新出现了理论的探索；弗里德曼则自豪地宣布：“法律与社会研究现在已经，起码是象征性地，完成了从幼年跻身成年人的转变。”②

在法学与其他社会科学的不断交流中，在以学术研究积极应对美国社会变迁的实践中，当代美国法社会学学术流派不断涌现，提供了一幅异彩纷呈的思想图景。整体来说，当代美国法社会学的发展呈现出三个基本特点。

第一，研究主题的转向。20 世纪中期，美国法社会学的主题基本可被概括为“法律与社会”，一方面继续批判传统法理学狭隘的规范中心立场，要求对法学的社

① 杨善华．当代西方社会学理论．北京：北京大学出版社，1999：“布迪厄”章节；布迪厄．法律的力量：迈向司法场域的社会学．北大法律评论，1999，2（2）：496－545.

② 颜毅艺．法律的自治与开放：当代美国法社会学方法论变革导论．法制与社会发展，2007（5）：135－142.

会背景和运行机制做出现实的研究，另一方面则集中于批判法理学的法律中心性假设，要求将社会带回法律与社会关系分析的核心。然而，随着研究的深入，“法律与社会”研究的悖论日渐凸显。研究者开始意识到，这一研究方式实际上仍然建立于法律中心论的基本前提之下，假设法律是存在于社会之外的独立领域，而社会则是外在于法律并与法律相互影响的世界。出于对这一前提的批判性反思，研究者逐渐开始质疑“法律”观念本身：法律究竟意味着什么，法律如何能作为社会控制的工具，其局限是什么。这就逐渐将法社会学研究从相对特定的技术问题引向一般的基本理论论题，研究主题也由“法律与社会”逐渐转变为对“法律是什么”的探究。例如，布莱克认为法是社会控制的一种形式，而安赫斯特学派则放弃对这个问题进行理论性判断，认为应当在日常生活中重新发现这一问题可能的答案。

第二，行为主义学派的兴起。行为主义所强调的行为不仅包括明显的客观行为，还包括态度、期望、动机、愿望等主观行为，行为主体既包括个体，也包括重要组织、社会群体和社会阶层。20 世纪七八十年代，行为主义法学曾席卷西方以及日本，成为最有实力的法社会学思潮之一。它强调研究人的法律行为，尤其是研究司法活动参与者的行为，其目的在于通过此类研究，帮助国家制定出适宜社会发展的司法政策，造就理想的法律秩序，从而达到社会控制的目的。[①] 行为主义法社会学一般表现出强烈的实证科学倾向，强调通过调查、观察和实验来了解和掌握各种情况和变化，从人的外在行为方式及其结果中加以综合分析，概括出该行为的原理和原则，再放到实践中验证，在社会实践中得到检验和发展，目的是解释、预测和控制人们的行为。在当代法社会学研究中，行为主义法学逐渐脱离简单的微观、量化实验和分析，致力于行为主义法学理论的创造和提升，慢慢形成较为系统、完整的理论体系，并逐渐在法社会学领域产生重要影响。其突出代表便是布莱克，他从人类的法律行为、司法过程、案件结构等行为领域出发，提出法律运作行为的系统理论，并最终上升到完全去除“人”的核心地位的纯粹社会学，在美国法社会学界引起巨大争议。

第三，解释社会学的转向。在舒茨（Alfred Schutz）、伯格（Peter Berger）和常人方法学的影响下，当代美国社会学界受到解释社会学的极大冲击，而在法社会学界，这一影响与研究主题的转向相互呼应，使得解释社会学构成了一股很强的研究风潮。所谓解释学转向，即将解释社会学的重点从重大历史事件和历史进程的意义理解转向对日常生活的结构分析。在舒茨之前，解释社会学都关注文化或历史的具体性的实质分析，认为社会学研究的是处于特定历史情境中对特定历史行动者具有意义的历史个别。受到舒茨的影响，转向后的解释社会学被广泛用于处理与宏观历史变迁和文化差异无关的微观日常问题，从而成为处理宏观问题的主流社会学的补充，理性更多地被认为是一种在典型情境中合乎情理的意涵，是一种日常生活的

---

① 胡震，韩秀桃．行为主义法学．北京：法律出版社，2008：6.

理性，无须深思熟虑和反复斟酌，更多的是习惯性、自然性和想当然性。[①] 与之相伴随的是，社会学从关注西方的理性化进程转变为着眼日常生活。在关于安赫斯特学派的介绍中，我们将会详细展现这一转向的具体影响。

一、布莱克：法律的“纯粹”社会学

唐纳德·布莱克，美国最有影响力的法社会学家，行为主义法学派代表人物，也是纯粹社会学（pure sociology）的倡导者。自密歇根大学获得博士学位后，布莱克进入耶鲁大学从事法与社会科学领域的博士后研究。自1970年起，他先后担任耶鲁大学和哈佛大学法学院和社会学系联聘教授。1985年后，他受聘为弗吉尼亚大学社会科学教授，享有在任何科系开设课程的特权。其代表作有《法律的社会组织》（1973）、《法律的运作行为》（1976）、《警察的行为方式》（1980）、编著《社会控制的一般理论》（1984，两卷本）、《社会学视野中的司法》（1989）以及《正义的纯粹社会学》（1998）。

布莱克所有研究的起点即在于对传统研究价值立场的不满。他认为，法社会学家虽然使用“系统”“结构”“模式”“机能”等科学语言和术语进行研究，但却往往主动放弃科学的立场，转而去研究法律价值和政策评价的问题，混淆了科学的立场和政策的立场，在根本上妨碍了法社会学的发展。1972年，布莱克发表论文《法社会学的界定》（The Boundaries of Legal Sociology），矛头直指风头正劲的伯克利学派。在前者看来，科学取向的法社会学研究强调事实与价值的分离，主张道德相对主义，这忽视了法律中所蕴含的人类的根本价值。相反，理性上自治和成熟的法社会学有必要对道德范畴，即合法性、社会的正义基础等问题做出回应。[②] 布莱克对这种以“正义”“法治”“正当程序”等标准来衡量和判断经验性材料的观点表示深刻怀疑，激烈抨击这种带有强烈价值倾向的法社会学。他指出：“如果在比较法律事实和法律理想时，没有参照特定的经验证据，妄谈所谓的法律规则或正当程序，研究者可能已经轻率地把他个人的理想移花接木当做一个社会本身的法律理想。于是，他们所谈的就不再是社会科学，而只是在宣扬个人主张。”[③] 布莱克进而呼吁对法社会学做出新的界定，严守科学的价值无涉立场，通过研究者的自省和研究范式的更新，建立不参与法律评价、不干预法律生活的法律科学。

该文发表以后，立即成为美国法社会学界的焦点，尤其是伯克利学派，坚持规范主义的分析立场，围绕这一观点展开了激烈的批评。1976年，布莱克出版了《法律的运作行为》，以理论建构的方式，系统化阐述其具体主张，由此确立了其行为主义法社会学家的地位。之后，布莱克选择不同领域从事经验研究，将《法律的运作行为》中提出的观点不断推进，并最终超出单纯的法律社会学的范畴，试图在

---

① 杨善华．当代西方社会学理论．北京：北京大学出版社，1999：32.

② 胡震，韩秀桃．行为主义法学．北京：法律出版社，2008：75－78.

③ 同②78.

对法的研究基础上，形成把握社会最根本问题的社会理论。布莱克始终坚持其纯粹社会学的主张，摒弃将人作为社会学研究中心的“陈旧”观念，转而以社会事实为研究对象，像研究自然现象那样研究法律现象，让法社会学成为一门真正的科学，并认为法社会学研究的所有价值即在于提供一整套用以分析、解释和预测法律变化的客观普遍的方法和理论。

（一）法律的运作行为

作为布莱克的成名之作，《法律的运作行为》奠定了其在法社会学乃至整个社会学领域的地位。该书系统地阐述了法律的运作理论，即从法律的数量和样式的变化角度来分析法律与社会的关系，进而提供了一个定量分析和预测法的运行轨迹的理论架构。

布莱克指出，法并非正义之理念或者纸面之规则，“法是政府的社会控制，或者说，它是国家和公民的规范性的生活”①，也就是说，法是社会控制的一种形式，由国家施加于其公民。法社会学的研究对象，因此不是规则本身，而是施加控制的行为本身。行为与规则的区别即在于：（1）行为本身是可以分解的，其具体形态可从数量和样式两个层面进行描述。（2）无论是数量还是样式，都是变量，随其他因素的变化而变化。例如，法律的样式可分为刑罚、赔偿、治疗以及和解四种，在不同的社会时空中，会采取不同的法律的样式；而即使采取同一种法律的样式，当案件处于不同的社会、地区和社会关系中时，国家施加于公民之上的社会控制的量也是不同的，甚至谁控告谁，法官有何政治倾向，都可能对法律的量产生影响。数量和样式共同构成了法律的运作行为；通过对数量的多少、样式的选择与社会各因素关系的定量分析，法社会学研究者就可以对法律的运作行为做出解释和预测。

那么，法律量的变化主要与什么有关呢？布莱克从社会生活中抽象出一组基本的可变因素作为自变量，逐一讨论它们与法律量的相关性（见表4-1）。下面仅以“分层”“形态”和“组织性”为例简述讨论的基本内容。

表4-1　自变量与法律量的相关性

自变量	角度	讨论内容
分层	纵向	物质生存条件的不平均分配
形态	横向	人们之间相互关系的分配
文化	符号	对现实进行判断的各种思想
组织性	组合	人们采取集体行动的能力
社会控制	规范	何为不轨行为，以及如何做出反应

1. 关于法律与分层

布莱克认为：（1）“法律的变化与分层成正比”，一个社会贫富分层越多，法

① 布莱克．法律的运作行为．北京：中国政法大学出版社，2004：2.

律就越多。(2)“法律的变化与等级成正比”，人们的财富地位越高或越低，其所拥有的法律也就越多或越少。(3)“向下指向的法律多于向上指向的法律”，对穷人施加法律的可能性高于对富人施加法律的可能性。(4)“矛头向下的法律变化与纵向距离成正比”，穷人对富人所犯罪行的严重程度随两者间贫富差距的增大而增大。(5)“矛头向上的法律变化与纵向距离成反比”，即富人对穷人所犯罪行的严重程度随两者间贫富差距的增大而减轻。(6)分层预示和说明法律的样式，向下的法律比向上的法律更具刑事性，向上的法律比向下的法律更具赔偿性，同时，同一等级之间的法律相比不同社会层次之间的法律更具和解性。

2. 关于法律与形态

布莱克提出：(1)“法律与分化之间的关系呈曲线形”，法律随着功能专门化程度的提高而增加，直到一种互相依赖的程度，随后随着共生的出现而减少。也就是说，在不存在功能分化的社会里，法律很少；在功能分工发展到极端的社会里，法律也很少；在同时存在功能分工和市场竞争的社会里，法律可能会很多。(2)“法律与关系距离之间的关系呈曲线形”，关系密切的人之间法律少，随着关系距离的增加法律逐渐增多，但当人们生活的世界彼此隔绝时，法律又开始减少。(3)“法律的变化与社会一体化程度成正比”，处于或靠近社会生活中心的人们所拥有的法律比那些处于社会边缘的人们所拥有的多。(4)“离心方向的法律多于向心方向的法律”，社会生活边缘的人对处于或靠近社会生活中心的人所犯罪行的性质要比反向犯罪行为的性质严重。(5)“离心方向的法律之变化与半径距离成正比”，社会一体化程度低的人对一体化程度高的人所犯罪行随两者间一体化程度差距的增大而愈加严重。(6)“向心方向的法律之变化与半径距离成反比”，社会一体化程度高的人对一体化程度低的人所犯罪行随两者间一体化程度差距的增大而性质减轻。

3. 关于法律与组织性

布莱克提出：(1)“法律的变化与组织性成正比”，社会组织越发展，法律则越多。(2)“指向低组织性的法律多于指向高组织性的法律”，组织性强的主体更有可能控告组织性弱的主体，并更有可能获胜。(3)“指向低组织性时，法律的变化与组织性距离成正比”，组织性弱的主体对组织性强的主体所犯罪行的性质随着两者间组织性差别的增加而严重。(4)“指向高组织性时，法律的变化与组织性距离成反比”，组织性强的主体对组织性弱的主体所犯罪行的性质随着两者间组织性差别的增加而减弱。[①]

如上所述，把法律行为放在社会事实所构成的“社会宇宙”(social universe)中考察，以定量分析的方法发现法律运行的一般规律，构成了布莱克法律行为理论的基本架构。

---

① 布莱克. 法律的运作行为. 北京：中国政法大学出版社，2004：第二章，第三章，第五章.

（二）案件社会学

在《社会学视野中的司法》一书中，布莱克具体探讨了司法领域内各种社会因素对于法律量、案件乃至整个司法系统的影响。由具体的经验研究出发，布莱克进而提出了一个全新的法社会学研究范畴——“案件社会学”(case sociology)。

一般的法社会学着眼于宏观的法律与社会的关系，是对法律原则及其制度是如何反映其所处的社会和文化的较为广泛的研究，案件社会学则聚焦于案件本身。布莱克认为，除了法律的技术性特征——法律准则具体应用于实际案件中的过程之外，每一案件还有其社会特征：谁控告谁？谁处理这一案件？还有谁与案件有关(每一案件至少包括对立的双方，并且可能还包括一方或双方的支持者及第三方，如法官或陪审团)？每一方的社会地位如何？他们之间的社会距离有多大？每一个案件都是所有这些社会地位和关系所形成的复杂结构。一方面，正是案件本身的社会结构决定了案件将如何处理，纠纷将如何解决。因此，案件的社会结构应该成为社会学的独立研究对象，由此将可以预测和解释案件的处理方法。另一方面，案件的社会结构与每一项法律行为都有关系，包括给警察打电话、拜访律师、被逮捕、被起诉、庭审胜诉的可能性、处罚的严厉程度，以及上诉成功的可能性。这些影响因素可以被表述为法律量的变化。法律量是指施加于个人或群体的政府权威的数量，针对被告的每一项法律行动都是案件所引起的法律总量的一个增量。案件社会学研究可以预测和解释在所有情况下法律量的变量，从而更深入地说明案件的社会结构究竟是如何起作用的。

所以案件社会学不仅是法社会学的一个新分支，而且是法学本身的新领域，这一新领域的开辟“创造了另一种新的法律模式，它截然不同于那种把法律描述为条文的逻辑运用决定着案件处理结果的法学模式”[①]。根据传统的法理学模式，法律从根本上讲就是规则，法律是逻辑过程，每一案件的评估都是对法律条文的运用，逻辑决定结果，案件的社会结构是不重要甚至不存在的，每一案件都是在不考虑社会方面的情况下被分析的，甚至当各方的社会特征影响到案件的处理时，会被认为是不恰当和违背法律的。法律从一个案件到另一个案件是不变的、书面的，是所有人都可以获得的。与此相对的是，案件社会学的模式则将注意力集中到案件的社会结构上，即谁是参与者，着力解释案件是如何被处理的。法律不是逻辑的，而是可变的，随各方社会特征的不同而不同。唯一保持不变的是用来预测和解释结果的原理，而这些原理是社会学的。简单来说，法律条文提供了法律的语言，而案件的社会结构提供了语言表达的语法。

这两种模式不仅是对法律现实的不同说法，而且它们产生于不同的视角，有不同的目的和目标。法理学模式是参与者的视角，从业律师用它来探求法律条文是如何逻辑地引出一个特定的决定，法官也例行公事地运用法理学模式，将法律逻辑应

---

① 布莱克．社会学视野中的司法．北京：法律出版社，2002：103－104.

用于案件的事实来形成他们的决定。律师和法官都自觉不自觉地将案件的社会结构排除在与案件有关的内容之外，他们甚至拒绝提及有关人员的社会特征。相反，社会学模式需要的是观察者的视角，它关注的是当事人的社会特征，而不是逻辑。因此，法理学模式是实用的，它所关注的是应该如何做出决定。社会学模式是科学的，它所关注的是针对案件的决定实际上是如何做出的。法理学模式用于做出决定，社会学模式用于做出解释。

布莱克指出，可以通过考察这两种模式在处理案件时对社会差异的不同态度来具体比较这两种模式。在现代社会占统治地位的法理学模式将差别待遇视为异常现象，一种应被纠正的对道德的偏差行为。在理想的情况下，法律条文本身就可以决定案件应当如何裁决；然而，社会学模式认为对案件的处理总不可避免地反映有关各方的社会特征，差别待遇是无所不在的，是司法生活的重要特点，差别的存在是自然的。

因此，现代法学区分了法律的两个维度——实体的和程序的，但它忽视了还有第三个维度，即社会学的维度——所有案件在社会意义上都是不同的：谁起诉谁，谁支持谁，谁裁决谁。法社会学通过研究被法律所忽略掉的第三维度——案件的社会结构，为法律生活提供了一种全新的理解。可以说，法社会学是从法学教育结束的地方开始，从法律条文主义无视的地方寻找规律。它注意到社会异质性的作用，并详细阐释异质性对于案件处理的实际影响。案件多样性的逐步增强削弱了法律条文主义，而法社会学正是在案件的多样性逐步增强的条件下兴起和迅速发展的。

至此，布莱克跨越法学与社会学理论的雄心展露无遗：法社会学不仅仅是一种社会学视角的学术应用，也不仅仅是法学研究的一个分支，或是对传统法学的一种新的修正，它给法律本身带来了危机。法社会学，尤其是案件社会学的核心发现就是，案件的处理具有社会相关性，即歧视是普遍存在的。因此，当法社会学进入法律实践领域时，它对案件处理差异性的预测将成为法律行动的向导，以“同样案件同样处理”为口号和价值所在的法律系统在合法性上或许将面临前所未有的危机。但布莱克指出，或许还有其他的可能性。法社会学使得现代法学不得不抛弃“幻觉”，直面现实：法律条文本身决定不了案件。每个案件都有其相应的不可忽视的社会特征，正是这些特征决定了案件的处理。一种新的社会学的法学将会严格地审视跟案件处理有关的每一个社会因素：社会地位、组织的参与程度、诉讼各方的关系距离、替代解决方法的可利用程度。它将以社会因素作为思考问题的核心，把法律思想带入一个新的发展阶段。

（三）正确与错误的社会结构

布莱克进一步扩展其学术抱负，致力于提出社会学的一个全新领域，并运用一种新的范式来理解人类行为。该领域即冲突，该范式即纯粹社会学。[①]

① 布莱克．正义的纯粹社会学．杭州：浙江人民出版社，2009：3.

1. 冲突

布莱克认为冲突不仅仅局限于所谓的利益冲突，而是指判断正确与错误之观念乃至相应行为的冲突。这就将冲突从社会行动领域扩展到了人类的道德判断，即正义问题。也因此，冲突成为观察和分析人类社会的基本概念，因为只要任何人激起或表达不满，即产生冲突；当任何人实施了被他人界定为越轨的行为或某人试图使他人受制于社会控制时，冲突也会产生。

迄今为止，冲突尚未被确定为一个独立的社会学领域。各种对冲突具体行为的研究散见于各种领域，相应的专家往往只在自己的领域内处理冲突问题，将之看作其他主题的附属现象，而不肯承认这一问题本身具有的意义和价值。布莱克认为纯粹社会学是令相关研究成为真正科学研究的正确途径。他呼吁抛弃在他看来令社会学陷入无解难题的研究方法，去除社会学研究中仍然存在的与意识形态相关的内容。布莱克指出，社会学以个人为中心的假设是一种前科学的态度，一种应该消亡的主张，只是人类自负的反映与投射，社会生活比人更广阔，不能被视为人类的行为本身，因此，研究只应关乎各种形式的社会生活，即本身存在的事实。

2. 冲突的纯粹社会学

布莱克认为，应该看到社会事实所置身其中的社会空间，这一空间由人们的互动本身所产生，包括纵向空间、横向空间、符号空间、社团空间及规范空间在内的多个维度，具有多样的分层、多样的方向。因此，社会生活的每种形式都具有多维的位置和方向，都可以用几何学来表现。每一种环境中社会空间的形状都预测并解释了每一种社会生活形式的运作行为。冲突的纯粹社会学则试图阐释每一冲突在社会空间中所具有的多维位置和方向，来预测并解释社会生活的运作行为。通过对冲突的社会结构的分析，研究者将从中识别出诉讼的结构、暴力的结构、流言蜚语的结构、治疗的结构、复仇的结构、驱逐的结构甚至种族灭绝的结构。起决定作用的是一个特定冲突的特定结构。例如，可以将越轨行为理解为社会控制的分配，将医疗卫生服务理解为医疗的分配，将智识和审美的成就理解为观念和艺术的分配，将社会地位的获得与丧失理解为社会空间中不同位置的分配。

以量化为目标的科学研究，表面上看是要将道德问题驱逐出社会学领域，但布莱克认为，这其实蕴含着研究者对于道德问题最根本的关怀。他试图指出，人类社会不存在与个别案件的社会结构无关的普遍道德观，任何普遍使用道德规范的主张在社会学上都是毫无意义的。但是这也不意味着布莱克认为道德普遍主义是陈腐过时的言论。通过对冲突的社会结构细致入微的分析，他敏锐地发现，人类或许正在进入一个道德演进的新阶段，判定正确与错误的观念，即何谓正义，某种程度上正在社会空间中的特定位置与方向上相互博弈，相互生成。对冲突的纯粹社会学分析，正是社会学家得以进入这一根本问题并对人类事物做出贡献的契机所在。[①]

---

① 具体分析和论述可参考布莱克．正义的纯粹社会学．杭州：浙江人民出版社，2009，特别是“修订版序”和“附录”两部分。

二、安赫斯特学派：日常生活中的法律建构

安赫斯特学派是批判法学的一个分支，20 世纪 80 年代初兴起于美国东北部的安赫斯特学院，包括苏珊·西尔贝（Susan Silbey）、萨利·安格尔·梅丽（Sally Engle Merry）、奥斯丁·萨拉特（Austin Sarat）等一批在法律社会学界做出耀眼贡献的学者。这一学派的代表著作包括《法律的公共空间：日常生活中的故事》（1998）、《离婚律师与客户：法律过程中的权力和意涵》（1995）和《诉讼的话语：生活在美国社会底层人的法律意识》（1990）等。

福柯（Michel Foucault，1926—1984）构成了安赫斯特学派的主要思想源泉。研究者认为，法律不是书面规则，而是一种无处不在的、具有弥漫性的社会现象。什么是法律不再由正式的法律制度，如法学家、法院、律师制度等来加以确定，而是在法律系统和社会遭遇的过程中，在边界模糊之处，通过法律系统和民众之间的互动而具体地建构起来。这便是“日常生活中的法律”（law in everyday life），或者称为“平凡的法律性”（commonplace legality）。[①]

为了构建关于日常生活法律概念的社会理论，安赫斯特学派的学者们还尝试在方法论上进行创新。“为响应当代社会学、文化研究以及法学理论领域里的争鸣，自觉致力于运用不同的方法来进行跨学科的交叉研究”，研究者将文本解读与调查研究结合起来，调和有关客观与主观、主体与观察者、原始表述与再现表述、信度与效度地位的争论。为了更加清晰地呈现日常生活中的法律性，研究者大多倡导一种新的社会学调查研究方法——故事叙述法。所谓故事，是人们构建起来的关于人物、时空场域和社会互动的事件过程。他们认为：“我们接受叙述的概念，是因为人们倾向于用讲故事的方式向自己或他人解释他们的行动……作为社会行动的形式之一，故事因此也反映和维持了制度和文化的安排，为日常生活中的社会互动与更广泛的社会结构之间的鸿沟架起了一座桥梁。换句话说，人们所讲述的关于他们自己及其生活的故事，既建构又解释了他们的生活；这些故事把世界描绘成由故事讲述人所居住和理解的世界。”[②]

（一）底层的法律意识

萨利·安格尔·梅丽，美国纽约大学人类学教授、法律社会学教授，曾经担任美国法律与社会协会会长，美国政治学和法人类学协会会长。1990 年，她出版《诉讼的话语：生活在美国社会底层人的法律意识》一书，运用法律人类学的研究方法，对美国劳工阶层的法律意识和法律行为进行了深入的研究。

梅丽的研究聚焦于美国法院里常见的“垃圾案件”。普通的美国人常常将一些

---

① 刘思达．法律职业研究的死与生//社会理论：4 辑．北京：社会科学文献出版社，2007.

② 尤伊克，西尔贝．法律的公共空间：日常生活中的故事．北京：商务印书馆，2005：7，48.

家长里短的问题，诸如夫妻吵架、邻里不和、恋人闹别扭、父母与子女有矛盾，呈送法院裁决或交由仲裁机构处理。他们深信这些机构是公正无私的。在某些原告看来，将矛盾升级为“官司”本身就是对被告的报复，显示了自己的“权力”。然而，法院工作人员虽然不得不处理此类案件，却往往将之视作“垃圾案件”。

梅丽运用归纳性的、民族志的方法，在研究了170个调解和法庭案件之后发现，在庭审和调解中存在三种反复出现的谈论问题的话语或模式，它们构成了居支配地位的意义框架。这三种话语模式分别是关于权利、公平和道德，以及治疗和帮助的，其地位亦随案件性质和庭审阶段有所不同。例如，在调解或法庭听证过程中，话语的三种模式通常都会显现，由不同的当事人提出，试图达到不同的效果。当人们察觉到一种话语的效果不佳时，往往会转到另一种话语；在调解和开庭审理前的程序中，最常使用的则是日常道德话语，大多数参与者偶尔也会采用治疗性话语。此外，梅丽还注意到，参与者的身份和案件的性质也影响到话语的选择。男人比女人更倾向于使用法律话语，女人则偏好治疗性话语；在邻里问题中法律话语更为普遍，而在婚姻案件中则更多地使用道德话语。

法律话语是关于财产、权利、对自我和私人物品的保护、产权归属、事实和真相的话语。法律概念构成此类话语的核心。它往往涉及对证据、有关文件的递送、书面清单、证词等的讨论。在运用这种话语的过程中，人们往往通过权衡证据并确定适用的法律条文来找到解决问题的办法。需要注意的是，法律话语并不只是援引特定的法律或法律条文，而是指人们对法律关系和程序、合同概念、财产，以及对理性讨论和“证据确凿”的理解。当事人或许很少知道与他们的案件直接相关的特定的条文或原则，但他们有一种普遍的公平感，这种公平感源于财产权利、合同义务和个人安全权利等概念。

道德话语则是关于人际关系的话语，是涉及邻里、父母与子女、兄弟姐妹之间道德义务的话语。它是与各种社会关系的定义相联系的。道德话语是关于日常生活以及关于家庭和邻里生活的道德秩序的表达，一种不需要特殊训练就可以进行的交谈。其特征之一就是关注声望和名誉，往往既包括关于流言蜚语和名声的争执，也包括关于公平以及家庭和邻里角色的纷争。

治疗性话语是来自专业援助人员的话语，认为行为是由环境造成的而不是个人的错误，是拥挤、压力或对挫折的低忍耐力引发了攻击性行为，攻击性行为是社会造成的，而不是个人意愿的结果。这种治疗模式倾向于强调困难，而不是对行为做出某种判断，也不会针对当事人。然而，这种模式往往认定对方的人格不完整，并推卸自己应负的责任。[①]

通过对调节和审判过程中话语转化过程的具体研究，梅丽向我们展现了一个关于支配与反抗的故事。在调解或法庭的互动过程中，事件、行动和情况都会被分别命名，并“贴上标签”。命名可以被看作拥有支配权力的一种象征，权力以这种方

① 梅丽．诉讼的话语：生活在美国社会底层人的法律意识．北京：北京大学出版社，2007：第六章．

式介入第三方和争执者的关系之中。贴标签的过程充满了权力的争斗。虽然人们的资源和权力并不对等，但所有参与讨论的人都会积极参与对命名权的争夺，并努力使自己的话语成为一种居支配地位的话语。值得注意的是，一方面，在调解、听证和审前谈判等各个阶段，法院都倾向于将法律诉讼转换为道德话语和治疗性话语，并在这两种话语的框架下将法律问题重新命名，使之变成道德性或治疗性问题，以正式地驳回当事人的法律诉求。另一方面，当事人虽然因为法律诉求被驳回而感到沮丧，但在这个过程中，他们也学会如何运用法律话语以及怎样以法律和治疗性术语思考和表述他们的问题。因此，命名是一种特殊的权力，它不同于强制的权力或暴力，它是权力的一种非常微妙的表现形式。在调解和基层法院里，它是一种促使现实生活和生活的意义相统一的权力。在具体的案件处理过程中，它都在以一种微妙的方式嵌入人们对法律和现实生活的理解方式。

梅丽将人们对法律的不同理解和利用方式定义为他们所拥有的法律意识。法律意识并非某种被规定内容的单一观念，而是一系列复杂的意义和范畴，人们根据自己的经历和法律知识对这些异议和范畴产生不同的理解。而意识则被定义为人们所认为的常规和自然的做事方式，是人们言谈举止的习惯模式，是他们对世界常识性的理解。它不仅包括人们深思熟虑的、有目的的行动，也包括习惯性的行为和实践。意识正是通过人们行动和说话的方式以及他们所说的内容被表述出来，通过人们所做的事情被嵌入实际的知识中。

因此，法律是一把双刃剑：它是支配的力量，同时又包含支配的可能性。它不是简单意义上的支配的意识形态，不能凭借简单的信念就迫使受支配群体服从。相反，法律这种意识形态是对控制权的争夺，争夺通过围绕法律的话语进行，相关的权力也是通过话语得以认可的。梅丽指出，法律提供了权力，也提供了对权力进行挑战的方式。法律双重作用的发挥不仅仅是通过强制的规范和惩罚，也依靠它所具有的建立社会关系的权威想象的能力。法律为人们解释这个世界提供了一系列的范畴和框架，通过法律语言和实践，把意义传递给受过法律训练或利用这些意义处理日常实践的人，也把意义传递给普通的人。

正是在这个意义上，法律是一种话语，一种谈论行动和关系的方式。和其他话语一样，法律能主张某些意义，同时使另一些意义保持沉默。但是，法律话语本身也非单一性的存在，它是由规范、惩罚、行为种类、反映犯罪意识形态变化的实践及行为的个人和环境的原因、国家对社会生活的责任等积累而成，而积累是一个复杂的、历史的过程。法律话语的不确定、不一致和矛盾为人们的解释和认同创造了巨大的空间。

在法律的支配者和被支配者的关系问题上，法律作为话语的分析路向使得问题的复杂性得以凸显。梅丽指出，一方面，法律提供了人们用来理解自己和社会关系的语言，同时也为国家强制力的实施开辟了渠道。因此，法律依靠两方面的能力——直接的强制力和潜在的文化支配来影响人们的意识。另一方面，虽然法律对问题进行了权威的界定，但是它的支配既不彻底也不静止。梅丽所记录和分析的个案清楚地显示，普通人也在努力抵抗它的文化支配，坚持自己的叙述。

在叙述了美国现实日常生活中广泛存在的种种关于支配和反抗的故事之后，梅丽试图对其产生的根源做出解释。她指出，正是法律权利的悖论使美国社会及其建立在自由主义基础上的法律秩序面临一个根本的两难困境。一方面，当代美国社会被认为是倡导个人主义和法律机会平等的社会，公共领域和私人领域的界线被认为是一个重要的政治界线。另一方面，由国家控制的公共领域和不受国家控制的私人领域之间实际上存在着一个灰色地带。如果将家庭和邻里问题看作法律控制范畴之内的问题，则被认为是对传统政治界线的扩展，即将政府的管理范围延伸到一个一直被看作私人领域的生活领域之中。但是，相对弱势的人们总是期望能够在法律的权威面前享有与有权有势的人平等的机会。如果否定家庭和邻里问题通过法律途径得到解决的资格，就等于违背了人们对法律权威的这种期望。底层民众的法律意识与美国法律制度的政治前提本身之间的这一悖论，成为美国的法律秩序自身所固有的特点，也是在日常法律实践中需要得到更多重视和解决的难题。①

（二）日常生活中的法律性

安赫斯特学派所集中关注的另一个问题是法律的常规运作方式，特别是法律专业人员和非专业的外行人士在长期的“日常生活”实践中建构起来的在经验上值得关注的“规则”。“法律的规则”在普通美国人的日常生活中究竟意味着什么？靠“法律的规则”生活的真实意义是什么？

尤伊克（Patricia Ewick）和西尔贝（Susan S. Silbey）在1998年出版的《法律的公共空间：日常生活中的故事》中试图摆脱传统范式的局限，以日常生活为基点，考察普通公民怎样理解和使用法律，又如何促成法律的产生和形成，以阐释法律规则在大众文化和社会中的具体运作机制，由此建构一种新的理论，来解释法律如何能在历史上作为一种强有力的、持久和稳定的制度而保持下来。

与一般的理解不同的是，当普通人在思考和谈论法律时，他们往往并不是把法律想象为或描述为一种单一的、统一的法律理想；相反，法律包含着多重的意义和行动，它们共同构成了合法性的机制。更为关键的是，正是因为人们用不同的方式来理解法律，才使法律成为一种更为强大的和更为持久的制度，而非僵硬的条文。

要展现法律在日常生活中的复杂意义，社会学家需要找到一个法律与日常世界的中介桥梁。尤伊克和西尔贝使用“法律性”（legality）这个概念，用它来指称意义的权威来源和文化实践，不论被谁运用，也不论出于何种目的，它们都被人们普遍认为是合法的。与此相对，“法律”则用来专指法律性被正式机构及其人员使用时的情况。这种区分的意义在于法的运作不再被认为是日常生活之外的社会事实，“法律性是社会生活本身呈现出的结构，它在不同的场所显现出来，这些场所包括

---

① 梅丽．诉讼的话语：生活在美国社会底层人的法律意识．北京：北京大学出版社，2007.

但不仅仅局限在正式机构的场所之内”①。同时，法律性不仅仅是一个新的解释框架，同时它本身就构成社会生活的资源，正是通过这些资源，社会世界才得以建构起来。

通过“法律性”来重新认识社会生活和法的运作，将“法”界定为一种社会生活的内在的和“表面”的特征，这就需要把经验研究的焦点从法律制度转向游离于法律之外。在方法论的意义上，问题即被转化为：日常生活中的人们究竟怎样经历和解释着法律？日常的互动和关系如何被赋予或没有被赋予法律特征？法律性是以何种方式经由大众对法律的理解、解释和执行建构起来的？

所有这些问题都指向更深层的问题：法律在社会关系中的基本作用是什么？尤伊克和西尔贝认为，在某种程度上，以往关于法律与社会的讨论都是以一系列的意义和分析关系为前提条件的，研究者拥有一系列不证自明的前提假设，并将之作为分析问题的核心框架，例如，隐含在“法律与社会”这对概念中的本体论思想，赋予法律以特别的、统一的和可知的形式，它独立于被称为社会的事物之外。同时，“与”暗示了划分法律与社会作为独立领域的清晰边界。最后，研究者总是倾向于去关注那些发生在边界之上或跨边界的事件和互动。尤伊克和西尔贝希望通过对“法律性”的研究来重新审视“法律与社会”的关系问题，给出一个超越二元本体论模式的新解释模型。

为了具体展现“法律性”在社会生活中的呈现及其结果，尤伊克和西尔贝从法律意识的研究入手。她们认为：“为了发现法律在社会关系中的表现和结果，我们必须理解，当普通人在从事、回避或反抗法律和法律性的意义时，他们是怎样体验和理解法律性的，这就是对法律意识的研究。”② 这里的法律意识，是“作为文化实践的意识”，即人们在具体情境中叙述和互动构成的复合现象。将文化实践纳入法律意识分析的范畴，能够在某种程度上调和行动过程与结构限制的对立。“把人的行动和结构的限制整合了起来。……通过这一过程，社会互动和地方性过程会聚和压缩成各种制度和强有力的结构。”③

从记录到的大量故事中，尤伊克和西尔贝整理出三种形式的法律意识：“敬畏法律”“利用法律”和“反抗法律”。这三种类型中的每一种意识类型对“法律性”的体现都建立在不同的个人、阶级、种族背景之上，表达了对法律的不同解释、理解，体现了与法律的不同关系。

“敬畏法律”即在意识上把法律当成一种外在的、客观的、静止的体系，法律在日常生活之外，它与日常生活是对立的，不存在相连与交叉，法律与日常生活被理解为不同的秩序。因此，人倾向于采取行动尽力去维护法律的“神圣性”，如同相信神话一样信任法律的正义。其具体特征包括：（1）想象和相信法律权威的存在。（2）认为法律具有外在于具体情境的客观公正性。（3）相信在法律规则和规

① 尤伊克，西尔贝．法律的公共空间：日常生活中的故事．北京：商务印书馆，2005：41.

② 同①56.

③ 同①59.

定、科层等级系统中普遍存在限制，这些限制影响着人们的行为。(4) 意识到法律的“生产能力”(productive capacity)，明白法律会通过一定的组织来造成一定的影响，或产生某种结果。(5) 在与具体法律互动时，感到法律时间和空间的分离，也就是说，法律时间耗费了日常生活时间。

“利用法律”则体现出更多现实主义的计算。在被定义为“利用法律”者的意识里，法律被看作充满博弈的竞技性领域，人则被假设为“理性人”，根据对成本和收益的算计来采取行动。这种参与者相信法律具有清晰性，认为自己只要掌握法律的规则，即可获得胜利。尤伊克和西尔贝从规范性、限制、能力和时空等维度概括其具体特征：(1) 在规范性维度，法律被比喻成游戏，人们在其中追逐自我利益，运用策略或进行算计，结果产生对公正的期望与世俗世界之间的分离，不公正便成为规范所许可的。法律还常被视为商品，是具体的、可购买的，拥有不同资源的人可以购买不同的量。(2) 从限制的维度看，作为游戏的法律性依赖于法律结果的偶然性和不确定性，以及程序的闭合性，即正式的法律程序最终总有一种结局。虽然结果的产生存在一定的偶然性，但是整个过程总会在最后提供一个结局——胜诉、败诉或和解。(3) 在能力方面，个人的直接或间接经验对法律结果产生关键性作用，个人利用的法律资源主要是律师和集体行动。(4) 在时空维度，法律性的游戏特征产生于不同的时空组织之中。人们在感到法律如游戏时，运用共时性策略和文本化策略，在时间上将其悬置和搁置，但并不掩盖其他现实，在空间上运用书写或文本的权威性，即书面证据，来预防不确定性。

“反抗法律”则伴随着对法律的沉默、拒绝、缺席、公开对抗、试图置换、不信任甚至反讽等意识和相应的活动。在体现出这种意识的访谈者的故事中，法律往往被体现为一种异己的权力，试图侵入日常生活。尤伊克和西尔贝也从法律性的四个维度概括了其具体特征：(1) 认为法律权威并非源自道德原则和权力合法化原则，而是权力创造了规范，相信强权即公理。在这一意识中，法律被视为权力的产物，具有反复无常的特点。人们应该尽量回避法律，如果无法回避，便要尽量忍耐。(2) 法律的限制性特征集中体现在法律越来越受正式程序、机构和理想观念的约束，对现实问题越来越不能加以有效解决。(3) 在社会行动中常运用伪装、循规蹈矩和倒置等反抗策略。(4) 意识到法律性与日常生活中的时间和空间不协调，法律机构的节奏会打乱个人常规生活的节奏，法律占据空间的重要方式就是赋予书写材料以特权。针对这一时空特征，常见的反抗形式就是消磨时间和占据权力场所。

通过对法律意识的分析，尤伊克和西尔贝展示了理解法律与社会问题的新模式，具体刻画了法律性如何引发了对法律、文化和社会具有激进意义的重新界定，以及如何将经验研究的焦点从正式的法律转向平常的互动和关系。因此，法律是社会关系所表现出的特征，而不是强加于社会生活的外在附属物。作为一种社会互动的构成成分，法律包含了多种情形，正是在这些情形中，法律得以呈现，同时促进结构的形成。法律性并非全然依赖国家权力的直接表现来支撑，相反，它也依赖于日常生活的平常图式。被访者们通过讲述故事，运用自己独特的意向性，在日常生活中“再生产”着法律性，把法律事件变成日常可以讲述的故事，让其在日常生活中流传，让法律回到日常生活中并将之化解。[①]

第三节 日本当代法社会学理论

一、作为意识形态的法社会学

与欧美相比，日本当代法社会学受到其特殊的时代和社会背景的影响，更加注重法的历史的、政治的、经济的或人类学的研究，同时在接受马克思主义的影响方面有着独特的历史和经验。

法社会学在欧美发端，然而无论在法学界还是社会学界，法社会学只是作为社会理论的新视角，或者社会学与法学的交叉学科而存在。尽管当代出现了与现实司法改革和具体制度建设关系较为密切的司法社会学分支，但仍限于社会政策研究的某个领域。然而，在战后的日本，法社会学却超出普通的视角或分支学科的范畴，成为日本法学界的领导，第二次世界大战后最初成立的学会即为日本法学会。

作为后起的东方国家，日本经历了从传统法系向现代西方法律体系的巨大转变，在现代化思潮的影响下，直接表现为对西方法律体系的学习和移植。因此，法律同时扮演着两种不同的社会角色，一方面构成了现代化和西方化的象征，代表了日本需要学习和转变的方向；另一方面，法律与现实生活的紧密联系又使得它必须面对日常生活方式的检验，其适用的有效性受到同样重要的关注。在这种背景下，关于移植的法律体系与日本本土历史文化背景之间的调适问题，便成为日本法学界的核心命题，这也决定了日本的法社会学与法学界和司法界超乎寻常的紧密关系。首先，面对急速的立法改革带来的社会问题，传统的民法解释学一筹莫展，法社会学则成为新的弥补法律条文和现实具体情况之间裂痕的阐释工具；其次，法社会学与日本的民主化讨论紧密相关，因此吸引了几乎所有法学研究者的关注。法社会学的发展使得法学者的眼光从形式主义法条转移到日本社会的历史和现实，战后日本的社会现实和近代制定法之间、民主主义价值与现实法律体系之间的张力则反过来又推动了日本法社会学的发展。可以说，法社会学在战后的日本几乎成为法意识形态：法社会学不仅在理论上构成了讨论法律现代化问题的前导，在实践上也在日本历次司法改革和法律建设中扮演了重要的角色。

第一，法社会学的视角贯穿于战后对民法解释学的反思。现代民法建立于个人主义基础之上，强调个人意思自治、契约自由和个人权利的不可侵犯，与市民理论及其核心价值互为支持，正因为如此，民法学构成了近现代日本法学理论和法律建

① 三种态度的展开论述，参见尤伊克，西尔贝．法律的公共空间：日常生活中的故事．北京：商务印书馆，2005：第二编；整体理论的总结，参见陆益龙．法律性的社会学建构．社会学研究，2006（6）：226-237。

设的核心。然而第二次世界大战以后，日本社会急速变化，复杂的历史社会背景带来错综复杂的法律实践，包括解释学在内的民法理论和实践开始受到来自实践和理论的挑战。在这一过程中，强调对现实法律环境进行考察的法社会学成为这一波反思思潮的重要理论来源，并与传统民法解释学反复来回、拉锯，最终使得日本的民法传统偏离传统方向，走向同时注重科学性以及社会与历史维度的方向。1950 年，来栖三郎发表《法的解释适用与法的遵守》，1953 年又发表《法的解释与法律家》，指出法的解释绝不是对法规的客观认识，而是具有法律家价值判断的“主观性”解释，“正确”的解释必须建立在法社会学基础之上。次年，川岛武宜发表《作为科学的法律学》，否定法律解释的主观性，明确提出追求“客观性价值体系”的法律解释学。川岛认为，为了保证法律的规范性及相应的民主要求，法律解释中的“利益衡量”和“语言的技术”可能而且也应该建立在“科学的基础”之上。虽然川岛的这一学说为当时的民法解释学者所普遍接受，但也使日本民法解释学的主流逐渐偏离传统路线，转而接受强调社会与历史背景的“利益衡量”原则作为民法解释的基础。① 随后，在马克思主义法学和市民社会法学的论战中，坚持对法与资本主义做整体关联性理解的马克思主义法学，逼迫市民社会法学进一步放弃传统的民法解释学思路，以强调法与传统文化、现实社会的关系来回应批评。在传统文化和现代权威之间，法社会学构成了调适“现实”法律意识和“外来”法律条文的关键。通过这场论战，日本法社会学进一步获得了强大的生命力和改造社会的意识形态力量。

第二，法社会学促进法学家特别是诉讼法学者对审判制度的根本反思。1953 年以后，日本法学界掀起批判恶法和审判制度的法律解释争论。研究者日渐注意到纸面上的法律与实践中的法律之间的背离，因此具体的审判过程成为法律反思和研究的焦点。美国法学界围绕此问题兴起法条主义与现实主义的论战，论辩究竟是法律还是法官的主观认定决定了法庭结果。受到西方法学界这一论战的影响，日本也开始出现关于法律解释和适用的弹性观点。如川岛武宜提出从法律之外寻找法律客观性的衡量标准，而加藤一郎、星野英一则主张从法律内部寻找客观性标准。② 出于对内在视角和外在视角的综合，著名诉讼法学者棚濑孝雄发表系列论文，倡导从制度分析转向过程分析，具体考察审判的具体过程，并从中发现日本审判实践的真实特征，进而为审判制度的改革提供方向。他指出，现实的审判虽然超越法律规定而展现出复杂的形态，但也不是和法学完全没有关系的纯事实领域的问题，而“能够填补法学领域中的‘审判’和现实的审判之间的沟壑的正是法社会学，特别是被称之为过程分析的方法可提供有力的工具”③。类似的主张在田中成明的法哲学、平井宜雄的法政策学中也占有重要的地位。在这一代法学家的努力之下，以往主宰审判制度研究的概念法学、机械法学受到反思和批判，法律实践的多元性得到确认，

---

① 陈根发．论日本法社会学的科学因素．同济大学学报（社会科学版），2003（5）：40－44.

②③ 棚濑孝雄．纠纷的解决与审判制度．北京：中国政法大学出版社，1994：2.

诉讼和审判过程中主体的参与性受到关注，新的审判制度改革向着重视程序参加者作用的方向发展。例如，近年来在日本民事诉讼法学界引起广泛重视的司法实践“和解兼辩论”，便是以上理论提倡的制度化表现。

第三，在法社会学的刺激之下，日本法学界致力于建立“作为经验科学的法律学”。1962年川岛武宜、碧海纯一、平野龙一等发起成立经验法学研究会，将法看作与宗教、道德一样的社会控制手段，致力于从经验科学的立场改善传统的法律解释学，给法律解释学确立新的基础。虽然川岛等人也承认，很多涉及历史和文化因素的现象无法被简单量化，但其基本思路显然是建立在当时在欧美盛行的分析哲学和符号理论之上，兼采行为主义科学和信息论的最新理论成果，从而将社会科学研究的思路和方法引入传统法学研究。作为对日本经验法学研究成果的总结，1966年川岛武宜编辑出版了《经验法学的研究》论文集。根据川岛的说法，对经验法学的研究从一开始就受到日本马克思主义者的攻击和批判，除少数学者坚持外，在日本法社会学乃至法学界引起的反响并不大。但十几年后，这一情况有了彻底改观，不仅支持经验法学研究的法学者不断增加，而且得到优秀社会学者的支持。① 现在，对经验法学的研究已经成了日本法社会学的主流。当代日本理论法学的领袖人物田中成明在谈到“经验法学”潮流对自己学术研究的影响时指出：“我刚步入研究生涯时所关心的问题是川岛武宜的‘作为科学的法律学’，在法哲学的领域是碧海纯一的《法哲学概论》等所代表的‘经验法学’这一潮流。当时我想，根据这一研究方法也许能够掌握法律学和法律最重要的人道的侧面，也许能够建立为这一潮流所取代的法理论。”②

总之，日本法社会学的蓬勃发展已经渗入日本法学研究的基本假设和根本方法论，赋予日本法律实践以不同于传统法学的制度和思维方式。同时，法社会学更成为日本法学吸收西方法学、社会科学研究最新思潮和方法的途径，为后者的发展提供了养分。在日本，由于法社会学的影响，法的科学主义得到了彻底的贯彻，就是在以“法哲学”命名的许多书籍中，其内容和方法也倾向于法社会学。事实上，川岛武宜在战后不久所设想的建立区别于法律学、经济学、政治学、历史学、社会学、民族学等社会科学的独立的“日本法社会学”的目标已经实现。

二、日本战后法社会学发展的主要特征

总的来看，相比欧美法社会学，日本的法社会学发展也走过了一条从制度移植到文化建设的道路，从介绍西方的法社会学理论开始，逐步结合日本的实践，最后演化为建立于“本土资源”之上的日本模式，为日本法学走向实践化奠定了理论基础。具体而言，战后日本法社会学的发展具有如下显著特征。③

---

① 陈根发．当代日本法学思潮与流派．北京：法律出版社，2005：143-146.

② 同①146.

③ 何勤华．20世纪日本法学．北京：商务印书馆，2003：“法社会学”一章．

第一，日本法社会学与法学界的关系更加密切，法学家尤其是民法学家和诉讼法学家，构成了日本法社会学的主要研究力量。反观西欧与美国的法社会学，虽然也有以司法问题为研究重点的，但大部分仍是采用社会学视角和方法来研究作为社会系统或者社会构成要素的法，法社会学者多是社会学家或者社会思想家。在具体研究上，日本法社会学与部门法学的联系和交叉更为明显。欧美法社会学研究大多仍以法律职业、法庭过程或者司法政策为研究对象，而日本法社会学则更深入地探讨具体的法律问题。例如，关于家族的法社会学研究，西村信雄的大作《战后日本家族法的民主化》由两部分组成，上部从历史社会学角度探讨“家”作为社会制度的废除及意义，下部则转入具体的婚姻法讨论，从判例角度分析战后家族法民主化改革的不彻底性。及川伸在总结日本法社会学研究动向时所提及的具体法社会学研究，几乎都与部门法紧密相连，如有关渔业问题的《日本渔业的法律问题》《渔业经营执照费取消论：以渔民运动为中心》，有关消费者权益保护问题的《消费者的损害和救济：从法社会学的角度进行探讨》，等等。[①]

第二，日本法社会学的发展受到马克思主义的巨大影响，甚至可以说，日本法社会学的发展正是在与马克思主义的相互推动和激荡中得到发展的。著名的法社会学者，如平野义太郎、戒能通孝等，都熟练运用马克思主义的辩证唯物主义和历史唯物主义，并延续了马克思主义的批判立场。战后法社会学界的论战也主要发生在马克思主义学派和传统民法学者之间，体现了对于战后日本社会建设走向的不同价值选择。这与欧美法社会学的主要关注点有相当大的差异。战后，围绕法律实践性标准的内在性问题，站在市民法学立场的法社会学与站在马克思主义立场的法社会学在法社会学的方法论上展开了争论。日本马克思主义法学家开展了对苏联法的研究，对日本人民民主主义革命极为热情，相反，对建立在市民社会理论基础之上、将“利益衡量”带入传统民法理论之中以应对社会背景的市民法社会学产生了强烈的质疑。从 1949 年开始，马克思主义法学者对川岛武宜的法社会学展开批判，并且在马克思主义法学内部也发生了有关国家法及其阶级性的争论。马克思主义法学者杉之原舜一在论文《法社会学的性格》中，批评川岛武宜将法律分为行为规范和审判规范的观点，指出法的本质问题是国家权力的强制性，把行为规范和审判规范塞进同一法律范畴的做法抹杀了法的阶级性，并且现实的行为规范也不是审判规范的基础，相反却经常受到审判规范的践踏。以马克思主义法学的批判为契机，包括川岛武宜在内的许多法学者对法社会学的性格和法的本质有了新的科学的认识。他们认识到，早期的日本法社会学主要聚焦在农村的实况调查和对明治以来法律制度的历史性研究，特别是对日本家族制度和资本主义法律构造的研究达到了很高的水平，而对法律现象的分析不够充分。1960 年，川岛武宜发表《法社会学的课题》一文，指出了法社会学偏重历史研究、缺乏分析法律现实的缺点，强调应确立作为经验科学的法社会学，为此不能停留在例如使用马克思的公式或假设说明过去存在

---

① 及川伸，高作宾．日本法社会学研究动向．国外社会科学，1980（4）：75－78.

的法律现象阶段，也不能停留在基于对某一法律现象的政治价值判断展开的政治攻击、批判或宣传上。[①]

第三，法社会学研究与法律文化学研究紧密结合、彼此促进，以法意识为核心的法文化研究构成日本法社会学思潮的主流。川岛武宜的《日本人的法意识》1967年出版，当时将法社会学的讨论推至高潮，至1988年已再版28次之多。川岛指出，法律意识包括法律认识、法律价值和法律感觉，这三方面决定了人的法律行动，因此法律意识决定了一国法治文明的总体文明，制约着法律的现实适用效果。传统日本受到东方文化的影响，缺乏权利观念，而更多地受到“忠”“孝”等服从观念的支配，这构成了日本接受西方法律的最大障碍，而日本的民主化和法治化必须面对这一基本事实，从改造国民的法律意识开始。川岛的这一研究在日本影响深远，甚至左右了学术界的方向。例如，从1983年开始，日本法社会学学会组织法学家对日本人的法意识进行深入研究。[②] 千叶正士则从人类学的角度切入，展示了日本法律文化研究的形成和特点，从一个侧面丰富了法社会学的内容。他最负盛名的著作是《法律多元：从日本法律文化迈向一般理论》，主要贡献是提出了多元法律的概念。一般来说，传统的法学理论认为只有国家制定法才是法的范畴，而千叶则拒绝这种西方法律中心论调，倡导更具包容性的法的分类。他从日本的实践经验出发，提出官方法、非官方法和法律原则的三层结构，后来进一步阐发为“多元法律的三重二分法”，即官方法与非官方法——国家（制定）法，国家政府正式认可的教会法、地方法、家庭法、民族法和习惯法；法律规则（实证规则）与法律原理（原理性价值）；固有法和移植法。对于日本来说，第三个层次尤为重要，固有法强调起源于一个民族固有文化的法，而移植法则强调非西方国家从现代西方国家移植来的国家法。千叶不但使用以上“三重二分法”来阐明日本法律文化的具体处境和面对外来法律移植之时的困境，更进一步将此分类方法上升到理论层面，认为任何国家的法结构都可以用“三重二分法”加以观察和分析。[③] 可以说，经由千叶的工作，日本法社会学的研究做出了世界性的贡献。

三、棚濑孝雄：纠纷与审判的法社会学

棚濑孝雄，日本著名法学家，诉讼法学家。早期受到帕森斯结构功能分析的影响，以解决纠纷和审判程序方面的开拓性学说而声名鹊起。后转而倡导以行为主体为中心的过程分析，立足方法论上的个人主义，表现出对微观社会行动和动态社会建构的关注。近年来，他以批判和反思的立场活跃于日本法社会学界，促

① 陈根发．当代日本法学思潮与流派．北京：法律出版社，2005：144.

② 川岛武宜．日本人的法意识．长春：吉林人民出版社，1991：140.

③ 参见千叶正士．法律多元：从日本法律文化迈向一般理论．北京：中国政法大学出版社，1997；理论总结参见徐晓光．日本法人类学及民族法学研究的历史与状况．中南民族大学学报（人文社会科学版），2006(3)：77-82。

进了法学研究特别是诉讼法领域与社会、人文学科的对话。此外，他还在日本司法改革中扮演重要角色，与民事诉讼法学界的“程序保障第三次浪潮”派相互呼应，对日本司法制度走向有深刻影响。其代表作有：《本人诉讼的审理结构：自治的司法模式》(1983)、《现代社会与律师》(1987) 和《纠纷与审判的法社会学》(1992)。

(一)纠纷解决：法社会学的主题

在现代主权国家兴起之后，国家的统一法律体系，包括机构、制度与程序，对于领土之内主权之下的治民及其纠纷，在法理上便拥有绝对的管辖权。那么，国家法律体系与社会（或历史）中生长起来的习俗或者共同体规则，在纠纷的处理问题上，究竟是怎样的关系；二者的相对关系，又在什么样的程度上影响了社会的秩序和整体面貌，这便成为法学与社会学研究的重要问题。

然而，传统法学的研究往往将注意力聚焦在正式审判方面，忽视了纠纷解决是一个容纳多种途径、多种模式的复杂社会现象。并非所有的纠纷最终都要通过审判来解决，也不是所有的纠纷都适合由审判来解决。棚濑孝雄认为，将纠纷解决与审判等同起来，无异于将法律抽离于其社会功能的背景，变成一个孤立而“僵硬”的工具式存在，无论在理论还是实践上，都会对真正的问题造成遮蔽，甚至误导。将重心从审判转向纠纷解决，才能真正寻找到法律的“根”；纠纷是否能够得到合适的、妥善的解决，则关系到法律制度作为社会系统的完善程度。

20 世纪末以来，由于经济迅速发展，日本的社会生活和人们的观念都发生了相应的变化。反映在纠纷解决这个领域，则表现为纠纷数量增多，人们对纠纷解决的质量和过程的期待有所增加，纠纷解决的成本、满意度、对社会关系的影响受到更多的关注。现实中出现的问题促使人们逐渐开始审视既有的法律制度，以及纠纷解决的现状。在此背景下，棚濑孝雄指出：“作为法律学家主要研究对象之一的审判制度，其首要任务就是纠纷的解决……如何通过审判妥善解决纠纷是法解释学的中心课题。”① 他围绕纠纷的解决这一核心，通过社会学的方法研究纠纷解决的过程，从而揭示出纠纷解决过程中的诸多深刻问题。

首先，棚濑孝雄大力批评传统法解释学研究视野的狭窄，提出要将研究视野从审判制度扩展到纠纷解决的整体领域。因此，他将“准审判过程”纳入研究领域。所谓“准审判过程”，指的是在审判外的纠纷解决过程中，第三者以纠纷的解决为直接目的而介入的场面。对准审判过程的考察，一方面能够勾画出纠纷解决的整体图景，另一方面，通过研究准审判过程与审判过程的相互关系，也能深化对审判过程的理解，弥补传统民事诉讼法研究的不足。

其次，将研究视域从审判过程转移到纠纷解决过程，意味着关注重点随之从规范转向当事人。以规范为中心的分析倾向于讨论应然问题，所有与规范无关的因素

---

① 棚濑孝雄．纠纷的解决与审判制度．北京：中国政法大学出版社，1994：1.

往往被视为琐碎的、不值得关注的或者不应该出现的“阻碍”，讨论问题的方式则被限定在法律系统内部，无法对法律之外的社会领域开放；以当事人为中心的分析则将被规范取向遮蔽的问题从法律逻辑中释放出来，通过对当事人的期待、利益关系、社会行动、满意程度等方面的观察、分析和探讨，可以将政治问题、社会问题、经济问题乃至心理层面的问题，重新纳入研究的视阈之内。

最后，通过对准审判过程和非法律因素的讨论，棚濑孝雄得以对日本的民事审判机制做出重新审视，摆脱法律系统内部思维方式的局限，从社会变迁和法律进化的角度，对日本司法制度做出全新而深刻的解读，进而应对如何改革司法以适应并促进社会发展这一根本问题。

（二）过程分析：法社会学的新方法

法律的解释与适用究竟是基于法律条文的解释性活动，还是基于社会事实的阐释性活动，一直是围绕诉讼的法社会学的核心问题。虽然川岛武宜等学者也致力于在法律以外寻找客观化标准的科学主张，但在20世纪80年代之前，日本法律学界主要仍强调“作为制度的法”，而忽视“作为中介的法”。即使是社会科学取向的法学研究，也基本是在结构功能学派的指引下，重视制度的均衡和建设问题。在棚濑孝雄看来，以过程分析为核心的法社会学能够帮助研究者应对法条主义与现实主义之争。他指出，现实中的审判超越法律规定而呈现出复杂的形态，但也不是与法学相脱离的纯事实领域的问题。学术视野局限在制度和强制命令式规范，往往会导致忽视推动现实发展的个人行动和群体效应。社会变化的必然性是以特殊性、偶然性为基础的，只注重抽象的法律条文和法律系统，必然难以把握法律运行过程中复杂多变的实际状态，甚至对推动法律运行的真正力量视而不见。因此，棚濑孝雄认为，法社会学可以填补法学领域中的审判和现实的审判之间的沟壑，而最有力的工具即过程分析的方法。

过程分析，就是把审判视为过程，而非制度，聚焦程序参加者相互作用的过程。具体来说，就是考察具有各自固有利害关系的当事者，围绕一个审判权，怎样去达到自己的目标。通过过程分析，可以达到以下三个关于认识审判问题的基本命题：(1) 否定严格区分决定程序和合意程序。(2) 否定把审判过程视为只有法官与诉讼当事人的封闭的审理关系的看法。(3) 承认判定性解决的相对化。

如果认识到相互作用对于处理纠纷的过程与结果的重要影响，那么研究的重点自然就会离开法律形式逻辑的推理，而增加当事人行动的现实逻辑和价值基础的维度。棚濑孝雄认为，过程分析的两个基本价值性因素是主体和合意。然而，必须认识到，强调过程分析并非完全随机地收集涉及纠纷的一切个人情况，作为科学研究，问题意识和理论假定仍然是选择研究对象的必然程序，同时也是处理、加工和整理所取得的资料的前提条件。基于这样的考虑，出于价值与规范并重的理论立场，棚濑孝雄给出了一个纠纷解决过程类型化的新模型。

如图4-1所示，纠纷解决过程的类型化由两条相互交叉的基轴构成。纵轴以纠纷是由当事者之间的“合意”还是由第三者有拘束力的“决定”来解决而确定。最典型的“决定”就是审判，而和解、调解等凡是最终以当事者的合意来终结纠纷的程序都是“合意”。这条轴看起来体现了“合意”与“决定”两种纠纷解决取向的对立，但在实际生活中这个区别是流动的，而非截然两分。现实中所观察到的纠纷解决类型往往是两者不同程度的混合。此外，随着社会环境、当事者和第三者的力量对比关系、第三方参与解决纠纷的动机等因素的变化，实际上的纠纷解决也在这条轴的两极间移动。因此，这条基轴构成了纠纷解决主体与价值取向的连续谱，某个纠纷解决过程在这条基轴上的位置可以描画它在两极之间的数量关系。

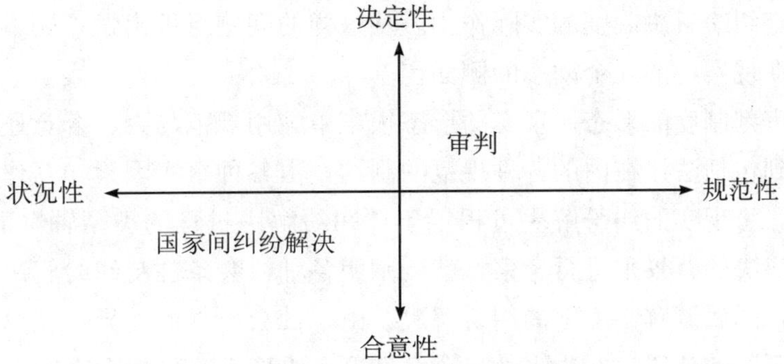

图 4-1　纠纷解决过程的类型轴

资料来源：棚濑孝雄．纠纷的解决与审判制度．北京：中国政法大学出版社，1994：9.

横轴则表示纠纷解决的内容是否为规范所规制。近代以来的审判制度被普遍认为是规范性的。建立在经验和逻辑之上、有着严谨精致结构的规范体系，成为每一个具体判决内容的决定基准；非规范性的典型案例则是国际社会中国家间纠纷的解决过程。力量对比而非规范体系在很大程度上决定了纠纷解决的内容和结果。前者被称为“规范性的解决”，后者则被称为“状况性的解决”。这里的区分也是相对的、流动的，审判中当事者以及有利害关系的其他人的价值观、利益、力量对比等具体状况都对法官的判断有微妙的影响，以国际舆论表现出来的规范或类规范往往也在某种程度上制约纠纷解决过程。那么，这两个因素各自在何种程度上、以何种状态而存在，哪些原因规定了两者的混合程度及方式，就构成了这种分类方式下所必须探讨的问题。

棚濑孝雄强调，使用上述类型轴强调的不是制度，而是现实中的纠纷解决过程。也就是说，必须从应然性的规范更进一步探讨，现实中法官的判决是否真正只是依据法律规范来做出，如果法律规范以外的因素也起了作用，那么这些因素是在何种条件下以何种方式影响法官的判决形成的。同时，现实中的纠纷是否真正按判决得到了解决，如果没有，判决又是以何种方式影响纠纷最终解决的，就纠纷解决过程展开实证研究的法社会学必须对这些问题做出回应和解答。[①]

① 棚濑孝雄．纠纷的解决与审判制度．北京：中国政法大学出版社，1994：1-18.

（三）纠纷解决、司法与社会

1. 准审判过程

作为常设制度，日本的准审判过程无论在纠纷解决的量还是质上都发挥着重要的作用。但在现实当中，准审判制度的功能发挥往往受到各种因素的制约。棚濑孝雄认为，准审判制度纠纷解决的功能依赖于特定社会条件的存在。如果不存在确定的条件或条件不充分，则准审判制度往往会变成有名无实，或者脱离制度原先的框架。因此，分析准审判制度必须将其放进总的社会背景来把握，具体考察各种社会条件如何规定纠纷解决制度的实际作用。从这样的问题意识出发，棚濑孝雄阐明了准审判制度在现实中的几个动态的侧面。

（1）准审判制度的形态。现实的形态很难单纯用规范与否、合意还是决定来归纳，它们受到包括法律在内的各种规范的制约，由各种事实因素相互作用的合力所造就。因此，将现实的纠纷解决过程置于“纠纷解决过程的类型轴”的特定位置，联系该纠纷解决的背景来进行考察，就能阐明各种社会条件与纠纷解决形态的内在关系。例如，同属调解制度下的纠纷解决，由于社会条件的差异，就可能在坐标图上处于非常不同的位置。在决定性一合意性这一维度上，可能存在第三者事实上作为仲裁者将解决方案强加给当事者，或者当事者完全自发地达成合意等复杂情况。比较分析这些解决样式，并联系社会背景对它们进行考察，就可以弄清楚是哪些社会条件以及它们是如何影响纠纷解决的形成的。

（2）准审判制度的功能。针对这个问题，棚濑孝雄主要从四个判断标准进行讨论：

第一，纠纷的终结，即通过特定的审判过程，纠纷是否能够得到实际上的最终解决。

第二，满意的程度，即纠纷解决过程是否引发一方或双方当事者对解决的内容或过程的不满。

第三，社会效果，特别是纠纷解决过程是否能够消除敌对情绪，使当事人恢复友好的社会关系，是否能够确认社会规范。

第四，代价，即纠纷解决过程的负面影响，包括社会为了维持制度本身所必须付出的代价和直接参与纠纷解决过程的当事者、第三者不得不承受的代价。

必须注意，这四个标准在对现实做出判断的时候往往是相互矛盾的，在对现实的准审判制度进行分析时，必须具体地考察各个标准。如果在某个社会中，这些相互对立的功能中有一种获得优先地位，那么还必须进一步考察在什么样的社会条件下特定的标准能够获得优势地位及其获得优势地位的原因。

（3）过程分析。棚濑孝雄强调，必须通过对参与者个人行为层次的分析来把握制度的实践过程。更具体地说，就是把不同身份的个人的行动与他们的动机、周围环境的各种状况结合起来考察，在此基础上弄清制度在实际上的运行过程。参与者包括第三者、当事者和社会一般成员。第三者的利益所在，即第三者想要达到或实现的目的、价值。第三者的利益所在决定了第三者在坐标轴上的选择范围，进而会影响到纠纷解决结果的走向；当事者的利益所在决定了当事者将什么样的解决过程视为现实中可能的选择，进而决定采取什么样的纠纷解决行动；社会成员的干预有可能导致纠纷由当事者的个人问题转化为共同体共同关心的问题，从而使纠纷的解决成为社会成员的利益所在，也有可能因为说服社会成员的必要性增强，从而使解决内容受到规范制约的可能性大大增加。

2. 司法的正当性

在《审判模式和司法的正当性》一文中，棚濑孝雄批判了所谓的“审判神话”，对现代社会中司法正当性的变化与现状做了深刻的剖析。所谓“审判神话”，就是一般人所相信的：审判忠实地再现法律逻辑，将法律适用于事实，从而得出判决。它忽视了审判创造法律的可能性和现实性，但确实让审判呈现出独立确定的外观，具有获得和维持正当性的功能。棚濑孝雄指出，现时代的社会已经发生了巨大的变化，这种变化足以使过去审判神话模式的正当性受到质疑和挑战。一方面，人们与审判在心理上距离增大会严重地妨碍民众对审判的利用，导致审判的社会功能不能充分发挥；另一方面，政治权力和司法的关系错综复杂，如果人们对审判缺乏关心、参与和起码的信任，当司法需要与强有力的国家权力或政治权力对抗来保护其特有价值的时候，就很难获得支持这种努力的民主主义的社会基础。此外，由于缺乏一般民众支持的社会基础，司法往往无意识地通过与国家权力实现一体化来补充自己正当性的倾向。

面对这种新的社会变化，棚濑孝雄主张在审判中提倡新的参加模式。通过司法审查进行的权力控制不能仅仅由法官的决定来实现，而要将重心移向公开的法庭上当事人的辩论及批判活动。在正当程度原理支配的程序结构不变的前提下，法官判断以双方当事者的共同了解为基础，同时参照社会广泛存在的合意，在内容及范围上可以有较大的变动余地。参加模式把诉讼当事者的程序主体性提到一个明确的高度，从而能够充分体现原有的模式中难以体现的民主主义理念。然而，他也指出参加模式能否真正发挥作用，在很大程度上依赖于当事者是否在理想的状态下参与了充分的辩论和对话。因此，参加模式中当事者的参加能力与论辩能力受到特别的重视，这就将问题进一步引向了法律与个人的相互塑造层面。

究其根本，着眼于司法制度改革的参加模式，必须以一种放大了的民主主义理念和诉讼主体能动的活动为前提，包括司法在内的国家权力与国民的关系不发生根本的变革，参加模式就不可能在审判制度中真正扎根。另外，在诉讼当事者参加具体审判的过程中，只要诉讼行为与参加模式的理念相一致，则个别行为的累积同样存在使审判制度实现模式转换的可能性。因此，日常层次上人们与审判的关系中累积起来的经验和实践，隐藏着使参加模式转化为构造与制度，从而使司法面目一新的契机。

本章要点

本章主要从学术发展史角度介绍了当代法社会学的发展与演变情况。当代法社会学的发展主要体现在欧洲、美国和日本法社会学的发展上。在美国，自从20世纪80年代以来，法社会学理论继续蓬勃发展。法社会学作为社会学的一门独立分支学科，在经验研究的基础上，逐渐吸收了当代社会理论发展的最新成果，通过具体的实证研究，在学科边界、基本理论假设、方法论等根本性问题上做出更为深刻的反思和探讨。在日本，当代法社会学有着非常深厚的历史基础，相比欧美法社会学研究传统，更加注重法的历史的、政治的、经济的或人类学的研究，同时在接受马克思主义的影响方面有着独特的历史和经验。在欧洲，在20世纪70年代后，法社会学在当代已经超出社会学分支学科的局限，不再是将社会理论应用于法律领域的分析结果，而是将其构成了社会理论的有机组成部分。

复习思考题

1. 如何理解法律与社会的关系？针对这一问题，欧洲、美国与日本当代理论给出的基本研究路向有何异同？

2. 围绕哈贝马斯和布迪厄分别针对卢曼的批评，讨论“法律自治”理论的核心问题与困境。

3. 布莱克的纯粹社会学主张对理解中国司法实践的借鉴意义是什么？

4. 安赫斯特学派的生命力与困境分别在哪里？

5. 日本法社会学的发展历程对于理解中国法社会学有何助益？

推荐阅读书目

1. 卢曼．社会的法律．北京：人民出版社，2009.

2. 哈贝马斯．在事实与规范之间．北京：三联书店，2003.

3. 布迪厄．法律的力量：迈向司法场域的社会学．北大法律评论1999，2（2）.

4. 布莱克．社会学视野中的司法．北京：法律出版社，2002.

5. 布莱克．正义的纯粹社会学．杭州：浙江人民出版社，2009.

6. 尤伊克，西尔贝．法律的公共空间：日常生活中的故事．北京：商务印书馆，2005.

7. 梅丽．诉讼的话语：生活在美国社会底层人的法律意识．北京：北京大学出版社，2007.

8. 棚濑孝雄．纠纷的解决与审判制度．北京：中国政法大学出版社，1994.

第五章
中国法社会学的发展

20世纪初，在西学东渐的潮流中，西方法社会学开始在中国传播，并一度成为流行的学术思潮。在20世纪50至70年代，由于受意识形态等因素的影响，与诸多其他的社会科学一样，法社会学在中国的发展几乎停滞，出现一个中断时期。到20世纪80年代，中国法社会学的发展迎来了新契机。总体上，法社会学在中国的发展历程可分为三个阶段：传播和初兴阶段、中断和沉寂阶段以及复苏和勃兴阶段。

第一节　我国法社会学的传播和初兴

一、法社会学在我国的引入和传播

法社会学于19世纪90年代出现在西方，20世纪初便传入我国，二者之间的历史间隔并不长。清朝末年，在列强的压力和"承诺"下（如尽力协助中国进行律例整顿，并将改良法治作为放弃领事裁判权的前提），清政府于1902年颁布谕令："现在通商交涉，事益繁多，著派沈家本、伍廷芳将一切现行律例，按照交涉情形，参酌各国法律，悉心考订，妥为拟议，务期中外通行，有裨治理。"据此，沈家本等秉持"参考古今，博稽中外"和"专以模范列强为宗旨"的原则修订清律，起草新法典，对大清律例进行改革，开启了中国传统法制的现代转变之路。① 此外，沈家本基于中国社会的本土视野对中国传统法进行了阐述，撰写了《寄簃文存》和《历代刑法考》，这在中国法学事业的发展历程中具有里程碑式的意义。

这一时期，对西方法学的研究具有浓厚的救国图强色彩。例如，"戊戌维新"领袖之一的梁启超于1898年在《湘报》发表《论中国宜讲求法律之学》一文，主张中国"今日非发明法律之学，不足以自存矣"②。在此历史背景下，一些反映西方法学思想的著作陆续被翻译成中文，引起了极大的社会反响。其中较有代表性的译

① 曾宪义．中国法制史．北京：北京大学出版社，2000：240－243.

② 汤唯．法社会学在中国：西方文化与本土资源．北京：科学出版社，2007：51－52.

作有：20世纪初，以杨廷栋为代表的中国留日学生创办的杂志《译书汇编》（1900年创刊，1903年停刊，共出版21期）刊载了法国学者孟德斯鸠的《万法精理》（现译为《论法的精神》）和卢梭的《民约论》（现译为《社会契约论》）、德国学者耶林的《权利竞争论》（现译为《为权利而斗争》）和海留司烈的《社会行政法论》以及英国学者斯宾塞的《斯宾塞干涉论》（现译为《政府的适当权力范围》）。另外，著名翻译家严复在介绍西方社会学时，翻译并出版了斯宾塞的《群学肄言》（现译为《社会学原理》）、约翰·穆勒的《群己权界论》（现作者名译为约翰·密尔，书名译为《论自由》）和孟德斯鸠的《法意》（现译为《论法的精神》）。这些译著为西方法社会学观念在中国的传播起到了不小的作用。

值得一提的是，这一时期几次大规模的、组织严密的民商事习惯调查在中国有条不紊地开展，以期为当时的国家立法提供参考，使立法贴近社情民意。[①] 其中清末光绪至宣统年间和始于民国七年（1918年）的两次调查影响较大。这两次民商事习惯调查虽因政局动荡而中断，但收集到了丰富的民事和商事领域的民间习惯规则方面的资料，成为中国法社会学早期发展史中的一项非常重要的业绩。[②]

除了西方法社会学著作的译介、民间习惯法的调查都有力地推动了中国法社会学的发展之外，法社会学在中国得以发展的另一个促动力是一批较为著名的大学相继创建了法科和社会学学科，这为法社会学的发展培养了人才。例如，被世人称为“南有东吴，北有朝阳”的上海东吴大学和北京朝阳大学在法学教育方面享有盛誉，仅这两所法科性质的学校就创办了法学权威刊物《法律评论》《法学季刊》和《法学杂志》。诸如此类的法学刊物为法社会学的学术交流提供了重要平台。

例如，1917年8月的《太平洋杂志》刊登了周鲠生的《狄骥法学评》一文；1922年2月，《法政学报》发表了李炘的《社会法学派》一文[③]；1923年11月，《政法月刊》发表了马显德的《社会法学派与法律之社会化》一文；1923年12月、1924年1月和2月，《法律周刊》分别刊载了张志让的评介文章《新旧各派法律学说之一览》《社会学法学派之起源主义及其批评》和《19世纪中世界法律上新旧两大主义之嬗替》；1924年7月，《法律评论》发表了陈应机的《社会连带主义原理与其他诸原理之比较》；1924年8月，《法律评论》发表了陈俊三的《新理想主义与连带主义所表现之新法律学》一文；1926年11月，《法律评论》发表了一诚的《美国社会法学发达史述要》；1928年10月，《法律评论》发表了百友的《法律社会化与社会化法律》；1929年，章渊若的《狄骥氏的私法革新论》发表在《东方杂志》上；1931年，《法学杂志》发表了丘汉平的《法律之语源》；1937年，《东方杂志》发表了丘汉平的《法治进化论》；1938年，《法学杂志》发表了杨谦鸣的《庞德的法律目的观：社会利益说》；1947年，《震旦法律经济杂志》发表了吴经熊的《庞

---

① 前南京国民政府司法行政部．民事习惯调查报告录．北京：中国政法大学出版社，2005.

② 胡平仁．法社会学的百年历程．山东大学学报（哲学社会科学版），2007（2）：29－35.

③ 李炘被认为是在中国最早提出“社会法学”概念的学者，其专著《社会法学派》（北京朝阳大学出版部，1925）是我国第一部关于法社会学学派的著作。

德之法学思想》；1946年，《法学季刊》发表了丘汉平的《现代法律哲学之三大派别》；等等。这些文章向中国读者介绍了法社会学理论的基本观点，为法社会学在中国的传播发挥了非常重要的作用。①

仅通过上述作品，我们就可以看到，到民国时期，法社会学研究已经蔚然成风。当然，除了杂志上的法社会学评介性文章大量涌现之外，法社会学著作翻译工作在民国时期也有重要进展。例如，商务印书馆1926年出版了庞德的《社会法理学论略》（现译为《社会学法学的范围和目的》），1928年出版了庞德的《法学肄言》（现译为《法理学》）；上海中华书局于1929年出版了日本学者牧野英一所著的《法律上之进化与进步》。此外，一些杂志刊载了法社会学著作的中译文。例如，1926年1月，《法学季刊》刊载了丘汉平翻译的德国学者舒丹木拉（现译为施塔姆勒）的《正法的概念》（现译为《正当法的理论》）；1926年10月，《法学季刊》再次刊载了丘汉平翻译的作品——美国学者卡多佐的《法律的意义》（现译为《法律的生长》）；《法学季刊》1931年4月刊刊载了庞德的《法律之目的》；《法学杂志》1931年12月刊刊载了霍姆斯的《法律之路径》（现译为《法律的道路》）。

这些被译介到我国的西方法社会学著作和文章成为这一时期我国法社会学发展的知识源泉，并且使狄骥、庞德、卡多佐和霍姆斯等成为中国法社会学研究者们耳熟能详的西方法社会学家。特别是庞德曾在30年代多次到南京、上海等地讲学，第二次世界大战后还一度被聘为国民政府司法部的顾问和教育部顾问，其法学观点对中国的法学研究、法学教育以及立法、司法都有着一定的影响，甚至在当时法学界出现了“庞德热”。

二、我国法社会学者的本土化探索

当然，除了译介西方法社会学作品、述评西方法社会学家的思想观点之外，我国学者也开始了自身的法社会学探索，推出了一批法社会学研究成果。其中一个重要体现是我国学者开始用法社会学的研究路径来审视和思考我国的法律制度和法学本身，用法社会学的观点研究我国的法律问题，代表性的作品如胡朴安（胡韫玉）的《中国习惯法论》（1920）、陈霆锐的《习惯法与成文法》（载《法学季刊》，1924年1月）、蒯晋德的《司法官应到民间去》（载《法学丛刊》，1924年4月）、吴经熊的《法律多元论》（载《法学季刊》，1925年10月）和《法律的三度论》（此文英文版发表于1927年）、林东海的《中国社会立法起源及其发展之步骤》（载《社会问题季刊》第1卷第1～2期，1930）、杨鸿烈的《中国法律发达史》（上海商务印书馆，1930）、朱章宝编著的《法律现象变迁史》（上海商务印书馆，1933）、展耀的《变动中的中国社会与法律》（载《东吴法声》春季号，1939）、瞿同祖的《中国法

① 有关早期法社会学的论著目录可参看汤唯．法社会学在中国：西方文化与本土资源．北京：科学出版社，2007：56-62。

律与中国社会》（商务印书馆，1947），等等。[①]

这一时期，吴经熊、瞿同祖等一批优秀的学者活跃在法社会学研究领域，不仅为法社会学在我国的早期发展做出了较大贡献，而且在世界法学界也产生了一定的影响。其中吴经熊对庞德、霍姆斯、卡多佐等现实主义法学的作品多有论及。他于1924年在《伊利诺法律评论》上发表了论文《论庞德的法律哲学》，受到庞德的高度赞赏，之后于1925年和1927年分别发表《法律多元论》和《法律的三度论》，由此奠定了其在中国新分析法学派的领军人物地位。

在《法律的三度论》[②]中，吴经熊认为每一个法律规范均具有三个维度：(1) 时间度，即所有法律均存续于一定的时间中，都具有时间的属性。柏格森学派的用语，谓时间"吞食"一切存在的事物。因此具体存在的法律，亦不能免为时间所吞食。(2) 空间度，即所有的法律均在一定的领域，或对一定的人群产生效力（如游牧民族），没有一种法律，其效力范围是普天下的，它的管辖权是毫无限制的。(3) 事实度，即所有法律均与事实有关，每一法律均统制一定的事件或一类的情事。不论它是真实的，或是拟制假定的事实，均构成法律的一面。可以说，每一法律均有三度，无时间、无效力范围和无事实争点的法律是不存在的。另外，在该文中，吴经熊还阐释了习惯法的社会性与重要性。其基本观点是：成文法不仅可以被立法者的意志改变，而且可以由起源于社会自身的习惯改变，甚至由社会大众的同意所改变；当一个法律条文失其功效，而有一个习惯形成时，就可与之相对抗；制定法亦得由习惯所解释，甚至得因后来与之相反的对抗而丧失其效用。这些观点具有明显的法社会学思维特征。

1937年，吴经熊所著的《法律哲学研究》出版，该著作探讨了我国传统法制的哲学背景，包括天人交感的宇宙观、道德化的法律思想、息事宁人的人生观等问题，还涉及对西方法律思想的认识。

法学家陆鼎揆著有许多介绍西方法社会学原理的作品。1920年，他作为留美法科学生，开始翻译庞德的作品。1926年，由他翻译的庞德《社会法理学论略》由上海商务印书馆出版。陆鼎揆的博士论文《庞德之社会学的法学之范围及目的》在当时也已被翻译成中文，对我国近代法理学的发展起到了推动作用。

丘汉平也是法社会学在我国的一个重要传播者，著有《法律之语源》[③]、《法治进化论》[④]、《现代法律哲学之三大派别》[⑤]等文，介绍和推崇庞德、孔德、霍姆斯的思想。在《法治进化论》一文中，丘汉平从三个方面对法进行论证，提出了关于法本质的法社会学观念，即法律是一种行为规则，法律是维护人与人之间相互关系的规则，法律是求实现共同生活的规则。此外，萧邦承的《社会法律学派之形成及

① 汤唯．法社会学在中国：西方文化与本土资源．北京：科学出版社，2007：52-62；胡平仁．法社会学的百年历程．山东大学学报（哲学社会科学版），2007（2）．

② 吴经熊．司法文选和研究．北京：商务印书馆，1928：11.

③ 丘汉平．法律之语源．法学杂志，1931，5（2）．

④ 丘汉平．法治进化论．东方杂志，1937，34（9）．

⑤ 丘汉平．现代法律哲学之三大派别．法学季刊，1927，2（8）．

其发展》[①] 一文全面、系统地介绍了西方法社会学原理，对于西方法社会学在我国的传播有较大贡献。

张知本的《社会法律学》于 1931 年由上海法学编译社出版。该著作受庞德思想的影响较大，论述了社会法律学的主要内容，包括社会法律学先驱、社会法律学产生的原因、法律与经济、法律与道德、法律社会目的、法律的权利、法律的强制性、立法上个人所有制的限制和契约自由的限制，还涉及现代宪法的改良、民刑法的改良、劳动土地立法预测等问题。该书是我国最早出版的法社会学著作，在我国法社会学史上有着重要地位。

瞿同祖的《中国法律与中国社会》（商务印书馆，1947）也是这一时期法社会学本土研究的重要成果。该书是根据作者在云南大学和西南联合大学的“中国法制史和社会史”讲稿改写的，主要目的在于研究中国古代法律的基本精神及特征。瞿同祖认为，“中国古代法律的主要特征表现在家族主义和阶级概念上，二者是儒家意识形态的核心和中国社会的基础，也是中国古代法律所着重维护的制度和秩序”[②]。该书的分析思路体现了法社会学的研究路径，正如该书的导论所言，“法律是社会产物，是社会制度之一，是社会规范之一。它与风俗习惯有密切的关系，它维护现存的制度和道德、伦理等价值观念，它反映某一时期、某一社会的社会结构，法律与社会的关系极为密切”[③]。

运用社会学研究方法来分析中国社会的法律现象是当时中国法社会学研究的另一重要脉络。吴泽霖的《社会约制》《中国社会病态的症结》等是这一脉络的代表性成果。1930 年，吴泽霖的著作《社会约制》由上海世界书局出版。该书分为五章，分别论述了社会约制的意义、社会约制的需要、社会约制的工具、社会约制的方法以及社会约制的组织。著名社会学家孙本文在《当代中国社会学》一书中专门介绍了该书。

严景耀的《中国的犯罪问题与社会变迁的关系》也是从社会学角度研究法社会学问题的代表之作，在犯罪学领域具有重要地位。该著作是作者 1934 年在美国芝加哥大学攻读博士学位期间撰写的毕业论文，文章篇幅不长，但内容极为丰富，涉及犯罪学基本理论、中国的犯罪统计、犯罪类型、犯罪的原因及其预防措施等。严景耀将犯罪问题的研究置于相应的文化背景之中，认为社会变迁造成文化冲突和文化失调，而文化失调中最主要的则是法律文化的失调，对犯罪的理解只能从产生犯罪的文化传统来考虑才能得到解释；犯罪行为是在突然和迅猛的社会变迁中发生的，是在对新的社会环境失去适应能力的情况下发生的，是在传统形式被破坏的情况下发生的；有些犯罪则反映出中国旧传统与新法律的矛盾。

可以说，法社会学在我国的早期传播和发展是一个自觉自发的过程，并且出现了短暂的繁荣。这一时期译介到我国的西方法社会学著作以及我国学者本土化探索

---

① 萧邦承．社会法律学派之形成及其发展．法轨，1934，2（1）.

②③ 瞿同祖．中国法律与中国社会．北京：中华书局，2007：1.

的成果，仍然对现今我国法社会学的发展有着影响。

第二节　我国法社会学的复苏和勃兴

从20世纪50年代到70年代末，经过院系“调整”，我国内地社会学学科被取消，法学学科也受到较大程度的削减甚至停办，中国的法社会学研究陷入沉寂，出现了一个明显的中断时期。这一阶段我国的法学研究几乎全盘接受苏联的法律意识形态，全面学习和引进苏联法学；法学隶属于政治学和哲学，不被重视；诸多西方法社会学家乃至法学家、社会学家被视为资产阶级的代言人而被否定和拒斥[①]；马克思主义法社会学说作为一种政治意识形态和哲学方法处于主导地位，渗透于法学研究和法制实践中。[②]

到20世纪70年代末，“文化大革命”的结束、拨乱反正以及现代化建设的新局面为社会科学的复苏提供了契机。1979年，邓小平同志发表《坚持四项基本原则》的重要讲话，提出社会科学“需要赶快补课”的要求，这为社会科学的重建和发展提供了有力的支持。到20世纪80年代初期，国内开始有学者提出“法社会学”的研究和重建问题[③]，由此法社会学在我国的发展逐渐进入一个复苏和重新发展的历史阶段。

一、法社会学在我国的复苏

1987年，陈明华在《西北政法学院学报》上发表《法社会学刍议》，呼吁应该尽快建立我国的法社会学，强调“大力开展法社会学的理论研究，尽快建立具有中国特色的法社会学，是我国法学和社会学工作者共同面临的一项迫切任务和新课题”，因为“仅就近年来我国法学研究而言，已广泛涉及社会学的各个方面。法的许多重大理论问题和现象，诸如法的社会性、法的社会作用、法的知识信息和预报、法律的遵守、法与社会监督、法与社会舆论、法的社会功能与实践功能等，已与社会学的理论研究密切联系在一起……开展法社会学理论研究，有助于法学和社会学的进一步发展，有助于改进与创新我国法学研究方法，丰富和推动法学理论研究的深度和广度，这无疑对于我国社会主义法制建设和司法实践有着理论和实际的意义”[④]。这种呼吁和观点可以说是这一时期诸多学者的共识。

1987年9月，由来自21个单位的51名法学专家参加的全国首次法社会学理论

---

① 例如1959年商务印书馆出版了狄骥的代表作《宪法论》第一卷，在该书的“出版说明”中写道：“狄骥的法学思想已经成为现代资产阶级法学中的一种极为反动的思潮……有必要对狄骥的反动著作进行彻底的批判……本馆出版这一本书，就是供我国学术界进行批判用的。”

② 汤唯．法社会学在中国：西方文化与本土资源．北京：科学出版社，2007：78.

③ 例如吕世伦于1981年在《学习与探索》上发表论文《论社会学法学》。

④ 陈明华．法社会学刍议．西北政法学院学报，1987（4）：37－40.

讨论会在北京举行，旨在促进法社会学的交流和研究，会后出版了以《法律社会学》为书名的论文集（1988），这标志着法社会学研究在我国的正式起步。1988年10月，全国第二次法社会学理论讨论会在西南政法学院举行。1989年9月，北京大学“法社会学研究课题组”与“比较法研究项目课题组”一起举办了国际性的法社会学学术研讨会，邀请了八个国家的十几位学者参加，这是中国法社会学研究者走出封闭状态与他国学者进行交流的重要起步。值得一提的是，社会学家郑杭生于1988年6月应邀到意大利博洛尼亚大学参加法社会学国际研讨会，并提供了论文《中华人民共和国的法社会学》，介绍了起步不久的中国法社会学的教学和研究情况。

除了举办学术研讨会之外，设立法社会学研究机构、开展法社会学的课题研究等都是法社会学在中国复苏的表征。例如，1988年，北京大学法学院成立了“比较法与法社会学研究所”。同年，上海市社会学会成立了法社会学研究会。同一时期，中国社会科学院法学所也成立了“法社会学研究中心”。国家哲学社会科学基金和国家教育委员会博士点专项基金皆把法社会学列入课题并予以资助，前者由北京大学法学院沈宗灵等承担，后者由吉林大学法学院王子琳等承担。

国外法社会学著作的翻译工作这时也有所起步。这一时期翻译的具有代表性的国外法社会学著作有：庞德的《通过法律的社会控制：法律的任务》（沈宗灵、董世忠译，商务印书馆，1984）和《法律史解释》（曹玉堂等译，华夏出版社，1989）、亨利·莱维·布律尔的《法律社会学》（许钧译，上海人民出版社，1987）、罗杰·科特威尔的《法律社会学导论》（潘大松等译，华夏出版社，1989）、约翰·罗尔斯的《正义论》（何怀宏等译，中国社会科学出版社，1988），等等。

除此之外，介绍法社会学基础知识的教材也陆续出版。例如，1985年，赵震江编著的《法律与社会》由时事出版社出版；1988年，北京大学法律系法学理论教研室与中国经济体制改革研究所法律室共同编写的《法律社会学》由山西人民出版社出版；1990年，中国社会科学出版社出版了陈卫东撰写的《法律社会学》；苏梅凤等编著的《法律社会学》教材也由武汉出版社于1990年出版。① 这些都是法社会学在中国恢复发展的有力迹象。

至于这一阶段国内的法社会学研究，学者们研讨的核心议题是法社会学学科的名称及归属、法社会学与其他学科的关系、法社会学的研究对象和范围、法社会学在我国兴起的社会历史条件、在我国开展法社会学研究的重大意义以及西方法社会学的研究状况等，如沈宗灵的《法律社会学的几个基本理论问题》②，张文显的《西方法社会学的发展、基调、范围和方法》③，赵震江、季卫东、齐海滨的《论法律社会学的意义与研究框架》④，等等。

---

① 胡平仁，等．法律社会学．长沙：湖南人民出版社，2006：18.

② 沈宗灵．法律社会学的几个基本理论问题．法学杂志，1988（1）：4-6.

③ 张文显．西方法社会学的发展、基调、范围和方法．社会学研究，1988（3）：44-54.

④ 赵震江，季卫东，齐海滨．论法律社会学的意义与研究框架．社会学研究，1988（3）：26-43.

二、法社会学在我国的勃兴

进入 20 世纪 90 年代，我国法社会学进入了一个持续发展期并出现了勃兴之势，这体现在一些大学的学科规划逐渐重视法社会学，包括吉林大学、华东政法大学、中国政法大学、中国人民大学、北京大学等高校开始招收法社会学方向的硕士研究生和博士研究生，尤其是华东政法大学、中国人民大学等高校纷纷在社会学系下面建立法社会学研究所，招收法社会学方向的研究生。以中国人民大学社会学系为例，从 20 世纪 90 年代后期开始，法社会学课程至今在该校已经开设了 20 多年，形成了比较成熟的课程体系，而且该系从 2001 年开始招收法社会学方向的硕士研究生，从 2005 年开始招收法社会学方向的博士研究生和博士后，形成了比较成熟的人才培养体系。

这一时期，我国法律体系的变革不仅引起了西方学者的关注，而且也吸引了诸多中国法社会学者投入法律与社会的研究当中，积极担负起建立我国自己独特的法社会学传统的任务。可以说，中国社会这几十年来的变迁为我国法社会学者的理论革新和经验研究提供了良好的平台。

（一）教材、丛书和译作的出版

随着法社会学在我国的恢复，大量介绍法社会学理论流派等基础知识的教科书或论文集得以出版。据不完全统计，1991 年，王子琳、张文显编写的《法律社会学》由吉林大学出版社出版；同年，陈信勇撰写的《法律社会学》由中国社会科学出版社出版；1992 年，马新福撰写的《法社会学导论》由吉林人民出版社出版；1994 年，朱景文撰写的《现代西方法律社会学》由法律出版社出版；1998 年，赵震江主编的《法律社会学》由北京大学出版社出版；1999 年，马新福的《法社会学原理》由吉林大学出版社出版，李楯主编的《法律社会学》由中国政法大学出版社出版；2000 年，陈信勇主编的《法律社会学教程》由浙江大学出版社出版；2002 年，田成有撰写的《法律社会学的学理与运用》由中国检察出版社出版，饶艾、张洪涛撰写的《法社会学：社会学视野》由西南交通大学出版社出版；2004 年，李瑜青等撰写的《法律社会学导论》由上海大学出版社出版，朱景文主编的《法社会学》由中国人民大学出版社出版，王威撰写的《法律社会学：学科辨析与理论源流》由群众出版社出版；2006 年，胡平仁等编写的《法律社会学》由湖南人民出版社出版；2007 年，汤唯撰写的《法社会学在中国：西方文化与本土资源》由科学出版社出版；2008 年，刘焯主编的《法社会学》由北京大学出版社出版；2009 年，马远俊撰写的《法律社会学：源流辨析与学理运用》由湖北人民出版社出版；2011 年，郭星华主编的《法社会学教程》由中国人民大学出版社出版。

另外，一些连续性出版物广受学界关注。代表性的著作主要包括郑永流主编的《法哲学与法社会学论丛》，谢晖、陈金钊主编的《民间法》，朱苏力、侯猛主编的

《法律和社会科学》、李瑜青等主编的《法律社会学评论》、周尚君主编的《法律与政治科学》。

在国外法社会学著作的翻译出版方面，这一时期的成果非常丰富，如诺内特与塞尔兹尼克的《转变中的法律与社会：迈向回应型法》（张志铭译，中国政法大学出版社，2004），棚濑孝雄的《纠纷的解决与审判制度》（王亚新译，中国政法大学出版社，2004），川岛武宜的《现代化与法》（申政武等译，中国政法大学出版社，2004），弗里德曼的《法律制度：从社会科学角度观察》（李琼英、林欣译，中国政法大学出版社，2004），布莱克的《法律的运作行为》（唐越、苏力译，中国政法大学出版社，2004）和《社会学视野中的司法》（郭星华等译，法律出版社，2002），昂格尔的《现代社会中的法律》（吴玉章、周汉华译，中国政法大学出版社，2001），哈耶克的《自由秩序原理》（邓正来译，生活·读书·新知三联书店，1997），韦伯的《论经济与社会中的法律》（张乃根译，中国大百科全书出版社，1998），滋贺秀三等的《明清时期的民事审判与民间契约》（王亚新、梁治平编，法律出版社，1998），卡多佐的《司法过程的性质》（苏力译，商务印书馆，1998），博登海默的《法理学：法律哲学与法律方法》（邓正来译，中国政法大学出版社，2004），马林诺夫斯基的《原始社会的犯罪与习俗》（原江译，云南人民出版社，2002），庞德的《普通法的精神》（唐前宏、廖湘文、高雪原译，法律出版社，2010）、《法律史解释》（邓正来译，中国法制出版社，2003）、《法律与道德》（陈林林译，中国政法大学出版社，2003），埃里克森的《无需法律的秩序：邻人如何解决纠纷》（苏力译，中国政法大学出版社，2003），帕特里夏·尤伊克和苏珊·西尔贝的《法律的公共空间：日常生活中的故事》（陆益龙译，商务印书馆，2005），E. A. 霍贝尔的《原始人的法：法律的动态比较研究》（严存生等译，法律出版社，2006），埃利希的《法律社会学基本原理》（叶名怡、袁震译，九州出版社，2007），萨利·安格尔·梅丽的《诉讼的话语：生活在美国社会底层人的法律意识》（郭星华等译，北京大学出版社，2007），卢曼的《社会的法律》（郑伊倩译，人民出版社，2009）和《法社会学》（宾凯、赵春燕译，上海人民出版社，2013），奥斯汀·萨拉特的《布莱克维尔法律与社会指南》（高鸿钧等译，北京大学出版社，2011），马修·戴弗勒姆的《法社会学讲义：学术脉络与理论体系》（郭星华、邢朝国、梁坤译，北京大学出版社，2010），史蒂文·瓦格的《法律与社会》（梁坤、邢朝国译，中国人民大学出版社，2011），托马斯·莱塞尔的《法社会学基本问题》（王亚飞译，法律出版社，2014），帕特里夏·尤伊克和苏珊·S. 西尔贝的《日常生活与法律》（陆益龙译，商务印书馆，2015），帕特丽夏·尤伊克和奥斯汀·萨拉特主编的《法社会学手册》（王文华等译，法律出版社，2018），等等。这些国外法社会学著作的引入对我国法社会学的发展起到了有力的促进作用。

（二）学术交流的增进

这一时期，国内和国际性的法社会学交流有了进一步的发展。代表性的学术会议如1995年8月，法社会学国际协会第31届学术大会“法文化——相遇与变迁”在日本东京大学召开，中国共有12名学者应邀出席并进行了论文宣读。这是中国法社会学研究者参加国际会议人数较多的一次。[①]

2002年10月，中国人民大学社会学系、社会学理论与方法研究中心主持召开了“法律与社会”国际学术研讨会。著名法律社会学家布莱克、西尔贝教授等外国学者出席，二十余名国内学者与会。该次研讨会实现了我国法学家与社会学家首次面对面的学术对话。此次研讨会的召开对我国法社会学的发展起到了积极的推动作用。会后出版了论文集《法律与社会：社会学和法学的视角》（郭星华、陆益龙等著，中国人民大学出版社，2004）。

2011年10月，由中国社会学会法律社会学专业委员会筹备组、中国人民大学社会学理论与方法研究中心主办的首届“法律与社会”高端论坛暨中国社会学会法律社会学专业委员会（筹）成立大会在北京举办。来自全国各地的专家学者就法律社会学专业委员会建设、法律社会学教学问题、法律社会学研究问题等展开交流与研讨，同时选举产生了中国社会学会法律社会学专业委员会会长、副会长等人选，郭星华教授当选为首任会长。值得关注的是，中国社会学会法律社会学专业委员会是下设在中国社会学会下面的专业委员会，该专业委员会的成立是中国法社会学发展史上的重要事件，它体现了中国社会学界对法社会学的重视。在此之后，“法律与社会”高端论坛暨中国社会学会法律社会学专业委员会理事会每年举办一次，至今已举办十届。这些会议在一定程度上表明中国法社会学界的学术交流和研讨逐渐走向常规化。

成立于2019年的上海交通大学中国法与社会研究院及其前身上海交通大学凯原法学院法社会学研究中心在法社会学的国际交流方面做得较为出色。该中心在举办学术会议、赴境外调研等方面有较多的实践。

近年来，法律大数据与法律量化实证研究开始兴起。上海市法学会法社会学研究会、上海市法治研究会、上海市大数据社会应用研究会联合主办了“大数据时代的司法改革与AI网络社会治理”研讨会（2018）。清华大学法学院、社会科学学院、数据科学研究院联合举办了首届“迈向数据法学”研讨会（2017），上海交通大学法学院主办了第二届“迈向数据法学”年会（2018）。

可以说，在20世纪90年代之后，尤其是进入21世纪以来，我国法社会学的学术机构数量有明显增长，国内国际的学术会议也日渐增多，学术交流趋向活跃，这些因素都有利于法社会学学术共同体的形成和成长。

（三）经验研究的开展

20世纪90年代以后，法社会学开始更多地注重经验研究，一批成果陆续出

① 该会议的具体情况可参见季卫东．面向二十一世纪的法与社会：参加法社会学国际协会第31届学术大会之后的思考．中国社会科学，1996（3）：104-113。

版，其中一些成果引起较大关注。例如，西南政法大学"农村经济与法制研究"课题组通过对华北、华东、中南、西南、西北等地农村和典型农村经济组织的考察，出版了《中国农村经济法制研究》（1992）。中南财经政法大学的郑永流、高其才、刘茂林等学者以湖北省八市县为样本，对我国农村的法律文化状况及法律发展做了广泛而深入的调查研究，撰写了《农民法律意识与农村法律发展》（1993）。

1993年，夏勇等主持承担了"中国社会发展与公民权利保护"课题。课题组进行了较大范围的社会调查，走访了10个省（市）、23个县（市）、19个乡（镇），广泛接触了农民、市民、法官与行政官员，召开了230余次座谈会，进行了6 000余份抽样调查问卷，在此基础上出版了专著《走向权利的时代》（1995），在国内学界引起很大反响。

1996年，以朱苏力为核心的一批中青年学者开展了名为"中国农村基层司法制度及其运作"的专项调查，并基于调查资料撰写了诸多调查报告，推出了诸多研究成果。

中国人民大学法社会学研究所的郭星华、陆益龙与美国学者麦宜生（Ethan Michelson）合作开展了三次法社会学的实证研究。第一次调查是在2001年进行的，调查的目的是了解北京城市居民的法律意识与法律行为。第二次调查于2002年1月至3月开展，旨在对"中国农村居民法律意识与法律行为"进行抽样问卷调查，以便将农村居民和城市居民的法律意识与法律行为进行比较研究。此次调查涉及中国的6个省，样本量为3 000个。第三次调查是2010年开展的"法律与农村居民生活"调查。该项调查涉及河南、湖南、江苏、陕西、重庆5个省份30个行政村，回收有效问卷2 990份。这几次调查为研究我国公民的法律意识、法律行为等提供了大量的经验资料。

在法社会学的经验研究方面，另外一项重要的成果是朱景文主编的《中国法律发展报告：数据库和指标体系》（2007）。该书在法律发展的质量与数量分析方面建立了一定的法律指标体系，用大量的事实和数据反映改革开放30年来我国法律发展所体现的三大趋势，即法制化、专业化和不平衡性。这种建立数据库和指标体系的量化研究取向在法学界为数不多，受到学界广泛关注。

基于实证研究而完成的研究成果还有许多，如高其才的《中国习惯法论》（1995）、王铭铭和王斯福主编的《乡土社会的秩序、公正与权威》（1997）、赵旭东的《权力与公正：乡土社会的纠纷解决与权威多元》（2003）、朱晓阳的《罪过与惩罚：小村故事1931—1997》、董磊明的《宋村的调解》（2008）、刘思达的《割据的逻辑》（2011）、郭星华的《社会转型中的纠纷解决》（2013）、陈柏峰的《乡村江湖》（2018）等。

（四）主要代表人物及其著作

正如前文所提及的，在当前国内法社会学的研究队伍中，以法学家为主，社会学家所占比例较小。就法学背景的研究者而言，这一时期活跃的代表性人物有季卫东、朱苏力、梁治平、朱景文、刘作翔、范愉、郑永流、高其才、张永和、李瑜青等。季卫东是国内法学界较早开展法律社会学研究的学者，著有《法治秩序的建构》(1999)、《法律程序的意义》(2004)、《通往法治的道路：社会的多元化与权威体系》(2014) 等。在探讨社会变革时，季卫东特别强调的是机制而不是权力或者具体的技术；在探讨法治秩序时，他始终注意的是体制的深层条件和功能等。[①] 同时，他还倡导对程序正义的研究，提倡采取多元化、功能等价的法制现代化观念。

朱苏力的法社会学研究具有浓厚的本土主义色彩，强调法制建设中本土资源的价值，被学界称为“本土资源论”，其代表作有《法治及其本土资源》(1996)、《送法下乡：中国基层司法制度研究》(2000)、《道路通向城市：转型中国的法治》(2004)、《也许正在发生：转型中国的法学》(2004)、《法律与文学》(2006)、《大国宪制：历史中国的政治构成》(2017)、《是非与曲直：个案中的法理》(2019) 等。在《法治及其本土资源》一书中，朱苏力认为，在传统社会向现代社会转型的过程中，虽然经历政治话语和观念启蒙的影响，社会仍存在与现代法权观念不同的地方习惯和法律观念，因此在引入现代法律精神、建立现代法律制度的同时，要注重中国社会存在的独特的法律知识和法律资源。

梁治平的研究注重分析东西方法文化的差异，并在这种比较研究中揭示中国传统法文化的特征和缺陷。他倡导跨学科的法律研究，主张加强法学与经济学、政治学、人类学、社会学、历史学等学科的联系与合作，对国内法社会学研究有着不可忽视的促进和示范作用。他的代表性著作有《寻求自然秩序中的和谐：中国传统法律文化研究》(1991)、《法辨：中国法的过去、现在与未来》(1992)、《法律的文化解释》(1994)、《清代习惯法：社会与国家》(1996) 等。

受篇幅所限，在此无法一一叙及法学背景的研究者的研究成果及其核心论点，但仅从已介绍的上述几位研究者的研究成果来看，法学背景的研究者的工作极大地拓宽了中国法社会学整体的研究视野。

就社会学背景的研究者而言，中国人民大学社会学系的郭星华、北京大学社会学系的张静当属代表人物。郭星华及其研究团队在中国法社会学理论本土化的探索方面有较多实践，并取得了一些有意义的研究成果，集中体现在《社会转型中的纠纷解决》(2012)、《现代法治建设与传统文化变迁》(2018) 等著作之中。具体来说，这些本土化探索包含了法治建设、犯罪问题、民间纠纷三个领域，其中，法治建设的法社会学探索包括：从法制到法治、法律的双向诠释、法律的“在场”与“不在场”、法律的实践逻辑、从“送法下乡”到理性选择、中美法律意识的比较等六个部分；犯罪问题的法社会学探索包括：社会转型与犯罪成本、犯罪人的自我归因、女犯的生活世界、堕入犯罪的“漏斗效应”等四个部分；民间纠纷的法社会学探索包括：法律的“差序利用”、初级关系的变迁与民间纠纷解决、弱者诉讼的谋

---

① 季卫东．法治秩序的建构．北京：中国政法大学出版社，1999.

略、法律的“甩干机制”等四个部分。[①]

一些研究中国法律的境外学者对中国法社会学的发展也做出了较大贡献，如黄宗智、林端等。美国学者黄宗智是著名的历史学家，其主要研究领域为明清以来的社会史、经济史和法律史，对我国的法社会学研究产生了重要影响。其在中国法制史方面的主要著作有《清代的法律、社会与文化：民法的表达与实践》（2001）、《法典、习俗与司法实践：清代与民国的比较》（2003）和《过去和现在：中国民事法律实践的探索》（2009）、《中国的新型正义体系：实践与理论》（2020）。我国台湾地区学者林端著有《儒家伦理与法律文化：社会学观点的探索》（1994）、《韦伯论中国传统法律：韦伯比较社会学的批判》（2003）等。

通过上文对中国法社会学的历史发展阶段、促进各阶段发展的力量以及各阶段的代表人物及其学术成果的梳理，我们可以管窥法社会学在中国发展的历史脉络。当然，中国法社会学的发展史本身是恢弘复杂的，要想全面细致地勾勒出整个的历史发展图景，远非本教程的一章内容所能做到的。

本章要点

本章主要介绍了法社会学在中国的发展历史。总体上，中国法社会学的发展史可分为三个阶段：20世纪初，西方法社会学在中国的传播和初兴；20世纪50至70年代，法社会学在中国的中断和沉寂；20世纪80年代之后，中国法社会学的复苏和勃兴。本章介绍的内容涉及法社会学各个历史发展阶段的社会背景、发展促动力、代表人物及取得的成就。

复习思考题

1. 简析法社会学在中国引入和传播的历史背景。
2. 简述20世纪上半叶中国学者在法社会学研究方面的本土化探索。
3. 谈谈你对20世纪90年代之后中国法社会学发展状况的认识。

推荐阅读书目

1. 郭星华，等．社会转型中的纠纷解决．北京：中国人民大学出版社，2012.
2. 胡平仁，等．法律社会学．长沙：湖南人民出版社，2006.
3. 林端．儒家伦理与法律文化：社会学观点的探索．北京：中国政法大学出版社，2002.
4. 瞿同祖．中国法律与中国社会．北京：中华书局：2007.

① 郭星华．从中国经验走向中国理论：法社会学理论本土化的探索．江苏社会科学，2011（1）：1-11.

5. 汤唯．法社会学在中国：西方文化与本土资源．北京：科学出版社，2007.

6. 张善根．当代中国法律社会学研究：知识与社会的视角．北京：法律出版社，2009.

7. 朱景文．中国法律发展报告：数据库和指标体系．北京：中国人民大学出版社，2007.

8. 侯猛．法学研究的格局流变．北京：法律出版社，2017.

第六章

法社会学研究方法

20世纪初埃利希、庞德等法社会学的创始人在为理解法律与社会提供理论基础的同时，也确立了这门学科在方法论上的主张，即用社会学的方法来研究法律。那么，什么是社会学的方法？如何用社会学的方法来研究法律？

社会学的方法有别于规范法学的研究方法。早在“社会学之父”孔德（Auguste Comte，1798—1857）创立实证哲学时，就以物理学等自然科学的研究方法为参照系，提出了实证社会学的四种基本研究方法——观察法、实验法、比较法和历史法。埃利希曾在其经典著作《法社会学原理》（1913）里专辟一章阐述了法社会学的方法，但他实际上主要强调了社会学基本的资料收集方法——观察法和访谈法在“活法”研究中的应用。[①] 尽管埃利希也提到了奥弗纳（Ofner）和科布勒（Kobler）的实验法的法社会学研究等[②]，但总的来看，受历史条件的局限，他所论述的法社会学研究方法在现在看来过于粗略，且欠缺对具体研究过程的系统性把握。同样的问题也出现在国内绝大多数法社会学教材对研究方法的介绍中。[③]

值得一提的是，社会学研究方法并非一种或几种方法技术的简单组合，而是在研究实践过程中持续完善的方法体系，从抽象到具体可大致分为三个层面：与科学哲学直接联系的一般方法论、研究策略及其相应的研究技术。目前国内学界对法社会学研究方法存在两种片面的认识：要么将社会学研究方法基本等同于问卷调查法，认为法社会学用社会学的方法来研究，即通过（抽样）问卷调查收集法律与社

---

① 埃利希指出“社会学，也包括法社会学，也必须是一门观察的科学”；对“活法”的搜集，“除了睁开双眼，通过仔细观察生活去获知，询访民众并记录他们的陈述之外，可能没有其他方法”。参见埃利希．法社会学原理．舒国滢，译．北京：中国大百科全书出版社，2009：523，550。

② 埃利希．法社会学原理．舒国滢，译．北京：中国大百科全书出版社，2009：558-559.

③ 目前国内的法社会学教材多从社会学研究方法体系三个层面的构成内容——方法论、研究方式和具体方法技术介绍法社会学研究方法，即使有个别考虑到了研究过程的维度，也仅是泛泛地论及实证研究的程序步骤。它们通常全部或部分地包括功能主义、结构主义、现象学、符号互动主义、冲突论、系统论等方法论，规范分析、角色分析、组织分析、比较分析等基本方法，以及调查法、文献法等具体方法和问卷设计、观察、访谈、统计分析等技术的概括性论述，这些概述的表述可以追溯到20世纪60年代。参见马新福．法社会学导论．长春：吉林人民出版社，1992：25-36；王子琳．法律社会学．长春：吉林大学出版社，1991：29-39；朱景文．现代西方法社会学．北京：法律出版社，1994：24-47；李楯．法律社会学．北京：中国政法大学出版社，1999：56-60；田成有．法律社会学的学理与运用．北京：中国检察出版社，2002：22-26；等等。

会相关的量化数据，经由统计分析得出结论；要么赋予社会调查或调查研究更宽泛的内涵，即将实地观察法、访谈法、文献法、实验法等与问卷调查法一并视为收集经验数据的方法，对这些方法单独或结合使用得到数据资料后，能量化分析则量化分析，不能量化则进行分类、比较、综合等传统质化分析，以此获得研究结论。上述认识的局限在于没有意识到系统把握法社会学研究方法体系及研究过程的重要性，导致在具体研究过程中，研究者往往在研究方法技术的选择、运用上过于随心所欲，缺乏反思和方法创新的可能，从而妨碍了我国法社会学研究的严谨精确性、可积累性以及经验验证意义上的科学性。

本章立足于当前法社会学研究的实际需要，将实证与经验研究过程中选择方法技术的基本规则放到法社会学方法介绍的核心位置，从定性、定量以及定性-定量三种研究途径入手，介绍有代表性的研究策略及相应的数据收集方法和分析技术，并尽可能辅以相关的法社会学研究实例，力图为科学系统地运用社会学的方法研究法律与社会指明道路。

第一节　定性研究

一、理想类型法

1904年，韦伯为克服德国人文主义和历史学派过度个体化和特殊化的倾向，开创了理想类型法（ideal-typical methods）。[①] 尽管作为此方法核心的“理想类型”（ideal types）概念并非韦伯的首创[②]，但理想类型法却是经由韦伯在其所创立的理解社会学中的经典运用，而为后人所熟知和推广。这一颇为有力的社会学分析和解释工具，应算是最早的社会学定性研究策略。一般而言，把握理想类型法有以下五个要点。

第一，对理想类型的理解。理想类型也叫纯粹类型，是纯粹逻辑上的概念构造，尽管这种由研究者主观思维逻辑建构的完美物包含某些现实性因素，但在现实中并没有对应之物。按照韦伯自己的说法，“就其概念的纯粹性来说，这种精神建构不可能通过经验观察在现实世界的任何地方发现。它是一种理想的完美境界（utopia）”[③]。

第二，理想类型法的特点和优势。理想类型法是一种以理想类型为概念工具的

---

① 周晓虹．理想类型与经典社会学的分析范式．江海学刊，2002（2）：94-99.

② 有学者认为，亚里士多德为阐述和理解政治现象所使用的“君主制”“民主制”等概念，实际上就是理想类型，参见傅再明．马克斯·韦伯的法律社会学评介//李楯．法律社会学．北京：中国政法大学出版社，1999：85；另有学者研究并指出，在韦伯之前已经有诸如德国法学家耶利内克（George Jellinek，1851—1911）等13位学者使用了“理想类型”这一概念，参见 MACHLUP F，LEESON K. Information through the printed word：the dissemination of scholarly，scientific，and intellectual knowledge. New York：Praeger Publishers，1978—1980。

③ WEBER M，The methodology of the social sciences. New York：The Free Press，1949：90.

经验研究法，其独特之处在于通过考察经验现实对理想类型的偏离来分析和解释经验现象。借助理想类型法，研究者能够将经由文献法、访谈法等资料收集方法获得的大量经验数据，纳入一个统一的分析结构之中。这一方面使研究者不至于迷失在数据资料的琐碎细节里；另一方面，由于理想类型提供了资料据以比较和衡量的共同标准或模型，使得对纷繁复杂的经验现象进行有目的的比较成为可能，从而促使研究者对数据资料的分析超越简单描述的层次，为解释性的理解和因果解释开启了大门。

第三，理想类型的建构。理想类型既要与经验事实保持一定的距离，又要在研究经验现象时扮演某种分析比较标准的角色，为使上述“既摆脱现实又因此认识现实的作用”① 不至于落空，研究者对理想类型的建构就不可能是主观随意的。面对经验现象的复杂多变，研究者在建构理想类型时，通常需要进行大量的文献检索和观察工作，并立足于经验现实进行思考和取舍，最终得到一个简洁清晰的理想类型表述。② 这里尤其值得注意的是，理想类型无疑具有一定的抽象概括性，但依据前述理想类型的概念界定，它既不会是对经验事物的直接概括，也不会是对现实事物所有特征的抽象概括，而是从研究目的出发，侧重概括了现实事物的某种或某一组特征，这意味着对复杂经验事物的简化（simplification）。正如韦伯所说：“一种理想类型是通过片面突出一个或更多的观点，通过综合许多弥漫的、无联系的、或多或少存在和偶尔不存在的个别具体现象而形成的，这些现象根据那些被片面强调的观点而被整理到一个统一的分析结构中。”③ 只有按照上述原则综合、取舍建构起来的理想类型，才能为比较经验现象提供可能，成为研究者把握经验对象的一个有力的研究工具。

第四，理想类型的价值中立性。韦伯明确指出：“我们所谓的理想类型……和价值判断没有任何关系，除了纯逻辑上的完善外，它与任何形式的完美毫不相干。”④ 可见，虽然理想类型在建构过程中难免掺杂了研究者的主观因素，即“韦伯承认，选择构成理想类型的要素是一种有点儿独断的事情。挑选和强调什么，忽略什么，这在某种程度上为所要调查的问题的类型和所要设定的问题所影响”⑤，但理想类型本身是事实判断而不是价值判断，它属于经验科学领域排除了价值判断的产物，不能成为对经验现实做出价值评价的依据。换言之，我们不能依据某个理想类型来判断经验事物的好坏对错，在理想类型研究中，要尽量避免应然性的价值判断。

第五，与上述四点多少有联系，理想类型法与法学传统的类型学（typology）

---

① 斯温杰伍德．社会思想简史．北京：社会科学文献出版社，1988：153.

② 呈现所建构的理想类型的一种技巧是使用分类表格形式，以显得简洁直观。表格中单元格的数量取决于所考虑到的特征维度的数量，常见的有 2×2、2×3 分类表等，范例见 GLANTER M. Why the “haves” come out ahead：speculations on the limits of legal changes. Law & Society Review，1975（9）：95－160。

③ 韦伯．社会科学方法论．北京：华夏出版社，1999：186.

④ WEBER M，The methodology of social sciences. New York：Free Press，1949：98－99.

⑤ 帕金．马克斯・韦伯．成都：四川人民出版社，1987：22.

研究方式是有区别的。拉伦茨[①]（Karl Larenz）和考夫曼[②]（Arthur Kaufmann）的类型论在法学研究中颇有影响。一方面，遵循其思路的法学类型学研究扎根于规范世界，以形成概念类型本身为目的，而理想类型法立足于丰富的经验数据，面向经验事实，构造理想类型这一概念类型只是达成研究目的的手段，其研究指向对经验事实的理解和阐释；另一方面，法学的类型是规范性的，意在对现实进行应然的规范性调整，蕴含着研究者强烈的价值判断，这与理想类型作为事实判断的价值中立性背道而驰，且二者在具体的构造方式和过程上也大不相同。因此，在从事法社会学研究时，不能将理想类型法这一经验研究策略与法学类型学研究混为一谈。

从适用情况看，理想类型法策略适合处理研究问题较为宏观或比较复杂难以聚焦，但研究者已经收集了丰富的经验材料的情形。一般地说，研究者在运用理想类型法的过程中，应该坚持价值中立的研究立场。就其整个研究过程而言，理想类型法首先要求研究者查阅有关文献，并借助自身的观察和逻辑思考，选择一种或一组维度建构起合适的理想类型；然后，研究者将占有的经验材料与建构的理想类型相比较，“以便确定它的差异或同一性，用最清楚明白的概念对它们进行描述，并且从因果性上对它们进行理解和说明”[③]；最终，形成对所研究经验现象的某种推断、阐述或解释。

韦伯为运用理想类型法进行法社会学研究提供了范例。为了把握西方法律的发展过程，建立现代西方法律模式的理论，韦伯从“形式-实质”以及“理性-非理性”这组维度出发，建构了法律的四种理想类型，即形式理性法（formal-rational）、实质理性法（substantive-rational）、形式非理性法（formal-irrational）和实质非理性法（substantive-irrational）。他以此作为分析结构，依靠丰富的历史文献资料，综合比较了参与法律形成的力量如何影响法律形态等关键性要素，从而阐述了西方法律“形式非理性法—实质非理性法—实质理性法—形式理性法”的发展历程。[④] 同样是利用历史文献，日本学者滋贺秀三在其对比中西司法的研究中也采用了理想类型法，他建构起“父母官诉讼”与“竞技性诉讼”这一对理想类型，用以区分中国的民事审判与西方的不同之处。[⑤]

二、田野调查法

20世纪二三十年代，美国“芝加哥学派”的社会学家帕克（R. Park）、休斯（E. Hughes）等在美国城市社区中的经典研究确立了以参与观察为主的实地研究

---

① 拉伦茨提出了“逻辑的理念类型”与“规范的理念类型”之分。参见拉伦茨．法学方法论．台北：五南图书出版公司，1999：378－381。

② 考夫曼指出，如果把类型用于法律，其所指的是规范类型，而非平均类型或频率类型，也不是韦伯意义上的理想类型，规范正义和事物正义就是在这个中间点上贯通的。参见考夫曼．类推与“事物本质”：兼论类型理论．台北：学林文化事业有限公司，1999：113。

③ 韦伯．社会科学方法论．北京：华夏出版社，1999：140－141.

④ 李瑜青，等．法律社会学经典论著评述．上海：上海大学出版社，2006：173.

⑤ 滋贺秀三，等．明清时期的民事审判与民间契约．北京：法律出版社，1998.

(field research) 传统，并以其独特的田野调查 (fieldwork) 著称。把握民族志田野调查法 (ethnographic fieldwork methods) 研究策略的要点如下。

第一，民族志田野调查的前期准备。在正式开始田野调查之前，研究者首先要澄清“为什么要做这一研究，准备采用何种研究设计，以及研究意图如何与所要研究的问题相关联”[①]，然后制订一个详细的田野工作计划，对研究的目标、时间与经费的安排、研究地点和对象的选择、守门员（能够为进入田野提供途径的人）与信息员（熟悉调查地情况的人）的确定、自身角色定位、如何分析数据、如何离开等民族志田野调查的一系列相关问题做一个通盘的考虑[②]，避免贸然地进入一个田野环境中。与现象学研究不同，民族志田野调查研究往往是文献先行的。熟悉所要研究群体的相关调查报告和研究文献，具备一定的学科视角，是田野调查赖以进行的基础。

第二，田野调查的数据收集。田野调查意味着研究者必须长期与所研究的群体生活在一起，持续时间一般少则数月，多则数年。在这一长期持续性的研究过程中，研究者进入现场，理解被研究者的语言和文化，寻找知情人，获得信任，建立关系，然后开始收集经验数据。数据资料收集以观察为基础，观察可以从完全不参与到完全参与，并且通常是参与观察，即研究者融入被研究者的日常生活，“观察他们做什么（行为）、说什么（语言），他们应该怎么做，而实际又如何做，这之间存在何种程度的差异”[③] 等，以自己的切身体验获得对被研究者及其生活方式、态度和行为模式的理解。正是这种特有的深入性向研究者提供了观察人们“真正在做什么”的机会。[④] 值得一提的是，记田野日记是田野观察的一个重要环节。对于如何写田野日记，伯格 (Bruce Berg) 提出了五点建议，包括：记录下人们所说的关键词和短语；尽快记录下各个事件发生的顺序；将在田野中花费的时间与事后对田野工作做详细记述的时间之比限制在 1∶4；在每一天或每个阶段的田野工作结束之后，立即整理详细说明事件/人物和它们之间的关系的完整笔记；在把笔记呈现给其他人之前把笔记写完。[⑤] 洛夫兰德 (Lofland) 则提醒研究者在田野观察过程中应该做到：定期和及时做笔记；记录所有的事情，不管在当时它多么不重要；记笔记的时候尽量不要惹人注意；经常思考、分析笔记的内容。[⑥] 此外，田野工作者以一种开放的态度，收集在特定环境中所发生的一切，包括档案文献、实物资料、图片、照片、影像、正式的和非正式的访谈记录等。因此，除观察法外，田野工作者还综合运用访谈、文献、口述生活史、焦点小组等多种技术收集数据。

第三，田野调查的最终成果是对被研究群体生活状态全面而细致的描述，或者

---

① 米勒，萨尔金德．研究设计与社会测量导引．6 版．重庆：重庆大学出版社，2004：148.

② 参见 WOLCOTT H F. Ethnography：a way of seeing，Walnut Creek：AltaMira，1999。沃尔科特 (Wolcott) 在书中很好地总结了民族志的研究步骤。

③ 同①147.

④ 戴维，萨顿．社会研究方法基础．北京：高等教育出版社，2008：107.

⑤ BERG B L. Qualitative research methods for the social sciences. Boston：Allyn & Bacon，1998：147-148.

⑥ 邓津，林肯．定性研究（第 3 卷）：经验资料收集与分析的方法．重庆：重庆大学出版社，2007：649.

以此为基础建构和发展理论。可以说，田野调查法主要是一种建立在丰富数据资料基础上的、追求整体性描述或理解的策略方法。它试图将特殊的遭遇、事件和理解置于一个更完整、更有意义的背景之中，展示研究对象多维度的、丰富细致的内容。

田野调查法适合探索性的或在一定的理论建构主题下追求细节描述的研究。由于参与观察和整体性的特点，其研究范围通常涉及小规模的地域、群体或组织，诸如法院、公司、社区或村庄之类。对具备某种法律人身份的研究者而言，选择田野调查法可能更占优势。迄今为止，这一研究策略，从马林诺夫斯基对原始社会法律规则的探究算起[①]，已经被许多法社会学研究实践证明了其价值。例如，萨拉特（A. Sarat）和费尔斯丁勒（W. Felstiner）在马萨诸塞和加利福尼亚两地，对离婚案件中律师与委托人的互动进行了超过33个月的田野调查，收集了40个离婚案件全过程的观察记录和录音资料，以及对律师和委托人的访谈记录，从而以丰富而翔实的经验材料展示了离婚案件中律师与委托人的互动过程及策略运用。[②] 再比如，梅丽通过居民访谈、观察法院的处理过程、收集历史文献资料等民族志田野调查法，描述了两个新英格兰城镇及其初等法院的情况。[③] 国内的相关研究如朱苏力的《送法下乡：中国基层司法制度研究》，就运用了田野调查法。

三、话语分析法

20世纪60年代，哲学领域发生了“语言学转向”（linguistic turn），与之同时或受其影响，一方面在社会学、心理学、人类学、文学研究等其他人文社会学科中，语言（language）及其运用在建构和创造社会互动及社会世界方面的重要研究价值——多年来因其熟悉性而为人所忽略——开始凸显出来，推动着语言导向的（language-oriented）研究方法技术不断推陈出新；另一方面，在语言学领域出现了“社会文化转向”（sociocultural turn），社会语言学家开始关注社会语境（context）中的语言研究，开创了谈话分析[④]（conversation analysis，CA）等专门技术。在上

---

① 参见马林诺夫斯基．原始社会的犯罪与习俗．修订译本．北京：法律出版社，2007：83。马林诺夫斯基在书中指出田野调查需要一条新的途径，“即通过对正在实际生活中发挥作用的习俗规则的直接观察来从事研究”。

② 参见 SARAT A，FELSTINER W. Law and strategy in the divorce lawyer's office. Law & Society Review，1986：93。这篇文章同时使用了本章随后会介绍到的话语分析策略。结合这两种策略研究“日常生活中的法律”（law in everyday life），可以说是以萨拉特和费尔斯丁勒为代表的、形成于20世纪80年代初的美国法社会学安赫斯特学派的一大研究特点。该学派的其他人士还包括梅丽、西尔贝等。

③ 梅丽．诉讼的话语：生活在美国社会底层人的法律意识．北京：北京大学出版社，2007：26－28.

④ 谈话分析法由萨克斯（Harvey Sacks）创建，研究日常生活中自然发生的谈话，通常是对详细记录的谈话小片段而非大规模的谈话资料进行研究分析，需要使用由盖尔·杰斐逊（Gail Jefferson）制定的一套转录符号系统（例如把方括号放在几行转录谈话的开头，表示这些谈话同时发生等等，可参考 ATKINSON J M，HERITAGE J. Structures of social action：studies in conversation analysis. Cambridge：Cambridge University Press，1984）进行全文转录，以呈现自然的交谈过程，研究分析的主题包括谈话的顺序、话题的转向、词汇的选择等，研究目的主要是说明在谈话中起作用的机制，强调对谈话本身结构的研究，即“谈话分析所要分析的是交谈本身”。参见戴维，萨顿．社会研究方法基础．北京：高等教育出版社，2008：131－134，225－228。

述复杂学科背景下发展起来的话语分析法至今尚未有统一、清晰的共识，从不同的学科背景出发，依据不同的“话语”定义，可能存在彼此差异显著的话语分析。[①]本章内容所指称的话语分析法研究策略，遵循社会学传统，即研究话语不是为了分析语言运用本身的词句结构、组成机制，而是以此作为“透视人类经历的一扇窗户”[②]，故此将语言学传统的谈话分析、符号分析和叙事分析[③]等“纯粹”话语分析排除在外。即便做了以上界定，话语分析法仍然涵盖着很大的范围，可以进一步区分为福柯式的话语分析和非福柯式的话语分析[④]两个分支策略。

福柯式的话语分析将“话语”视为“系统形成它们所讲的客体（及主体）的实践”[⑤]。在福柯看来，权力就像其他知识一样贯穿着话语的过程，也就是所谓的“权力/知识”（power/knowledge），话语分析就是要研究历史和文化条件下的权力/知识体系是如何建构主体及社会世界的，在这种对话语力量的分析中，话语建构的“内容”（what）和模糊技巧的“方式”（how）同等重要。[⑥]虽然福柯本人对监狱、收容所等的研究依据的是历史文献，而非当前的文本资料，总的来说是一种在宏观历史进程中把握语言实践或话语实践的研究，但其对话语以微妙的、隐含的方式行使权力过程的生动揭示，对话语实践具备意识形态式的支配、控制力量的批判性展示，却深刻影响着后续的经验研究。

非福柯式的话语分析基本上将话语视为“文本”[⑦]（texts），按照这一领域的专家波特（Jonathan Potter）和韦斯雷尔（Margaret Wetherell）所言，这类话语分析“将考察各种社会文本（social texts），也就是，日常对话、新闻故事、小说、肥皂剧等这些我们每日生活中的非常重要且不可逃脱的部分……它不仅仅包括原原本本的书面文本，也包括谈话的书面记录；我们将给予访谈转录（the transcript of an interview）与现成记述（prepared narrative）一视同仁的关注”[⑧]。非福柯式的话语分析要求研究者置身于话语所处的语境下去理解话语文本的意义及其行动取向，关注话语文本如何用来产生意义的具体过程及在社会生活中的角色，以此来更好地理解社会生活和社会互动。波特和韦斯雷尔将这一话语分析过程划分为十个阶段[⑨]，这已成为被广泛引用的如何做话语分析的典范，概述如下。

第一阶段：确立研究问题。由于话语分析通常以话语或文本为研究对象，其所

---

① 波特，韦斯雷尔．话语和社会心理学：超越态度与行为．北京：中国人民大学出版社，2006：9.

② 邓津，林肯．定性研究（第3卷）：经验资料收集与分析的方法．重庆：重庆大学出版社，2007：823.

③ 对这三种话语分析的介绍，参见戴维，萨顿．社会研究方法基础．北京：高等教育出版社，2008：131-134，220-229。

④ 同②526-527.

⑤ FOUCAULT M. The archaeology of knowledge，New York：Pantheon，1972：49.

⑥ 同⑤529-531.

⑦ “任何有意义的事物或者解释者可以赋予意义的事物都可以称为‘文本’，包括书面的和/或口头的言语互动，以及所有可阅读的对象，如音乐、电影、电视节目或时尚。”戴维，萨顿．社会研究方法基础．北京：高等教育出版社，2008：221-222.

⑧ 同①3.

⑨ 同①170-187.

关注的研究问题一般与建构和功能有关，涉及话语是怎样被组织的，以及这种建构能够带来什么等。

第二阶段：样本选取。对于话语分析者而言，由于目的在于深入文本，探寻背后的意义建构和功能，通常需要反复阅读大量的转录和文件，因此研究分析并不需要也不能涉及很大的样本规模。对话语分析而言，研究的成功极少取决于样本的规模，样本的选取通常依据研究问题而定，采取非概率的立意抽样或判断抽样。

第三阶段：录音和文件的收集。包括对自然场合的互动谈话进行录音，收集官方文件、会议记录、工作记录等，这些资料作为话语分析的素材，研究者并未参与其建构。

第四阶段：访谈。为研究者主动介入创造条件，研究者能够积极思考，对样本中的所有人提出同样的问题，从而使回答具有较高的可比性，便于后面的初始编码。这里的访谈与传统访谈相比有三点差异，除了研究者更为积极地参与访谈建构外，还包括不仅关注回答的一致性也关注变异性，以及往往是非正式的谈话交流形式。

第五阶段：转录。主要是对互动或访谈录音的转录或转写，有不同的转录系统可供选择，从包括时间停顿、重叠、语调等所有谈话细节的“杰斐逊式”全文转录（Jefferson style transcription），到极少或不涉及停顿长度、支吾、重叠和语调的，低信息含量的转录。研究者可根据需要转录获得的信息内容性质及分析层次，在上述连续体中灵活选择。

第六阶段：编码。这里的编码不是分析的一个组成部分，而是分析的预备，目的在于缩减数据，把庞杂的话语压缩成易于处理的部分。在这个阶段，研究者出于实用而非分析的目的，将所有可供考察的文本收集在一起，包含相似主题或短语的文本被编码并放在相应的文档中，作为具体分析的基础。

第七阶段：分析。在这个阶段，作为一种从文本中解读意义的过程，并没有严格程序性的分析方法，但一般都需要研究者反复地仔细阅读和重读编码的文档，关注话语段落的细节。分析主要由两个紧密相连的阶段构成，首先要寻找资料中既包括变异性（陈述的内容或形式方面的差异）又包括一致性（识别出的陈述所共享的特征）的模式，然后形成关于这些话语功能和效果的假设，寻找相应的语言证据。

第八阶段：检测。这是对研究分析发现内外部有效性的评估。主要有四种技术：一致性（一组分析主张应用于一系列话语应该是一致的）、参与者的定位（被研究者是否认可研究者对变异和差别的判断）、新问题（所发现的那些促使某件事情发生的语言资源会引出自身的新问题，用新问题的存在和解决进一步证明研究者分析假定的正确）和创造性（此研究发现能否用来理解新的话语类型和具备生产新的解释的能力）。

第九阶段：报告。话语分析的报告将从言说资料到结论的整个推理过程都详细地记录下来，便于读者对过程的不同阶段及结论进行评估。这种呈现文本解释的细节、将分析的主张与片段的特定部分或方面联系起来构成解释的方式，其引用的文本材料会占据相当大的篇幅，使得话语分析报告要比一般的经验研究报告长得多。值得一提的是，在话语分析中，引文并不是作为资料的代表或例证在使用，它们就是资料本身。

第十阶段：应用。将话语分析研究结论运用到现实生活中，考察其预测现实的能力或是否能经受经验事实的检验。

虽然上述十个阶段并不是绝对的线性关系，话语分析研究者时常会在编码、分析、检测与报告写作之间反复，甚至有可能中途重新回到原始的文本资料进行研究，但这确实为话语分析研究者提供了一个研究框架。

总之，无论是福柯式的还是非福柯式的话语分析研究策略，都扩展了研究者对社会互动的研究视野和可能，因为话语分析所需要的仅仅是研究者自身和语言文本材料，而后者在日常生活中随处可见。在法社会学领域，出于对法律表述和运作中的权力要素的关注，一些学者对法律性话语的研究可以说是融合了福柯式和非福柯式的话语分析研究策略，典型的代表是美国安赫斯特学派多位学者对诸如法庭、律师办公室等日常法律场景中的对话和互动的研究。例如，梅丽分析归纳了在初等法院中使用的三种主要话语——法律话语、道德话语和治疗性话语，由此呈现了纠纷解决各方的力量对比和权力行使的方式与过程。[①] 萨拉特和费尔斯丁勒揭示了律师如何在言谈中借助对法律意义的操控，来向当事人施加影响力。其他的研究，如康雷（Conley）和欧巴尔（O'Barr）通过对英美法庭的一系列细致研究，揭示了语言在法律权力实现、运作等方面的作用机制[②]，另外还有默茨（Mertz）对法学院课堂上言语互动的考察[③]等。

四、现象学方法

现象学方法（phenomenological methods）导源于胡塞尔（Edmund Husserl，1859—1938）的现象学哲学。胡塞尔明确地将主体意识（subjective consciousness）作为核心研究问题，使其开创的现象学流派以对意识问题的关注闻名于世。他还确立了“本质直观”[④]（wesenserschauen/intuitive viewing of essences）的描述的现象学哲学方法。但在社会学研究领域，弥合现象学哲学与经验研究鸿沟的重要人物是

---

① 梅丽．诉讼的话语：生活在美国社会底层人的法律意识．北京：北京大学出版社，2007：149－182.

② CONLEY J M，O'BARR W M. Just words：law，language，and power. Chicago：University of Chicago Press，1998；CONLEY J M，O'BARR W M. Rules versus relationships. Chicago：University of Chicago Press，1990；O'BARR W M. Linguistic evidence：language，power and strategy in the courtroom. New York：Academic Press，1982.

③ MERTZ E. Recontextualization as socialization：text and pragmatics in the law school classroom//SILVERSTEIN M，URBAN G. Natural histories of discourse. Chicago：University of Chicago Press，1996.

④ 胡塞尔认为，当我们感知一个对象时，其实同时具有两种直观：经验直观和本质直观。通过经验直观，个别被原初地给予；通过本质直观，本质也被原初地给予。参见维拉德-梅欧．胡塞尔．北京：中华书局，2002：51。

舒茨（Alfred Schutz，1899—1959），其名著《社会世界的意义构造》[①]（1932）开创了社会学现象学传统，由其弟子加芬克尔（Harold Garfinkel）创立的常人方法论（ethnomethodology）流派更是继承并发展了舒茨研究行动者创造或建构社会事实的方式这一研究规划。[②]

与胡塞尔对孤立的意识结构和心智过程（mental processes）的哲学关注[③]不同，舒茨的社会学现象学结合了韦伯的社会行动思想[④]，以主体意识为研究起点，强调主体间性（intersubjectivity），着眼于主体间性的日常生活世界（the everyday lifeworld）里行动者的微观互动，描述人们的日常生活经历及其有意识地赋予社会互动的意义，从而使现象学方法从哲学世界进入社会世界（social world），为其在社会学研究中的应用指明了方向。把握社会学现象学方法主要有四个要点。

第一，用现象学方法进行研究首先需要"加括号"（bracket），即研究者应暂时抛开对所研究事物或事件的偏见与前见。这种明确提出要完全悬置[⑤]假设的主张是现象学方法策略的一大特点，而舒茨的这一提议与胡塞尔现象学追求没有预设的哲学及其"现象学还原"（phenomenological reduction）的方法主张一脉相承。现象学社会学研究建立在对"个体内心如何确立意义和理解事件的过程，如何解释他人行为的过程以及自我阐释的过程"[⑥] 的认识基础之上，充满着主体间性的色彩，唯有借助"加括号"，使研究者将他们对现实的信仰放在一边，采取不同于自然主义（naturalism）的态度[⑦]，超越主客二元对立的认识论，才可能从行动者的角度理解那些日常生活实践中的意义赋予，现象学地去探索日常生活世界的建构过程，"正是在这些过程中，独立的、不同的经验世界才成为人们客观的现实"[⑧]。反之，如果研究者带着自己的预设或以专家自居，先入为主地将行动者的行为视为受某种外

---

① 其英译本为《社会世界的现象学》，即 SCHUTZ A. The phenomenology of the social world. Evanston：Northwestern University Press，1967。

② 瑞泽尔，等．古典社会学理论．影印本．北京：北京大学出版社，2004：407.

③ 胡塞尔在其晚期著作《笛卡儿式的沉思》（1931）中也涉及主体之间的意识问题，但其主体间性理论建立在超越时空的先验主体之上，其本质仍然是孤立的，与经验研究相去甚远。

④ 韦伯所谓的社会行动是个人有主观意识的、其意义指涉到他人的行动。舒茨找到了它与胡塞尔现象学的意识的意向性（intentionality）理论（主张意识总是指向某一对象，对象的真实性依赖于意识构造对象的能力，或者说，对象是在体验中被一定的意识过程构造出来的，意向对象或事实因而不能被分割为主体或客体，从超越主客二元对立的立场看，要理解对象的真实性唯有将其置于主体体验之意义的背景中去考察）的契合点。但舒茨对韦伯社会行动思想的借鉴是批判继承性的，他认为韦伯没能区分两种不同类型的意义（meaning），也未能区分意义和动机（motive）的不同。参见瑞泽尔，等．古典社会学理论．影印本．北京：北京大学出版社，2004：425-426。

⑤ "悬置"一词，源自希腊语 epoché，英文翻译为 suspension of judgement，意为判断的悬搁、节制，也即"加括号"。参见胡塞尔．现象学的观念．上海：上海译文出版社，1986：33。

⑥ SCHUTZ A. The phenomenology of the social world. Evanston：Northwestern University Press，1967：11.

⑦ 所谓自然主义的态度是指人类意识的自发态度，其取向是外部世界并且确认这一世界的存在，即认为世界和世界中的对象是作为某种客观的、自在存在的与意识无关的存在着的东西而有效的，人们以此来区别于对象世界对人的意识而言的被给予存在。参见维拉德-梅欧．胡塞尔．北京：中华书局，2002：64-65；胡塞尔．生活世界现象学．上海：上海译文出版社，2002：导言。

⑧ 邓津，林肯．定性研究（第2卷）：策略与艺术．重庆：重庆大学出版社，2007：523-524.

在规律控制或内在驱动的产物，而非行动者积极创造的呈现，就很难将研究深入行动者有意识地赋予社会互动以意义来共同维持某种日常秩序的层面。为了将自己的偏见和前见放到“括号”中，现象学研究者往往在开始研究时就先对自身的经历进行探究①，而非搜寻相关的理论文献获得对研究对象的某种预测或预设。与之相关地，在现象学研究分析的后期，研究者还要就自身对所研究现象的体验进行反思，“通常涉及研究者如何经历哪一现象以及在哪种背景下经历”②。于是，在现象学研究报告的结尾部分，甚或导言部分，常常会见到研究者对自身相关经历和体验的陈述。

第二，现象学方法寻求对经验现象本质的描述。一方面，现象学方法主要是一种对现象进行描述的方法，这意味着研究者要通过理解行动者的主观意义，重构社会情境及过程；另一方面，现象学方法又是一种探寻现象本质的方法，要求研究者在进行现象描述的同时，能识别关于现象的人类经验本质，从体验中探寻行动者所赋予现象的普遍性意义或具有普适性的意义结构。这意味着在现象学研究中，需要实现对日常生活微观过程的个别性认识与对宏观社会世界普遍性认识的辩证统一。③在这一点上，现象学方法与常人方法论有所区别。常人方法学家搁置了对宏观社会世界的兴趣，转而重点研究社会成员产生社会秩序意识的方式，力图发现和描述行动者的常人方法——在日常生活中社会成员依据它来组织社会活动，并使活动具有共同意义的行为规则和程序。④ 可以说，与常人方法论无视任何宏大理论和前人研究成果的极端态度相比，现象学研究在不违背“加括号”原则的前提下，为了揭示经验现象的本质，帮助人们更好地理解有某种经历的人和所处的社会世界，在研究过程中并不排斥对已有理论和研究成果的使用。

第三，现象学资料的收集。现象学研究收集经验描述材料的主要方法是观察法和访谈法。此外，研究者还可以通过协议写作（让研究对象写下他们的生活经验）、学习文学与艺术中的经验描述（研究诗歌、小说、故事、戏剧、传记、艺术品以及现象学文献，以增进学识，理解所研究对象的本质），以及研究日记（在个人为自己而写的东西中寻找意义）等方法⑤收集资料。就观察法而言，在现象学研究过程中，为了建立关于意义的关系和模式，研究者往往要对少量的对象进行广泛而长期的考察⑥，并且现象学观察者通常采取的是非参与观察的方式，扮演“置身于外的观察者”⑦ 角色。访谈法则是依靠现象研究者设计一些问题，让行动者据此描述自

---

① 哈奇．如何做质的研究．北京：中国轻工业出版社，2007：30.

② 米勒，萨尔金德．研究设计与社会测量导引．6版．重庆：重庆大学出版社，2004：140-141.

③ 胡塞尔通过对“本质直观”的阐述来解决这一问题。舒茨则通过将社会文化世界阐释为行动者社会互动的创造物，弥合这种微观与宏观的对立。

④ 邓津，林肯．定性研究（第2卷）：策略与艺术．重庆：重庆大学出版社，2007：524-529；葛修文．不可不知的社会学的100个故事．青岛：青岛出版社，2008：249.

⑤ 同①30-31.

⑥ 克雷斯威尔．研究设计与写作指导：定性、定量与混合研究的路径．重庆：重庆大学出版社，2007：11-12.

⑦ 邓津，林肯．定性研究（第1卷）：方法论基础．重庆：重庆大学出版社，2007：207-214.

己的生活经历，这样的访谈通常需要比较长的时间，并且访谈的人数一般为 10 人左右，或控制在 5～25 人的范围内，不应太少。①

第四，现象学经验数据的分析。现象学对所收集资料的分析，以理解行动者的经历、揭示体验的本质为取向，围绕一定情境中行动者赋予现象的意义展开。其分析步骤可以参考穆斯泰卡斯（Moustakas）对现象学研究操作的介绍。② 一般先从数据资料中确定有意义的陈述，把它们用研究者自己的语言或行动者所使用的词汇加以概括；然后将众多有意义的陈述合并、简化为意义单位或主题，用它们来描述现象之于行动者的意义，从而分析体验的内容；再结合行动当时的情境叙述行动者呈现体验的方式，最终得到一个详细描述体验之本质的研究报告。

一般来说，现象学方法以及常人方法论都属于微观社会学范畴，适合研究者对特定情境下的个体或小群体内部互动的研究。具体到法社会学研究而言，正如罗杰·科特威尔（Roger Cotterrell）所说："这种方法，对于法律分析有明显直接的意义。根据现象学观点，社会规则和它们的意义是在社会交互作用中产生的。……一般认为，在现实中，实施法律是通过个体之间（例如，法院中法官和辩护人之间、警察和嫌疑犯之间、监护官和违法者之间、律师和当事人之间）的相互作用中对法律含义的协商过程，这种协商确定了有关恰当行为和期望的许多非正式规则，它们决定法律学书籍中正式规则的'真正'作用和意义。"③加芬克尔在 20 世纪 50 年代对刑事审判法庭互动过程的研究就提供了很好的范例。④

五、关注过程-事件的个案研究法

哈莫尔（Hamel）将个案研究在社会学中的历史追溯到了法国社会学家卢普雷（Le Play）对家庭的研究以及美国芝加哥学派在 20 世纪二三十年代的研究。⑤ 按照斯泰克（Stake）所说，"个案研究不是一种方法论的选择，而是对研究对象的选择"⑥。确实，将个案研究与其他定性研究策略相区分的关键在于个案研究是对一个受制于时间和地点的有界系统所进行的深度探讨。"有界系统"即个案，作为社会学个案研究的对象，可以是当前的某一事件、某一行动、某一个人或多个人，也可以是某一项计划、某一个过程等；而深度探讨则对个案研究资料收集的广度和复杂度，以及分析的技艺提出了要求，使得研究者在进行个案研究时，往往需要综合运

---

① 米勒，萨尔金德．研究设计与社会测量导引．6 版．重庆：重庆大学出版社，2004：135－140.

② MOUSTAKAS C. Phenomenological research methods. Thousand Oaks：Sage，1994.

③ 科特威尔．法律社会学导论．北京：华夏出版社，1989：171.

④ GARFINKEL H. studies in ethnomethodology. Englewood Cliffs：Prentice Hall，1967；GARFINKEL H. Studies in Ethnomethodology. Cambridge：Policy，1984. 其他现象学法社会学研究案例可参见科特威尔．法律社会学导论．北京：华夏出版社，1989：253－256。

⑤ 同②149.

⑥ 邓津，林肯．定性研究（第 2 卷）：策略与艺术．重庆：重庆大学出版社，2007：465.

用各种方法技术收集尽可能详细的数据，进行“三角测量”[①]，用分析的或整体的方法，从描述的、阐释的、文化的角度或同时从多种角度去分析数据。[②] 在法社会学领域倡导个案研究法的先驱应该是霍贝尔，在其著作《原始人的法：法律的动态比较研究》中，他极力主张对纠纷、事故、争端和冤情的个案（案例）进行研究。[③]

这里所介绍的关注过程-事件的个案研究法（case study on process event），由孙立平在1999年的一次国际研讨会上正式提出，在随后的数年里，不断有学者遵循这一研究策略进行经验研究。[④] 作为中国社会学本土创生的、有较大影响力的一种定性研究策略，它除了具备个案研究的普遍特征外，还有以下两个突出特点。

第一，关注过程-事件的个案研究法以由若干事件所构成的动态过程为研究对象。这种个案研究策略的“有界系统”往往涉及一个或多个“有开头、有结尾、有情节的事件”[⑤]，但研究关注的是所有这些事件共同组成的某个过程，并将这一过程看作需要加以详细描述和解释的对象。按孙立平所说，“过程-事件分析”的研究策略意味着“过程可以作为一个相对独立的解释源泉或解释变项”[⑥]。

第二，关注过程-事件的个案研究法依循将社会事实看作历史性的、流动的和不断动态建构的思路，以丰富的数据资料为支撑，用一种具体、动态的形式，着重展现“事件性过程”情境中不同行动者的行动逻辑、策略技术，以此揭示那些在静态研究中“不可见”却融入微观互动过程之中的、复杂的宏观机制和结构形态。[⑦] 这意味着该研究策略不承认微观与宏观的截然对立，力图深入现象的过程之中去发现“实践的逻辑”[⑧]，其最终的研究成果通常包含着对事件性过程生动而细致的描述，但却不会止步于此，而是结合叙事去分析解释。

按照个案研究领域著名学者之一应国瑞（Robert Yin）的观点，个案研究特别

---

① 一种使用多种方法去观察现象或/和运用多种视角去阐明意义，以便证明观察和解释的可重复性的方法，往往还运用“成员检验”来相互验证资料的来源，是检验定性研究效度的方式。参见 LINCOLN Y S，GUBA E G. Naturalistic inquiry. Beverly Hills：Sage，1985；GLESNE C，PESHKIN A. Becoming qualitative researchers：an introduction. White Plains，New York：Longman，1992。

② 参见 STAKE R E. The art of case study research. Thousand Oaks：Sage，1995。斯泰克在此著作中提出了一套获得公认的个案研究程序，并划分了三种个案研究类型：本质性个案研究（intrinsic case study）——研究者研究它是为了个案本身内在的重要意义；工具性个案研究（instrumental case study）——研究者研究它是为了增进对个案以外的意义的理解；以及集合性个案研究（collective case study）——研究者连带地观察大量个案以便获得对一个现象、一群人或总的状况的认识。

③ 霍贝尔．原始人的法：法律的动态比较研究．北京：法律出版社，2006：第一编．

④ 淡卫军．“过程-事件分析”之缘起、现状以及前景．社会科学论坛，2008（6）下：50-52.

⑤ 孙立平．“过程-事件分析”作为一种研究策略．市场研究（网络版），2004（2）.

⑥ 孙立平．“过程-事件分析”与对当代中国农村社会生活的洞察//王汉生，杨善华．农村基层政权运行与村民自治．北京：中国社会科学出版社，2001：8-9.

⑦ 对“过程-事件”研究策略的详细论述，参见孙立平《“过程-事件分析”与对当代中国农村社会生活的洞察》一文。具体的研究例子可参考孙立平，郭于华．“软硬兼施”：正式权力非正式运作的过程分析：华北B镇收粮的个案研究//清华社会学评论：特辑．厦门：鹭江出版社，2000。

⑧ 孙立平．现代化与社会转型．北京：北京大学出版社，2005：426-427.

适合于那些现象和背景之间的界限不是很清楚的研究。[①] 斯泰克则指出，个案研究对于改进理论和提出进一步研究的问题具有重要的价值，对于确立推论的范围也有帮助。[②] 另外，作为一种从本土研究中生成的策略方法，关注过程-事件的个案研究法虽然还有待进一步发展完善，但与从其他文化中生成的研究策略相比，它对于再现并解释当今中国社会，尤其是中国广大农村的复杂微妙现象，有着独特的亲和力或贴合性。这都启示了关注过程-事件的个案研究法在法社会学研究中的适用范围。

第二节　定量研究

一、实验法

实验法（experimental methods）是科学研究的经典方法。[③] 作为最纯粹的、遵循假设-演绎逻辑的定量研究策略，实验法首先要有一个关于变量间关系的初始假设，然后通过合适的实验设计和技术手段，控制外生变量（exogenous variable）对假设关系的干扰，在控制的条件或情境下观察经验现象及其变化，获得假设中的自变量对因变量影响的测量，实现对假设的检验，进而产生对变量间因果关系的推论估计。对实验法研究策略应把握以下三个方面。

第一，实验法以变量控制为核心，有实验室实验法和自然实验法之分。前者在实验室中通过设置实验室的环境实现对变量的控制，后者则在自然情境中依靠随机化、使用控制组、统计控制法等技术手段排除外来因素的干扰。[④] 在社会科学研究领域，更多的是使用自然实验法。[⑤]

第二，古典实验设计与准实验（quasi-experiment）设计。迄今为止，对实验研究程序最有代表性的叙述出自坎贝尔（Campbell）和斯坦利（Stanley），他们设计了目前仍在广泛使用的实验符号系统，并区分了前实验设计、真实验设计、准实

---

① YIN R K. Case study research：design and methods. Thousand Oaks：Sage，1994.

② 邓津，林肯．定性研究（第2卷）：策略与艺术．重庆：重庆大学出版社，2007：481-482.

③ 戴维，萨顿．社会研究方法基础．北京：高等教育出版社，2008：4.

④ 关于干扰因素，根据坎贝尔（Campbell）和斯坦利（Stanley）的总结，影响实验设计内在效度（internal validity，能否根据研究设计从结果中得到确定无疑的结论）的干扰因素有成熟、选择、样本死亡率、测试工具、历史事件、回归等；影响外在效度（external validity，某一研究结论推广到其他情境的能力）的干扰因素包括非代表性、失真等。参见 CAMPBELL D T，STANLEY J C. Experimental and quasi-experimental designs for research//GAGE N L. Handbook of research on teaching. Chicago：Rand-McNally，1963：1-76。

⑤ 也有学者对实验室研究法感兴趣，例如霍夫曼（Hoffman）和斯皮策（Spitzer）就以研究的便宜性（inexpensive）等理由，借助成功的实验研究案例，鼓励法律研究者尝试实验室实验法，参见 HOFFMAN E，SPITZER M L. Experimental law and economics：an introduction，Columbia Law Review，1985（85）：991-1026；社会心理学家在20世纪六七十年代对陪审团的决策行为进行了大量的实验室模拟实验，对这些研究的回顾和评述，参见 COLASANTO D，SANDERS J. From laboratory to juryroom：a review of experiments on jury decision-making. CRSO Working Paper，1976（136）。

验设计和单一被试设计几种实验形式，描述了具体的实验设计程序。[①] 虽然目前实验形式众多，但所有的实验形式都可以被看作古典实验设计的变体。所谓古典实验设计，也叫控制组前测后测设计（pretest-posttest control-group design），用坎贝尔和斯坦利的实验符号系统表示为图 6－1[②]。

A组 R—O—X—O
B组 R—O______O

图 6－1　古典实验设计图示

在古典实验设计中，将随机抽取的研究对象（样本）分成两组，A 组是实验组，B 组是控制组，符号 R 表示将研究对象随机分配到实验组或控制组中。符号 O 代表因变量，是实验所要观测的属性，也就是通过实验测量工具（如量表、问卷等）所记录的观测值或测量值；符号 X 代表自变量，是对实验组的影响或刺激。

实验过程在时间上的顺序用从左到右的顺序显示，因此，图 6－1 左边的符号 O 是在实验刺激施行之前的观察或测量，称为前测，右边的符号 O 是在对实验组施行刺激、对控制组不施行刺激后的第二次观察和测量，称为后测。通过古典实验设计收集到实验组和控制组的前测与后测的数据，然后进行比较分析，就可以测量自变量对因变量影响作用的有效性。并且由于随机化技术的使用，这种实验设计的研究结论通常可以推广到更大的总体中。

然而，在法社会研究领域，与其他社会科学研究一样，由于研究对象是人或人类行为，而不是动物，在随机分配研究对象等问题上难免会遭遇伦理或质疑，很难达到古典实验设计的严格性要求。因此，除了少数犯罪心理学者和行为主义法学者，大多数的法社会学实验采取的都是准实验设计，例如“新泽西州及宾夕法尼亚州的生活费实验”（1967）以及兰德研究公司进行的“住宅津贴实验”（1974）等。[③] 准实验设计与古典实验设计最大的不同在于它通常非随机地分配实验组和控制组，“其主要特性就是根据研究对象的已有特征进行分组”[④]。在准实验设计中常见的设计分组方法是匹配法，即研究者要保证配对组在所有关键变量上具有相同性，从而使实验组与控制组具有可比性。

第三，对实验数据的分析。对实验的观察、测量结果，实验研究者既要在描述性水平上计算平均数、标准差等，又要使用 t 检验和方差分析等推断统计技术比较实验组和控制组的数据，以检验研究假设。此外，就准实验设计中的实验组和控制组的可比性问题，也可以在数据分析阶段运用统计控制法来解决，这将涉及多元回

① CAMPBELL D T，STANLEY J C. Experimental and quasi-experimental designs for research//GAGE N L. *Handbook of research on teaching*. Chicago：Rand-McNally，1963：1－76.

② 克雷斯威尔．研究设计与写作指导：定性、定量与混合研究的路径．重庆：重庆大学出版社，2007：135.

③ 季卫东．论法律试行的反思机制//李楯．法律社会学．北京：中国政法大学出版社，1999：308.

④ 戴维，萨顿．社会研究方法基础．北京：高等教育出版社，2008：138.

归等更复杂的多变量统计分析技术。

实验法用于其高度控制变量的能力，在诊断特定变量间因果关系上的价值是毋庸置疑的，因而成为验证和发展理论、比较理论模型、回答具体问题、解决实际难题、评估法律政策等的重要实证研究工具。在法社会学领域中，实验法研究有着广阔的应用前景，近些年的相关研究有哈考特（Harcourt）和路德维格（Ludwig）利用实验数据对美国"破窗政策"（broken windows policing）的检验1，麦克亚当斯（Richard H McAdams）和纳德勒（Nadler Janice）通过两个实验对法律服从焦点理论（the focal point theory of legal compliance）的发展[①]等。

二、抽样调查法

抽样调查法（sampling survey methods）是目前运用最为广泛的调查法类型。[②]作为在法社会学研究领域得到普遍认同的社会学方法，抽样调查法的历史可以追溯到1802年拉普拉斯（Laplace）对法国人口的抽样调查统计，而其飞速发展则始于1936年盖洛普（George Gallup）对美国总统选举预测调查的成功。采取抽样调查法研究策略，通常意味着"从调查对象的总体中，按照随机原则抽取一部分单位作为样本，并以对样本进行调查的结果来推断总体"[③]。这种以概率和数理统计为基础的调查法策略，可能是本章内容所介绍的所有研究策略中发展最为完备、研究程序最为统一清晰的一个。把握抽样调查法应注意以下五个要点。

第一，严格遵循抽样调查法的研究程序。抽样调查法的研究程序可以划分为选题、准备、实施、分析和总结五个阶段。选题阶段需要确定调查课题，并结合理论文献回顾、探索性研究明确具体的调查问题，形成研究假设；准备阶段是对抽样调查进行总体研究设计和打基础的阶段，直接关系到调查的成败，主要内容包括确定调查课题和调查目的、明确研究问题和建立研究假设、编制调查计划、组建调查队伍、设计调查指标、设计测量工具（问卷、访谈提纲等）以及进行试调查；实施阶段的主要内容则是根据调查计划拟订的抽样方案抽取样本、培训调查员、实施调查以收集数据；分析阶段是对调查所收集的数据资料的分析和研究，主要任务有进行必要的数据审核、分类、编码、输入工作以鉴别整理资料、统计分析及解释、检验假设建构理论；总结阶段的主要内容是撰写调查报告、汇报调查结果。

第二，明确研究问题与建立研究假设。抽样调查方法遵循的是假设一演绎的逻辑，需要调查者在确定了研究课题和研究目的之后，根据自身的理论储备、文献回

---

① MCADAMS R H，NADLER J. Coordinating in the shadow of the law：two contextualized tests of the focal point theory of legal compliance. Law & Society Review，2008，42（4）：865－898.

② 巴比（Babbie）对包括抽样调查在内的调查法做了极为精彩的论述。参见巴比．社会研究方法基础．北京：华夏出版社，2009；巴比专门介绍调查法的著作：BABBIE E. Survey research methods . 9th ed. Belmont：Wadsworth，2001。调查法可以有多种分类形式，抽样调查、普查、典型调查、重点调查和个案调查的划分，依据的是调查对象的范围和选择方式的不同。

③ 郭星华，谭国清．问卷调查技术与实例．北京：中国人民大学出版社，1997：15.

顾或与专家的交流等，形成明确的研究问题，使调查有确切的内容指向。然后，如果抽样调查的研究问题只是为了描述性的目的（了解调查对象年龄、收入、性别等人口学特征之类），则无须建立研究假设；否则，按照通常情况，调查者还要依据研究问题，形成研究假设。研究假设是对两个（或两个以上）变量之间的特定关系进行预测的命题，其中的变量是对研究问题所涉及概念的具体化。因此，在形成研究假设之前，调查者先要形成概念的操作化定义。例如，调查者要研究“合法性对民众服从法律的影响”，就要对“合法性”这一抽象的概念进行操作化，如果将其定义为“民众对政府机构的信心”，则“民众对政府机构越有信心，就越有可能服从法律”就是一个有待调查数据验证的研究假设。[①] 如此形成的研究假设是进一步设计调查指标及测量工具的指南。

第三，抽样技术。对于需要从样本推断总体特征的抽样调查法而言，抽样技术无疑是其核心技术之一。抽样调查的重要特征就在于可以事先计算并控制抽样误差，以概率的形式把握从样本推断总体的准确性，这在很大程度上依赖于抽样设计的质量。调查者编制调查计划的一个重要环节就是进行抽样方案设计，其主要内容一般依次为：明确调查总体和抽样总体（二者可能是不一致的）；确定具体的概率抽样类型，例如简单随机抽样、分层抽样、整体抽样、PPS 抽样以及多阶段抽样等；在所确定的抽样类型下决定抽样单元，建构抽样框，叙述抽取的具体步骤；根据公式计算出样本规模和抽样误差。[②]

第四，问卷设计技术。虽然也可以运用观察、访谈、座谈会等方法，但抽样调查法经常使用问卷来收集数据，问卷设计因而成为抽样调查法的一项重要技术。问卷设计要解决的核心问题是将调查指标进一步操作化为具体的调查题目，这是一项技术性很强的工作，涉及的知识面相当广泛，不仅要求设计者有较扎实的专业知识，熟悉调查课题，而且要求设计者有较强的文字表达能力，有通盘考虑、驾驭全局的能力。一般来说，一份规范的调查问卷有六个组成部分，即标题（是对调查内容的概括表述，通常包括时间、区域、范围、内容等要素，要做到简练精确）、导语（一般包括说明和答题指南。说明是调查者就调查本身对被调查者所做的简要介绍，最好有个抬头称呼，目的是为了让被调查者了解调查目的和要求；答题指南是对被调查者答题方法的要求，最后还要致谢并落款）、问题（表述问题遵循准确、清晰、客观的原则，可以使用直接表述或间接表述的问题表述方式，有开放型、封闭型和混合型三种回答方式[③]）、选项（主要是注意穷尽和互斥）、编码（是为了用计算机进行统计，而对所有的问题和选项确定一个顺序代码，一般用阿拉伯数字，也可以用字母）和结束语（用来简短地对被调查者的合作表示衷心的感谢，也可以征询一下对问卷设计和问卷调查本身有什么看法和感受）。在问卷设计中，除了要

---

① TYLER T. Why People Obey the Law. New Haven：Yale University Press，1900.

② 关于抽样公式和抽样类型选择等的具体内容，参见杜子芳．抽样技术及其应用．北京：清华大学出版社，2005。

③ 郭星华，谭国清．问卷调查技术与实例．北京：中国人民大学出版社，1997：67－77.

注意提问的方式、问题的表述外，问卷的版面设计也是一个重要环节，一般要求简洁、整齐、美观、便于阅读。此外，对设计的问卷要在进行审查修改后才能交付印刷，审查的内容包括：被调查者对问题是否完全理解，措辞和表达方式是否有诱导性，问卷长度是否合适，问卷结构和形式是否合理，问卷的编排顺序是否妥当，问题选项的数量、表达、分类是否妥当。试调查是审查问卷的一种有效方法。

第五，统计分析技术。目前，可供选择的统计分析方法众多，具体使用哪种统计分析方法主要取决于调查研究的目的和变量的测量层次。变量有四个测量层次：定类、定序、定距和定比，在社会科学研究中不严格区分定性的定类与定序变量，定量的定距与定比变量。在定性自变量与定性因变量间，常使用列联表分析和Logit模型；在定量自变量与定量因变量之间，常使用回归分析；在定性自变量与定量因变量之间，常使用t检验和方差分析；在定量自变量与定性因变量之间常使用判别分析、聚类分析、Logistic回归；等等。此外，如果测量工具是量表，一般会用到主成分分析、因子分析；如果同时研究两个以上变量间的关系，还可以选择多元回归、结构方程模型等多变量分析技术。值得一提的是，统计分析只是工具，要最终形成有价值的抽样调查研究结论，关键还在于调查者的解释和理论建构能力。

由于其假设-演绎的逻辑模型和客观实证的立场，抽样调查法策略对于那些研究问题错综复杂、试图挖掘经验现象深层含义的研究而言，可能并不适合。但当研究者希望了解大范围的基本状况和总体趋势，大规模人群的行为、态度和意见时，抽样调查法策略则是一个理想的选择。

例如，2001年，中国人民大学社会学系法社会学课题组在北京进行了一项关于民众法律意识的抽样调查，该调查沿用泰勒（Tom Tyler）工具性与规范性二分的法律服从理论分析框架，建构指标体系并据此设计了调查问卷，采用多阶段抽样抽取北京市7个城区26个街道，以其中18～65岁的个人为调查对象，基于1 124份有效问卷数据进行了Logistic回归分析和因子分析，实证研究发现：中国人的法律服从表面上看主要是规范性的，但其背后蕴含着工具性的动机；同侪的评价在法律服从过程中有重要影响；中国人对分配正义的要求高于对程序正义的要求，更看重司法结果的公正。①

三、大数据方法

伴随着近年互联网科技和智能手机等移动终端的发明应用，人类社会终结了数据匮乏的时代，进入了数据每分钟都在爆炸式增长的“大数据”（big data）时代。与前述实验法、抽样调查法等收集的结构化、MB（1个MB有105万字节）级别、

① 冯仕政．法社会学：法律服从与法律正义：关于中国人法律意识的实证研究．江海学刊，2003（4）：99－106.

固定不变的小数据不同，占据大数据八成左右份额的是音频、视频、图片、位置信息、网络社交痕迹等半/非结构化的数据，数据量已达到 ZB（1个 ZB 有 10 万亿亿字节）海量级别且处于高速变化之中。为了能够存储、管理、处理——包括大数据采集、清洗、转换、分析、计算、结果呈现——和运用这一新兴的数据形态，MapReduce、Hadoop、HBase、NoSQL、Spark、网络爬虫（web crawler）、数据挖掘（data mining）、自然语言处理（natural language processing）、深度学习（deep learning）、数据可视化（data visualization）以及人工智能（artificial intelligence）等新的大数据平台和技术正在持续创生之中。使用大数据方法（big data method）进行研究的要点如下。

第一，事先至少掌握一门编程（程序设计）语言。大数据研究涉及对海量、复杂数据的批（量）处理，由于是新兴领域，目前要完成从数据采集/爬取、整理到分析、呈现的过程，很大程度上得依赖研究者的计算机编程能力。主流的编程语言包括 C/C++、Java、Python、PHP、Scala 等，这其中，诞生于 1989 年的 Python 具有免费开源、简单易学、可移植性强（几乎适用于包括 Windows、Mac、Linux 等在内的所有操作系统，能兼容众多平台、软件和编程语言）和拥有丰富的可调用库等优势，是大数据时代极受欢迎的编程语言之一。

第二，大数据的获取途径。在大数据时代，数据本身被视为资产。对于研究而言，大数据的来源主要有三种：(1) 通过互联网免费下载现成的大量数据。众多国际组织、政府部门、司法部门、行业协会和教学科研机构等定期或不定期地会向公众发布历时性的各种指标指数、政策文本、法律文书、调查原始数据等；诸如百度、腾讯、淘宝网、京东、亚马逊等大型互联网企业也会提供与交通、社交媒体、消费行为等有关的免费大数据。这些数据有的能够直接在网站上查询使用/打包下载，这种获取方式没有技术门槛但有时候显得耗时耗力；有的则可以借助 Python 等编程软件，根据相应网站的 API（应用程序编程接口）帮助，编程调用其 API 来自动批量获取。(2) 使用 Python 等编程语言编写网络爬虫程序或借助网络爬虫工具软件自行完成大数据的采集/爬取。这一途径对研究者的技术要求较高，即便是使用八爪鱼采集器这类可视化、无须编程的大数据采集软件，研究者仍需要具备基本的 HTML 基础，以便能看懂网页源代码和掌握必要的内容信息解析、提取方式——XPath（XML Path Language）、正则表达式（Regular Expression）等，否则，要么爬取不到数据，要么爬取到的数据与预期相去甚远，难以满足研究的需要。目前用 Python 语言编写网络爬虫多使用 Scrapy 框架，它虽然开源共享性很高，但其环境设置、分析目标网页、源代码程序编写和代码调试等仍需要研究者付出相当的时间，有一定的学习成本。(3) 向艾瑞数据、百度数智平台（Baidu DI）等大数据平台或一些中小型的专业数据采集机构等购买数据。这已经成为一种新兴的产业，研究者可以在网上通过付费 API 获得大数据，也可以定制需求得到研究需要的大数据，研究者爬取到原始大数据后进行信息萃取或抽取（information extraction）——将非/半结构化数据清洗、转化为结构化数据——的工作量也能随之大大减少。

第三，大数据研究分析的基本思路。舍恩伯格（Viktor Mayer-Schönberger）等在《大数据时代：生活、工作与思维的大变革》中提出："大数据的核心就是预测，……它把数学算法运用到海量的数据上来预测事情发生的可能性。"① 大数据研究中的算法（algorithm）归属于数学或者计算科学，可以理解为一系列利用计算机在有限步骤内解决问题的清晰指令。在这个意义上，虽然大数据分析较实验法和调查法的统计分析对运算速度的要求更高，分析对象更复杂多样，但它仍然遵循实证主义方法论，离不开概率论与数理统计等数学原理的支撑和发展，其分析方法技术也随之不断发展，服务于现实生活并经受实践的检验。例如，正是有了卷积神经网络（convolutional neural networks，CNN）算法的持续改进，人脸识别、语音识别等大数据方法技术才得以不断精进，目前在公安管理、公共出行等领域已获得了部分实际应用和成效。由此可见，一方面，法社会学研究对于大数据的分析应重视对算法的理解和基于实践需求的创新，如有可能，尽量考虑与数学、计算机相关专业人员以及相关法律实务部门的人员共同合作完成研究工作；另一方面，依据实证研究的可经验验证性要求，研究者应该在大数据研究成果报告和论文中交代清楚大数据的来源、算法、分析平台及处理过程。

第四，大数据分析工具的选择。大数据分析通常使用 Python、R 这类开源软件，它们横跨统计分析和大数据分析领域，运算速度快，兼容扩展性极强，且拥有庞大的研究社群支持（如 Github 等开源代码分享平台等），适应了大数据研究分析技术的迅速发展，基本能够满足不同研究目的对大数据分析的需要。以法社会学研究目前涉及的大数据文本分析/挖掘（属于自然语言处理方法）为例，其分析的首要基础步骤是分词（word segmentation），即基于一定的算法让计算机自动地将研究的文本切分为一个个单独的词。由于英文有空格区分不同的词，而中文没有，导致英文的分词方法不能直接适用于中文的难题。而在 Python 中，只需要加载和使用 jieba（结巴）中文分词库就能解决这一问题。② 不仅如此，研究者还可以根据研究需要，使用 Python 语言自定义类、进行封装，在需要的时候随时可调用来完成批处理工作，以提高研究分析的效率。

第五，大数据挖掘和可视化技术服务资源。大数据时代凸显了数据挖掘的价值，也带来了丰富的可视化技术。近年来，除了 SAS Data Mining、IBM SPSS Modeler 等商业数据挖掘软件不断推陈出新外，国内外的一些大型互联网公司和科研机构在网上陆续提供了部分免费的大数据挖掘、可视化技术支持，如百度 AI 市场、Echarts、腾讯文智、阿里云数据智能等。研究者借助 Python 等软件，调用相

---

① 舍恩伯格，库克耶．大数据时代：生活、工作与思维的大变革．盛杨燕，周涛，译．杭州：浙江人民出版社，2012：10.

② 中文分词的实现途径还有很多，jieba 目前在 Python 类似功能库中最受推崇。如果以 Python 为工具对中文法律裁判文书之类的大数据进行常规自然语言处理分析，加载 NLTK 和 jieba 等 Python 库后适当编程即可实现。此外，中文或者中英文混合的大数据文本分析还可以选择中国科学院计算机所研发的汉语词法分析系统 ICTCLAS（NLPIR），使用此方法需要具备一定的 C 或 Java 语言基础。

应的 API 就能轻松实现基于大数据的情感（倾向）分析、文章聚类、舆情分析等基础挖掘工作；又或者通过简单修改参数设置，就可以得到强大绚丽的地理图、热力图、关系图、桑基图、词云图、三维立体图等，实现对大数据分析结果的直观视觉呈现。当然，与前述大数据获取途径类似，研究者也可以选择向平台或机构购买定制的数据挖掘等服务，但研究者自身的问题提出、理论解释框架和假设验证思路等创造性思考，即便是在数据驱动型的大数据研究中，仍然不可替代。

新兴的大数据方法虽然有一定的技术门槛且尚未成熟完善，但无论是“北大法宝”、中国裁判文书网等法律智能大数据平台的出现，还是近几年来以同类案例推送，在线立案、调解、公证、仲裁、纠纷解决等为特征的“智慧法院”实践，都在提醒法社会学研究者使用大数据方法技术研究法律与社会的可能性和必要性。近期，王禄生基于 303 万份判决书，使用大数据自然语义挖掘（即自然语言处理）技术对 2012 年新修订的《刑事诉讼法》实施效果进行了系统评估。其团队开发的大数据专用工具可实现对判决书的自动、批量采集，并可对文本进行分段、分词检索和语义识别，结合其建立的《刑事诉讼法》实施效果评估指标体系——包括司法公正和司法效率 2 个一级指标、强制措施等 5 个二级指标和取保候审率等 29 个三级指标——进行大数据挖掘后，以线图、柱形图呈现各评估指标的量化发展情况，得出 2012 年修订的《刑事诉讼法》及其相关的刑事司法改革的浅层目标持续改善，但检察机关逮捕审查质量等深层指标改善有限，未能实现预期的制度目标，遭遇“治本困境”的实证研究结论，并借助“象征性立法”概念对其成因进行了理论衍生分析。[①] 这是国内法社会学研究使用大数据方法的一次有益尝试。

第三节 定性-定量研究

目前，定性研究和定量研究结合的混合研究路径还是一个有待探索的领域。近期克雷斯威尔（John W. Creswell）从研究策略层面提出了六种选择，即顺序性解释策略（先定量数据收集和分析，再定性数据收集和分析，最后在研究的解释阶段将两种数据进行整合）、顺序性探究策略（定量的数据收集和分析在定性的数据收集和分析之后，两个阶段的结果在解释阶段加以整合）、顺序性转换策略（在一定的理论视角下，定性阶段和定量阶段都可以首先使用，甚至并重，在解释阶段对结果进行整合）、并行三角互证策略（同步收集定性和定量数据，让独立的定量研究或定性研究对结果进行交叉分析或确证）、并行嵌套策略（同步收集定性和定量数据，在一个指导研究方案的主要方法下，将定性或定量的研究方式嵌入，以丰富研

① 王禄生．论刑事诉讼的象征性立法及其后果：基于 303 万判决书大数据的自然语义挖掘．清华法学，2018（6）：124-147.

究者的视角）和并行转换策略（在一定的理论视角下，兼具三角互证和嵌套方法的特征）。① 这很好地澄清了融合定量研究与定性研究的可能方向，研究者可以据此将适当的定性研究策略方法与定量研究策略方法结合在一个研究中，以更好地服务于对研究问题的探讨。本节将要介绍的内容分析法和比较研究法，之所以被归为定性-定量研究策略方法，主要是因为与前述具有鲜明定性或定量研究色彩的策略方法不同，它们在各自的研究领域中已经模糊了定量与定性的界限。

一、内容分析法

内容分析法（content analysis methods）从大众传播研究领域进入社会学研究，曾长期归属于定量研究范畴，直到20世纪80年代，这个研究领域经历了一个“定性转向”②，模糊了定性方法与定量方法的界限，使之今天被视为定性一定量途径的一种研究策略方法。把握内容分析法有以下要点。

第一，内容分析法的研究对象。内容分析法以文本为研究对象，与前述同样涉及文本研究的话语分析法比较，内容分析法是一种非接触、非反应性研究，即采取内容分析法的研究者通常不会亲自去访查获得文本资料，而是全部使用现成的二手资料，其范围包括报刊文章、访谈记录、文学著作、手稿等书面文本，以及以图像、声音等各种形式出现的信息载体。此外，与话语分析一般研究小样本不同，内容分析法能够对大规模的文本进行研究。由于需要分析大量的文本，内容分析的学者自20世纪50年代开始借助电脑来做文本的统计分析，诸如NVivo、MaxQDA、Kwalitan等内容分析软件的出现，更是为研究者提供了便利。③

第二，内容分析法的编码。内容分析法是一种以编码为基础的研究，编码对于整个内容分析而言是至关重要的。内容分析起始于一个具体明确的研究问题或假设，其研究者在编码之前就应该非常清楚地知道他的研究范围有多大、如何抽样、分析单位是什么、分析的主题是什么以及如何制定编码手册。因此，内容分析的编码从研究者选择确定了文本样本及分析单位后就可以开始了，并且在一开始就有比较固定的编码方案，这不同于扎根理论研究中逐步展开的编码。对编码问题而言，更为重要的区别出现在内容分析与话语分析之间：在内容分析过程中，编码就是分析，内容分析的编码意味着要打碎文本，通过将根据研究主题或变量定义好的代码应用于文本，将研究所需的片段（如关键词、短语、句子、段落等）从文本中摘选出来并准确分配到不同的分析范畴之下。上述过程既是对文本资料的简化，更暗含着研究者对文本的定性分析和解释；而在话语分析对文本的研究过程中，强调的是

① 克雷斯威尔．研究设计与写作指导：定性、定量与混合研究的路径．重庆：重庆大学出版社，2007：164-179.

② 戴维，萨顿．社会研究方法基础．北京：高等教育出版社，2008：48.

③ 邓津，林肯．定性研究（第3卷）：经验资料收集与分析的方法．重庆：重庆大学出版社，2007：823.

对文本的整体性理解，编码的时候尚未进入发掘文本意义生产的分析阶段，且编码并非是必要的，只在文本较多时才有应用编码的价值。

第三，内容分析的成果形式。定量传统的内容分析在编码之后常见的工作就是计算词语或短语等的频率，借助关键词或短语等出现的次数来研究某一主题或变量。为了避免将文本意义简单化为若干次数，使内容分析的研究更有价值，内容分析法发展出了基于编码分析的更高级形式，例如由迈尔斯（Miles）和胡伯曼（Huberman）提出的矩阵表和网络图。矩阵表是包含横行和纵列的表格，一个或多个变量被放置在横行和纵列中，行列交叉点是数字、引文或关键词等变量的属性，可用来直观显示某种情况的内容和特征；网络图则通过方框、箭头、线段和必要的文字，直观显示某种次序和关系，试图表现关系的变动和推移。迈尔斯和胡伯曼指出，借助个案内展示和跨个案展示，矩阵表和网络图将帮助内容分析研究者在编码的基础上对特定的问题进行探索、描述、解释和预测。①

第四，内容分析的信效度评估。内容分析需要对编码的信度和效度进行评估，并报告评估的结果。基本思路是通过将文本的编码工作分配给多个编码者，计算编码者对每个变量或主题编码一致的百分比，然后用修正公式（correction formula）尽量减少偶然因素的影响。目前常用科恩（Cohen）的 Kappa 或 K 系数来衡量编码的一致性程度，临界值大概在 0.7～0.8，即至少要保证编码者一致性达到 70％甚至 80％以上。

内容分析法策略在透过文本表面内容揭示深层意义方面不及话语分析法，但却适合用来为一些具体的研究问题提供答案。例如，麦宜生对《北京晚报》“包律师答疑”专栏从 1989 年到 1998 年的 460 期的文本所进行的内容分析，就在定性内容编码的基础上，用直观的频数图表回答了“读者来信的内容是什么”“包律师如何进行书面答复”等一系列问题。②

二、比较研究法

在前述的各种研究策略中都有可能涉及比较，甚至对于理想类型法、扎根理论研究法、实验法和内容分析法而言，比较是研究的基础之一。而作为研究策略的比较研究法（comparative study methods），则将整个研究的关注点放在跨越时间或空间的事物差异性和一致性上。杜甘（Mattei Dogan）总结了多种比较的具体策略方法，包括有意重复先前使用的方法、假设和测量来研究单一个案的比较，理想类型与经验类型的比较，依据明确的假设选择两个国家或国家的一系列部门进行的二元比较，相似国家的比较（有意识地控制这些国家存在的一些差异，以便更好地分析

① 戴维，萨顿．社会研究方法基础．北京：高等教育出版社，2008：213－218. 更为详细的内容和例子见 MILES M A，HUBERMAN A M. Qualitative data analysis. London：Sage，1994。

② ETHAN M. Dear lawyer Bao：everyday problems，legal advice，and state power in China. Social Problems，2008（1）：43－71.

另一些差异），通过功能等价性（functional equivalence）进行的对照比较，异质性领域的概念同质性比较（依照一个清晰的概念从世界各地选择比较个案并从中发现共同的特征），世界统计比较（将世界上每个国家视为一个个案，通过计算变量间关系的数值来验证研究假设），国内差异的跨国比较，纵时性（通常依据统计时间序列，关注持续的、渐进的、长时段的发展变迁，不涉及突发性的历史事件）、历时性（比较两个或若干个不同时期的状况，但各个时期不具有连续性）与异时性（涉及两个或多个国家、文化地区在不同时期的状况）比较，考虑时间滞后性的因果关系比较，复合指标体系的比较，作为正规统计替代物的赋值和量表比较等。[①] 可见，在比较研究策略下，研究者可以依据研究问题和所占有的数据资料，自由地在从宏观到微观、从定性到定量的连续体中进行选择。

比较研究法在法社会学领域有着广泛的应用。例如，霍贝尔对北极爱斯基摩人、菲律宾伊富高人、南太平洋的特罗布理恩人等几个保留原始痕迹较多的民族进行了分析论证，指出了它们各自存在的“法律”特征，是异质性领域的概念同质性比较研究策略的一个范例。[②] 还有学者进行法律文化比较，这其中有的着眼于宏观理论层面的比较，“探讨法律在不同社会和文化中的特征和意义”[③]；更多的是将比较的对象限定在一个具体的范围或问题上，典型的是研究“不同文化中的功能等值物”（functional equivalents），“从一个具有社会意义的法律问题入手，例如债务偿付，或对不公平竞争中受害者的救济等，然后分别考察每一个制度根据怎样的法律、用什么样的机构来解决这样的问题”[④]。对法律体系的某个方面或法律的某个部门进行历时性或共时性的比较也很常见。例如，昂格尔通过研究泰国某地法庭诉讼中“空间”（space）概念意义的纵时性变化，以揭示社会和社会法律关系的变迁[⑤]；海因茨等人则通过比较 1975 年和 1995 年对芝加哥律师业两次调查的数据，展示了美国律师业在 20 年间的变动情况[⑥]等。总之，比较研究法策略扩展了法社会学研究的全球视野和时空维度，其强大的包容性和特殊洞见还有待后续研究的进一步发掘。

以上这些基础性的研究策略，并不能穷尽法社会学的所有研究方法，正如埃利希所言，“方法，如同科学本身一样，是没有止境的”[⑦]。相信随着社会学的方法应社会和科学的发展不断推陈出新，以及法社会学研究在中国的持续深入，诸如社会网络分析（SNA）、事件-结构分析（ESA）、机器学习（machine learning）等新的

---

① 杜甘．比较社会学．北京：社会科学文献出版社，2006：22-56.

② 霍贝尔．原始人的法：法律的动态比较研究．北京：法律出版社，2006：第二编．

③ 朱景文．比较法社会学的框架和方法：法制化、本土化和全球化．北京：中国人民大学出版社，2001：6-38.

④ 埃尔曼．比较法律文化．北京：清华大学出版社，2002：18.

⑤ ENGEL D M. Litigation across space and time：courts，conflict，and social change. Law & Society Review，1990（24）：333-341.

⑥ HEINZ J P，NELSON R L，LAUMANN E O，MICHELSON E. The changing character of lawyer's work：Chicago in 1975 and 1995. Law & Society Review，1998（32）：751-775.

⑦ 埃利希．法律社会学基本原理．北京：九州出版社，2007：558-559.

研究策略方法将会不断被引入本土法社会学研究领域。研究者应该将这一点既看作一种机遇，也视为一种挑战。

本章要点

本章主要介绍了法社会学的研究方法，立足于当前法社会学研究的实际需要，创造性地将实证与经验研究过程中选择方法技术的基本规则放到法社会学方法介绍的核心位置，从定性、定量以及定性-定量三种研究途径入手，介绍有代表性的研究策略及相应的数据收集方法和分析技术，并尽可能辅以相关的法社会学研究实例，力图为科学系统地运用社会学的方法研究法律与社会指明道路。

复习思考题

1. 如何建构和使用理想类型进行法社会学研究？
2. 试比较现象学方法与常人方法论的异同。
3. 在扎根理论研究中，如何建立理论或理论模型？
4. 民族志田野调查法与个案研究法存在怎样的区别和联系？
5. 在进行文本分析时，话语分析与内容分析的主要区别是什么？
6. 实验法与抽样调查法有哪些共通之处？
7. 相较于传统的小数据方法（实验法、抽样调查法），目前大数据方法在研究上有什么优势和局限？

推荐阅读书目

1. 巴比. 社会研究方法. 北京：华夏出版社，2009.
2. 科特威尔. 法律社会学导论. 2版. 北京：中国政法大学出版社，2015.
3. 克雷斯威尔. 研究设计与写作指导：定性、定量与混合研究的路径. 重庆：重庆大学出版社，2007.
4. 戴维，萨顿. 社会研究方法基础. 北京：高等教育出版社，2008.
5. 邓津，林肯. 定性研究. 重庆：重庆大学出版社，2007.
6. 纽曼. 社会研究方法：定性和定量的取向. 5版. 北京：中国人民大学出版社，2007.

第二编

法律运行与社会秩序

学习提要

法律运行是一个综合性的过程，其结果是形成稳定的社会秩序。通过法律运行达成社会秩序是现代法治社会的基本选择。在社会秩序形成过程中，影响法律运行的因素很多，我们这里选取了对于我国社会发展与法治建设具有基础性作用的若干个重要因素来综合探讨法律运行与社会秩序之间的复杂关系。

第七章

法律的合法性

第一节 合法性概述

一、合法性界定

“合法性”概念最初来自政治学，英文的对应词是 legitimacy，意为“正当性”“合理性”，探讨的核心主题是统治与服从的关系、统治者的统治权力来源以及民众服从的政治基础。“合法性”作为政治哲学的关键命题最早出现于欧洲的中世纪，现代意义上的“合法性”理论则诞生于近代资产阶级革命时期。尽管如此，关于统治与服从的关系问题早在古希腊时期就已开始探讨。亚里士多德在研究城邦政体时就涉及合法性问题。亚里士多德认为：“一种政体如果要达到长治久安的目的，必须使全邦各部分（各阶级）的人民都能参加而且怀抱着让它存在和延续的意愿。”[①]尽管这里所说的“意愿”与现代合法性理论中所讲的对权力的服从并不完全相同，但实际上亚里士多德已经涉及合法性理论所讲的统治与服从这一核心命题。当然，与现代社会中出于对法律规范的敬畏不同，古希腊时期公民对城邦公共权力的服从主要是出于对“城邦秩序”和“公民身份”的认可。苏格拉底、柏拉图、亚里士多德都是在“城邦秩序”的层面讨论“统治与服从”的关系问题，他们都认为有一个“正义”或“优良”的城邦能够确保稳定而和谐的政治秩序，处于这一政治秩序中的公民有义务服从他们的统治者，这种服从不是基于统治者手中掌握的强制权，而是基于一种对城邦“公民身份”的认同。[②]

一般来讲，政治学上的合法性可以从两个层面来理解，一是政治哲学层面上的合法性，二是政治科学层面上的合法性。政治哲学家一般将合法性视为道德或理性原则，以及政府可以要求公民服从的依据。在这一意义上，对合法性的宣称要比公民服从的事实更为重要。政治科学家通常从社会学意义上理解合法性，将其当成依从某个政治系统的意愿，而不管该系统是怎么建立起来的。正如韦伯所言，这种视

① 王威海．政治社会学：范畴、理论与基本面向．上海：上海人民出版社，2008：130.

② 郭晓东．重塑价值之维：西方政治合法性理论研究．上海：华东师范大学出版社，2007：44-45.

野下的合法性表示的是对合法性的一种信仰，即对“实施统治的权力”的信仰。[①]换句话说，政治哲学层面上的合法性强调的是一种绝对价值；而政治科学层面上的合法性更加注重对某种政治系统的信仰与服从，而不太强调政治系统本身所体现的绝对价值。

一些学者把上述两个层面上的合法性理解为经验主义合法性和规范主义合法性。近代以降，西方政治学者对合法性问题的研究通常可以分为两种基本范式：经验主义和规范主义。这两种研究范式的划分肇始于近代“政治哲学”和“政治科学”的知识分立过程。[②] 所谓经验主义合法性是从经验事实的角度对合法性加以分析，对应于政治科学层面上的合法性。这种合法性的界定主张，在现实的政治生活中，任何成功的、稳定的统治，无论其以何种形式出现，都必然是合法的，而“不合法”的统治本身就没有存在的余地。与经验主义合法性不同，规范主义合法性不是从经验事实的角度对合法性进行界定，而是从政治生活所体现的绝对价值来界定。正如规范主义合法性的代表人物哈贝马斯所言，“合法性意味着一种值得认可的政治秩序”，这里的“值得认可”并不等于“被认可”，“被认可”的政治秩序也有可能是坏的，关键的问题不在于“是不是”，而在于“应该不应该”。这种合法性的界定不是构筑在单纯的经验分析与心理认同上，而是强调对于政治系统合法性的价值判断。[③]

总之，合法性可以从两个层面理解，一是经验主义的合法性，二是规范主义的合法性。经验主义合法性的主要代表人物是韦伯，他提出了著名的三种合法性类型。规范主义合法性的主要代表人物是哈贝马斯，他分析了当代资本主义的合法性危机。

二、合法性类型

韦伯是第一个明确提出合法性思想并进行系统研究的学者，他在研究统治时提出了“合法性”这一概念。统治是指“在一个……群体里，让具体的命令得到服从的机会”，在不同的情况下，统治“可能建立在服从的极为不同的动机之上”。[④] 也即是说，统治就是为了得到别人的服从，但是在不同的情况下，人们服从的动机可能并不相同，有的服从是基于强迫，有的服从是基于自愿。自愿的服从就构成了权威，拥有权威的统治就具有合法性，权威的来源不同，统治的合法性也不相同。根据权威不同的来源，韦伯把合法性分为三种类型：传统型、个人魅力型和法理型。

---

① 海伍德．政治学核心概念．天津：天津人民出版社，2008：34－35.

② 郭晓东．重塑价值之维：西方政治合法性理论研究．上海：华东师范大学出版社，2007：20.

③ 胡伟．合法性问题研究：政治学研究的新视角．政治学研究，1996（1）：12－19.

④ 韩水法．韦伯文集：下．北京：中国广播电视出版社，2000：211.

（一）传统型

传统型权威是建立在传统的基础之上，其合法性基础是建立在长期形成的传统习俗和习惯之上。如果一种统治的合法性是建立在遗传下来的（“历来就存在的”）制度和统治权力神圣的基础之上，并且也被相信是这样的，那么这种统治就是传统型的。在这种合法性统治下，“统治者（或者若干统治者）是依照传统遗传下来的规则确定的，对他们的服从是由于传统赋予他们的固有尊严”①。“祖祖辈辈就是这样的，所以我也应该这样”，这就是人们服从的内在逻辑。在这种合法性类型下，一个国王之所以拥有统治权，或者是因为他的家族一直拥有统治权，或者是因为他是被神选定的，或者是因为他是被传统的仪式选出来的。这种形式的统治之所以被人接受，就是因为历史沿袭了先辈定下的规矩，过去所遵从的，今天也应该得到遵从。总而言之，一切服从都是对神圣习惯的尊重。韦伯认为，这种形式的统治主要存在于部落社会以及族长式的社会，是一种宗法式的统治，统治者由传统的世袭制度决定，统治者具有终身的权力，并将这种权力不断地传给自己的后裔。古代的君主世袭制以及现代世界中仍然存在的王朝统治（如沙特阿拉伯、科威特和摩洛哥等）也属于此种合法性类型，现代的君主立宪制国家虽然不能归结为传统型权威，但传统型权威依然在这些国家的政治文化中扮演着重要角色。②

（二）个人魅力型

个人魅力型权威是建立在个人的魅力（魅力的英文对应词是 charisma，有时也被翻译为“卡里斯马”）之上，魅力型个人“被视为天分过人，具有超自然的或者超人的，或者至少是特别非凡的，任何其他人无法企及的力量或素质，或者被视为神灵差遣的，或者被视为楷模”③。个人魅力型统治就是建立在对具有感召力的领袖人物的拥戴和信仰的基础之上。韦伯认为，这种合法性类型的存在必须包含两个因素：第一，作为社会精英的领袖人物必须具有超人的才能和非凡的人格力量，正是这种非凡的力量使他不同凡响，具有特殊的吸引力和感召力。第二，追随者们具有拥戴和服从这种领袖人物的心理需求，正是这种心理需求使得他们对领袖人物狂热崇拜和盲目服从。韦伯认为，个人魅力型权威往往出现在危机和社会巨变时期，具有个人魅力的领袖一般都具有强烈的使命感。正是因为如此，民众才会崇拜他、服从他。所以，个人魅力型权威总是伴随着社会的革命而出现，这种权威的性质一般是打破传统、破坏现存的秩序。韦伯分析了个人魅力型统治从出现、形成到转化、消亡的过程，认为这种统治类型具有暂时性的特点。当个人魅力型人物在世时，这种统治类型能够维持下去；一旦领袖人物去世，这种统治形式内部所隐藏的矛盾便会激发出来。因此，依靠个人魅力建立的合法性统治往往是短命的，除非权威领袖

---

① 韩水法．韦伯文集：下．北京：中国广播电视出版社，2000：227.

② 燕继荣．政治学 15 讲．北京：北京大学出版社，2004：147.

③ 同①247.

能够将个人的魅力转化为一种持久的制度性权威。

（三）法理型

法理型权威是建立在一系列清晰明确的规章制度之上的合法性统治，在这种统治下，人们的服从不是出于恐惧，也不是因为传统的习俗以及某一个人的魅力，而是出于对社会中的法律和规章制度的认同。韦伯认为，法理型统治具有以下特征：具有活力和自身规律性的管理系统；存在明确的责任权限；实行职务等级原则，并对各级机关建立牢固的监督制度；办事程序法制化、条理化，任何法规一经制定，所有成员都应遵守；实行不顾情面、照章办事的原则；统治者只是根据法律暂时拥有权力，服从者服从的是法律，而不是某个具体的个人。① 法理型权威是现代国家的权威形式，现代的官僚体制是其主要体现。

在韦伯看来，三种合法性的分类是一种“理想类型”，现实中的统治不可能仅仅依赖某一种合法性权威，而是三种合法性权威的某种混合。三种合法性的差异可以从表 7-1 中体现出来。

表 7-1 三种合法性的比较

合法性类型	服从的基础	适用的范例
传统型	传统的习俗、习惯	传统世袭制
个人魅力型	领袖人格魅力与非凡能力	革命型的领袖
法理型	对法律、规章制度的认同	现代的官僚制

三、合法性危机

哈贝马斯是规范主义合法性的重要代表人物。他认为古代社会的帝王们为了证明自身统治的合法性，而宣称自己为神的化身或子嗣。传统社会中的统治者利用宗教来为自己的合法性进行论证。在这些高度专制的社会里，由于统治者集政治权力和合法性解释权于一身，合法性解释或证明完全只是出于统治者的需要而出现的一种工具，因而难以赢得大众的忠诚。即使大众对政治权力产生了忠诚和信仰，也并不意味着就一定存在合法性。因为哈贝马斯否认合法性是政治系统为自身的统治所做的论证或证明，也否认把合法性单纯理解为大众对于国家政权的忠诚和信仰。在他看来，合法性作为一种国家制度或政治秩序可能具有的属性，只存在于一个社会的“社会文化”生活中，即在国家制度系统之外，社会文化生活得到健全的发展，国家的合法性在社会文化领域中能够得到自觉的论证，从而政治系统赢得大众的广泛信仰、支持和忠诚。而这种信任和忠诚之所以能产生，是因为国家允许社会对其合法性进行公开的讨论。② 在获得合法性的过程中，独立于政治之外的公共领域发

① 贾春增．外国社会学史．北京：中国人民大学出版社，1989：115.

② 胡伟．合法性问题研究：政治学研究的新视角．政治学研究，1996（1）：12-19.

挥着至关重要的作用。

（一）合法性来源

所谓公共领域是指介乎国家与社会（即国家所不能触及的私人或民间活动范围）之间，公民参与公共事务的地方。哈贝马斯指出："资产阶级公共领域首先可以理解为一个私人集合而成的公众的领域；但私人随即就要求这一受上层控制的公共领域反对公共权力机关自身，以便就基本上已经属于私人，但仍然具有公共性质的商品交换和社会劳动领域中的一般交换规则等问题同公共权力机关展开讨论。"[①]公共领域中的讨论形成了公共舆论，"公共舆论在原则上是反对专横独断，而遵循由具有批判功能的私人组成的公众心目中的内在法律"，"权力本身成为具有政治功能的公共领域的讨论对象。公众讨论应该把意志变成理性，使私人观点得以公开竞争，并且在切实关系到所有人利益的事务上达成共识"。[②]"资产阶级公共领域当中形成了一种政治意识，针对专制统治，它提出了普遍而抽象的法律概念和要求，最终还认识到应当将公众舆论当作这种法律的唯一合法源泉。"公共领域的核心过程是公共交往，"这些交往形式控制着政治意见和意愿的形成"，公共交往最终形成了一些公共话语，"公共权力话语揭示出具有整体社会意义的主题，分析其价值，并对问题的解决做出贡献，提供好的理由，同时淘汰坏的理由"，"话语并不具有统治功能。话语产生一种交往权力，并不取代管理权力，只是对其施加影响。影响局限于创造和取缔合法性。交往权力不能取缔公共官僚体系的独特性，而是以'围攻的方式'对其施加影响"。[③]也就是说，在哈贝马斯看来，民众通过公共领域中自愿、理性的沟通、讨论、说服，最终就某些问题达成共识，这种共识会对公共决策产生一种压力，同时这种共识也是合法性的来源，只有建立在共识之上的决策才是具有合法性的决策。

然而，随着资本主义的发展，资本主义的合法性出现了危机，危机来源于资产阶级公共领域的结构转型。

（二）合法性危机

哈贝马斯指出，资产阶级公共领域模式的前提是"公共领域和私人领域的严格分立，其中，公共领域由会聚成公众的私人所构成，他们将社会需求传达给国家，而本身就是私人领域的一部分，当公共领域和私人领域发生重叠时，资产阶级公共领域的模式就不再适用了"[④]。公共领域与私人领域的重合是由国家的干预造成的。19 世纪末，"随着具有政治功能的公共领域的机制化，这种国家与市民社会的利益渐趋吻合。因此，公共权力在介入私人交往过程中也把私人领域中间接产生出来的

① 哈贝马斯．公共领域的结构转型．上海：学林出版社，1999：32.
② 同①92.
③ 同①28.
④ 同①201.

各种冲突调和了起来。利益冲突无法继续在私人领域内部得以解决，于是冲突向政治层面转移，干预主义便由此产生。长此以往，国家干预社会领域，与此相应，公共权限也向私人组织转移。公共权威覆盖到私人领域之上，与此同时，国家权力也为社会权力所取代。社会的国家化与国家的社会化是同步进行的，正是这一辩证关系逐渐破坏了资产阶级公共领域的基础，亦即，国家和社会的分离”①。“国家化的社会领域和社会化的国家领域相互渗透，无须具有政治批判意识的私人作为中介。公众的这一使命逐渐地为其他机制所取代。”② 在这种情形下，“批判讨论中所达成的共识让位于非公共的妥协或者直接贯彻的妥协。这样建立起来的法律，即便在许多情况下仍保有普遍性因素，也不再有‘真实’的因素”，“相反，在形式上，不管内容如何，只要是议会程序制定出来的都叫法律。具有政治功能的公共领域和法律统治之间原本存在的关系，从这两种法律概念的间缝中滑了出去。由于法律结构的改变，公共性原则不再担负有使政治统治合法化的责任。尽管无限扩大的公共领域为了获得广泛赞同，向被剥夺了权利的公众反复提出各种各样的要求，但是，公众同时也远离了权力实施和权力均衡过程，以至于公共性原则再也不能证明统治的合法性，更谈不上保障其合法性了”③。

也就是说，随着资本主义的发展，资产阶级公共领域发生了结构转型，私人领域和公共领域开始混合，出现了国家的社会化和社会的国家化。在这种背景下，公共领域失去了提供合法性的功能，资本主义出现了合法性危机。

（三）合法性重建

合法性本应该来自公共领域中的公开辩论，但是随着资本主义的发展，以往资产阶级上升时期出现的各种沙龙、自由辩论的公共空间在晚期资本主义社会受到日益膨胀的行政权力的压制，结果公共领域中的自由讨论成了“形式化的政治辩论”，这种辩论被官方所操纵，成为颇具意识形态色彩的政治辩护。形式化政治辩护的实质是行政权力对公共领域的宰割，政治价值领域一旦受到行政权力的干预、控制，多元价值博弈的局面便会消失，取而代之的是官方机构自上而下向民众灌输的意识形态化的政治价值。这种意识形态化的政治价值为统治集团的合法性提供僵化的论证支持。④ 合法性危机与公共领域的转型有关，因此哈贝马斯认为，为了重建合法性，必须重构公共领域及其政治功能。

为了挽救西方社会的合法性危机，哈贝马斯认为，应该通过在现代社会交往共同体的基础上构建一种“商谈伦理”来恢复合法性理论自身的价值批判与反思维度，从而全面复兴一种新型的规范主义合法性理论。重构的公共领域不仅要建立在交往理论之上，还应建立在话语（商谈，discourse）理论之上。在此，哈贝马斯把

---

① 哈贝马斯．公共领域的结构转型．上海：学林出版社，1999：201.

② 同①171.

③ 同①204－205.

④ 郭晓东．重塑价值之维：西方政治合法性理论研究．上海：华东师范大学出版社，2007：232－234.

公共领域理解为通过其自身的市民社会基础而植根于生活世界之中的一种交往结构，而不仅仅是一种谈论公共事务的空间场域。作为一种交往结构，公共领域更加注重进行交往的主体和促成交往的话语，强调公共领域的非建制化特征，强调公共领域限制权力的职能以及强调公共领域作为政治系统的“共振板”和社会问题的“传感器”，捕捉问题并使之成为议题，再通过商谈形成公共意见的功能。作为交往结构的公共领域，首先应该被理解为“那些必须由政治系统来解决问题”的“共振板”，也是社会问题的“预警系统”和“传感器”。在这个意义上，公共领域最基本的政治功能不仅是捕捉社会问题，还包括放大问题，“也就是说不仅觉察和辨认出问题，而且令人信服地、富有影响地使问题成为讨论议题，提供解决问题的建议，并且造成一定声势，使得议会组织接过这些问题并加以处理”①。

在哈贝马斯看来，理想的公共领域应当是一种“交往共同体”。这个“交往共同体”能够提供出一种自由、平等、开放的“民主商谈程序”，让政治社会中的公民以公共领域中的公众身份自由而平等地介入商谈程序，通过展开一系列的公开论辩对政治系统发生实质性的影响，并借助公共舆论的监督功能将公共权力限定在合理的范围之内。借助政治的公共领域所提供的厚实的民意基础，特定的、政治的商谈机制就能够为政治的统治秩序生产出经过公众论辩、审视及批判的服从和忠诚，从而不断地将整合后的民意上升为政权合法性的规范性来源，维护社会的和谐和稳定。②

第二节 法律的合法性

一、法律合法性概述

在现代社会中，法律的合法性与政治合法性密切相关，在很大程度上，政治合法性是建立在法律的合法性之上，政治合法性依赖于法律的合法性。“在君权神授的理念衰落之后，现代立宪主义的发展及权利不断趋向理性化，它们在合法性的进程中有助于增强人为法的作用及合法律性标准的重要性，以至于法律实证主义趋向于将合法统治归结为合乎法律的统治。”③

在一定意义上，法律的合法性可以理解为法律的正当性，只有具备正当性的法律才会受到人们的遵从。因此，法律的合法性问题又可以进一步转化为人们为何服从法律。针对这一问题，不同的学者给出了不同的回答。大致说来，如同政治合法性可以从政治哲学和政治科学两个角度理解一样，法律的合法性问题也可以从法哲学和法社会学两个角度进行分析。法哲学更多的是从法律的绝对价值看待法律的合

① 哈贝马斯．在事实与规范之间：关于法律和民主法治国的商谈理论．北京：三联书店，2003：445.

② 傅永军．公共领域与合法性：兼论哈贝马斯合法性理论的主题．山东社会科学，2008（3）：5-11.

③ 夸克．合法性与政治．北京：中央编译出版社，2008：21-22.

法性，法社会学更多的是从人们为什么服从法律的角度解读法律的合法性。

二、法哲学视野下的法律合法性

（一）传统社会中的法律合法性

自从人类社会出现法律以来，法律的合法性问题就是人们思考的一个重要话题。在古代西方，人们往往把法律的合法性付诸法律之外的自然法、神等。古希腊哲人最初从自然法的角度确定法律的合法性。苏格拉底把法分为自然法和人定法。自然法就是自然规律，是神的意志，具有普遍性。人定法是国家政权颁布的法律、条例、规定，具有易变性。自然法与人定法不是对立的，在本性上是统一的，但由于自然法是神的法律，所以高于人定的法律。斯多葛学派也认为，自然规律是普遍的、通行的正义的体现，对人们的行为起着规范和准则的作用，遵守自然法就是遵守理性，因为理性就是自然法，自然法是一切法律的来源，是判断一切法律好坏的标准，高于其他一切法律。①

在罗马人那里，制定法的合法性依然来源于自然法。比如，西塞罗认为，自然法是最高的法律，制定法必须接受自然法的指导，其合法与否要依自然法判断。制定法只是自然法的代称，理所当然必须符合并服从自然法。罗马法学家还把法学分为自然法、市民法、万民法三种，其中自然法便是正义，是最根本的法。②

在中世纪，神学世界观统治一切，人们的思想受到神学的严格禁锢，法律的合法性也不例外，也来自神和上帝。奥古斯丁把法律分为神法和人法，其中神法是最高的理性，永久的真理，是神的意志。神法是一成不变的、永恒的，主宰一切，不随时间而变更，适用于世界上所有的人以及一切无理性的大自然。人法也叫现世法，是神法的派生物，必须服从神法的要求。③ 神权主义的集大成者阿奎那认为，法可以分为四种类型：永恒法、自然法、人法和神法。其中，永恒法就是上帝的理性，是上帝指导整个宇宙的规范。自然法是永恒法对理性动物的关系，也就是同人类的关系，是永恒法在人类社会的体现，是人类社会的法。人法也叫人定法，是按照自然法的要求由国家制定的法律，是对人类社会中世俗事物的具体安排。神法是指基督教《圣经》，包括新旧约全书，是自然法的增益、神恩的礼物，是自然法和人法的补充。在四种类型的法律中，永恒法最高，自然法次之，神法再次，人法最低。自然法是永恒法的一部分，受永恒法的支配和制约。人法来自永恒法、自然法和神法，受永恒法、自然法、神法的支配与制约。④

总之，在传统社会中，“人定法”的正当性不是来自法律制定者本身，而是依赖于法律规范之外的自然法、神和上帝。

---

① 谷春德．西方法律思想史．2版．北京：中国人民大学出版社，2006：25－29.

② 同①58－62.

③ 同①85－87.

④ 同①93－95.

（二）现代社会中的法律合法性

随着文艺复兴的兴起、宗教的改革运动以及资本主义的发展，人定法的合法性不再依赖于法律规范之外的神和上帝，而是依赖于人的理性，人的理性成为法律合法性的内在根据和理由。恩格斯在评论法国启蒙思想家的理性主义时指出："在法国为行将到来的革命启发过人们头脑的那些伟大人物，本身都是非常革命的。他们不承认任何外界的权威，不管这种权威是什么样的。宗教、自然观、社会、国家制度，一切都受到了最无情的批判；一切都必须在理性的法庭面前为自己的存在作辩护或者放弃存在的权利。"[①] 当前，法哲学家更多的是从理性、正义、民主、平等、权利等方面论证法律的合法性。

罗尔斯从实质正义的角度论证了包括法律在内所有制度的合法性。罗尔斯认为，正义对社会制度来说是至关重要的，就像符合真理是理论的首要美德一样，正义是社会制度的首要美德。不管一个理论设计得如何精巧和实惠，只要不是真理，就应该被推翻。法律制度也是如此，不管它是如何巧妙和有用，只要不符合正义，就必须加以改造或废除。罗尔斯指出，为了保证正义原则的公平性，需要在"无知之幕"的状态下选择正义原则。"无知之幕"排除了由于自然机会或社会环境的偶然事件使人们只选择对自己有利的原则，这种状态使所有人平等，使所有人具有同样的权利。人们在"无知之幕"状态下选择的正义原则主要有两条，即正义的第一原则和第二原则。正义的第一原则是平等的自由原则，该原则要求每个人都有平等的权利，享有与他人相同的最广泛的基本自由。正义的第二原则是机会公平、平等原则和差别原则的结合，该原则要求社会经济的不平等只有在地位和官职对所有人开放并且这种不平等对所有人都有利，特别是对社会中的困难群体有利的情况下才符合正义。正义原则在"无知之幕"的状态下选出之后，罗尔斯进一步论证了这些抽象的原则如何体现在法律制度中，为此他提出了社会正义制度展现的四阶段理论：（1）原始状态阶段，在此阶段人们选择社会正义的两个原则。（2）立宪阶段，人们在正义原则的基础上制定正义的宪法，第一正义原则（平等的自由）是立宪的首要原则。（3）立法阶段，对法律和政策的正义性进行评价，第二正义原则是这一阶段的指导性原则。（4）使用法律阶段，法官和行政官员将法律规则应用于具体的情境，公民遵守法规。[②] 从上面的论述可以看出，罗尔斯从社会正义的角度论证了现代社会中法律的合法性。

德沃金从权利的角度论证了法律的合法性，法律的合法性根植于个人的权利之中。德沃金理解的个人权利从逻辑上讲是优于集体目标的，认为公民不仅享有法律明文规定的权利，还享有先于法律规定的权利，其中之一便是反对政府的道德权利。德沃金认为，法律的合法性在于不但赋予人们以法律（相当于实在法）明文规

---

① 马克思，恩格斯．马克思恩格斯选集：第3卷．3版．北京：人民出版社，2012：391.

② 谷春德．西方法律思想史．2版．北京：中国人民大学出版社，2006：302-303.

定的权利，而且还赋予人们先于法律的权利。这既是一种法律权利，同时又是一种道德权利和政治权利，更是一种强硬意义上的权利。它要求政府平等对待其域下的公民，否则法律便丧失其合法性，政府的存在也就缺乏正当性。因此，平等观是德沃金法律伦理思想的核心和源头活水，亦是法律合法性之根。[①] 德沃金所指的平等是一种自由主义式的平等，“政府不仅应该给予人们关注及尊重，而且应该给予同等的关注和尊重。它不应该基于某些人值得更多的关注，因而他们有资格获得更多的东西，而对于有价值的东西及机会做出不平等的分配。它也不应该基于某一个公民认为某一群人的生活方式比另外一群人的生活方式较高贵或优越，而对自由做出限制”[②]。在德沃金看来，只有建立在普遍权利之上、体现自由主义平等的法律才是正当的法律。

哈贝马斯从交往理性的视角探讨了现代社会中的法律合法性问题。哈贝马斯认为，现代化的过程就是社会结构、社会关系和社会生活的法律化过程。现代国家正是借助法律才获得合法性基础的，而国家又借助于法律来整合社会。但是这种由国家权力自上而下强加的法律缺乏民主基础，从而导致了国家权力与法律相互合法化的循环论证：一方面是国家权力的合法性建立在法律基础之上，另一方面是法律的合法性又依赖国家权力。现代法治社会存在着危机，而危机的根源在于法律本身缺乏合法性。哈贝马斯认为，合法性的恢复，既不依靠自发运作的市场社会的力量，也不依靠有意运作的福利国家的措施。解决现代法治国家的法律合法性危机只有借助于交往理性，以生活世界为中心，借助于程序主义法范式才能保障法律合法性的源泉，“法并不是一个自我陶醉的封闭系统，它要受到公民的‘民主的伦理生活’的滋养和一种自由的政治文化的呼应”。程序主义法范式要求所有利益相关人，借助于沟通性的言语商谈，依据交往理性，协调主体间的意志，共同参与立法制定过程，这种程序化的法律才具有“共同之善的取向”。在程序主义法范式中，法律的守法者本身即为法律的立法者，法律表征了理想商谈所取得的共识。程序主义法范式的核心可以表述为，法律建制化的人民主权和非建制化的人民主权的普遍结合互为中介。[③]

三、法社会学视野下的法律合法性

法社会学视野下的法律合法性与法哲学的视角不同，“法社会学不能在宗教学或者哲学的合法理论中寻找问题的答案，这些学说通常认为是上帝创造了国家和法律；也不能从公正理念、自然法、从社会合同和统治合同或者其他形而上学的理论中寻找答案。我们应该从实证的角度来提出这一问题：人们为什么相信统治的合法

---

① 傅鹤鸣．论法律的合法性：德沃金法伦理思想研究．上海：复旦大学，2005.

② 石元康．当代西方自由主义理论．上海：上海三联书店，2000：37.

③ 王立峰，李海滢．法律合法性的批判与超越：韦伯与哈贝马斯的法政治学思想比较．法制与社会发展，2008（4）：109－115.

性，而且心甘情愿地接受其统治？”[①] 也就是说，法社会学不是从法律的正当性（或正当性的来源）看待法律的合法性，而是从人们为什么服从法律的角度来分析法律的合法性。在法社会学发展的历史脉络中，韦伯和泰勒是系统分析法律合法性的著名学者。

（一）韦伯的法律合法性

韦伯是从理性化的角度分析法律的合法性的，他认为法律的合法性主要取决于立法程序的合法。韦伯认为，法律在历史的发展中贯穿着一个理性化的过程，法律的合法性意味着“理性化”在法律制定中的不断展开。韦伯指出：“一切合法的法都是建立在章程的基础之上的，而章程又总是最终建立在理性的协议基础之上的；或者是现实的，建立在自由的个人一种真正的原始契约之上，它也调节着未来新的、制定为章程的法的产生方式；或者是在精神的意义上：即只有法的内容与一种理智的、通过自由的协议制定为章程制度的概念不相抵触时，它才是合法的。”[②] 韦伯这里所说的“理智的”“自由的协议”“理性的协议”，实质上是理性化在法律中的具体体现。

对于理性化，韦伯曾这样描述：“理智化和理性化的增进，并不意味着人对生存条件的一般知识也随之增加。但这里含有另一层含义，即这样的知识或信念：只要人们想知道，他任何时候都能够知道；从原则上说，再也没有什么神秘莫测、无法计算的力量在起作用，人们可以通过计算掌握一切。而这意味着为世界除魅。人们不必再像相信这种神秘力量存在的野蛮人那样，为了控制或祈求神灵而求助于魔法。技术和计算在发挥着这样的功效，而这比任何其他事情更能明确地意味着理智化。”[③]

根据理性化程度的不同，韦伯把法律划分为四种“理想类型”：形式不合理的法律、实质不合理的法律、形式合理性的法律和实质合理性的法律。形式不合理的法律是指执法者以巫术魔力等非理性的手段进行判决，主要表现为人类社会早期的神启时代所采用的根据神谕处理纠纷的原始程序，这种法律类型尽管有严格的程序，但没有明确的规定和原则可循，因此人们难以对法律判决的结果进行预测。实质不合理的法律并不依赖法律处理纠纷，而主要是通过法律外的标准尤其是宗教、伦理和政治价值等进行判决。形式合理性的法律是西方社会特有的、以法理型权威统治为基础的法律，即非人格化的法律，它强调的是通过逻辑的方法使法律规则体系化、合理化，具有发达的官僚组织体系、系统的立法、专业化的司法及训练有素的法律专家等特点。与形式合理性的法律不同，实质合理性的法律突出的不是要符合法律逻辑的一致性，而是要符合道德考虑、功效、便利和公共政策的一致性。这类法律的裁量不是在法律体系本身求取，而是对人类法律秩序提出终极的自然法的

---

① 莱塞尔．法社会学导论．4版．上海：上海人民出版社，2008：247.

② 韦伯．经济与社会：下卷．北京：商务印书馆，2004：190.

③ 韦伯．学术与政治．北京：三联书店，2005：29.

关怀，以保证案件的公正裁决。

从理论上来看法律的历史发展过程，韦伯指出："法和法律过程的一般发展是从通过'法的先知们'进行魅力型的法的默示，到由法的名士豪绅们经验的立法和司法，进而到由世俗的最高统治权和神权统治的权力进行强加的法律，最后由受过法律教育的人（专业法学家）进行系统的定制法和章程和进行专业的、在文献和形式逻辑培训的基础上进行的'法律维护'。在这当中，法的形式的品质从原始法律过程中的受魔法制约的形式主义和受默示制约的非理性的结合体发展起来，可能是经由受神权政治或者世袭制度制约的、实质的和无形式的目的理性的曲折道路，发展为愈来愈专业化的、法学的即逻辑的理性和系统性，而这样一来——首先纯粹从外表观察——就发展为法的日益合乎逻辑的升华和归纳的严谨，以及法律过程的愈来愈合理的技术。"①

总之，韦伯认为理性化是世界的发展趋势，是现代社会的主要特征，理性化是一种祛魅化。理性化在法律演变过程中的具体表现，就是法律的类型由传统的类型逐步演变为形式合理性的法律，而形式合理性的法律在一定程度上就是现代社会中具有合法性的法律。

（二）泰勒的法律合法性

泰勒认为，法律的合法性并不是外在的、客观的合法性，只有得到人们的认可与认同，人们才会真正地服从法律，自觉地遵从法律。

泰勒主要是从人们为什么服从法律这一视角对法律合法性进行实证研究。对于人们为什么服从法律，有各种各样的理论，合法性理论是其中的一种。威慑理论认为，人们服从法律的原因是由于法律的威慑、惩戒作用。利益理论认为，人们服从法律不一定是法律作用的威慑的结果，而是由于自我利益的驱使，行为者是在"成本-收益"算计的基础上，觉得服从法律能够为自己获得更多的利益，所以才会服从法律。习惯理论认为，人们从小就养成了遵纪守法的习惯，遵守法律不是由于法律的威慑或利益的算计，而是出于习惯。道德理论认为，人们服从法律的原因并不是由于法律本身的强制因素，而是由于法律中包含的道德因素，即关于什么是正当的，什么是不正当的。总体来看，威慑理论、利益理论只是从人们被迫遵守的角度回答了遵从法律的原因，而习惯理论、道德理论是从人们自愿的角度回答了遵从法律的原因，合法性理论则是从人们自愿遵从法律和信任法律的角度回答了人们为什么服从法律的问题。②

泰勒在上述研究的基础上，把人们遵守法律的原因归为两大类——工具性服从和规范性服从（见图7-1）。工具性服从是指基于外在压力的服从，主要包括两种：一种是"受惩罚的风险"，另一种是同辈群体的评价。规范性服从是指基于内在价

① 韦伯．经济与社会：下卷．北京：商务印书馆，2004：201.

② 朱景文．比较法社会学的框架和方法：法制化、本土化和全球化．北京：中国人民大学出版社，2001：536-551.

值取向的法律服从，这些内在的价值也包括两个方面：一是个人的道德观，即个人关于某种行为和事实的是非判断；二是合法性观念，即个人对于法律和法律权威的认同、拥护和责任感。合法性观念又可以进一步分为两个方面：一是意识到的责任，即个人主观上对法律的责任感；二是对法律权威的拥护，即人们对于有关司法机构的尊重、爱戴和忠诚。

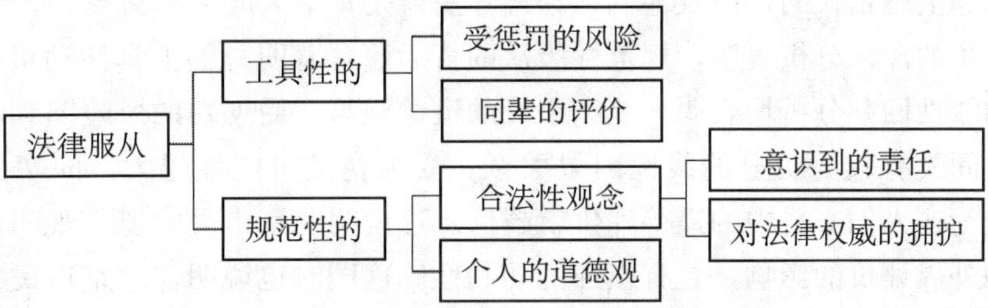

图 7－1　泰勒分析人们服从法律的分析框架

根据上述分类框架，泰勒设计了一套可量化的调查问卷，在美国的芝加哥市进行了一次电话调查，希望用确切的数据回答“人们为什么服从法律”这一问题。[①] 泰勒的定量分析表明，与工具性服从相比，规范性服从对于遵守法律至关重要。对于服从法律最重要的规范性因素是人们根据自己的道德判断遵从法律，其次是人们服从法律和法律权威的义务感，即合法性观念。泰勒特别指出法律合法性对人们是否服从法律有着独立性的影响。研究表明，合法性与法律服从之间的关系是线性的，当合法性的认同提高时，人们服从法律的程度也在提高。

四、转型期的法律服从：以北京市民的法律服从为例

（一）北京市民的法律服从

泰勒曾在芝加哥进行了调查，利用数据分析了美国的法律服从。泰勒把法律服从分为两种类型——工具性服从和规范性服从，并指出与工具性服从相比，美国人的规范性服从对于遵守法律至关重要。参照泰勒的理论框架，中国人民大学法律社会学研究所于 2001 年在北京进行了一项有关法律意识的抽样调查，利用调查数据分析中国人的法律服从及其影响因素。调查地点位于北京市东城、西城、海淀、朝阳、崇文、宣武、丰台 7 个城区的 26 个街道，调查对象为 20～75 岁的个人，回收有效问卷 1 124 份。这次调查结合北京的社会实际设计了 7 种轻微违法的社会现象：春节期间在城区燃放鞭炮、未购买自行车税牌、乘公共汽车时不买票、使用流通中的假币消费、看“三级片”、使用假的证件/资格证书以及从超市拿走小件商品不付钱。

---

① 郭星华，陆益龙，等．法律与社会：社会学和法学的视角．北京：中国人民大学出版社，2004：159－160.

调查表明，影响法律服从最为显著的因素依次是“个人的道德观”“意识到的责任”和“同辈的评价”。在这三个因素中，只有“同辈的评价”属于工具性因素，而“个人的道德观”和“意识到的责任”都属于规范性因素。由此可以推断，北京市民的法律服从基本上属于规范性服从，其中起重要作用的是“个人的道德观”和“意识到的责任”。也就是说，北京市民之所以遵从法律，最主要的原因是他们认为违法在道德上是错误的，以及他们认为遵守法律是每个人应尽的义务。

进一步的深入分析表明，规范性服从的背后蕴含着明显的工具性动机。因为相关分析和线性回归分析均表明，北京市民的道德观与“受惩罚的风险”和“同辈的评价”之间具有较为明显的线性因果关系。受惩罚的可能性越大，同辈的评价越低，该行为在人们心目中的道德评价就越低。这说明北京市民的道德观明显受到实际收益和外界评价的影响，具有很强的功利性。这同时也说明，北京市民在法律服从的过程中，并非不追求实际的收益，只是人们对实际利益的追求被道德的外套掩盖起来，工具性因素对法律服从的影响是通过规范性因素折射出来的。同时，“同辈的评价”在北京市民法律服从的过程中具有重要的影响，它不但作为一个独立的因素对法律的服从具有直接影响，而且还能够经由道德这个中介变量对法律服从产生较为明显的间接影响，且影响能力显著高于“受惩罚的风险”这一因素。

（二）法律服从的文化因素

泰勒的研究表明，在芝加哥，影响人们法律服从的三个重要变量是“受惩罚的风险”“意识到的责任”和“个人的道德观”，另外的两个变量（“同辈的评价”和“对法律权威的拥护”）则未对法律服从造成明显的影响。北京市民的法律服从与芝加哥市民的法律服从有明显不同。一方面，受惩罚的风险在芝加哥市直接对法律服从产生影响，但在北京则是通过“个人的道德观”这个中间变量间接产生影响。另一方面，在芝加哥“同辈的评价”未对法律的服从产生显著的影响，但在北京影响则比较显著。北京市民的法律服从在很大程度上可以看作中国法律文化长期潜移默化作用的结果。

首先，法律服从表面上的道德性和实质上的功利性与中国数千年的“德治”传统一脉相承。德治是中国传统法律文化的精神核心，德治文化要求上位者“为政以德”，下位者“行己有耻”；上位者“行仁义”，下位者“知荣辱”。在德治话语体制下，人们对私利的追求只能通过冠冕堂皇的道德话语曲折地表达出来。长此以往，人们的法律意识呈现出显意识和潜意识的二元对立局面：在显意识层面上涌动的是道德符号，在潜意识上涌动的则是利益追求。

其次，“同辈的评价”在法律服从中的重要地位体现了“礼治秩序”的影响。在中国传统社会中，不管城市还是乡村，在居住格局上都是安土重迁的。这种居住格局造成了一种机械团结的社会。在这种社会中，与他人保持和谐的关系非常重要。为了与他人保持好关系，重视他人的感受、重视他人的评价，并随时根据他人的评价调整自己的行为就成为一种非常重要的生存策略。因此，人们首先效忠的不是国家所制定的法，而是通过人际互动自发形式的礼。这就是与法治秩序相对应的礼治秩序。可以说，传统中国的礼治秩序是北京市民在法律活动中高度重视“同辈的评价”的一个重要影响因素。

本章要点

本章主要从法律的合法性角度讨论法律运行中的价值定位问题。在法社会学中，法律的合法性可以理解为法律的正当性，只有具备正当性的法律才会受到人们的遵从。因此，法律的合法性问题又可以进一步转化为人们为何服从法律。

复习思考题

1. 韦伯是如何论述法律的合法性的？
2. 当代中国法律合法性的来源是什么？
3. 中美两国公民的法律意识有何异同？

推荐阅读书目

1. 哈贝马斯．在事实与规范之间：关于法律和民主法治国的商谈理论．北京：三联书店，2003.
2. 韦伯．经济与社会．北京：商务印书馆，2004.
3. 韦伯．学术与政治．北京：三联书店，2005.
4. 泰勒．人们为什么遵守法律．北京．中国法制出版社，2015.

第八章

法律与社会控制

在人类社会诸多竞争、冲突和对抗行动中，社会秩序是如何形成的？正如美国著名社会学家罗斯（E. A. Ross）指出的，“我们的社会秩序绝不仅仅是蜂房或兽群的秩序。它似乎是建造物，而不是长成物”[①]。社会秩序需要有目的、有意识的人类行为——社会控制。社会控制在协调个人、公共与社会利益，构建和维系社会秩序的过程中发挥着举足轻重的作用。法，作为现代社会中最主要的社会控制手段，亦呈现出其独特的功能和价值。

第一节　社会控制

一、社会控制的概念

控制最早被用于表示对人或国家管理的艺术，其基本含义为人类对客观事物的运动过程及其结果调节、引导和管理的行为过程。[②] 1948 年，维纳（Norbert Wiener）提出了控制论的概念，其著作《控制论：或关于在动物和机器中控制和通信的科学》亦被视为该理论的奠基性作品。此后，应用控制论的学科迅速增多，作为一种系统思维方法理论，其影响扩展至生物控制、人工智能乃至经济学、社会学等社会科学领域。

1901 年罗斯在《社会控制》一书中首次提出“社会控制”的概念，其大意为与人类自然秩序相对的、带有一定目的和意识的社会规制。他逐一分析了控制的多种手段——舆论、习惯、信仰、宗教、礼仪、伦理等，并综合比较了各种控制手段的利弊、界限及其标准。尽管这一分类显得较为粗糙，在分类标准上尚待完善，但其第一次较为全面系统地从社会心理学角度阐释了社会控制的内涵。当时美国正处于 19 世纪末 20 世纪初的移民浪潮之中，犯罪、越轨、歧视等各种社会问题层出不穷，社会面临解体的危险，因而“社会控制”的概念一经提出，便迅速成为社会学

① 罗斯．社会控制．北京：华夏出版社，1989：4.

② 郑杭生．社会学概论新修．5 版．北京：中国人民大学出版社，2019：30.

的核心概念，被广泛地用于解释各种社会问题。尽管各个社会学家对社会控制的定义不尽相同，但基本包含了以下两个要素：作为外在控制手段的社会规范或准则、能够接受规范并加以内化的个体。在诸多关于社会控制的定义中，以下的几种较有代表性。美国著名社会学家波普诺（David Popenoe）认为，社会控制是指意图促使人们遵从重要社会准则的社会机制。瓦戈（Steven Vago）认为，社会控制是指社会成员用来维持秩序和提升行为预测性的各种方法。[①] 布莱克在其《作为因变量的社会控制》一文中指出，社会控制是社会生活的规范方面。它确定异常行为并对其做出反应，特别是对什么是正确或错误，什么是违反义务、不正常或破坏。[②] 这种观念把社会控制等同于规范，在布莱克看来，社会控制就是把社会规范具体化为实践的过程。

我国最早系统阐述社会控制学说观点的是吴泽霖教授。不过，他采用了“约制”而非“控制”的说法，在他看来，社会约制含有双重方向，而控制往往局限于从上到下的作用。[③] 此外，我国著名社会学家孙本文在《社会学原理》中也曾介绍过社会控制的概念，他认为：“凡此种种可供社会上各人行为标准的规则与制度，对于各人行为，即具有约束的力量。社会控制，就是此种种行为规则与制度对于个人行为约束的作用。”[④]

通过考察各种学说对社会控制的界定可以发现，社会控制概念多从社会规范的服从——社会化和社会规范的违犯——社会越轨两个方向介入。社会控制与社会规范关系紧密，表现为一系列动态的、连续的机制或过程。与自我控制（self control）理论不同，它尤其强调制裁或惩罚的动力机制来自外部，而不是内部的良心（conscience）或自然制裁（natural sanction）。[⑤] 它的前提假设是，每个人都是通过外部的奖赏或惩罚来确立和强化自己的行为方式的。

综合以上各种对于社会控制的概念，本书采用郭星华等对社会控制做出的定义，即社会控制是指社会组织体系运用社会规范以及与之相应的手段和方式，对社会成员（包括社会个体、社会群体及社会组织）的社会行为及价值观念进行指导和约束，对各类社会关系进行调节和制约的过程。

二、社会控制的分类

按照不同的标准，社会控制可划分为不同的类别。

第一，按照控制对象划分：（1）对于意志的社会控制：舆论、暗示、个人理想、社会宗教、艺术和社会评价之类基于伦理的社会控制。（2）对于情感的社会控

---

① VAGO S. Law and society. 9th ed. Upper Saddle River：Pearson Education，2009：203.

② 朱景文．现代西方法社会学．北京：法律出版社，1994：171.

③ 蒋传光．论社会控制与和谐社会的构建：法社会学的研究．江海学刊，2006（4）：89－95.

④ 孙本文．社会学原理．北京：商务印书馆，1935：511.

⑤ 戈特弗里德森，赫希．犯罪的一般理论．北京：中国人民公安大学出版社，2009：81－83.

制：法律、信仰、礼仪、教育和幻想等基于政治的控制手段。

第二，按照功能性质划分：（1）积极性控制：运用舆论、宣传和教育等措施引导社会成员的价值观和行为方式，积极预防社会越轨行为的产生。（2）消极性控制：运用惩罚性手段对已有的社会越轨行为进行制裁。其中，消极性控制又可称为狭义上的社会控制，其针对的是特定越轨人群。

第三，按照控制的性质分类：（1）硬控制又称正式控制（formal control），例如，通过法律、纪律、政权等对社会成员的价值观行为方式进行控制，该种社会控制通常表现为一定程度的正式的规章制度，具有制度化的特点。这种对于违反社会规范的惩戒和监管往往有固定的社会机构。（2）软控制又称非正式控制（informal control），例如，通过舆论、风俗、习惯、伦理道德等对社会成员的价值观和行为方式进行控制。这种对于违反社会规范的惩戒和监管并没有固定的社会机构。例如，在我国部分城市社区广泛存在的"银发力量"（old lady network），就是一种非正式的社会控制队伍，他们在维护社会治安、解决社区纠纷中发挥着十分重要的作用。[①]

第四，按照社会控制的作用力方向区分：（1）外在控制：经由外在的压力实施的控制。它包括两种形式，一是负向的制裁措施，例如对那些违反了社会规范的惩罚；二是正向的奖励措施，如提升、奖金或者鼓励。它倾向于奖励服从。（2）内在控制：通过群体规范的内化而取得的控制。它是社会化的结果。个体幼年时期学习在特定条件适当的、被期待的行为举止，从而习得了服从社会规范的动机（无论是否有外在压力）。[②]

此外，还有一种分类标准是基于控制手段的来源[③]，这种分类标准预示了社会控制与社会学不同分支的结合：（1）组织控制手段。现代社会的发达的分工体系，将社会个体置于各种社会有机联系之中，人们占据一定的社会地位，承担一定的社会责任与义务，分属于不同的社会组织，这些组织小至家庭、村庄、学校、工厂，大至社区、国家等。组织控制的具体形式有两种，一是组织权威，二是组织规章。组织权威表现为下级服从上级，组织规章表现为按章办事。例如，在我国社会盛行已久的"单位制"就是一种典型的组织控制手段。1949 年后，我国在社会资源分配、社会调控和组织管理三方面建立了单位体制，国家通过等级有序的单位行政制，控制单位成员政治思想、学习工作乃至日常生活等各个方面。单位成为对中国社会特殊的组织形式和社会调配形式。[④]（2）制度控制手段。"制度"是指具有普遍意义的、比较稳定的、有一定强制性和正式的社会规范体系。社会制度与组织规章的重要区别在于：制度调节社会行为的范围比较广泛，对所有的社会成员均有制约

---

① DIEMANT N J，LUBMAN S B，O'BRIEN K J. Engaging the law in China：state，society，and possibilities for justice. stanford：Stanford University Press，2005.

② CLINARD M B，MEIER R F. Sociology of deviant behavior. 13th ed. Belmont：Wadsworth/Thomson Learning，2008.

③ 郑杭生，郭星华．社会运行控制机制初探．社会学与社会调查，1991（增刊）.

④ 刘建军．单位中国：社会调控体系重构中的个人、组织与国家．天津：天津人民出版社，2000：42.

性；组织规章只用来制约组织成员的组织行为，对于组织外的社会成员没有制约性，对组织成员的组织外社会行为一般也没有制约性。（3）文化控制手段。文化是一个社会的人们共同享用和共同学习的风俗、信仰、价值及全部创造的总和。文化既然是人类在长期的共同生活中创造的，其中必然有一些为人类共同遵从的准则和标准，这些准则和标准就是文化控制手段。文化控制手段主要有两个特征，一是非刚性，二是广泛性。

三、社会控制的功能与意义

社会成员在地位角色、自身素质上存在较大的差异，其思维方式、价值观念也具有多样性特点，在具体的社会情境中，亦存在着利益的分化与博弈。以上种种都是导致社会失序的潜在因素。因此，在一定程度上，维持社会成员基本价值观念的一致性，赋予特定的社会角色以行为规范，并对利益竞争做出规制，是极为必要的。尽管人类本性的各种“道德资本”，如同情心、友善、正义感和怨恨等在某种程度上可以起到维持自然秩序的作用，但从根本上讲，社会秩序的维持离不开社会控制。

社会控制的功能与意义可以分为如下两个层面：（1）从微观层面上看，规定社会成员的价值规范、行为方式，并强化与之相适应的权利、义务体系，调整成员的利益格局与关系。（2）从宏观层面上看，使得社会运行系统的各部分功能耦合，结构协调，子系统之间信息和能量充分自由地交换流动。这个意义上的社会控制近似于美国著名社会学家帕森斯提出的 AGIL 模型中的模式维持功能（latency pattern maintenance），即保持原有的社会运行模式，以使得系统重新开始运行时能够照常恢复互动关系。[①] 例如，在一个社会中，文化教育体系的功能即为传承社会价值，对社会成员进行有效的社会化，从而能保证社会其他系统的功能得以正常发挥。

四、社会控制的度

社会控制的终极目的在于实现人类社会良善的秩序，为社会成员的行动提供必要的管理、协调和抑制。但是，社会控制亦存在作用程度的问题。一味地追求强力的社会控制，将降低社会成员的能动性，不利于社会成员的自由和发展，对于社会的终极发展也会起到负向作用。因此，必须将社会控制的“度”限制在合理的区间内。

社会控制的“度”有三个具体的判断标准。[②] 一是社会控制的力度，其作用在于社会个体、社会群体的社会允许空间与人类理论活动空间的比率。社会允许活动

---

① 贾春增．外国社会学史．3版．北京：中国人民大学出版社，2008：231.

② 郑杭生，郭星华．试论社会控制的度．天津社会科学，1993（5）：55－58.

空间是指社会个体和社会群体在人类社会生活共同体中，能自由选择不受约束的、社会规定的行为空间领域。人类理论活动空间是指人类在毫无社会规范约束的情况下，完全依其本能进行活动的最大行为空间领域。二是社会控制的强度，这是从社会越轨行为的角度来考虑的。无论何种社会，总存在一定数量的越轨行为，其中只有一部分能够受到社会控制机制的惩罚。受到社会控制机制惩罚的越轨行为占总越轨行为的比例越高，社会控制的效果越明显。三是社会控制网络的致密度。社会允许活动空间不是完全封闭的，而是有许多间隙和空洞，犹如被一张渔网罩住的空间，这就是社会控制网络。

合理的社会控制应当是在每个维度上都居于适中的程度，从而在个人自由与社会秩序中实现某种平衡。但是，在实际运行过程中，这种度的把握并不容易。在我国历史上屡屡出现过犹不及的教训。清代的“文字狱”等在社会控制的三个维度上偏重，导致了社会的停滞乃至倒退。但另一方面，社会控制过轻又会导致社会秩序的整体失调，特别是在社会转型时期。就中国目前的状况而言，应当在社会控制的力度上有所降低，并着力提高社会控制的刚度和致密度，一方面需要通过建立健全法规体系，树立社会核心价值观，建立良好的社会秩序和社会规范，另一方面需要尊重人全面自由发展的权利，鼓励培养创造性的社会氛围，全面提升社会活力。

第二节　法与社会控制

一、作为社会控制手段的法

作为社会控制手段的法可以从狭义和广义两个层次上区别。从最宽泛的角度来理解，法包含习俗、宗教、舆论等一切社会控制手段。在早期社会中，法的含义等同于社会控制。例如，即使是在古希腊那样先进的文明中，人们也通常使用同一个词来表达宗教礼仪、伦理习惯、调整关系的传统方式、城邦立法等，把所有这一切都看作一个整体。① 霍贝尔则认为，法是这样一种社会规范，当它被忽视或违犯时，享有社会公认的特许权的个人或团体，通常会对违犯者威胁使用或事实上使用人身的限制。② 这一定义强调了特权和等级。较之更为狭窄的定义是鲍哈纳的“习惯之再制度化”。他指出，习惯是群体规范的制度化，是家庭宗教政治之类的社会制度正常运作的基础；当社会发展到只依靠这些社会制度已经变得日益无能为力的时候，法的存在就成为必要。③ 相对于霍贝尔的定义，这一定义强调了法源于习惯，在制度化上高于习惯的特点。

从上述内容不难看出，从广义层面上，社会控制中的法本身是多元、动态的，

---

① 庞德．通过法律的社会控制．北京：商务印书馆，1984：12.

② 霍贝尔．原始人的法：法律的动态比较研究．北京：法律出版社，2006：30.

③ 朱景文．法社会学．2 版．北京：中国人民大学出版社，2008：9.

因此，做出具体的区分比较困难。从狭义层面上，法仅指法律，作为社会控制的法律指通过政治组织、具有高度的专门形式、具有一定强制力的权威性法令。它产生在国家和阶级分化之后，以国家暴力为强制力来源，并具有制度化、专门化的特点。

本章采用狭义层面法的概念，以便更好地阐述法与其他社会控制手段之间的关系。

二、社会控制的发展历史

在不同的社会发展阶段，社会控制手段表现为不同的形式和特点。厘清这一发展过程，对于理解法与社会控制的关系是极为必要的。

（一）原始社会

一般认为，在原始社会中，起主要控制作用的是习俗和宗教。哈特兰（E. Hartland）指出，宗教制裁、超自然的惩罚、群体责任和团结、禁忌和巫术都是社会控制的主要手段。原始社会中生产力水平极为低下，认识能力有限，对于自然界中的诸多现象无法得出合理的解释，因而人们往往通过神灵、禁忌和巫术等方式，试图借助自然界本身的力量对各种无视习俗偶尔违抗的犯罪行为进行预防与惩罚。例如，西太平洋的美拉尼西亚人存在着凯塔帕库（kaytapaku）制度，当男子希望占有某个具体物品却又无力守护时，他可以将棕榈叶固定于该物品上，以防止他人的偷窃和毁坏行为。棕榈叶被认为具有某种神力，可以使病痛加于偷窃者和毁坏者。①

总结原始社会对越轨行为的社会控制，可以归纳出如下特点：（1）基于血缘和宗族的社会控制。即控制的单位基本上是氏族、部落等群体，惩罚等过程也是在个人所隶属的集团与外集团之间展开的。（2）具体的规定多为禁忌式。（3）具有较强的仪式性，通过公开的宣示，从而使得社会控制具有某种警示、抑制功能。（4）群体成员之间的地位关系较为平等，无阶级性。②

传统观点认为，原始社会控制只存在于刑罚领域。马林诺夫斯基在《原始社会的犯罪与习俗》中对这种观点提出了质疑和批驳。他认为，原始社会在民事方面亦存在较为系统化的规则，即存在一组有约束力的规则支配着部落生活的基本方面，规范了亲属，规定了权力的形式和巫术的实施，确定了夫妻及各自家庭的地位。这些规则有别于对于越轨行为的规制，它既无宗教制裁力，也没有恐惧、迷信和理性来强制实施，偶有违反也不会受到部落的惩罚，更不会面临公共舆论和道义谴责的耻辱。马林诺夫斯基据此认为，这种规则的实施是依靠互惠、制度化的程度、公开

① 马林诺夫斯基．原始社会的犯罪与习俗．北京：法律出版社，2007：40.

② 梅因．古代法．北京：商务印书馆，1995：72.

性和报复等原始法律约束机制。它渗透到原始社会成员的日常生活之中，具有更加广阔的作用范围。

总的来说，原始社会的社会控制通过习惯法等原始宗教进行，尽管远比常人想象得丰富，但其系统性、制度化、理性程度较低，对成员规制的范围和力度都比较有限。

（二）传统社会

在这一时期，出现了多种社会控制手段并行的态势。在西方社会，宗教和法律并存，成为一个显著特征。许多文明中的早期法律吸收了各种宗教制度和宗教戒律，并用国家的强力加以支持。在欧洲大陆的某些地方，从英国宗教改革时期直到法国革命时期，都存在教会法院和教会法律的体系，同国家的法院和法律分掌调整关系和安排行为的职权。与此同时，在社会组织中也存在着相当多的组织规范，例如同业公会、行会等。尽管这些基于组织的社会控制规范并不以国家强制力为基础，但它们的存在使得个人和团体的行为得到了有效规制。

在中国社会，则突出表现为基于礼法的社会控制体系，即"礼治"。春秋战国时期，以孔子为代表的儒家学派崇礼尚周，试图通过礼义将亲族伦常扩大到社会，从而恢复基本的社会秩序。因此，家庭中的尊卑长幼是保证国家和社会"君君、臣臣、父父、子子"（《论语·颜渊》）序列的重要前提。

法在原始社会中，多与刑罚相联系。春秋战国时期，法家思想出现，"圣人之为国也，一赏，一刑，一教"（《商君书·赏刑》），"其赏足以劝善，其威足以胜暴"（《韩非子·守道》），赏罚分明，标准统一，因此与儒家制度中的序列性有明显的差异。秦时期，法家思想居于上风。而在西汉时期，具有统治地位的儒家学说吸收了部分法家主张。"圣人之治国也……务致民令有所好。有所好然后可得而劝也，故设赏以劝之。有所好必有所恶，有所恶然后可得而畏也，故设罚以畏之。既有所劝，又有所畏，然后可得而制。"（《春秋繁露·保位权》）德主刑辅，从此"礼"与"法"成为"礼治"体系中互相渗透、对立统一的共同体。

马小红曾对该体系做出过较为精确的表述（见表 8-1）①。

表 8-1 礼治的构成模式

	体系构成	内容	实施方式	作用	目的
礼治	礼义	亲亲、尊尊等礼的宗旨	教化（礼教）	注重意识形态的控制	正其心
	礼制	习俗、制度（包括法）等礼的规范	刑罚	注重制度完善	正其行

礼治体系的特点如下：（1）"礼"抽象地借助了上天和自然加强自己的神秘性和合理性，但又深深植根于日常生活和人情之中。（2）融合儒家和法家思想，以儒

① 马小红．礼与法：法的历史连接．北京：北京大学出版社，2004：113.

家思想为体，兼用法家思想中的某些手段途径，如“刑罚”等。（3）基于人伦道德，义理并重，道德教化始终是其最主要的方式。（4）注重等级伦常，对不同地位身份人员的行为规范有明确而细致的规定，正所谓“礼不下庶人，刑不上大夫”，基于礼的社会控制是有等级的，不能僭越的。（5）强调以礼止讼，“无讼”成为理想境界。

（三）近代社会以来

进入工业革命以来，从传统社会到工业社会的巨大变革使得社会结构、社会关系也随之发生了巨大的变革，人们的生活方式、心理特征都发生了革命性的转变。不同的历史学家、社会学家都对这一过程做出了极具想象力的概括。在梅因看来，这个转变是“从身份到契约”的转变；在涂尔干看来，这个过程意味着社会连接方式由机械团结走向了有机团结；滕尼斯则认为，这一过程是从“共同体”（Gemeinschaft）到“社会”（Gesellschaft）的转变。这种人与人之间的关系模式的转变在一定程度上使得传统社会中基于血缘、家庭、乡邻的社会控制方式大大减弱，崇尚理性和个体平等的法律控制成为最重要的控制方式。传统社会中的部分习俗、习惯乃至行业性规章制度被有目的、有意识地纳入国家法律范畴内；基于宗教的社会控制尽管在一些国家仍存有影响，但其影响力已经大大减弱。总的来说，社会控制已经完全世俗化了。

三、通过法律的社会控制特点及其限制

现代社会中的重要控制手段之一是法律控制，它与现代社会理性化进程有着密切的联系，在全世界范围内，通过法律的社会控制已经占据了绝对主要的地位。相对于其他社会控制手段，法律控制具有如下特点。

（1）具有一定的强制性。如耶林（Rudolph Jhering）所说，法律背后没有了强制力，是一个语词矛盾——犹如“不发光的灯，不燃烧的火”。通过法律的社会控制以国家强力为依靠，若社会成员违反了法律，则必须承担责任，付出一定的代价。因此，通过法律的社会控制必然涉及国家主体的参与，“国家通过权威力量和人们对制裁的恐惧改变人们的行为模式，形塑公民的思想意识”①。国家通过法律的治理，深刻地改变了国家与个人之间的关系。②

（2）崇尚程序正义。程序正义被认为是实现实质正义的必要基础和条件，通过法律的社会控制必须依据事先拟定的程序规则实施，因而被赋予普遍性、自治性。这里，普遍性指法律的形成和适用中的统一性和一贯性。自治性指实体的自治性——存在一套独立的法律规范体系。制度的自治性——存在独立的司法系统；方

---

① 储卉娟．想象的法律与法律的想象．北京：中国人民大学，2005.

② 福柯意义上的规训，使得这种治理更加弥散化、技术化，沿袭这一思路，学术界产生了许多“法社会学”的实证研究，比较有代表性的是强世功的《法律与治理：国家转型中的法律》（2003）。

法的自治性——具有独特的专业的法律推论技术和特别的正当化方式；职业的自治性——具有经过特别训练的法律专家。①

（3）过程性。法律的社会控制不仅仅体现在制定的规则中，也体现在司法的具体过程里。法律的过程性与法律的程序正义紧密相连，相对于其他控制手段，法律的过程性为最大限度地形塑公民的法律意识提供了基础和条件，使得法律能够更大程度地渗入人们的日常生活和主体意识。

通过法律的社会控制不是完美无缺的，在以下方面，其体现出固有的限制。

（1）确定事实和适用法条之间的偏差与困难。由于时空等各种客观条件、人的主观经验和认识能力的限制，无法对一些既有事实做出准确认定，从而造成司法过程中的偏差和错误。

（2）法律控制范围的限制。对于一些由道德控制的领域或社会习俗控制的领域，法律不能或不宜发挥作用。

（3）部分利益的损害由于其方式比较独特和微妙，因此较难通过法律来进行控制。例如，家庭私人领域中的搬弄是非以及阴谋暗算。

（4）为了推动和实现法律的社会控制，必须求助于人的必要性。法律的执行必须是在抽象规则和纯粹的理想正义之上，因此，在具体的操作中，法官、律师及其他司法人员的主观认知、行动策略对司法的结果有直接的影响，从而影响社会控制的效果。

四、法律与其他社会控制手段的关系

（一）法律与道德

康德（Immanuel Kant，1724—1804）曾经就法律与道德的关系问题提出过经典的“康德命题”。在他看来，法律不考虑潜在的动机问题，只要求人们从外部行为上服从现行的规则和法规，并以外部的强制手段为保证。与此相对应的是，道德命令要求人们根据高尚的意图，根据责任伦理感觉（sense of ethical duty）而行事，它还要求人们为了善而追求善。使得道德规范得以实施和执行的是道德规范正当性的内在信念。德国自然法学家托马修斯（Christian Thomasius，1655—1728）也认为，法律与道德区别可见于这样一个事实，即法律调整人们的外部关系，而道德则支配人们的内在生活和动机。“康德命题”一直以来被认为是理解法律与道德关系的基础。但是，这并不意味着法律与道德就是完全分离而毫无联系的。②

首先，法律并非完全不关注行为的意图，即行为实施者的心智倾向。例如，在现代刑法中，对于犯罪意图的判断成为对行为判断、确定行为性质的一个基本要素。

其次，法律诉求与道德在控制的领域和内容方面是部分重叠的，例如，对人性

① 昂格尔．现代社会中的法律．南京：译林出版社，2001：6.

② 博登海默．法理学：法律哲学与法律方法．北京：中国政法大学出版社，1999：371－373.

中共通的善良、诚实、自由权利的保护。

最后，法律的来源之一是道德。霍姆斯指出，法律的制定者经常会受到社会道德中传统观念或新观念的影响。在一定意义上，符合普遍的道德认知是保证法律合法性的途径之一。

因此，简单地割裂道德，将道德因素排除在通过法律的社会控制过程之外是不可能的。道德原则无疑高于法律原则，当法律出现模糊不清的情形需要解释时，法官必须通过自己对于社会伦理道德的判断和认知，做出符合道德原则和衡平原则的决定。

（二）法律与习惯（法）

习惯是被社会特定阶级和群体接受承认并遵循的行为模式。习惯法则被认为是制度化的责任和义务，尽管可能尚未整合和被编入法律体系之中。尽管习惯法不具备国家强制性，但违背习惯法仍然会受到来自舆论、家庭或其他社会控制手段的惩罚和制裁。

习惯（法）与法律的联系十分紧密，主要表现在以下几个方面：一是早期社会中习惯法作为社会的安排，在很大程度上构成了法律的价值原则和核心追求要素。二是只有那些顺应了早期社会一般生活方式和那个时代经济发展要求的习惯，才能得到统治者或处于统治地位贵族阶层的执行。博登海默（Edgar Bodenheimer，1908—1991）由此认为，在早期习惯法的实施过程中，大众的观点、惯例和实践同官方解释者的活动之间始终存在着互动关系。

事实上，直到今天，习惯法和法律的冲突、对立与适应、妥协仍然存在。美国"禁酒令"事件就是一个非常典型的习俗战胜法律的例子。19 世纪前期，在美国一些地方，受传统新教伦理的影响，国家试图寻求法律手段制裁酒徒。1919 年 1 月 16 日，美国国会通过了宪法第十八修正案，《沃尔斯特法令》由此生效，禁止酿造和发售酒类制品。该法令颁布后，美国的酿酒业、与酒有关的服务业受到严重打击，而私酒贩子则因为该禁酒令而获得生存的空间，与之相关的黑市斗争和犯罪活动甚嚣尘上。最终，1933 年，宪法第二十一修正案正式废止"禁酒令"，从而宣告了历史上著名的"禁酒令"的失败。[①] 与该例子如出一辙的是北京市烟花爆竹"禁改限"一事，此事就是一个习俗与法律对立妥协的例子。[②] 在规范和意义的层次上，习俗与法律分别实现了对对立方某种程度的妥协——规范层面上法的让步最终促成了意义层面上共识的达成。

法律与习俗之间的良性互动存在于规范层面与意义层面之间，存在于不同的话语逻辑体系之间。只有充分注重这种良性互动的架构特性，才有最大的可能性引导良性互动的发生。

---

① THORTON W. Alcohol prohibition was a failure. Cato Policy Analysis，1991（157）.

② 倪凯．习俗与法律的冲突与妥协：对北京市烟花爆竹"禁改限"的法社会学分析．北京：中国人民大学，2007.

第三节　对越轨、犯罪行为的社会控制

越轨行为（social deviance）是指社会成员（社会个体、社会群体和社会组织）偏离或违反现存社会规范的行为。犯罪则是指违反国家刑事法律的行为。对越轨、犯罪行为的社会控制是指国家通过法律、政策或治疗等手段，对越轨、犯罪行为实行预防、处理和惩罚的过程或机制。对越轨、犯罪行为的社会控制是犯罪学界的重要研究领域，也是现代社会维持社会秩序的重要任务之一。

一、犯罪社会学中的社会控制学派

如果说社会控制理论在法理学界是作为一种认识法律性质的重要工具，那么在西方犯罪学界，它则真正地与社会学、心理学、经济学理论结合起来，成为一种较为成熟的主流学派，对解释越轨、违法和犯罪行为做出了极为重要的理论贡献。沿袭这一思路，诞生了不少具有启发性的重要实证研究，下面我们对这一学派的代表性理论进行简单的介绍。

古典时期，涂尔干在其名著《自杀论》中，首先提出社会整合的概念解释自杀现象。自杀被看作一种实质上的越轨行为，自杀现象是由于社会整合度过高或过低造成的，这直接点出了个人的越轨行为与社会结构之间的内在联系。他采用的社会统计方法为社会控制学派的定量研究传统奠定了基础。其后，20 世纪初芝加哥学派的社会解组（social disorganization）理论沿袭了这一思路，该理论的创建人肖（C. Shaw）和麦凯（H. McKay)通过对芝加哥城市地区的研究表明，不同社区发生问题的比率具有明显的差异，在教育水平低、领取救济家庭数量多、财产租金低、社区组织差的社区中，发生犯罪和青少年犯罪、逃学等社会问题的几率要远远高于其他地区。他们认为，这种现象说明，特定移民群体中的少年犯罪率呈现出广泛的历史波动性，在类似地区中生活的不同种族和国籍群体具有相似的少年犯罪率。这种社会解组的观点认为，当周围的环境不能预防人们进行犯罪时，人们就可能实施犯罪，因此，社会必须通过合理的训练和教育，还必须继续监视个人的行为，才可能促使个人遵守法律。[①] 此后，社会控制学派在 20 世纪中叶发展迅速，并分化为威慑派（deterrence theory）、中和化派（neutralization theory ）和综合派，分别强调越轨、违法犯罪行为的外在控制因素、内在控制因素以及二者的综合因素。[②] 威慑派更多的是研究狭义的犯罪，而非一般的越轨行为，这一理论尤其强调国家刑罚在预防和惩戒犯罪中的作用，遵从了古典主义传统对犯罪行为与结果的假

① 戈特弗里德森，赫希．犯罪的一般理论．北京：中国人民公安大学出版社，2009：77－79.

② 欧阳马田．西方越轨社会学研究的历史、现状与趋势．厦门大学学报（社会科学版），2002（4）：77－83.

定，即行为是由可以预期的后果决定的。中和化派和综合派则研究意义更为广泛的违规、越轨问题。以赫希（T. Hirschi）为代表人物的综合学派较为全面地综合分析了个人的内在控制和外在控制因素，他认为，对越轨行为的分析必须要结合自我控制（self control）和社会控制两方面的因素，一方面要看到犯罪的代价因个人目前在社会中的地位或者与社会联系的不同而有差别，另一方面也要看到人们在当时易受到诱惑的程度也有差异。[①] 赫希在肯定社会控制的外在作用时，特别强调了自我控制的作用成分，认为缺乏自我控制可能会与情境条件或者个人的其他特征发生相互作用，从而增加犯罪或越轨行为的可能性。

总的说来，犯罪社会学中的社会控制理论主要解释了什么样的人更可能有越轨犯罪行为、在何种条件下更有可能犯罪等问题，在解释青少年犯罪问题上取得了一系列丰硕的实证成果，并据此提供了诸多预防和打击越轨、犯罪行为的政策依据。由于其较早地引入了数量统计分析方法，在解释的精确性和准确度上较其他犯罪社会学理论有明显的优势，因此成为目前犯罪学界的一个主流学派。

二、不同性质的社会控制类别

一般而言，对越轨、违法犯罪行为的社会控制可以具体地分为刑罚、民事监管和行政控制三大类。其中，刑罚作为最为结构化地控制越轨行为的正式系统，在通过法律进行控制的社会控制系统中最为重要。

所谓刑罚，是指刑法通过对社会越轨行为实行结构化的系统惩罚而实现维持秩序的功能。这里涉及何种行为被定义为越轨行为——规范从社会层面上升为法律层面的过程，即法律化过程（legalization process）。法律化过程的实质是规范的遴选过程，其核心议题是为什么有的社会规范能够进入法律系统，而有的规范却不能。特克（A. Turk）认为，有多种社会力量或资源能够进入法律规范的创造体系。一是道德义愤。大麻从最初的被允许到最终的被禁止的过程，就是由于人们对吸食大麻造成的危害产生了极大的愤慨。类似的例子比较常见，如公共场所的全面禁烟令。二是对于秩序的崇高价值追求。例如交通秩序。对于那些和社会公共秩序有着最为紧密联系的领域，法律化较容易发生。三是对于潜在威胁的回应。如果人们秉承一种信念，即某种行为将会有潜在的危险，那么这种信念将会使得通过法律阻止该行为成为可能。常见的例子是对于一些药品和食物的禁用令。四是政治手段或者技巧。秉承这一观点的人认为，法律最终是保障权势群体的利益，那些进入法律系统的社会规范得以进入的根本原因在于它们保障了权势群体的利益。显然，这一观点具有强烈的冲突论色彩。[②]

刑法的具体手段是刑罚。刑罚的目的包括以下两种：一种目的是对于已发生犯

---

① 戈特弗里德森，赫希．犯罪的一般理论．北京：中国人民公安大学出版社，2009：83.

② TURK A T. Legal sanction and social control. Rockville：National Institute of Mental Health，1972.

罪后果的报应、社会报复，其原理在于国家或受害人所在的集体代表受害人，对犯罪实施者进行与其受害程度相匹配的惩罚。正如苏德兰（Edwin Sutherland）和克莱瑟（Donald Cressey）对作为社会控制手段的刑罚做的定义所揭示的，作为公共正义维持机构的刑罚概念有两种基本含义：一是它发生在具有联合行为（corporate capacity）能力的群体对同属于该群体的个体之间，二是它包含了通过设计而实施的疼痛和伤害，并被伤害所假定的某些价值正当化。[①] 刑罚的关键是内在的价值匹配，例如与犯罪造成的伤害实现相对意义上的对等。刑罚的另一种目的则是指外在的威慑，这种威慑可能发生在具体的或宏观的情境中。具体的威慑主要指对罪犯的威胁，以防止他进一步越轨；宏观的威慑则是指对潜在的越轨行为做出的提醒，它主要通过提供具体的犯罪例子，使得其他人远离犯罪行为。

第二种控制系统是民事监管。与刑法相区别的是，它将越轨行为看作一种医学问题或者生理、心理疾病，从而采取治疗的方式对待越轨行为。在美国，如药物致瘾、赌博、堕胎、自杀或酗酒等越轨行为经常采用此种方式进行纠正和控制。在我国，近年来与互联网兴起伴生的网络依赖或网络成瘾，也被归入这一类越轨行为，不少戒网瘾中心纷纷成立，从而引起了道德和技术上的双重争议。但是，从全世界范围来看，基于此种控制系统的应用已经被越来越广泛地用于临床治疗中。

第三种控制系统是行政控制手段。例如，对于职务行为的控制，包括对未达标的行为的惩罚；监察和以公开化作为威胁等手段。

目前，我国正处于社会转型时期，各种社会矛盾频发，越轨现象大量增加，社会治安状况仍然比较严峻。只有清楚地认识各种社会控制手段的应用界限和利弊，合理地、系统地、有针对性地综合运用各种手段，才能达到维持社会秩序、促进社会和谐的目的。

本章要点

本章主要从社会控制角度探讨法律运行与社会秩序的关系。社会秩序的形成需要良好的社会控制机制。法律作为现代社会中最主要的社会控制手段，具有独特的功能和价值，在协调个人、公共与社会利益，构建和维系社会秩序的过程中发挥着举足轻重的作用。

复习思考题

1. 什么是社会控制？社会控制可以从哪些维度予以分类？如何理解社会控制的度？

2. 如何理解作为社会控制手段的法？

---

① SUTHERLAND E H，CRESSEY D R. Criminology. 9th ed. Philadelphia：Lippincott，1974.

3. 在不同的历史发展阶段，主要社会控制手段有哪些？其特点是什么？
4. 如何理解通过法律的社会控制？其与其他社会控制手段的关系是什么？
5. 什么是越轨行为？常见的对越轨行为的控制手段有哪些？

推荐阅读书目

1. 庞德．通过法律的社会控制．北京：商务印书馆，1984.
2. 马林诺夫斯基．原始社会的犯罪与习俗．北京：法律出版社，2007.
3. 梅因．古代法．北京：商务印书馆，1995.
4. 昂格尔．现代社会中的法律．南京：译林出版社，2001.
5. 马小红．礼与法：法的历史连接．北京：北京大学出版社，2004.

第九章

法律与现代化

现代化是近代中国社会变迁的主旋律。法律的现代化是现代化的重要内容，也是现代化的重要推动力量。然而，围绕到底如何推进和实现法律的现代化，却一直存在着激烈的争论，有人主张通过法律移植实现法律的现代化，有人则强调通过开发法律的本土资源来构建具有现代性的法律。这两种观点背后实际上是一个法律观的问题，即法律到底是一种放之四海而皆准的人类普遍性秩序准则，还是仅仅适用于具体语境的特殊性规范约定。形式主义法学家们认同的现代性的法律是一个普适的价值体系，并不包含什么特殊的文化和价值体系，是任何法律发展的必然方向，故而为法律移植提供了理论支撑。法人类学家们则是从文化相对主义的视角出发，认为法律只不过是一种地方性知识——既然是一种地方性知识，那就不具有普适的品质和推广的价值，从而为本土资源论提供了理论支撑。

第一节　现代化与法律现代化概述

一、现代化概述

“现代化”是对人类近期发展进程中社会急剧转变的总体动态的概括。这一概念的确切含义，学界迄今为止没有一致看法。但正如英国著名社会学家安东尼·吉登斯（Anthony Giddens）所说的那样，从本质上看，现代化是“现代性”（modernity）逐渐成长、增长和拓展的过程。所谓“现代性”是相对于“传统”（tradition）而言的，就是指在 17 世纪以来出现于欧洲并且随之向世界各地蔓延的一种现代社会的生活方式和组织方式。[①] 著名现代化理论家布莱克也对现代化和现代性做了类似的区分：现代性是指自然科学革命以来，人类在技术、政治、经济及社会发展诸领域发生迅速变革所显示出来的共同特性，而现代化则用于描述获得这些特征的过程。[②]

纵观两三个世纪以来世界各国发展的历史，我们会发现，无论是在先发展国家

---

① 黄平．吉登斯：结构化与现代性．国外社会学，1995（1）（2）．

② 布莱克．现代化的动力．成都：四川人民出版社，1988：11．

还是在后发展国家，也无论是在发达国家还是不发达国家，现代化是一个共同的主题和目标。

（一）现代化的含义

简单地说，所谓现代化就是从传统社会到现代社会转变的过程。这个看似简单的说法中包含着非常丰富的内涵，因为要科学地认识这一概念，必须面对这样一些基本的问题：何为传统，何为现代？传统与现代是一个什么样的关系？如何走向现代？要理解现代化，必须澄清一些认识上的误区，认识到：

第一，现代化是一个连续不断的历史过程。在近代科学技术发展的带动下，以工业革命和信息革命为主要形式，现代化构成了一个连续不断的历史过程。现代化作为一种过程而不是某些指标的堆积，是一种与前现代社会发展相比独具特色的发展过程。因此，对于世界上任何一个国家或社会来说，既不存在绝对的“传统”与“现代”之分野，更没有一劳永逸的现代化。

第二，现代化绝非“西方化”或“欧洲化”。现代化作为世界发展的潮流，在不同地区、不同国家的发展中显示出共同的特征。现代化绝不意味着发展中国家都要按照西方国家或发达国家的现代化模式发展，紧随其后，亦步亦趋。由于不同社会在前现代时期社会结构的差别、现代化进程的起点不同、内外环境的制约，实际上任何社会的现代化都不可能按照某种“普遍模式”推进。任何国家的现代化都是将普遍的现代化特征同本国的历史条件与文化传统有机结合的产物，都必须根据本国具体的、历史的内外条件，进行现代化建设。发展中国家应该、也必须学习发达国家在现代化过程中的经验，但这种学习不应当成为单纯的模仿。

第三，现代化是对历史传统既批判又继承的过程。从历史的延续性看，社会发展的任何一个阶段都是上一个阶段以至以前阶段的延续，但又是上一阶段和以前阶段的发展，截然分开或完全一致都实际上取消了发展。因此，没有一个绝对继承传统的现代化进程，也没有一个绝对拒绝传统的现代化进程。所有的民族都是重视和发扬本民族的传统的，而所有在现代化过程中取得一定成就的民族，也都是冲破了旧有传统的束缚的。离开了对传统的批判、改造、继承和发扬，任何民族的现代化都不可能顺利实现。

第四，现代化不等于工业化，而是社会结构体系协调发展的过程。经济增长确是现代化的中心和基础。没有社会生产力的发展，就不会有现代政治制度、组织形式和价值观念的发展，也就没有现代化。但现代化绝不等同于工业化和经济增长。工业化和经济增长仅是现代化和社会发展的一个方面。经济增长既不可能孤立地实现，也不能替代社会其他方面的发展。①

（二）现代化的内容

现代化作为一个相对于“传统”的概念，在不同地区有不同的具体实现路径和

---

① 郑杭生．社会学概论新修．3版．北京：中国人民大学出版社，2003：328－333．

衡量标准，但有些特征是具有共性的，了解这些特征有助于我们全面把握这一过程。

中国台湾学者杨国枢将其归纳为：（1）民主化；（2）法治化；（3）工业化；（4）都市化；（5）均富化；（6）福利化；（7）社会阶层流动化；（8）宗教世俗化；（9）教育普及化；（10）知识科学化；（11）信息传播化；（12）人口控制化；等等。[①]

郑杭生主编的《社会学概论新修》（第三版）侧重于从社会学的角度将现代化的特征概括为以下方面：（1）社会结构的日益分化和整合；（2）理性化；（3）科学技术在经济和社会发展中的重要意义；（4）经济持续而迅速的发展，包括用科学技术武装起来的现代经济不断而迅速递增、经济结构的改变、现代工业和现代农业相互促进、第三产业（服务业）在国民经济中占有越来越重要的地位，以及全体人民生活水平和生活质量的提高；（5）城市化，即城市人口增加、城市规模扩大、农村人口向城市流动以及农村中城市特质增加；（6）人的现代化；（7）全球化。[②]

西方现代化理论中也有诸多学者从不同侧面对现代化进行了描述，归纳起来主要有以下六种观点。[③]（1）社会结构变迁论。如美国社会学家勒纳认为，社会现代化就是社会的经济结构、政治结构、文化结构、分层结构和心理结构由传统性向现代性的转变。（2）工业化论。美国社会学家列维、穆尔等人强调工业化在现代化中的地位和作用。（3）科学技术变迁论。美国社会学家丹尼尔·贝尔（Daniel Bell）和阿尔温·托夫勒（Alvin Toffler）分别在《后工业社会的来临》（1973）、《第三次浪潮》（1980）等著作中，从“技术至上论”出发，把知识的扩张和科学技术的发展看作社会现代化的基本内容，直接从对科学技术发展的分析来预测产业结构、社会结构、家庭结构、生活方式、价值观念的变迁。（4）社会行为变迁论。美国社会学家帕森斯认为，社会现代化实质上就是人类行为模式的深刻变革。为此，他提出了人的行为的五个模式变项理论，这五个模式变项是：情感性与非情感性、特殊性与普遍性、先赋性与自致性、集体取向与个人取向、扩散性与专一性。在他看来，随着社会生活的现代化，非情感性、普遍性、自致性、个人取向和专一性行为将越来越占支配地位。（5）文化变迁论。如日本学者富永健一认为，对于像日本这样的非西方后发展社会的人们来说，接受和适应异质的文化是现代化过程中首先面临的问题。（6）社会整体变迁论。美国社会学家斯梅尔塞（Neil Smelser）把社会现代化看作一个传统社会试图进行工业化时在经济、政治、教育、传统、宗教等各个部门发生的一系列变迁，认为这是一场有计划的社会整体变迁。美国政治学家亨廷顿（Samuel Huntington）把现代化看作经济领域的工业化、政治领域的民主化、社会领域的城市化以及价值领域的理性化的互动过程。[④]

---

① 杨国枢．现代社会的心理适应．台北：巨流图书公司，1978：24.

② 郑杭生．社会学概论新修．3版．北京：中国人民大学出版社，2003：333－340.

③ 陈成文．社会现代化：一个概念的社会学考评．常德师范学院学报（社会科学版），1997（2）：1－7.

④ 亨廷顿．文明的冲突与世界秩序的重建．北京：新华出版社，2002：58.

总之，现代化作为一种生活方式及其体制从传统到现代的历史性更替，是一个综合的、多层面的、动态的概念，它包括社会、经济、技术和思想行为各个层面的协同变革与发展。现代化既是过程，又是人类追求的阶段性目标。

（三）现代化的类型

根据现代化的起源和原初动力的不同，现代化理论一般将通向现代化的道路大致划分为两种类型："一类是内源的现代化（modernization from within），这是社会自身力量产生的内部创新，经历漫长过程的社会变革的道路，又称内源性变迁（endogenous change），其外来影响居于次要地位。一类是外源或外诱的现代化（modernization from without），这是在国际环境影响下，社会受外部冲击而引起内部的思想和政治变革并进而推动经济变革的道路，又称外诱变迁（exogenous change），其内部创新居于次要地位。"[①] 此外，根据其他标准，对现代化类型还有一些划分方法，如根据起始时间的不同，可以划分为早发型现代化和后发型现代化。前者是指启动时间较早，在传统社会一统天下的格局下启动现代化的国家，如英、法等国；后者是指启动时间较晚，在现代化的全球格局基本奠定的时候才开始大规模现代化的国家，如第三世界国家。根据推动力量的不同，可以划分为自发的社会变迁和"有计划的社会变迁"，政府主导型现代化和社会自发型现代化，自上而下的现代化和自下而上的现代化等。

实际上，这些划分方式是有内在联系的。如早发型现代化国家，往往意味着其在起始动力上是内源性的，其推动力量是社会自发型的、自下而上的；而后发型国家，则往往意味着其起始动力是外源性的，其推动力量是政府主导型的、自上而下的"有计划的社会变迁"。当然，所谓的内源与外源、早发与后发、政府主导与社会自发、自上而下与自下而上等都只是相对而言的，而不是绝对性的。如从 18 世纪开始，国际接触和关系就已经开始了，严格地说，没有任何一个国家的现代化是完全内源性的，最多只能说它们的现代化主要来自自身力量产生的内部创新，而外来影响居于次要地位；也没有任何一个国家的现代化完全是外源性的，至多只能说它们的现代化主要来自国际环境的影响，而内部创新居于次要地位。又如，日本和俄罗斯，相对于西欧和北美就是后发型现代化国家；但相对于 20 世纪五六十年代才开始现代化的大批亚洲、非洲、拉丁美洲国家，又是早发型现代化国家。同样，任何一个国家的现代化都同时具有政府主导、自上而下与社会自发、自下而上两种因素，只是其中某一种因素占主导而已。

二、法律现代化的含义

法律现代化是现代化的重要内容，也是其他领域现代化的保障和推动力量。但

---

① 罗荣渠．现代化新论：世界与中国的现代化进程．北京：北京大学出版社，1993：123.

作为意识形态领域的现代化，法律现代化也有着与其他领域现代化的不同之处。

（一）法律现代化的概念

简单地说，法律现代化就是指从传统型法律到现代型法律的转化过程。在通常语境下，人们也习惯用“法制现代化”“法治现代化”或“法治化”等概念表达同样的意义。[①] 法律现代化的内涵，可以从这样几个维度去把握。[②]

第一，法律现代化与法律西方化的异同。从世界历史的角度来看，现代性的法律最初产生于西方发达国家，是伴随着早期工业化，以及思想、政治领域的大革命而逐渐发展、完善的。随着工业文明在全球范围内的传播和扩散，产生于西方的现代法律也通过强制或非强制的方式向非西方社会传播和扩散。因此，有学者将法律现代化看作西方法律从外部成长并走向世界的过程。但需要注意的是，这并不意味着法律现代化就是法律西方化，如同现代化并非西方化一样。每个民族、国家都有自己特殊的历史传统、法律文化，不可能完全抛弃这些而追求法律的西方化。

第二，法律现代化是一项系统工程，总是与其他领域的现代化联系在一起的。用系统论的视角来看，法律是社会大系统的一个子系统，其运行总是与其他子系统联系在一起的。法律现代化是社会整体转型的一部分，也是对社会整体转型的反映，其推进程度需要与政治、经济、文化、社会等其他子系统的发展程度相匹配。如与现代法律伴随着的通常是：在经济方面，从农业生产方式为主导的自然经济向以工业生产方式为主导的产业革命的过程；在政治上，从集权制度向大众参与的民主制度的转变；在社会结构上，从以角色先赋、初级群体占主导的乡村结构向功能高度分化的、复杂社会群体为主导的都市结构转变，从身份取向向平等人格和业绩取向转变。

第三，法律现代化意味着法律自身的某种变化，最突出的变化就是从农业社会的传统法律向工业-知识社会的现代法律的转变，从人治型价值、规范体系向法治型价值、规范体系的转变，具体说来包括：（1）传统法律以神灵或祖先的名义进行治理，宗教、世俗君主、部族或亲属系统成为支配法律的决定性力量，法律具有明显的宗教性、宗族性、团体性和个人意志色彩；现代法律则以国家或社会公共意志的名义进行治理，主权国家成为支配法律的决定性力量。（2）传统法律往往是政治权力的工具，而现代法律则是政治权力的约束力量。（3）传统法律注重维系和保持原有的生活方式和秩序，现代法律还是追求和推进社会进步的工具。（4）传统法律往往将社会成员依不同身份分为若干等级，并整合于家族、部族、等级等团体秩序中；现代法律则强调个人独立平等的地位。（5）传统法律的社会功能有限且单一，主要用于禁止人们做出有损社会的行为，而且在很多时候与宗教、道德混用；现代法律则是全方位地调整各种社会关系，成为社会生活方方面面的主导性调节手段，

---

① 严格来说，这几个概念是有区别的。如“法制现代化”就字面意思看，只是指法律制度的现代化，而“法律现代化”的含义宽泛得多；“法治化”是“法律现代化”的结果或目标。

② 蒋立山．法律现代化：中国法治道路问题研究．北京：中国法制出版社，2006：10-15，37-38.

对于个人实行“从摇篮到坟墓”的全程管理。(6) 传统法律倾向于强调实质正义和价值合理性，而现代法律则强调程序正义和形式合理性。当然，所有这些区分都是相对的、理想类型式的。

(二) 法律现代化的内容

人们常常把法律现代化理解为法律制度的现代化，即将法律现代化等同于法制现代化，这是有失偏颇的。法律现代化包括从精神到器物在内的各个层面的全面现代化，具体来说包括法律精神的现代化、法律制度的现代化、法律技术手段及物质设施的现代化。所谓法律精神的现代化，是指立法的理念、法律的价值、人们的法律意识等都是现代的、先进的；所谓法律制度的现代化，是指法律规范体系是现代的、体现时代精神的；所谓法律技术手段和物质设施的现代化，是指立法、执法、司法等法律实施过程中涉及的法律技术手段是先进的、高效的，法院、检察院等法律机构及其设施是现代的、高效的。只有这三个层面同时达到了一定的水平，我们才能说法律的现代化实现了。

法律现代化的重心是法律精神的现代化和法律制度的现代化。而法律精神的现代化又是该重心中的关键，具体法律制度的现代化不过是法律精神现代化的反映和必然结果。只有法律精神的现代化以及在其推动、促进之下的整个法律制度的现代化，才是真正意义上的法律现代化。法律精神的现代化主要涉及法律生活的主体，即人，是人对法律的基本观念、意识、信仰和态度的符合现代文明发展要求的转变过程，具体来说包括主体-公民意识、权利-义务观念、平等自由观念、法治观念。[①] 相比较而言，法律技术及物质设施的现代化是比较容易实现的，只要经济水平达到了一定的程度，很容易提升；法律制度的现代化也比较容易，通过移植发达国家的法律制度就可以很快实现制度层面的现代化。但是要真正实现法律现代化，仅仅靠这些技术、物质、纸面的规则是远远不够的，只有法律精神现代化了，才能使现代化的法律制度真正落到实处，变成实践中的现代秩序，才是真正意义上的法律现代化。

三、法律现代化类型

作为现代化的一个重要组成部分，法律现代化也可以根据不同的标准划分为不同的类型，通常有二分法、三分法和四分法等几种划分方法。[②]

(一) 法律现代化的二分法

根据法律现代化的起始时间，可将其分为早发型法律现代化和后发型法律现代

---

① 吕世伦，姚建宗．略论法制现代化的概念、模式和类型//公丕祥．法制现代化研究：第 1 卷．南京：南京师范大学出版社，1995：13－15.

② 蒋立山．法律现代化：中国法治道路问题研究．北京：中国法制出版社，2006：43－50.

化；根据法律现代化的动力来源，可将其分为内源性法律现代化和外源性法律现代化。因其二者之间的对应性，可合称为早发内源性法律现代化与后发外源性法律现代化。

吕世伦等人对此有简练的概括：早发内源性法律现代化，是指在内部社会需要的基础上，通过自发的或自觉的对法律精神、法律制度和法律体系的渐进变革所实现的法律现代化，由于不存在外部压力，其动力源自社会内部，因而这是一种主动型或曰积极型法律现代化模式，西欧各国和美国的法制现代化模式可以归入此种模式；后发外源性法律现代化，主要是在一国内部社会需求软弱或不足的情况下，由于外来因素的冲击和强大压力，而被迫对法律制度和法律体系所实行的突破性改革，一般说来，这种法制现代化根本没有或很少在法律精神（观念或意识）方面实现真正的现代化转变，因而是一种被动型或消极型现代化模式，属于第三世界的各个欠发达国家的晚近的法制现代化当是其典型，中国清末的修律和日本的明治维新的变革亦可归入此类。①

（二）法律现代化的三分法

以上二分法的区分对认识不同起始时间、不同推动力量的法律现代化的不同特点是很有洞察力的，但这种划分容易抹去后发外源型法律现代化这一类型内部的差异性，比如说日俄两国的法制现代化、非洲等原殖民地国家的法制现代化以及中国等原半殖民地国家就有很大的区别。法律现代化的三分法就是在二分法的基础上，将后发外源型法律现代化国家进一步区分为冲击-反应型的法律现代化和殖民化-独立型的法律现代化。

冲击-反应型的法律现代化是指一个落后的法律系统因受到较先进的法律系统的冲击而出现转变，从而走上法律现代化道路。这种类型的法律现代化从起始时间来看，是在英国、法国等西欧国家及北美等早发现代化国家之后；从其变革动力来看，是因为受到早发现代化国家的冲击，感受到民族落后的深刻危机。但是，由于它们反应及时、应对有力，很快走上了法律现代化的道路。这种类型的典型是日本和俄罗斯。

殖民化-独立型的法律现代化是指一个较强势的法律文明对相对弱势的法律文明的冲击而导致该民族或地区沦为殖民地，从而经过强制性的法律移植走上法律现代化道路。这种模式的法律现代化有以下特点：第一，其起点是宗主国的强制性法律移植；第二，民族独立与解放运动成为其从被动现代化到独立自主的法律现代化转变的关键性标志；第三，由于强制性法律西化、法律殖民化的历史，原有法律传统在不同程度上灭失或衰败；第四，长期存在法律的形式合理和价值合理的尖锐矛盾。这种模式主要出现在拉丁美洲、非洲和一些亚洲国家和地区。

① 吕世伦，姚建宗．略论法制现代化的概念、模式和类型//公丕祥．法制现代化研究：第1卷．南京：南京师范大学出版社，1995：13-15.

三分法的意义在于揭示出有着殖民化历史的发展中国家的法律发展的独特性，并与半殖民地半封建的近代中国的法律发展情况区分开来。

(三) 法律现代化的四分法

四分法是按照工业化、政治转型（市民革命）、帝国主义和法律变革四个范畴相结合并以历史时间演进为线索所做出的“法律现代化的代际划分”。

第一代国家以英国和法国为代表，法律现代化以政治转型（市民革命）为先导和主要动力，以后来展开的工业化为后继动力，并在国际生活中起到了作为帝国主义扩张工具的作用。

第二代国家以德国和俄国为代表，法律现代化以不彻底的政治转型为先导，以工业化为主要动力，最终成为帝国主义扩张的工具。

第三代国家以日本和中国为代表，法律现代化以抗拒殖民化和实现工业化为主要动力，伴随着不彻底的、短暂的和局部的市民革命。但由于两国统治者心理准备和其他条件不同，日本最终从殖民化的阴影中走出来了，一跃成为后起的帝国主义国家，其不彻底的法律现代化成为帝国体制的一个组成部分，近代中国则没有抓住历史机遇，沦为所谓的“第四代国家”。

第四代国家是其他在19世纪末未能完成工业化的国家，它们的法律现代化明显分为两个阶段：第一阶段是殖民地或半殖民地时期，法律现代化以法律的殖民化为开端，并成为国家（民族）殖民化的制度基础；第二阶段是民族或国家独立阶段，法律现代化以民族独立或政治革命为先导，以工业化为主要动力，多数国家还伴随着依附性发展，西方意义上的市民革命即政治转型可能还要在工业化完成之后才完全实现。

第二节 法律移植与法律现代化

如果从清末修律算起的话，中国的法制现代化的历程已经走过一个多世纪了。在这一个多世纪中，中国法律变革的主旋律一直是法律移植，即从国外引进所谓先进的法律。从晚清政府到北洋政府到国民党政府，一直到中华人民共和国成立之后莫不如此。

一、法律移植的内涵

“移植”（transplant）这个概念最通常的用法是用于指植物学的植株移植和医学上的器官移植，其主要含义就是把一个有机体的整体或部分植入另一个有机体之中。作为一个现代法学概念，法律移植正是借用了这一植物学和生物学的概念，在其前面加上“法律”一词来表示某一国家、地区或民族移植其他国家、地区或民族法律的做法。

不同的学者从不同角度对这一概念进行了界定。多数学者将法律移植界定为异质法律在异质时空中的转换，比如，英国法律史学家阿兰·沃森（Alan Watson）认为，法律移植就是“一条规则或者一种法律制度自一国向另一国或者自一个民族向另一个民族的迁移（moving）”[①]。德国著名法学家莱茵斯坦（Max Rheistein）认为，法律移植是指“在一种法环境中发展的法秩序在与此不同的法环境中有意识地得到实施的现象”[②]。沈宗灵认为，法律移植是指“特定国家（或地区）的某种法律规则或制度移植到其他国家（或地区）”[③]。也有学者强调法律移植不仅是一个单纯的物理位移的过程，而特别突出其移植后的功能和效果。比如，何勤华认为，法律移植是指“将一个外国的法律制度、法律原则和思想、学说吸收到国内来，融入中国本土的制度、原则、思想和学说之中，成为我们自己的本土资源，并予以看待，加以运作实施”[④]。张文显认为，法律移植是“在鉴别、认同、调适、整合的基础上，引进、吸收、采纳、摄取、同化外国的法律（包括法律概念、技术、规范、原则、制度和法律观念等），使之成为本国法律体系的有机组成部分，为本国所用。法律移植的范围，一是外国的法律，二是国际法律和惯例，通称国外法”[⑤]。我们同意后一种界定，当我们在讨论法律移植时，无论是谈其意义还是谈其可行性，或是谈其他相关话题时，都不仅仅是在谈一个单纯的物理位移过程，而总是包括其移植后的实际功能和效果。

从内容上看，法律移植是一个全方位的过程，而不仅仅指法律制度的移植。如何勤华认为，法律移植包括法律观念、法律体系、法律制度、法律原则、法律概念与术语、法律教育、法律职业等内容。[⑥] 中国台湾学者戴东雄认为，“凡是具体的法律客体，均得为继受的对象”，包括法典、判例法、法律学说，甚至习惯法，以及抽象的法律思想也不例外。[⑦] 概括起来，法律移植包括这样几个方面：法理移植、立法移植和司法移植。所谓法理移植是指对其他国家或地区法律精神、法律理念、法律原则、法律原理等方面的移植；立法移植是指对其他国家或地区的法律制度、立法技术等方面的移植；司法移植是指对其他国家或地区的司法体系、司法技术的移植。

从移植方式来看，法律移植的模式可以归纳为三种类型：一是借鉴模式，即在本国没有与之相关的传统基础上，照搬照抄西方的法律规则与体系，并直接适用于本国。二是机械移植模式，即在本国已有与之相关的传统基础上移植外国法律，但

---

① 沃森．法律移植论．比较法研究，1989（1）：61－65.

② 韩大元．亚洲立宪主义研究．北京：中国人民公安大学出版社，1996：43.

③ 沈宗灵．论法律移植与比较法学．外国法译评，1995（1）：1－7.

④ 何勤华，李秀清．外国法与中国法：20世纪中国移植外国法反思．北京：中国政法大学出版社，2003：618.

⑤ 张文显．继承·移植·改革：法律发展的必由之路．社会科学战线，1995（2）：9－17.

⑥ 同④631.

⑦ 戴东雄．中世纪意大利法学与德国的继受罗马法．台北：元照出版公司，1999：2.

移植的法律与本土传统耦合性不佳。三是有机移植模式，即在传统的基础上对外国法律进行移植，这种移植肯定了传统文化在法律实践过程中的价值与作用，同时对外来的法律进行了相应的改造与修正，使其符合本土的传统与观念。[①]

二、法律移植的必要性

在法律移植论者看来，后发型法律现代化国家从早发型法律现代化国家移植比较成熟的法律是非常必要的。他们主要从以下方面论证这一判断。

第一，满足社会快速增长的法治需求。在我国，随着市场经济体制的确立和逐渐完善，人与人之间以及各社会主体之间的关系空前复杂化，需要一整套与之相配套的法律制度。如有学者所分析的那样，"规则的稀缺和社会政治经济发展对规则的强烈要求，使得中国的法制建设必然首先是改变'无法可依'的状态。在需要通过立法创造某些制度以实现政策目标时，法律移植是最有效的手段，成为创造法律秩序和促进社会进步的方式"[②]。

第二，发挥后发优势，减少探索成本。所谓"后发优势"是指后发展国家可以利用先发展国家现有的经验、技术，从而减少探索的成本。比如说，市场经济对于中国来说是个新生事物，但西方国家则有着几百年的实践，它们积累了大量的管理经验。这样，我们就可以将西方国家比较成熟的规范市场经济的法律移植过来，为我所用，从而大大节约了从头开始摸索的成本。正如有分析者认为的那样，世界各国的法律现代化都必然包含市场经济、民法、民法观念（自由、平等、权利神圣）三大要素，它们是由西方民族率先确立的，是西方人民奉献给整个人类的文明成果。所以，对于后起的现代化国家和民族，法律现代化的主要内容为移植西方法律也应是势所必然。[③]

第三，适应全球化趋势，促进了人类法律文化的交流和沟通。近代以来，国际交往越来越频繁，这需要不同文化之间加强交流。近年来，全球经济一体化的趋势越来越明显，越来越多的全球事务需要一个统一的法律规范，法律要与国际接轨的呼声越来越高。而法律移植对于不同法律文化之间的交流与沟通，对于法律规则的国际化，都有促进作用。

三、法律移植的可行性

在法律移植论者看来，法律移植不仅是必要的，而且也是可行的。这种可行性主要是基于以下理由。

第一，法律具有相对的独立性和规律性。虽然说法律是社会的产物，但法律作

---

① 郭星华，何铭灏．从机械走向有机：法律移植的本土化调适．新视野，2020（3）：107－113．

② 信春鹰．法律移植的理论与实践．北方法学，2007（3）：5－13．

③ 郝铁川．中国法制现代化与移植西方法律．法学，1993（9）：3－6．

为一种特殊制度形式，还是具有一定的独立性和自身的规律性的。这主要表现在：法律面前人人平等、罪刑法定等基本的法律原则；反映商品经济、市场经济、民主政治一般规律的法律原则和规范；关于公共事务管理的法律规定，如涉及交通、环境保护、资源、人口、水利、卫生等技术性规范；一些基本的法律概念、术语，立法、执法、司法程序、法律解释方法、法律机构设置等。这些法律的共性因素使得法律跨社会移植成为可能。

第二，市场经济的内在一致性与趋同性。当今世界，绝大多数国家和地区的经济组织形式都是市场经济，尽管在不同国家，市场经济的具体形式可能不尽一致，但其核心理念是一致的，其运行的方式也是大体相似的。而且，随着经济全球化的发展，越来越多的国家和地区被卷进了全球市场，面对着共同的经济环境。因此，在成熟市场经济国家中有效的法律制度，在其他国家也应该能够在一定程度上发挥有效的规范、约束作用。

第三，法律移植是法制建设的普遍经验。沃森曾说："移植某一法律制度的个别或大部分条文是极其普遍的现象"，"事实上，移植是发展的最富成果的源泉"[①]。通观世界法律史，不乏法律移植成功的例子。比如，大革命后，法国对罗马法的继承或移植就相当成功，以罗马法为蓝本的《法国民法典》对法国社会产生了非常重要而深远的影响，以至于拿破仑将其看作比无数次战争征服更为值得骄傲的成就；继而，《法国民法典》又被欧洲大陆国家纷纷效仿。又如，古代日本对中国法的移植，明治维新时期的日本对欧洲大陆法的移植，第二次世界大战之后的日本对美国法的移植等。

四、我国法律移植的实践历程

在过去的一个多世纪当中，中国法律现代化实践的历史就是一部法律移植史。这一过程大致可以划分为四个阶段。

第一阶段，清末的法律移植。20世纪初，清政府在内外交困之中，为了挽救岌岌可危的统治，启动了一场轰轰烈烈的法律移植运动，具体举措包括派人出国考察、翻译国外法律著作、聘请外国专家、制定新法。1902年，修律的专门机构——修订法律馆设立，沈家本、伍廷芳为修律大臣。经过几年艰苦卓绝的努力，先后修订出《钦定宪法大纲》《大清新刑律》《大清民律草案》《大清刑事诉讼律草案》《大清民事诉讼律草案》《大理院审判编制法》《各级审判厅试办章程》和《法院编制法》等一系列法律规范。这些法律主要以德国和日本的法律作为移植母体，基本上在制度层面形成了近代法律体系的雏形。因为清政府的迅速倒台，这些新律大多没有来得及实行就夭折了。但这场前所未有的法律移植运动为中国的法律现代化奠定了初步的基础，并开启了中国法律现代化的闸门。

---

① 赛德曼．评阿兰・沃森的《法律移植：比较法的方法》．中外法学，1989（5）：58－61.

第二阶段，民国时代的法律移植。民国时代，无论是哪种政权当政，都没有停下法律移植的步伐。临时政府虽然只存在了短短几个月，但其法律移植的影响却不可忽视。这一时期，借鉴美国、日本、德国等国家的宪法，制定了《中华民国临时约法》等法律，构建起了一个效仿英美的共和体制。① 1912—1927 年的民国是军人专政时期，这一时期的法律移植主要是在晚清新律的基础上继续编撰新的法律，如在《大清民律草案》基础上继续编纂民法典，在《大清新刑律》的基础上修订成《暂行新刑律》，还拟定了两个刑法草案。南京国民政府更加重视法律移植工作，其最重要的成果就是明显效仿日本的《六法全书》的完成。有学者这样评价："以宪法、民法、刑法、民事诉讼法、刑事诉讼法、行政法为主干的六法体系的形成，标志着以现代法律理论为指导，具有现代特征的法律制度在中国的最终确立，开始于清朝末年的跨国法律现代化进程得以初步完成。"②

第三阶段，中华人民共和国成立前后的法律移植。中华人民共和国成立前，无论是在土地革命时期的工农民主政权，还是抗日民主政权、解放战争时期的解放区，都对旧的法律制度进行了根本性的改造，出台了《中华苏维埃共和国宪法大纲》《陕甘宁边区宪法原则》等一些法律规范。这一时期的法律，无论在形式上还是在内容上，都大量借鉴了苏联的法律。中华人民共和国成立之初，我国的法律移植也主要是以苏联为母体，不仅从苏联移植过来了基本的法律体系和大量的法律制度，而且还照搬了不少法学术语，甚至连政法教育机构的设置、政法院校的课程设置和教材体系亦模仿苏联模式。

第四阶段，改革开放后的法律移植。改革开放后，我国法律移植进入了一个新的阶段。这一时期，由于社会主义市场经济体制的逐渐确立，社会对法治的需求空前巨大，大批法律被迅速移植过来。这一时期，法律移植的母体更加广泛，既包括欧洲大陆国家、英美国家，也包括日本。在过去 40 年中，中国的法制建设取得了很大的成就，单从制度层面上看，中国特色的现代法律体系已基本形成。但是，这并不意味着中国的法律现代化完全实现了，因为从文字的法律到现实生活中的秩序，还有很长的一段路要走。

五、对法律移植的反思

其实，在过去的一个多世纪中，对于究竟是要移植西方法律还是要延续中国流传几千年的法律文化传统，争论一直不绝于耳，观点甚至水火不容。且不说清政府保守派的"祖宗之法不可变"、洋务派的"中体西用"与维新派的"西化"之争，单单是知识分子内部的争论就从来没有停止过，比较著名的有新文化运动时期《新青年》派与《东方》派的争论，五四运动后 20 世纪 20 年代的东西文化之争，30 年

① 饶传平．"得依法律限制之"：《临时约法》基本权利条款源流考．中外法学，2013（4）：718－735．

② 张晋藩．中国法律史．北京：法律出版社，1995：588．

代的“本位”与“西化”之争，以及20世纪末“法律移植”派与“本土资源”派的争论。固然，从社会的立法实践来看，虽然法律移植的大潮从没退却过，但这种争论却从来没有停止，而且总是以不同的面目出现，旷日持久，难分胜负。对法律移植的反思，主要基于以下理由。

第一，从法律的本质来看，法律不过是一种“地方性知识”，基于维持一个地方的秩序而总结出来的“经验”，不一定对另一个地方也有效果。如启蒙思想家孟德斯鸠所说：“为某一国人民而制定的法律，应该是非常适合该国人民的；所以如果一个国家的法律竟能适合另外一个国家的话，那只是非常凑巧的事。”① 美国著名法学家罗伯特·B. 赛德曼及其夫人安·赛德曼，通过深入的经验研究提出了“法律不可移植规律”，他们指出：“实际上，移植中国香港法律到深圳也是不可能的。”② 法律并不是权威的唯一形态，更不是秩序的唯一源泉，每一个地方都有着其维持自身秩序的权威，都有着内在秩序。如果硬是要移植一个外来的法律，有可能不仅无法获得新的秩序，反而破坏了既有的秩序，徒生混乱。

第二，从法律文化来看，中西法律自古属于两种不同的法系，无所谓优劣，绝不能无视自己的传统，削足适履。在人类几千年的法律文明历程中，中华法系是与印度法系、伊斯兰法系、大陆法系、英美法系并列的五大法系之一。③ 自然，中西法律文化是有很大差异的，这种差异源于各种社会性质、生活方式以及社会成员的法律意识的不同，是无所谓优劣的。如果硬是把另一种法律文化移植过来，那无异于削足适履，必定会造成两种文化之间长期而激烈的冲突。

第三，从法律移植的实践经验来看，中国移植了大量的西方法律，但真正达到预期效果的很少。近代以来，中国曾经从德国、日本、英国、美国、苏联等各种传统的国家进行了大规模的法律移植，但从实践效果来看，基本都不成功。④ 改革开放以来，特别是20世纪90年代以来，各种法律如雨后春笋般地被移植进来，但从总体上来看，其实际效果并不理想，国家法律与民间规范的冲突广泛存在，使人们无所适从，大量的法律规避使得很多法律形同虚设。

基于以上反思，一些学者主张从自身的法律传统和社会实践中发掘法治的本土资源，以更好地推动法律现代化。这种观点的典型是朱苏力的本土资源论。这里所谓的“本土资源”并没有一个准确定义，而是泛指一个国家、民族或地区的人们给予特殊的自然、政治、经济、文化背景及社会实践所形成的关于合作、规则、秩序的共性认识。朱苏力提出这一概念，是为了强调不能脱离中国社会的特殊国情，而仅仅按照某个理想或外在的模型来立法。他还特别强调本土资源并不仅仅是历史传统，更是当下社会实践中的智慧。他说：“寻求本土资源，注重本国传统，往往容易被理解为从历史中去寻找，特别是从历史典籍规章中去寻找。这种资源固然是重

---

① 孟德斯鸠．论法的精神：上．北京：商务印书馆，1982：6.

② 罗伯特·B. 赛德曼，安·赛德曼．评深圳移植香港法律建议．比较法研究，1989（3-4）：1-13.

③ 达维德．当代主要法律体系．上海：上海译文出版社，1984：27.

④ 范忠信．中国法律现代化的三条道路．法学，2002（10）：9-14.

要的，但更重要的是要从社会生活中的各种非正式法律制度中去寻找。研究历史是借助本土资源的一种方式，但本土资源并非只存在于历史中，当代人的社会实践中已经形成或正在萌芽发展的各种非正式的制度是更重要的本土资源。”[①] 这一理论提出后引起了激烈而持久的讨论，赞成者和批评者继续围绕法律移植和开掘本土资源这两条法律现代化道路争论不休。

那么，这种连绵不绝的争论背后的深层逻辑究竟是什么？法律的移植与本土的文化究竟是一个什么样的关系？我们在实践中究竟又应该怎样处理这种种矛盾和冲突呢？接下来我们将从法律的现代性和地方性这双重属性及其冲突入手对此展开分析。

第三节　法律现代性悖论

一、法律现代性的逻辑

按照马克斯·韦伯的逻辑，西方现代法律体系的形成过程就是一个经由“祛魅”而逐渐理性化的过程，所谓法律的现代性也就是法律的形式合理性、程序严密性和技术的精确化。他在《法律与社会》中对于西方法律的发展过程做了如下概括：“在这当中[②]，法的形式的品质从原始法律过程中的受魔法制约的形式主义和受默示制约的非理性的结合体发展起来，可能是经由受神权政治或世袭制度制约的、实质的和无形式的目的理性的曲折道路，发展为愈来愈专业化的、法学的即逻辑的理性和系统性，而这样一来——首先纯粹从外表观察——就发展为法的日益合乎逻辑的升华和归纳的严谨，以及法律过程的愈来愈合理的技术。”[③]

韦伯对西方现代法的这种概括是与法律的“古典正统”对法律的普适性、绝对性、科学性的强调相一致的。[④] 对“古典正统”的代表人物兰德尔来说，法学应该和希腊传统的欧几里得几何学（Euclidean geometry）一样，从有数的几个公理（axioms）出发，凭推理得出真确的定理（theorems），尔后通过逻辑而应用于所有案件的事实情况。

他们之所以对法律的形式如此推崇，是与西方现代法确立初期所秉承的法律形式主义密切相关的。法律形式主义将法律看成一个完全自主和封闭的体系，其发展只有通过其“内在的动力”才可以理解；法律思想和法律行为具有绝对的自主性，完全不带有任何社会决定的色彩。这种法学理路的代表即诞生于19世纪下半叶并深受社会学家孔德的实证主义直接影响的分析实证主义法学派。法律实证主义试图

---

① 苏力．法治及其本土资源．北京：中国政法大学出版社，1996：14.

② 指他前文描述的法律的发展过程中。——引者注

③ 韦伯．法律与社会：下卷．北京：商务印书馆，2004：201.

④ 黄宗智．中国法律的现代性？//清华法学：第10辑．北京：清华大学出版社，2007.

将价值考虑排除在法理学科学研究范围之外，并把法理学的任务限定在分析和剖析实在法律的范围之内，主要关注的是分析法律术语，探究法律命题内在逻辑上的相互关系 。比如，该学派的奠基人约翰·奥斯丁（John Austin）认为法理学乃是一种独立而自足的关于实在法的理论，所关注的乃是实在法或严格意义上的法理，而不考虑这些法律的善与恶。凯尔森（Hans Kelsen）更是极端地把法律视作“在一个封闭且密封的容器中一般”，甚至主张建立一种“法律的纯粹理论”，只关注法律的形式和结构，而不管它的道德内容和社会内容；只考察法律制度，而不考虑其间的法律规范是否正义；力图尽可能彻底地把法哲学同其他学科，如心理学、社会学、伦理学等学科区分开来。①

从西方国家的历史来看，法律的发展是一个法律现代性逐渐成长的过程。正因为法律现代性意味着法律的高度形式化、理性化甚至公式化，所以现代法律具有普适的可能——法律无非是一些形式化的规则体系，而这些规则体系是无须用文化和价值去衡量的，或其本身是不包含文化和价值的因素的，因此，它不光在其发源地能够发挥功能，搬到任何地方都是同样的效果。从19世纪末开始，非西方国家相继将现代化作为本国追求的目标，以至于现代化成为一种新的意识形态②，而法律现代化——法治化——又是现代化最为核心的内容之一。在这样一种语境下，法律的现代化就是这种法律的现代性逐渐由法治国家向其他国家扩散的过程。这样，法律的移植就不仅仅取得了正当性，成为可能，而且还成了后发国家法律发展的必然选择。这正是法律移植背后的理论逻辑。

但是，假如我们跳出这种思维的模式，从实践出发来审视我们法律移植的实际效果，就不难发现这种推理的“乌托邦”性。从中国的实践来看，在过去的上百年中，在不同的阶段，我们分别移植了日、德、英、美、苏等国的法律体系，但结果是几乎无一达到我们的理想预期。这就不得不促使我们对这一法律现代性的逻辑甚至整个现代性的逻辑本身进行反思了。

二、法律地方性的逻辑

实际上，随着思想领域后现代主义的兴起，各个学科对现代性的反思已经不罕见了。对于法律现代性最为有力的反驳当数法人类学家吉尔茨了。针对这种法律现代性霸权的盛行，他旗帜鲜明地提出：“法律和民族志，一如航行术、园艺、政治、诗歌，都是具有地方性意义的技艺，因为它们的运作凭靠的乃是地方性的知识。”③

---

① 博登海默．法理学：法律哲学与法律方法．北京：中国政法大学出版社，1999：116-117.

② 参见雷迅马．作为意识形态的现代化：社会科学与美国对第三世界政策．北京：中央编译出版社，2003：113。雷迅马在该书中指出：“现代化理论往往远不只是一套被用来产生特定结果的分析性和操作性工具，它也是一种在各种相互强化的观念之间建立联系的意识形态。”

③ 吉尔茨．地方性知识：事实与法律的比较透视//梁治平．法律的文化解释．北京：三联书店，1994：73-172.

吉尔茨认为法律是作为共同体社会生活事实的提炼而成的规则和制度，是带有语境化的社会生活方式和共同体组织形式。任何一种法律都只是当地文化的产物，离开了其得以产生的“地方”，也就失去了其价值。

“法律是一种地方性知识”这一命题体现了法律和法治理论的范式转换，同时也是反思自古希腊历经古典自然法学派对法律普适性和正义终极性追求的一种现代性反动。而且，吉尔茨认为，政治、地理、社会、经济、文化等方方面面的因素都在阻止法律移植，正如孟德斯鸠所说，“法律应该同已建立或将要建立的政体的性质和原则有关系；不论这些法律是组成政体的政治法规，或是维持政体的民事法规。法律应该和国家的自然状态有关系；和寒、热、温的气候有关系；和土地的质量、形势与面积有关系；和农、猎、牧各种人民的生活方式有关系。法律应该和政制所能容忍的自由程度有关系；和居民的宗教、性癖、财富、人口、贸易、风俗、习惯相适应。最后，法律和法律之间也有关系，法律和它们的渊源，和立法者的目的，以及作为法律建立的基础的事物的秩序也有关系”①。

民俗学的研究也支持这一观点。20 世纪初，德国民俗社会学家萨维尼就提出了类似的观点，他认为，法律深深地植根于一个民族的历史当中，是民族精神的最重要的体现方式之一，它“就像语言一样，不是任意的、故意的意志的产物，而是缓慢的、有机的发展结果”，是民族精神中无意识的、无名的、逐渐的、非理性的力量的发散。因此，立法者应该做民族精神的真正代表，而不应该通过立法来改变社会规则的自然演进过程。② 跟他同时代的另一个民俗学家萨姆纳则更明确地提出，法律是建立在民俗的基础上的，他的一个重要命题就是国家立法不能改变民俗(stateways can not change folkways)。他说一个社会中的某种社会风尚（mores）能够得到普遍遵守，它就会发展成为正式的法律。因此，立法条例源于社会风尚，立法必须在现存的社会风尚中寻求立足之地，立法如果要做到难以破坏，就必须与社会风尚相一致。③

无疑，吉尔茨等人的理论对于我们反思今天中国的法治状况是有警示意义的。如同我们前面提到的那样，近百年中国的法律发展史就是不断地移植西方法律的历史，特别是近 30 年更是达到了无以复加的地步。但是又有多少法律真正地深入人心、得到了认同呢？正因为这样，20 世纪 90 年代出现了以梁治平为代表的“法律文化学派”和以朱苏力为代表的“本土资源学派”。他们吸取了吉尔茨等人的思想资源，认为西方的法律并非普适的，在法治化进程中，必须注重利用中国本土的资源，注重中国法律文化的传统和实际。

---

① 孟德斯鸠．论法的精神：上．北京：商务印书馆，1982：7.

② 科特威尔．法律社会学导论．北京：华夏出版社，1989：24.

③ TREVINO A J. The sociology of law：classical and contemporary perspectives. New York：St. Martin Press，1996：30－33，50－54.

三、法律现代性悖论

分析至此，似乎表明吉尔茨等人的观点更具有逻辑和现实方面的说服力。但是如果我们仅仅停留于法律是一种地方性知识的认识的话，那又如何解释现实中那么多的法律移植现象呢？如果真如吉尔茨所言，不同地方的法律是完全不可通约的，甚至只能通过“从当地人的眼光出发”（from the native's point of view）去“深描”（deep description）其细微之处才能达成理解的话，那么法律移植又如何可能呢？再则，如果法律真是一个自洽的地方性的文化体系，那又有什么移植的必要呢？

很明显，我们陷入了一个两难的困境：一方面，形式主义的法学家们认同的现代性的法律是一个普适的价值体系，并不包含什么特殊的文化和价值体系，是任何法律发展的必然方向。如果说这种类型的法律最初出现在西方，那也只是某种程度的偶然。在法律现代性这个问题上争论的实质是古今之争，而非中西之争。只有现代性的法律和前现代性的法律之分，而没有这些法律是中国的还是西方的之分。如果这种特质的法律碰巧首先产生于中国，那么其他不具有该特质的国家同样要存在一个目前中国所经历的法律移植的过程。[①] 因此，法律发展的一个必然趋势就是法律现代性的扩散，即非法治国家通过法律移植形成现代性的法律。另一方面，法人类学家们则是从文化相对主义的视角认为法律是一种地方性知识。既然是一种地方性知识，那就不具有普适的品质和推广的价值。循着这一理路，任何法律的移植都是荒唐的。前者无法解释为什么移植而来的法律要在本国得到认同是那么的困难；而后者则无法解释为什么法律具有移植的必要和可能。

之所以形成这一解释上的鸿沟，原因在于其各自的解释视角：形式主义法学家们沉溺于法律内在的概念结构，而无视法律得以生存的外在环境；而人类学家们则是沉溺于文化的内在结构，文化是长期形成的，不同文化的内在结构自然也是全然不同的，因此不同文化下产生的法律也只能是地方性的。其实，这两者都是从内在的视角来分析法律现象，一个是从法律的内在视角出发，一个是从文化的内在视角出发，因此都无法克服法律现代性的逻辑悖论。如果跳出内在性的视角，从一个更加开放的视野[②]去理解法律的逻辑，我们就会发现对于后发性法制现代化国家来说，其法治的发展正是现代性与地方性相互建构、彼此形塑，最终形成新的法律传统的过程。这样的思路很容易走向空洞的折中主义，因此，我们认为问题的关键在于阐明这种相互作用的过程究竟是什么样的，互构的机制是什么，冲突的逻辑是什么，而在实践当中，我们又应该如何面对其中的冲突，理顺其中的关系。

---

① 高鸿钧．无话可说与有话可说之间：评张伟仁先生的《中国传统的司法和法学》．政法论坛，2006（5）：98－109．

② 这种开放的视野主要是指我们不要沉溺于概念的想象和建构，而要更多地将法律看作嵌入在社会之中的一个“活”的规则体系；不要受太多的固有的思维模式的桎梏，特别是文化绝对主义、法律形式主义等所谓“主义”的制约，而要从社会生活的实践出发洞察法律运作的内在机理。这样，我们就会发现在现实社会中，法律的发展并不是严格按照哪一个固有的目标直线前进的，更多的是一种复杂的冲突与互动过程。

第四节　转型期我国法律的现代性与地方性

一、法律现代性与地方性的关系框架

考察中国当前的法治现状离不开两个大的背景。第一，现代化。中国是一个冲击-反应型的后发外源性法律现代化国家，既不同于早发内生型法律现代化国家，也不同于“殖民化-独立型”的法律现代化国家，其法律体系一方面主要是来自外来文化，但另一方面又受到本土文化传统的深刻影响。第二，社会转型。即中国社会正在从一个传统的、自然经济和计划经济占主导的社会向现代的、商品经济和市场经济占主导的社会转型。当然，广义来说，二者是有相互交叉关系的，但我们之所以将其分开表述是因为我们这里是从两个不同的维度来谈的。在当下世界格局当中，现代化其实已经变成了西方化甚至美国化的代名词，因此，我们这里谈的现代化实际上是从中西维度来把握中国法制建设背景的，而社会转型则更多的是从中国自身过去、现在和将来这样一个时间的维度来把握中国法制建设背景的。

处于这样两个大的社会和历史背景之下的中国法律系统[①]实际上是三个因素相互作用的产物：外来法律，主要是以英美为代表的西方法律；传统法律文化，包括民间的信仰、伦理、习俗等；社会现实，包括社会转型实践和我国特有的制约因素（如人口、资源、环境等涉及国家战略的因素）。这三个因素也构成了现代性与地方性互动的框架。这一框架可以用图 9-1 表示。

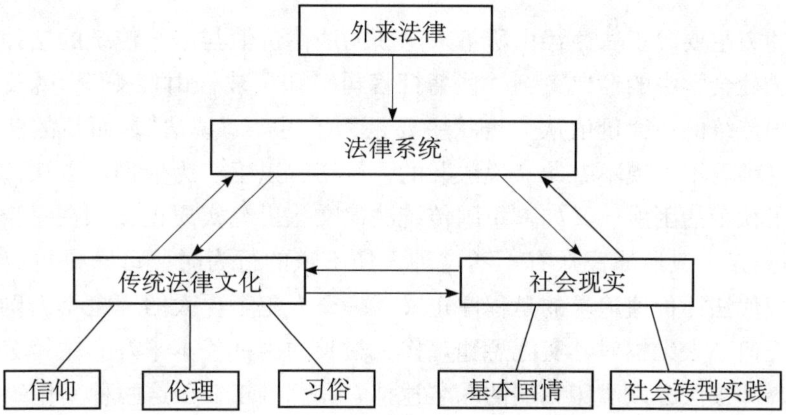

图 9-1　现代性与地方性互动的框架图

从图 9-1 可以看出，社会现实、传统法律文化和外来法律的互动过程是这样的：（1）社会现实发生了某种新的重大变动，使得新的关系调整需求产生了，进而

① 我们这里使用“法律系统”这个词，是表明我们的分析不光是囿于法律成文的制度层面的。

对法律系统的变革提出了新的要求。（2）这时候，法律系统需要做出回应，回应的方式通常有两种：第一，从传统法律资源中寻求可资利用的规则；第二，如果传统法律资源无法做出回应，或者做不出理想的回应，就借鉴外来的法律。（3）外来法律一旦被移植过来，就会与传统法律文化和社会现实都发生复杂的互动关系。这种复杂的互动过程，既包括传统法律文化和社会现实对外来法律的形塑，使其以“中国的方式”发生作用，也包括外来法律文化对传统法律文化和社会现实的改变，同时，也包括传统法律文化与社会现实之间的相互建构、彼此形塑。如市场经济就是前所未有的，需要建立一整套与中国传统社会极为不同的法律价值和法律规范与之相适应，而这样一个过程往往是通过法律移植来完成的。这种移植而来的法律体系一旦建立就会对社会现实有一种规制的作用。

当然，法律系统的内在关系远远不只是上面所描述的良性互动和动态均衡。在现实生活中，其内部经常是存在着非常尖锐的冲突使人们陷入很尴尬的境地。

二、法律现代性与地方性的冲突

任何类型的法律体系内部都有矛盾和冲突的时候，这是因为即使同一文化内不同法律的价值往往也难以权衡，如自由与秩序的冲突，何时更强调自由，何时更强调秩序，往往存在争论。[①] 但转型期我国法律系统的内部矛盾和冲突更为复杂，除了这种同一文化内部的价值难以权衡外，往往还面临着复杂的文化冲突，主要表现为以下几个方面。

（一）外来文化与传统文化的冲突

这种冲突主要源于法律移植所带来的新的法律价值与中国传统的法律价值大相径庭。像法社会学中的经典案例“秋菊打官司”和“被告山杠爷”[②] 就反映了这一冲突。中国传统的法律价值认为告状主要是为了讨个“说法”，而新的法律价值则是不认可这种看不见摸不着的“说法”的，一切“以事实为依据，以法律为准绳”，这就导致了秋菊的困惑。又如，中国传统法律文化讲究实质正义，在一个村里村长就是“父母官”，其所属民众有不孝这种大逆不道的行为时父母官是可以对其制裁的。但是现代法律价值追求的是程序正义，一个人犯了再大的罪也得由国家按程序来制裁，任何私人无权对其实施惩罚，作为村长的山杠爷本来好心主持公道惩罚不孝的媳妇，却被法庭以滥用私刑的罪名逮捕，其悲剧正在于这两种文化的冲突。

（二）新传统与旧传统的冲突

这种冲突主要是源于新传统尚未变成人们的日常习惯。关于合同签约率的例子

① 陈福大．法律价值中自由与秩序的冲突．甘肃行政学院学报，2004（3）：59-61.

② 朱苏力对这两个案例体现的法律价值体系的冲突有过精彩的分析，参见苏力．法治及其本土资源．北京：中国政法大学出版社，1996：23-40。

就能够反映这种冲突。随着市场经济的发展，国家制定了《合同法》来调解人们之间的交易关系。但是调查发现人们在私人交易中的合同签约率并不高，这与我们的习俗相关。因为在传统社会中人们之间信任关系的确立基本是靠人际信任的，这种系统信任他们是不习惯的。还有一个典型的例子就是关于结婚认定的法律规定。在中国传统文化中结婚是以是否操办喜酒、举行婚礼为认可标准的，而我们的现代婚姻法则规定，只有领取了国家颁发的结婚证才算是结婚，婚姻关系才能得到法律的保护。这就导致了 20 世纪末那个曾经轰动一时的婚内强奸案件。[①]

再看我国前几年曾经闹得沸沸扬扬的“禁放令”。逢年过节燃放烟花爆竹是中国的一种古老民俗，人们已经习以为常。但是随着城市化进程的加快，这一习俗产生了诸如人身伤害、环境污染、火灾、浪费等一系列社会问题。为此许多城市先后出台了禁止燃放烟花爆竹的规定。但从实施的效果来看并不理想，大量违反这一规定的现象使得该法令几乎无效。其结果是，几乎所有城市都废除了这一法令，改“禁放”为“限放”，即在规定的时段、规定的区域中允许燃放。

三、法律现代性与地方性的平衡

如何去平衡这种复杂法律系统的内在冲突？我们认为对待这个问题应该具体问题具体分析。针对不同性质的冲突可以分别采取以下策略。

策略一：妥协与兼顾。这是有效平衡法律价值体系内在冲突最主要的思路和策略。一方面，我们应该尊重人们的传统观念、习俗；另一方面，我们不得不考虑变化了的现实情况，必须对人们的传统观念、习俗进行一些新的约束。这就要求我们在二者之间选择一个平衡。如当前对燃放烟花爆竹我们就是采取的这一策略。

策略二：大力宣传新的法律传统，使其尽快内化到人们的日常观念和行为当中去。法与社会变迁研究的先驱者弗里德曼曾提出这样的命题：相对社会变迁而言，法律既是反应装置又是推动装置；而在这两种功能中，尽管法对社会的被动反应得到了更普遍的认识，但法对社会的积极推动作用正在逐步加强。有些适应社会转型出现的新情况而发展出的一些新的法律价值和法律规范，相对于人们过去的观念，既说不上是一致的也说不上是冲突的，而是全新的。对于这些，我们的策略应该是加大宣传力度，使其尽快地内化到人们的日常观念和行为当中去，从而发挥法律对社会的积极推动作用，比如，跟市场经济相关的一些法律价值和法律规范。

策略三：强制推行。对于一些对国家发展具有战略性影响的法律，虽然这些法律可能既与中国传统文化相冲突，又与国际公认的价值观念相冲突，还是应该强制推行。像与计划生育相关的法律就属此列。

策略四：放任自流。法律的作用总是有限的，有些领域法律是没有办法有效地

① 对该案的介绍和分析参见黄家亮．社会转型视野下国家法与民间法的冲突与互动：对一起乡村婚姻纠纷的法社会学考察．社会学导报，2006（春季卷）。

去调节的，应该将其让位于道德、习俗等软规则，这就是所谓的“有所为，有所不为”。法律毕竟不是万能的，像在公共汽车上主动给“老、弱、病、残、孕”让座就属此列。按照合同法的权利主体之间人人平等的原则，所有买了票的乘客都平等地拥有座位的使用权，但是尊老爱幼的伦理准则又要求我们主动让座，这种情况下法律就无法调节其内在的价值冲突。这时的策略就应该是放任自流，让法律之外的规范体系去发挥作用。

本章要点

本章主要从法律的现代化角度来研究法律与社会现代化的关系。现代化是近代中国社会变迁的主旋律，法律的现代化是现代化的重要内容，也是现代化的重要推动力量。因此，如何通过法律推动中国社会的现代化就成为法社会学研究的重要内容之一。

复习思考题

1. 谈谈你对法律现代化内涵的理解。
2. 中国法律现代化有什么特点？
3. 如何认识法律移植的利弊？
4. 简述本土资源论的理论主张。
5. 如何理解法律的现代性悖论？
6. 在我国社会转型期，如何化解法律现代性与地方性的冲突？

推荐阅读书目

1. 梁治平．法律的文化解释．北京：三联书店，1994.
2. 公丕祥．法制现代化的理论逻辑．北京：中国政法大学出版社，1999.
3. 苏力．法治及其本土资源．北京：中国政法大学出版社，1996.
4. 蒋立山．法律现代化：中国法治道路问题研究．北京：中国法制出版社，2006.
5. 罗荣渠．现代化新论．北京：北京大学出版社，1993.
6. 何勤华，李秀清．外国法与中国法：20 世纪中国移植外国法反思．北京：中国政法大学出版社，2003.
7. 梁治平．礼教与法律：法律移植时代的文化冲突．桂林：广西师范大学出版社，2015.
8. 李贵连．1902 中国法的转型．桂林：广西师范大学出版社，2018.

第十章

法律的实践逻辑与运行效果

从实践的视角来分析法律运行的实际过程及其效果是法社会学的经典传统，对于当代中国来说，其意义更加重要。当前，通过轰轰烈烈的法律移植，我国制度层面的法律越来越完善，但面临的问题是很多法律在实践中的实际效果并不理想。

第一节　法律的形式逻辑与实践逻辑

形式逻辑分析和实践逻辑分析是探讨法律的两种不同视角：前者注重分析法律文本的内在关系，追求法条之间的逻辑严密性；后者则注重分析法律实践的过程，探讨法条在现实社会中与各种因素之间的复杂关系。法社会学的一个基本传统就是从法律的外在视角出发，探讨法律的实践逻辑。

一、法律的形式逻辑

在哲学中，形式逻辑是一门以思维形式及其规律为主要研究对象的科学，包含概念、判断和推理三大基本要素。所谓法律的形式逻辑，是指法律系统内部各组成部分，以及不同法律条文之间的逻辑关系。法律的形式逻辑分析范式将法律看成一个完全自给自足、内在自洽的逻辑体系，其发展只有通过其“内在的动力”才可以理解；法律的适用也只是法条与事实之间的一一对应，而且这种一一对应过程也有一套程序来保证其严格实施。

这种分析范式是一种典型的法律内在视角，其主要观点可以概括为：（1）以理性人为基本假设，认为不仅有一个根据人的理性设计出来的万能的、完美的法律，而且在司法实践中，这种法律也能够被逻辑地对应于具体案件。（2）法律是高度自洽和完全独立的，其运行不受任何非法律因素的干扰。任何具体的法律判决都是把一条抽象的法的原则“应用”到一个具体的“事实”上，对于任何具体的事实都必须采用法律逻辑的手段，从适用的抽象的法的原则中得出判决，因此，适用的、客观的法以及法的原则形成了一种“完美无缺的”体系。① （3）注重法律概念和条文之间的逻辑分析，而且认为由于这种形式逻辑具有普适性，所以法律移植是可行而且必要的。

作为法理学的经典分析范式，这种分析视角是具有重要意义的，而且对于法制建设也做出了重要贡献。但其局限性也非常明显：首先，人的理性是非常有限的，不可能制定出逻辑上天衣无缝的法律。而且，相对于社会现实，法律总是具有滞后性的。其次，徒法不足以自行，法律不能在真空中运行。法律不是一套纯粹形式的、孤立的规则体系，而是由活生生的、具有情感和自身利益的人来运作的。而且，法律也只是社会有机体中的一个子系统，其总是要受社会有机体中的政治、经济、文化等其他子系统的影响。法律适用的过程绝不是韦伯所担忧的从上面输入金钱和事实、从下面输出判决结果的自动售货机模式②，而是在各种复杂因素之间寻求平衡的过程。最后，正因为法律总是与具体的社会环境相关联的，所以不同社会中法律之间的通约性是有限度的，也就是说法律具有地方性的一面③。实践社会学比较透彻地说明了形式逻辑的局限性，并倡导从对形式逻辑的关注转向对实践本身的关注，探讨制度的实践逻辑。

二、实践社会学的视角

“实践的逻辑”这一概念是实践社会学的倡导者、法国社会学家布迪厄提出的。他认为实践与理论或文本有很多不同的地方，如果我们只局限于理论的层面去展开认知的话，就可能完全把握不了对象的真实状态，而误把“理论的逻辑”当作“实践的逻辑”，或者将“理论的逻辑”强加于实践。④

他认为实践至少在以下几方面是不同于理论逻辑的：（1）实践具有紧迫性。静态的理论逻辑几乎没有时间的限制，人们可以慢慢地琢磨出完美的不受客观世界影响的逻辑体系，但到了实践的状态中，问题就出现了，人们就没有那么从容和自由了，而要受到时间的逼迫和空间的限制。（2）实践具有独立性。实践并不是完全按照结构性的规划来进行的，而是相对于结构具有一定的独立性，实践有一种独特的先成机制，使原来不能结合在一起的因素结合在一起了。（3）实践具有模糊性。实践中的行为往往没有我们预想的那么理性，很多时候是灵感性的，而非明确的认识和理性的计算。他将这种行为称作“惯习”所产生的行为，并特别强调：“惯习所产生的行为并不像根据某种规范原则或司法准则推演出来的行为那样具有严格的规

---

① 韦伯．经济与社会：下卷．北京：商务印书馆，2004：18.

② 同①206.

③ 如著名的法人类学家吉尔茨就主张“法律是一种地方性知识”。参见吉尔茨．地方性知识：事实与法律的比较透视//梁治平．法律的文化解释．北京：三联书店，1994：73－172。

④ 布迪厄所谓的“理论”“文本”“理论逻辑”“文本逻辑”都是指与实践相对立的书本或主观层面的逻辑，即我们所讲的“形式逻辑”。

律性，事实上也不可能如此。”[①]（4）实践具有总体性。他认为“惯习赋予实践一种系统性和一种能穿越上述各种区别分化的内在关联性”，社会学要面向实践就必须把实践看作一种“总体性社会事实”，而反对根据学科和专业的分化肢解和破碎实践的整体性。[②]

关于实践的理论研究表明，实践逻辑与形式逻辑是有着很大区别的，实践有着其自身的独特性。我们要把握事物的本来面目就不能满足于其“表达”的层面，而应把目光转向其实践的过程，直面实践着的过程本身，探讨和发掘其内在的“隐秘”的、通常是未经表达的逻辑。这一思路对于法律探讨尤为重要。这一方面是因为法律是人类建构的最主要的也是最具有普适意义的规则体系，其在实践中究竟如何运作是关涉到每一个社会成员的切身利益的；另一方面，理论的逻辑与实践的逻辑发生混淆的最常见领域也是法律领域，特别是在目前我国所处的法律移植高峰期，直面法律的实践过程，找出其内在的深层逻辑，对于反思我们的法治建设具有非常重要的现实意义。

三、法律的实践逻辑

实际上，强调对注重实践运作中的法律而不是书本上的规则，一直是法社会学的一个经典传统，以至于有学者直接将法社会学定义为“以研究法律的施行和效果等作为主要对象的一门学科”[③]。

法社会学的开山鼻祖埃利希就提出了“活法”理论。他认为在实际的社会生活中，对调解人类纠纷起作用的不仅仅是实在法，更多的是一些“活法”。他十分注重社会现实对实在法的影响，其最有名的一个观点就是：“现在及任何时候法律发展的重心既不在于立法，也不在于法律科学和司法判决，而在于社会本身。”[④] 他还指出，在司法实践中，法官很少将自己的判决仅仅建立在法律命题的基础上。曾担任美国联邦最高法院大法官长达 30 年的霍姆斯更加彻底地坚持认为，法官在司法实践中运用的法律与我们书本上设计的一套逻辑截然不同。他从实用主义哲学出发，认为“法律的生命不在于逻辑而在于经验。……众所周知的或尚未被人们意识到的占主导地位的道德或政治理论、对公正政策的直觉甚至法官和他的同行所持的偏见，在法官决定人们都应该遵守的法律规范的时候，所起的作用远远大于三段论所起的作用”[⑤]。他反对将法律视为数学公式式的法律条文，认为法律不过是法官对自己即将做出怎样的判决的一种大致的预期，而至于法官事实上做出什么样的具体判决，那要取决于诸多非法律条文的因素。在霍姆斯之后担任美国联邦法院大法

---

① 布迪厄，华康德．实践与反思：反思社会学导引．北京：中央编译出版社，1998：24.

② 同①29.

③ 沈宗灵．法律社会学的几个基本理论问题．法学杂志，1988（1）：4－6.

④ 博登海默．法理学：法律哲学与法律方法．北京：中国政法大学出版社，1999：142.

⑤ HOLMES O W. The common law. Cambridge：Harvard University Press，1963：5.

官的卡多佐同样强调司法的过程并非简单的法条适用的过程，而是既包含着创造的因素，又包含着发现的因素。在其代表作《司法过程的性质》中，他写道："他们[①]的全部生活一直就是在同他们未加辨识也无法命名的一些力量——遗传本能、传统信仰、后天确信——进行较量；而结果就是一种对生活的看法，一种对社会的理解、一种——用詹姆斯的话来说——'宇宙的整体逼迫和压力'的感受；在诸多理由得以精细平衡时，所有这些力量就一定会决定他们的选择是什么样的。"[②]简言之，司法的过程就是一个复杂的权衡的过程。

为了更加清晰地凸显法律实践逻辑的独特性，不少法社会学家提出了一对相应的概念。美国现实主义法学运动的代表人物卢埃林对法律做出了"纸面规则"和"现实规则"的区分。前者指书本中所做的法律是什么、应该怎样描述；后者则是对具体行为、法院与行政机构、政府官员三者之间相互交错的实践活动的概括。他并不否认书本上的规则能够很精确地描述法官在实践中的所作所为，但这种情形是相当罕见的。他强调，问题的症结在于法律规则和司法实践怎样、在多大程度上以及分别是按照什么样的方向分道扬镳的。弗兰克则区分了"大概的法律"（probable law）和"实际的法律"（actual law），前者是书面的法律，只是对未来判决的预测；后者则是司法中实际做出的判决。他称法律就是一个"预言的艺术"，法官实际上是凭感情而不是凭判断、凭"预感"而不是凭推理来做判决的，一顿不愉快的早餐也会对法官的判决起着决定性作用。[③]

法社会学的集大成者庞德提出了"有法司法"和"无形司法"的概念，前者是根据权威性律令、规范（模式）或指示而进行的司法，后者则是根据法官个人意志和直觉进行的，在审判中法官具有广泛的自由裁量权。他还对法律做出了著名的"书本中的法"（law in book）和"行动中的法"（law in action）的划分，反对"机械法学"。他认为法社会学就是研究法律的实际运行及其所涵盖的社会因素。他曾列举了法社会学的六大研究纲领：（1）它研究法律的实际社会效果；（2）它聚焦于法律运行的结果，从而为恰当的立法做准备；（3）它关注法律执行的功能，寻求提高法律规则有效性的方法；（4）它研究法律在历史变迁中的社会效果；（5）它致力于寻求一种在所有案件中公平适用的方法；（6）它致力于从社会控制的角度来提升法律的最终目标。

当代法社会学的理论家也继承了这一传统。布莱克区分了"案件的法律结构"和"案件的社会结构"，并分析了种种社会结构，如当事人双方的经济、社会、政治地位及其对比、关系的亲疏、种族、组织性程度对法律运行的影响。他认为，在法律的实践过程中"差别待遇是无所不在的。这是法律的自然行为的一个方面，就像鸟儿飞翔、鱼儿游泳一样自然。差别待遇是司法生活的重要特点"。他宣称"法律条文本身决定不了案件"、"把法律概念仅仅理解为条文的做法是不完善的，也是

① 指法官。——引者注

② 卡多佐．司法过程的性质．北京：商务印书馆，1998：3.

③ 朱景文．西方法社会学理论．北京：法律出版社，1994：63.

已经过时了的"，"一种新的社会学的法学"的时代已经来临。这就要求我们"严格地审视跟案件处理有关的因素：各种社会地位、组织（包括国家）的参与程度，诉讼各方的关系距离、替代解决方法的可利用程度，以及诸如此类的因素"[①]。黄宗智则区分了法律的"表达"与"实践"，而且两者往往是相互"背离"的，即说的是一套，做的是另外一套，合起来又是一套。他强调"如果只考虑法律的理论态度，我们对法律系统实际上如何运行的理解将会被严重误导"[②]。

所有这些研究都表明，法律绝不仅仅是一些静态的条文，一个国家的法治化也绝不是有了一套逻辑自洽的法律体系就可以自动完成，法律的实践有着自己的逻辑。法律社会学的旨趣正是探寻法律运行过程中复杂的实践逻辑。

第二节 法律实效的概念与分类

法律实效（efficacy of law）分析是法律实践逻辑探究的重要内容，也是法社会学研究的一个重要主题。正如瞿同祖所说，"研究法律离不开条文的分析，这是研究的依据。但仅仅研究条文是不够的，我们应该注意法律的实效问题。条文的规定是一回事，法律的实施又是一回事。某一法律不一定能执行，成为具文。社会现实和法律条文之间，往往存在着一定的差距。我们应该知道法律在社会上的实施情况是否有效，推行的程度如何，对人民的生活有什么影响等。如果只注重条文，而不注意实施情况，只能说是条文的、形式的、表面的研究，而不是活动的、功能的研究"[③]。从法律实效的角度来分析法律，我们可以看到一个更加清晰、真实的法治状况。

一、法律实效的含义

"法律实效"是一个内涵极其丰富的概念，已有的研究大致从四个视角对其进行了定义：（1）从法律运行的视角出发，如沈宗灵认为，法律实效"是指发生法律效力的法律规范实际上被执行、适用和遵守"[④]。（2）从法律实现的视角出发，如赵震江等认为，"法律实效即法律的功能和立法目的的实现的程度和状态"[⑤]。（3）从法律实施结果的视角来看，"它包括两层含义：一是将法律规范所规定的权利义务转化为社会关系参加者享受权利、承担义务的实际行为，使法律规范获得实现，这是法律实施的法律效果；二是法的实施对社会产生的影响和作用，这是法律实施的社

---

① 布莱克．社会学视野中的司法．北京：法律出版社，2002：18，103，117.

② 黄宗智．法典、习俗与司法实践：清代与民国的比较．上海：上海书店出版社，2003：200.

③ 瞿同祖．瞿同祖法学论著集．北京：中国政法大学出版社，2004：9.

④ 沈宗灵．法理学．北京：高等教育出版社，1988：350.

⑤ 赵震江，周旺生，张骐，等．论法律实效．中外法学，1989（2）：1-7.

会效果。法的实效是这两种效果的有机统一”①。（4）从法律效力的视角出发，张根大认为，法律实效即“法律在时间、地域、对象和事项四个维度中所具有的实然国家强制力”②。谢晖则认为，“法律实效是指国家实在法效力的实现状态和样式，是应然的法律效力实然化的情形，是法律主体对实在法权利义务的享有和履行的实际状况”③。

以上四种视角分别从不同侧面指出了法律实效的内涵，都体现了法律的形式逻辑与法律的实践逻辑之间的某种差异性，“书本上的法”不等同于“行动中的法”，法律的理想不等同于法律的实效。但是，这四种定义也各有缺陷：定义（1）虽然看到了法律实效与法律实施及其所形成的法律秩序间的关系，但忽视了法所作用的复杂的社会关系；定义（2）和定义（3）分别强调了法律被人们实行的状态、程度和法律实施后所产生的实际效果，但都忽视了对方；定义（4）指出了法律实效和法律效力之间的异同，强调法律实效是一种实然的法律效力，但也忽视了其他维度，如法律实施后给社会带来的影响，法律实效并不仅仅是法律应然效力的实然化，也会有很多意外效果的出现。我们认为法律实效是指法律在现实社会被遵守、执行和适用，从而导致法律功能和立法目的实现的程度和状态，以及法律实施后所产生的实际效果。这一定义包含了“法律实效”这一概念的以下特征。

第一，法律实效是实然的事实。实然和应然的区分来自休谟的事实和价值区分。自从休谟提出事实和价值这一对概念以来，实然和应然就成为人们分析社会事实时常用的一对对应甚至对立的概念范畴和分析工具，应然是从价值层面来说的，实然是从事实层面来说的。法律效力表达的是应然层面，即法律通过合法程序制定后应该具有的秩序安排能力和约束力量；而法律实效则是实然的事实，即法律实际上所具有的效力和所发挥的作用。法律实效就是法律的形式效力事实化，主观的法律理想现实化状态和程度。

第二，法律实效不仅包括法律被实行的状态和程度，也包括法律实施后所产生的实际效果。法律文本一旦颁布，就成了一个相对独立的社会存在，而不再是立法者所能够完全掌控的了。其所产生的实际效果，人们常常从法律效果和社会效果两个方面来分析。前者是指法律在付诸实施过程中，对法律自身所产生的影响，比如，法律的形式是否得到遵守，法律的精神是否得到体现；后者是指法律被付诸实施后，对社会所产生的影响，比如，当事人权利是否得到救济，社会秩序是否得到恢复，是否有利于社会的和谐稳定，是否能够导引社会的进步。一般来说，法律效果和社会效果是统一的，但二者也存在不一致的时候，如有时法律效果好而社会效果不好，有时社会效果很好而法律效果不好，这时，就需要法律的执行者认真考量利害关系，选择最佳平衡点。

第三，法律实效是有条件的、有限度的。所谓有条件，是指法律实效总是与具

① 郭宇昭．社会主义法的基本理论．北京：中国人民大学出版社，1993：296.

② 张根大．论法律效力．法学研究，1998（2）：2-18.

③ 谢晖．论法律实效．学习与探索，2005（1）：95-102.

体的社会环境相联系的，同一法律在不同的社会环境中，其实践效果是不一样的。在实践中，法律实效总是随着政治、经济、文化等社会因素的变化而变化，尤其是随着人们法治观念和法律意识的不同而不同。所谓有限度，是指法律实效作为法律在实际运行过程中所达到的结果状态，是有一定的量的规定性的。在通常情况下，任何法律的目标实现程度，既不可能是百分之百，也不可能是零，而总是介于两者之间的。正如弗里德曼所说，"不执行在法律中是普通的事情，可能与执行一样普通。确实，某项规则完全执行是闻所未闻的"[①]。同样，某一法律在现实中完全没有得到执行，也是少见的。

二、法律实效与相关概念辨析

要进一步理解"法律实效"这一概念，还需要科学而全面地诠释其与法律实施、法律效力、法律实现之间的区别和联系。

（一）法律实效与法律实施

法律实施（enforcement of law）是指通过守法、执法、司法和法律监督等途径，法律规范在社会生活中被贯彻、实施的过程和活动。正是通过法律实施，法律设定的权利义务关系得以转化为现实的社会秩序，法律所体现的立法者意志得以在现实中实现。法律实施有广义和狭义两种理解：广义的法律实施是"指国家机关及其公职人员、社会团体和实现法律规范的活动"[②]；狭义的法律实施则是指公、检、法等国家机关的执法、检察、监督、司法活动。狭义的法律实施侧重强调国家暴力机关通过制裁、惩罚等强制性手段，矫正违法行为，使法律发挥作用；广义的法律实施则包括两个方面的内容——法律执行机关执行法律和一般公民遵守法律。

法律实施和法律实效的区别在于：法律实效侧重的是结果，即法律被人们实际施行的状态和程度；而法律实施侧重的是行动，即人们实际施行法律的过程或活动。二者都属于法律的运行环节，它们从不同的侧面体现了抽象的法律规范在现实社会中的具体化实践。

法律实施和法律实效的联系在于：法律实施是法律实效的基本前提，也是法律取得实效的途径和手段，没有法律实施，法律实效就无从谈起。法律实效是衡量和判定法律实施状况和效果的参照和工具，没有法律实效，就无法评判法律实施的程度。

（二）法律实效与法律效力

一般认为，法律效力（validity of law）就是法律规范的生效范围，即法律规范

---

① 弗里德曼．法律制度：从社会科学角度观察．北京：中国政法大学出版社，1994：109.

② 中国大百科全书：法学．北京：中国大百科全书出版社，1984.

对什么人、在什么地方和什么时间产生效力。[①] 后来，有学者对这种传统的概念进行发展，提出了一些新的定义，如“法律效力是法律在时间、地域、对象、事项四个维度中所具有的国家强制作用力”[②]。无论怎样界定，法律效力与法律实效之间的区别都是明显的：第一，法律效力属于应然的范畴，是法律因有国家强制力作后盾而具有的约束力；法律实效属于实然的范畴，指法律在实际生活中所具有的现实的规范和约束能力。第二，现代社会中，法律效力的决定因素是法律制定程序的合法性、法律制定机构地位的高低和性质以及法律自身约束力的大小；法律实效的决定性因素，除了法律自身的约束力及可操作性外，还有赖于整个法律机制的运行状态和社会环境的有机配合。第三，法律效力是法律内蕴的属性，是一个恒定量——一部法律一旦制定出来，其在应然层面上所具有的约束力就是恒定的；法律实效则是法律在社会实践中的延伸，是一个变量——法律实际上能发挥多大的作用，取决于诸多社会因素，是变动的。

凯尔森曾对这两个概念做了精彩的分析，他认为法律效力与法律实效是不同的，某些法律即使没有发生实效，也不能否认其法律效力的存在。在他看来，“法律效力的意思是法律规范是有约束力的，人们应当像法律规范所规定的那样行为，应当服从和适用法律规范。法律实效的意思是人们实际上就像根据法律规范规定的应当那样行为而行为，规范实际上被适用和服从”[③]。他还用具体的例子来说明两者的区别：“一个法律规范禁止偷窃，它规定法官必须惩罚每一个偷窃者。这一规则对所有的人、对从而被禁止从事偷窃的人、对必须服从该规则的人，即国民，都是有效力的。这就是说，这一法律规则即使在它缺乏实效的情况下，也是有效力的。正是在这种情况下，这一法律规则必须由法官加以适用，那么它就不仅对国民，而且对适用法律的机关，都是有效力的。即使偷窃者万一能逃脱，因而法官也就无法惩罚他并适用法律规则，但这一规则仍保留其效力。因而在特殊情况下，即使这一规则在其所规定的制裁条件已具备，然而法官却发现他本人无法下令制裁这种意义上并无实效，但这一规则对法官来说仍是有效力的。”[④]

当然，法律实效与法律效力之间也有着密切的联系。首先，法律效力是法律实效的前提和源泉。没有具有效力的法律，也无所谓法律的实施，法律实效更是无从谈起。而且，法律效力在逻辑上限定和规范着法律实效的状况和范围。其次，二者是逻辑递进的关系，法律效力在前，法律实效在后。前者是后者的基础，是法律运行的第一阶段；后者是前者的延续，是法律运行的第二阶段。正是在第二运行阶段中，处于静态的法律效力开始向动态转化和演变，由逻辑的假设和理想的效力开始

---

① 绝大多数法学辞典和法学教材采用这种概念，如《中国大百科全书》总编辑委员会．中国大百科全书：法学．北京：中国大百科全书出版社，1984：85；章若龙，等．简明法律辞典．武汉：湖北辞书出版社，1986：12；邹瑜，顾明．法学大辞典．北京：中国政法大学出版社，1991：1044；孙国华．法理学教程．北京：中国人民大学出版社，1994：441。

② 张根大．论法律效力．法学研究，1998（2）：2-18.

③ 凯尔森．法与国家的一般理论．北京：中国大百科全书出版社，1996：42.

④ 同③31.

转化为实际的效力。最后，法律实效是法律效力的实践目标。法律效力只有通过实践转化为法律实效，才能具有现实的力量，否则只能停留在规范层面。而且，法律实效也是法律效力的基本保障。法律一旦缺乏或失去实效就形同虚设，不会具有任何实际意义上的效力。从长远来看，这样的法律也不可能长期存在下去，其应然层面的法律效力也是极其脆弱的。

（三）法律实效与法律实现

法律实现就是法律规范通过主体的法律行为，在具体的法律关系中转化成了客观的社会现实，即法律规范所蕴含的、客观的权利和义务，借助主体的法律行为在具体的法律关系中转化为现实的、主观的权利和义务。[①] 简单地说，就是法律的规范要求转化成了人的实际行为，权利被享用了，义务被履行了，禁令被遵守了。[②]

法律实现包括法律的形式规范、社会功能、精神价值在社会生活中全面得到实现。具体地说，首先，法律的形式规范得到实现，即法律程序和条文得到了严格执行，法律规范中设定的权利和义务转化为现实生活中特定法律关系主体的权利和义务；其次，法律的社会功能得到实现，即法律扬善罚恶、矫正社会示范、整合社会秩序、导引社会良性运行和协调发展的功能得到实现，也就是说法律的社会效果得到体现；最后，法律的精神价值得到体现，即法治所倡导的公平正义、民主开放、人人平等、社会和谐等价值理念得到实现。

与法律实现相对应的概念是法律失败，即法律在现实社会生活中无法实现其目标、价值，法律所设定的权利义务无法转化为现实的法律关系，或根本得不到人们的认可，整个法律形同虚设或造成大面积的法律规避。无疑，无论是法律实现还是法律失败，都是指法律运行的结果状态，而且都是理想类型的概念，在现实生活中，法律运行的结果总是处于二者之间。

法律实现与法律实效有密切的联系。首先，二者都指向法律规范在现实领域中的运行的结果和状态，探究的对象都是应然性的法律规定在现实社会中的实然性效果。其次，法律实现是法律实效的一部分，或者说是法律实效的一种理想形式，它表征的是法律实效的正面效果和程度，即法律形式规范、社会功能、精神价值在现实社会中实现的理想程度。换句话说，法律实效达到百分之百的理想状态即法律实现，相反，法律实效为零的状态即法律失败。可见，法律实效又是法律实现的前提条件，没有法律实效的充分获取，法律实现只能是空中楼阁，虚无缥缈。

显然，法律实现与法律实效也是有区别的。法律实效的外延宽泛得多，包括正面的积极效果、中性的无任何影响的效果以及负面的消极效果。而法律实现一般只指法律实效正面效果当中的一种理想状态，即法律的预期效果和预设目的所完全达到的结果状态。

---

① 郑成良．现代法理学．长春：吉林大学出版社，1999：345.

② 黄建武．法的实现：法的一种社会学分析．北京：中国人民大学出版社，1997：15.

三、法律实效的分类

法律实效这一概念有着非常复杂的内涵，按照不同维度，可对其做不同的类别划分。

有学者按照法律实效的结果形态，将法律实效区分为法律实现、法律过度执行和法律失效。[①] 所谓法律实现，是指法律实效与法律效力的预设一致。所谓法律过度执行，是指法律实效大于法律效力的预设，即法律效果扩大化了。所谓法律失效，是指法律没有达到法律效力的预设。狭义的法律失效是指法律效力完全落空了，广义的法律失效则泛指法律实效没有达到法律效力的预设，包括法律折扣执行和法律悬浮。

还有学者根据不同的标准，对法律实效做了六种类型的划分：第一，按照法律作用的对象，可将法律实效分为对个案的效果、对群体的效果和对社会的效果。对个案的效果是指对法律作用对象的直接效果，如财产被剥夺、判刑、得到赔偿、受到奖励等；对群体的效果，是指某项法律的实施对某一特定群体所产生的影响；对社会的效果是指某项法律的实施对整个社会的影响。三种效果不一定总是一致的，如对个案的效果好，不一定对某一群体或社会的效果好；对某一群体效果好，也不一定对整个社会效果好。实际上，群体效果和社会效果的矛盾在我国改革开放的过程中经常会出现。例如，产业调整和工人下岗的规定，对于关、停、并、转的企业和下岗的工人来说，是非常不好的，但从优化我国的产业结构、增强我国经济的竞争力等宏观层面来看，对社会的效果是好的。这就需要我们在制定和评价法律时，要综合各方面的因素，选择最佳的结合点。第二，按照法律作用的直接性和间接性，法律效果可分为直接效果和间接效果。前者是指法律执行的直接结果，权利得到享受，义务得到承担，禁令得到遵守，违法得到制裁；后者是指法律执行后，对法律作用的直接对象之外的其他人的间接影响。第三，按照法律作用的范围，法律效果可分为局部效果和整体效果。局部效果是指法律对某一地区产生的效果。整体效果是指法律对整体所产生的效果。在某一地区效果好的法律，不一定在其他地区好、在全局好；而在全局效果好的法律，也不一定在某一个局部地区效果好。第四，按照法律作用的时间范围，法律效果可分为当前效果和长远效果。当前效果好，不一定长远效果好；长远效果好，也不一定当前效果好。第五，按照对作用对象的好坏，法律效果可分为正面效果和负面效果，前者是对作用对象有积极影响的效果，后者是对作用对象有消极影响的效果。通常，一部法律既有正面效果，也有负面效果，在评价其实效时，应对其进行综合、客观、全面的评价。第六，按照法律的可预测性，法律效果可分为可预测的效果和不可预测的效果。前者是指在立法

---

① 刘焯．法社会学．北京：北京大学出版社，2008：173－175．

者意料之内的效果，后者则是意外的效果，多是在实践过程中产生的一些连带效应。[①]

第三节　法律实效的影响因素

法律从制定到实践并取得实效是一个非常复杂的过程，涉及方方面面的因素。著名法社会学家威廉·M. 埃文在研究了美国种族法的实施情况后指出，法律要获得实际效力必须满足七个条件：第一，制定新法的机构必须具有权威性；第二，表述新法的基本原理必须与已形成的文化和法律原则保持一致和延续；第三，必须确定实际的服从法律的典范，即强调法律的目的必须是实际的而非空想的；第四，充分利用时间因素，合理划定从法律制定到生效的时间界限，"时间"能够提供一种延迟的方法；第五，执法机关的行为必须受到法律约束；第六，积极鼓励和消极处罚同等重要；第七，规定对受害者必需的保护措施如程序性规定，有利于受害人维护权益。[②] 国内学者季卫东也从社会关系的法律化、法的独立性、法的工具性、变迁的内容四个方面对法律实效的影响因素做了总结。[③] 概括起来，影响法律实效的因素主要包括：法律制度与立法、公民守法与法律动员以及法律执行。

一、法律制度与立法

法律自身的优劣是影响其运行效果的首要因素，正如亚里士多德所说，"法治应包含两重意义：已成立的法律获得普遍的服从，而大家所服从的法律又应该本身是制定得良好的法律"[④]。那么，什么样的法律才是"制定得良好的法律"？关于这个问题，我们认为，主要应包括以下几个方面。

（一）法律应该具有实质合理性

"合理性"（rationality）是韦伯社会学理论体系中的一个重要概念，也是其法社会学思想的核心概念。他将合理性区分为形式合理性（或工具合理性）和实质合理性（或价值合理性）两种类型。形式合理性指的是一种排除道德、宗教、政治等价值，纯粹形式上的、客观的合理性，表现为整体、内在的逻辑关系以及程序上的可计算性。而实质合理性则是由理想信念（如道德、宗教、政治等）出发，从终极价值系统演绎出来的活动规则，表现为强调目的和结果符合基本价值原则。

这里所说的法律的实质合理性主要包括三个方面的含义。

---

① 朱景文．法社会学．2版．北京：中国人民大学出版社，2008：375－377.

② 科特威尔．法律社会学导论．北京：华夏出版社，1989：67－72.

③ 季卫东．社会变迁与法制//李楯．法律社会学．北京：中国政法大学出版社，1999：273.

④ 亚里士多德．政治学．吴寿彭，译．北京：商务印书馆，1965：199.

第一，法律必须反映了社会普遍、客观的需求。立法者应该始终清醒地认识到，“一个合理的和令人满意的法律制度之所以会得到社会大多数成员的遵守，乃是因为它服务于他们的利益、为他们所尊重，或至少不会在他们心中激起敌视或仇恨的情感。强制只能用来针对少数不合作的人，因为在任何正常并运行有效的国家中，须用制裁手段加以对待的违法者的人数远远少于遵纪守法的公民”[1]。如果法律对于社会公众来说只是一个外在强加的、用来限制和束缚自己的枷锁，那么公众就会时刻远离、规避和排斥法律，法律也不会取得预期的效果，反而会激起人们的不满。正是在这个意义上，马克思强调，法律应当是“事物的法理本质的普遍和真正的表达者。因此，事物的法理本质不能按法律行事，而法律倒必须按事物的法理本质行事”，“立法者应该把自己看作一个自然科学家。他不是在**创造**法律，不是在发明法律，而仅仅是在表述法律，他用有意识的实在法把精神关系的内在规律表现出来。如果一个立法者用自己的臆想来代替事情的本质，那么人们就应该责备他极端任性”[2]。一个好的立法者应该能够准确地捕捉到社会实践的变迁及其对法律的客观需要，而且要能够恰到好处地把握法律与现实生活之间的契合度，既不能太超前，也不能太滞后。法律太超前，就与现实生活脱节了，导致其被悬置而形同虚设；法律太滞后，则导致社会生活在一段时期内无法可依、秩序混乱。

第二，法律必须符合公平、正义等社会主流价值观。法律与道德是法理学和法社会学的一对经典概念。通常认为，法律是道德通过立法活动的外化，立法的过程包含着立法者对于正义和非正义、合理和不合理、善与恶、美与丑等方面的价值判断，反映了其提倡什么、反对什么的价值取向。[3] 法律必须与社会普遍认同的伦理价值、道德观念相吻合，才能得到普遍有效的承认、执行。当法律与道德相冲突时，在实践中必然会受到人们强烈的反对与抵制，使法律无法正常实施或达到实施效果。在自然法学派那里看来，法是与大自然相符合的正理（right reason），它是人类普遍真理和终极价值的化身，它体现了人类对自身命运的深切关怀和对美好生活的不懈努力。法律是法的真实或虚假的表现形式——当其能实现法的价值时，就是法的真实表现形式；否则就只是法的虚假表现形式，甚至是“恶”的法律。一部好的法律，应该是法的真实表现形式，应该符合公平、正义、善良、民主等社会主流价值观，代表长久以来人们对法的理想和法实然作用的追求，体现对人类的法律生活及法律意义和发展前景的终极关怀。只有这样的“良法”才能在实践中得到人们的自觉遵守，从而达到社会治理的效果，所谓恶法非法、法律乃良法之治。

第三，法律必须最大限度地尊重习惯、风俗等民间秩序。在现代社会中，没有法律是万万不能的，但法律绝不是万能的。这是因为：首先，从功能上看，法律只不过是社会控制的一种手段，社会生活中的很多方面不是由法律来规制的，也无法由法律来调整；其次，从法律的性质来看，法律只是多元权威的一种类型，是一种

---

① 博登海默．法理学：法律哲学与法律方法．北京：中国政法大学出版社，1999：344.

② 马克思，恩格斯．马克思恩格斯全集：第1卷．中文2版．北京：人民出版社，1995：244，347.

③ 沈宗灵．法理学．北京：北京大学出版社，1992：218.

由国家强制力做后盾的外生性权威，与之相对应的权威形态还有习惯、风俗、约定等多种形式的内生性权威。而且，从来源上看，“立法条例来社会风尚，一个社会中的某种社会风尚能够得到普遍遵守，就会发展成为正式的法律”[①]。因此，“法律要做到难以被破坏，就必须与社会风尚相一致”，要最大限度地尊重社会生活中种种自发秩序、民间秩序，如风俗、习惯、公序良俗等。对于转型期的中国来说，这一点尤其重要，因为在我国的很多地方，特别是农村地区，人们基于长期的共同生活形成了一套比较稳定的秩序模式，当外来的法律与之相冲突时，人们就会自发地、本能地进行形式不同的反抗，使法律成为摆设。而且，更严重的是，这种冲突还有可能导致人们无所适从、行为失范，“结果法治的好处未得，而破坏礼治秩序的弊病却已先发生了”[②]。因此，我们有必要牢记埃里克森的警告：“法律制定者如果对那些促进非正式合作的社会条件缺乏眼力，他们就可能造就一个法律更多但秩序更少的世界。”[③]

（二）法律应该具有形式合理性

影响法律实效的法律形式合理性的因素主要包括以下三个方面。

第一，法律本身是明确的、可预期性的。法律的主要功能就是建立和保持一种可以大致确定的预期，以便于人们的相互交往和行为。[④] 而要使法律具有可预期性，首要的条件就是法律必须非常明确，权利义务一清二楚，支持反对立场分明，而不能大而化之、含糊其辞、模棱两可。这样，人们在行为选择和纠纷处理的时候才有可靠的结果预测，在接受法律裁定时才心服口服。

第二，法律应该是逻辑严密、协调一致的。法律的严密性既表现在单部法律内部的严密性，也表现为不同法律之间的一致性。首先，对单部法律来说，在语言表述上应该清晰、准确、规范，不容易产生歧义；各个条文之间的逻辑应该严密而相互协调；原法与解释法应该配套；法律规定的内容应详细、准确，条文应具体，不过多依赖适用者的自由裁量。其次，对整个法律体系来说，不同法律之间应该相互衔接、协调、配套，形成一个完整、统一的体系。尤其应该注意的是，不同层次的法律应该定位清楚、功能明确，而不能发生冲突，如宪法作为根本大法，应该具有绝对的权威，基本法要在宪法规定的基础之上来制定，其他法律、法规及各种政策、命令不得与基本法相抵触，更不能违反宪法。改革开放 40 多年来，我国制定了大量的法律，初步形成了较为完备的法律体系，但不少法律规定是重复的，甚至相互矛盾、冲突的，这大大影响了法律实效的实现。

第三，法律的用语必须是大众化的。法律一经颁布，就成为面向全社会的公共

---

① TREVINO A J. The sociology of law：classical and contemporary perspectives. New York：St. Martin Press，1996：30－33，50－54.

② 费孝通．乡土中国 生育制度．北京：北京大学出版社，1998：58.

③ 埃里克森．无需法律的秩序：邻人如何解决纠纷．北京：中国政法大学出版社，2003：354.

④ 苏力．法治及其本土资源．北京：中国政法大学出版社，1996：6.

物品，首先必须得让广大老百姓知晓、理解，这就要求法律的用语必须大众化，使普通民众能够看得懂。如果法律使用模糊、晦涩、深奥的语言表述，它就会脱离群众，使其由社会公器变为法学家的专属“玩物”，法律便会失去群众基础，法律实效也就无从谈起。有学者分析，《法国民法典》之所以能够深入人心，取得很好的运行效果，很大一部分原因就在于其“用简单、无技巧、通俗易懂、如同《圣经》一样简明的文体写成，以便同废除法律的专业化、技术化、复杂化的现象一起，废除法学家的作用，使公民无须请教律师和法官就能读懂法律”①。

（三）法律应该具有实践的可操作性

法律要取得良好的运行效果，还必须具有实践的可操作性。再完美的法律，如果不具有可操作性，也只能变成一纸空文。放眼古今中外，我们发现从来就不乏一些因不具操作性而没有实效的装饰性法律，正如有学者一针见血地指出的那样，“一切官僚社会都是讲形式的，许多法律往往不是为了实行，而是为了装饰或掩饰”②。法律的可操作性主要包括两个方面。

第一，法律要具有可诉性。所谓可诉性，是指基于法律规定，法律关系的主体在自身权益受到损害时，可以通过法院诉讼来寻求救济。任何一部法律只有当人们能够利用它维护自己的权益时，它才具有可操作性，才有可能达到其实效，否则，就只具有象征意义。

第二，法律要具有经济性。所谓经济性，是指法律实践的成本和收益的比例应该具有合理性，实践成本不能太高，否则得不偿失，实际上也就意味着不可操作。具体地说，其包括司法机关适用法律的经济性和公民使用法律的经济性，后者亦可称诉讼效益。司法机关虽然是社会公共服务机构，依靠社会公共资源来运作，但也是需要考虑成本的，如果相对于收益来说，成本过高，就会影响法律的适用。普通公民适用法律时，当然更是会衡量成本和收益——当然，这里的成本和收益都不仅仅是经济学意义上的物质，也包括精神方面——当成本大于收益时，就愿意选择法律手段；反之则不然。总之，一部法律制定时，一定要考虑到其实践的效益。

（四）法律制定过程应该科学民主

要使法律具有形式和实质的合理性和实践的可操作性，一个基本的保障因素就是法律制定的过程应该是科学的、民主的。

第一，应该遵守严格的立法程序。对立法程序的强调，即追求法律的程序正义是现代法律的一个基本特性。③ 在西方，有一句人所共知的法律格言：“正义不仅应得到实现，而且要以人们看得见的方式加以实现。”(Justice must not only be done,

---

① 徐国栋．民法基本原则解释：成文法局限性之克服．北京：中国政法大学出版社，1992：161.

② 王亚南．中国官僚政治研究．北京：中国社会科学出版社，1981：126.

③ 季卫东．法律程序的意义：对中国法制建设的另一种思考．中国社会科学，1993（1）：83－103.

but must be seen to be done.）因此，程序正义被视为“看得见的正义”。程序正义既是对司法过程的要求，也是对立法过程的要求。就司法过程来说，程序正义主张，案件不仅要判得正确、公平，并完全符合实体法的规定和精神，而且判决过程还应该是透明的、合乎程序法规定的。换言之，司法机构对一个案件的判决，即使非常公正、合理、合法，也还是不够的，要使裁判结论得到人们的普遍认可，裁判者必须确保判决过程符合公正、正义的要求。因此，所谓“看得见的正义”，实质上就是指裁判过程（相对于裁判结果而言）的公平，法律程序（相对于实体结论而言）的正义。对立法过程来说，就是不仅要制定出高质量的法律，而且法律制定的过程也要符合规定，应该建立在对严格的立法程序的遵守的基础上，否则，即使再优质的法律也是不具有合法性的。

第二，应该充分发扬民主精神。亚里士多德强调法治优于人治之处就在于“法治乃众人之治”，能够集合众人的智慧和能力。他说：“单独一人就容易因愤懑或其他任何相似的感情而失去平衡，终致损伤了他的判断力；但全体人民总不会同时发怒，同时错断。……就多数而言，其中每一个别的人常常是无善足述的；但当他们合而为一个集体时，却往往可能超过少数贤良的智能。”[①] 因此，法律正是集体智慧和审慎考虑的产物。立法工作作为法治的重要环节，也应该充分地发扬民主、集思广益。法律要深得人心、得到广大人民的自觉遵守和维护，就“只有当法律是人民意志的自觉表现，因而是同人民的意志一起产生并由人民的意志所创立的时候”[②]。

二、公民守法与法律动员

法律的实施运作是全社会集体参与的事业，制定出了好的法律并不意味着法律实效会自动实现。法律是否取得了实际效果，最终还是体现在公众对法律的接受和遵守上。而要让公民自觉守法，一方面要进行充分的法律动员，另一方面要树立法律的权威性。

（一）充分进行法律动员

所谓法律动员（legal mobilization），是指调动人们利用法律系统中的知识、人员和程序等法律资源的行动和过程。对于我国来说，普法是一种最为常见的法律动员方式。在很大程度上，普法的成功与否决定了法律动员的成效如何。

所谓守法，就意味着公众主动以法律为准绳，将法律作为活动的准则与行动的指南，自觉维护法的尊严和权威。守法的前提是知法。所以，对于国家来说，法律颁布后，首要的任务就是要让公众知晓法律的存在并对法律有一个正确的理解。在这个过程中，普法就显得尤为重要。

---

① 亚里士多德．政治学．北京：商务印书馆，1965：164.

② 马克思，恩格斯．马克思恩格斯全集：第1卷．中文2版．北京：人民出版社，1995：349.

（二）树立法律的权威性

美国学者泰勒通过对芝加哥市民守法行为的实证研究，提出两种类型的守法行为，一种是工具性视角的守法行为，另一种为规范性视角的守法行为。工具性视角的守法行为是指守法行为出于外在压力影响，如对从事某种违法行为受罚可能性的预期和同辈群体的评价；规范性视角的守法行为，是指受内在价值取向影响的法律服从，它通常包括个人的道德观（personal morality）——个人对从事某一行为的是非判断和对“合法性”（legitimacy）的认同。其中，合法性的认同又包括两个方面：其一，内化的责任（perceived obligation），即个人是否将法律视为自己应该遵守的义务；其二，对法律权威的拥护与支持。而这种对法律权威的拥护与支持需要从两个维度来评价，即通过个人与法律权威打交道后的评价，以及对他人经历的预期来评价人们是更关注程序公正还是结果公正（分配的公正）。[①] 简单来说，要想使人们积极信守法律的规则，以法的主人翁姿态来积极维护法律的尊严，处处以法律作为自己行动的准绳，就需要大力树立法律的权威性，以逐渐培育起公众的法律意识。

而要树立法律的权威，首先，要提高法律的公信力，让公众感觉法律是可以信赖的。这就需要一个健康公正的执法、司法环境，要做到法律面前人人平等，如果老百姓都普遍认为“打官司就是打关系”或“打官司就是打金钱”，法律的权威性就会丧失，人们也不会心悦诚服地遵守法律。守法是要求全体社会成员共同尊重法律、遵守法律，排斥任何法外特权者。当守法成为一种自觉、自愿、自律的而非外部强制的行为时，法律的实效性就会充分体现出来。其次，要确保法律的执行力，真正做到执法必严、违法必究。这样，法律的权威才能树立起来，人们才不会抱着侥幸的心理去违反法律，当他们遇到纠纷时也愿意寻求法律的救济。

三、法律执行[②]

在现代社会中，要实现从“书本上的法”到实然层面的“行动中的法”的转变，除了需要民众自觉遵守和运用法律外，更离不开国家公权力的介入，而后者直接关系到现代国家中的法律执行的问题。法律执行是法律的实施环节，也是法律实效体现最为明显的领域。

（一）法律执行的含义与类型

法律执行，简称执法，有广义和狭义之分。狭义的法律执行，是指国家行政机关执行法律的活动，又称“行政执法”。广义的法律执行，是指所有国家行政机关、

① TYLER T. Why people obey the law. New Haven：Yale University Press，1990：23.

② 这部分借鉴了本教材第一版第十一章。

司法机关以及法律法规授权、委托的组织及其工作人员，依照法定职权和程序，贯彻实施法律的活动。这种广义的法律执行，包括了一切执行法律和适用法律的活动，也正是社会主义法治基本要求——“有法可依，有法必依，执法必严，违法必究”中的“执法”的含义。我们这里所说的法律执行是指广义的法律执行。

按照执法主体的不同，可以区分出四种类型的执法：第一类是政府的执法，包括国务院和地方各级政府及其工作人员依法行使职权的活动；第二类是政府行政职能部门及其工作人员的执法，包括国务院下属机构、地方各级政府的下属机构以及地方各级政府的派出机构，典型的如司法部及各级司法局、税务局、工商行政管理局、交警队、公安派出所等的执法；第三类是各级司法机关（法院和检察院）及其工作人员依法行使职权的活动；第四类则是法律法规授权或受行政委托的社会组织及其工作人员在一定范围内的执法，例如劳动仲裁机构裁决工伤损害赔偿争议、大学授予毕业生学位等。在这其中，第二、第三类的执法是实际生活中法律执行的重点和难点。

（二）法律执行效果的评估

一般而言，评估执法效果主要考虑三个评价的维度或角度。

第一，法律执行的法律效率。法律执行的法律效率，指法律条文在多大程度上转化成了人们的实际执法行为。它是在一定情况下实际执法行为的数量与该情况下法律要求应有的执法行为数量之比。

第二，法律执行的社会效率。法律执行的社会效率，即法律执行对社会生活所产生的实际效应或结果，与制定该法律所要达到的社会目标的比较。从庞德的社会学法学开始，法律的实际社会效果一直是法社会学研究的重要领域。在某些情况下，执法虽具有法律效率，但不见得有社会效率，换言之，即使执法机构及其人员能严格执法[①]，执法行为足够多，却可能收效甚微，甚至事与愿违——与该法律条文制定的社会目标背道而驰。

第三，法律执行的最佳性。法律执行的最佳性，是对法律执行的基本社会属性进行综合性研究，即综合法律执行各方面的利弊得失，来评价执法效果。所谓法律执行的基本社会属性，除了前述的法律执行的社会效率外，至少还可以考虑：从是否与社会法律文化、公序良俗等相适应的角度考察法律执行的合理性，从法律执行的预期结果与未预期结果的正向对比关系角度考察法律执行的有益性，以及从法律执行的结果（产出）与为取得该结果而耗费的资源（投入的人力、物力）的比较角

---

① 事实上，“研究警察和其他法律执行机构的文献，经常证明官员们明显倾向于不去严格执行法律”。例如，HAWKINS K. Environment and enforcement. Oxford：Oxford University Press，1984；HAWKINS K. Law as a last resort：prosecution decision making in a regulatory agency. Oxford：Oxford University Press，2002；REINER R. The politics of the police. 2nd ed. Hemel Hempstead：Harvester Wheatsheaf，1992；REINER R. Policing and the police//MAGUIRE M，MORGAN R，REINER R. The Oxford handbook of criminology. 2nd ed. Oxford：oxford University Press，1997。参见因尼斯．解读社会控制：越轨行为、犯罪与社会秩序．北京：中国人民公安大学出版社，2009：8。

度考察法律执行的经济性。

（三）提升法律执行效果的途径

在我国，法律执行的主体主要是行政部门及其工作人员和司法机构及其工作人员，提升法律执行的效果也首先要从这两个方面着手。

对于行政部门及其工作人员来说，需要做到：首先，作为执法主体的行政机关必须充分尊重法律权威，严格依法行政，确保公平、合理的执法。其次，行政主体自身应树立法律至上观念，不得以言代法、以权压法，不能把个人的权威意志强加于法律之上，更不能为了部门利益或个人一己私利搞“钓鱼执法”[①] 等严重破坏法律原则的活动。最后，行政人员要树立起权利、民主意识，防止运用手中权力谋取私利、腐化堕落，以权力来侵害公民权利。

司法者是法律的守护人，是防止法律失败的最后一道防线，也是影响法律实效的最为直接、最为重要的因素之一。对于司法机构及其工作人员来说，需要做到：首先，树立司法的权威，特别要杜绝同级党委、政法委、同级政府、人大的干预。当前，我国的司法管理体制是垂直领导，但法院在人、财、物方面都受地方政府制约，因此司法地方化的倾向很容易产生。其次，减少系统内部上级审判机关的干涉和影响。按照相关规定，上级审判机关对下级审判机关只有指导与被指导的关系，没有领导与被领导的关系，但实际上，上级审判机关往往经意不经意地向下级审判机关发号施令。再次，要大力提高司法人员的整体素质，提高司法水平。英国法学家霍布斯认为：“作为良好法官的条件是：第一，须对自然律之公道原则有正确的了解，头脑清醒，深思明辨；第二，须有‘富贵不能淫，贫贱不能移’之精神；第三，须能超然于一切爱恶惧怒感情之影响；第四，听讼须有耐性，有注意力，有良好之记忆，且能分析处理其所闻焉。”[②] 司法者应唯法律是从，视此裁定事业为天职，应刚正不阿、自律廉政，以渊博的职业知识、极强的职业能力为基石。目前，我国的司法人员整体素质还参差不齐，亟须提高。最后，着力解决司法腐败问题。人们常说，司法是社会正义的最后一道防线，如果司法系统连自身的公正廉洁都做不到，又何谈捍卫社会的正义呢！

改革开放 40 多年来，我国在法制建设方面取得了突飞猛进的成就。但法制建设绝不等于法治建设。从法律实效来看，我国的法治建设还有很长的路要走。也许，我们有必要重温法社会学鼻祖埃利希的名言：“现在以及任何别的时候，法律发展的重心既不在于立法，也不在于法律科学和司法判决，而在于社会本身！”[③] 如何提高法律的运行效果，使书面的法律变成实际的秩序，这才是我们需要着重解决的。

---

① 钓鱼执法，在国外又叫执法圈套（entrapment），系英美法系的概念。它和正当防卫等一样，都是当事人无罪免责的理由。从法理上分析，当事人原本没有违法意图，在执法人员的引诱之下，才从事了违法活动，国家当然不应该惩罚这种行为。这种行为如果运用不当将致人犯罪，诱发严重的社会问题。近年来，这种现象在我国屡有出现，引起舆论的强烈不满。

② 霍布斯．利维坦．北京：商务印书馆，1964：220.

③ 博登海默．法理学：法律哲学与法律方法．北京：中国政法大学出版社，1999：142.

本章要点

本章主要从实践的视角来分析法律运行的实际过程及其效果。法律制定出来之后，首先面临的是实施问题。对于转型时期的中国来说，落实法律的规定比制定法律的意义更加重要。

复习思考题

1. 谈谈你对法律实践逻辑与法律形式逻辑之间的区别的认识。
2. 什么是法律实效?
3. 比较法律实效与法律实施、法律实现、法律效力的异同。
4. 结合转型期中国的实际，谈谈影响法律实效的因素。

推荐阅读书目

1. BOURDIEU P. The logic of practice. Stanford：Stanford University Press，1992.

2. 布莱克．社会学视野中的司法．北京：法律出版社，2002.

3. 黄家亮．法律在基层法院中的实践逻辑//郑也夫，等．北大清华人大社会学硕士论文选编（2006）．济南：山东人民出版社，2006.

4. 黄建武．法的实现：法的一种社会学分析．北京：中国人民大学出版社，1997.

5. 黄宗智．清代的法律、社会与文化：民法的表达与实践．上海：上海书店出版社，2001.

6. 埃里克森．无需法律的秩序：邻人如何解决纠纷．北京：中国政法大学出版社，2003.

7. 波斯纳．法官如何思考．苏力，译．北京：北京大学出版社，2008.

第十一章

法律运行的组织结构与法律职业

第一节　法律运行的组织结构

法律运行涉及立法、执法、司法、法律监督等多个环节。多个国家机关在相应的法律运行环节行使不同的职能，并形成特定的组织结构形式。

一、公检法机关的组织结构

（一）公检法机关的纵向及内部横向组织结构

1. 公检法机关的纵向组织结构

从性质上讲，公安机关属于行政机关，其纵向结构与我国行政机构的设置属于同一序列。具体而言，国务院下设公安部；省、自治区、直辖市政府设公安厅或公安局；省辖市及地级市设公安局；县、县级市、城市区政府设公安局。我国公安机关实行“统一领导，分级管理，条块结合，以块为主”的领导管理体制。以地方公安机关为例，其同时接受上级公安机关和同级地方党委、政府的领导，但是在管理体制上是以地方领导为主。

人民检察院和人民法院同属司法机关，从纵向来看设置有与公安机关基本保持一致的四级组织体系。不过，两大司法机关的纵向组织管理结构与公安机关存在显著的区别，其主要的原因在于司法机关直接对人大负责，受其监督，而不受作为行政机关的政府领导。从两大司法机关内部的纵向结构来看，上下级检察机关是领导与被领导的关系，因此具有鲜明的“检察一体”的特色；上下级法院则是监督与被监督的关系，通过纵向审级的设置而尽力确保审判独立和程序公正。

2. 公检法机关基于职能划分的内部横向组织结构

根据不同的职能划分，我国县级以上公安机关内部一般都设置有国内安全保卫、刑事侦查、经济犯罪侦查、治安行政管理、交通管理、缉毒等部门，设区的市一级以上公安机关还设置有技术侦查部门，某些文化单位集中的大城市还设置有文化保卫部门。除此之外，各级公安机关均设有政治工作部门及负责后勤、秘书等工作的保障机构。

两大司法机关在组织结构方面较为类似。在横向结构上，两者均在内部设置不同的部门行使各种职权。不过，两者在内部部门设置的依据上存在一定的差异。人民法院主要针对各类不同性质的纠纷，在内部设立不同的专门审判庭负责审理各类案件。这些审判庭包括刑事审判庭、民事审判庭、行政审判庭、审判监督庭、立案庭、执行庭等。人民检察院的机构设置与纠纷性质也有关系，例如民事、行政、公益诉讼检察部门就专门负责相应案件的法律监督工作。不过，由于检察机关的职权主要集中于刑事案件的办理，因此更侧重于依据刑事案件的不同类型而设置相应的部门并由其具体负责相应案件的审查逮捕、审查起诉、出庭支持公诉、抗诉、立案监督、侦查监督、审判监督以及补充侦查等工作。除此之外，人民法院和人民检察院均在内部设置与专门审判庭或专门业务部门平行的办公室、研究室、信访处、政治部、监察室、行政处等辅助性机构。

（二）组织结构的科层特色

与其他所有的公权力机构一样，中国的公检法机关的组织结构表现出复杂的科层化特征。从纵向组织结构来看，公安机关和检察机关的上下级均属领导与被领导的关系，因而在法律运行过程中表现出明显的科层化运作面貌。法院的上下级虽然被定位为监督与被监督的关系，但是审判权的运行仍然表现出一定的科层特征。例如，一些地方法院为了避免裁判被上级法院推翻或驳回，在个案中时常采取内部“请示”“汇报”的方式提前获得上级法院的“指导意见”。

公检法机关人事方面的安排也表现出明显的科层化特点。按照中国的组织人事制度，普通法官、检察官的任职前提是通过法律职业资格考试，但院长、副院长、检察长、副检察长仍可以从其他国家机关具有相同行政职级的干部中予以选任和调入，而并未要求其必须事前通过法律职业资格考试。

（三）律师事务所的组织结构

1. 不同规模律师事务所的组织结构差异

因规模不同，律师事务所在组织结构方面表现出了极大的差异。在广大欠发达地区的法律服务市场，律师事务所的规模一般较小，内部一般不存在刻意的组织结构安排。这些传统的中小型律师事务所一般都采取普通合伙制，人数相当有限的合伙人共同出资、共同管理、共同对外承担无限连带责任。合伙人之间彼此熟悉，关系密切，以至于很多律师事务所都不需要正式的合伙协议。律师的业务范围也以传统的诉讼业务为主，一般没有明确的执业方向。部分律师也有意将自己包装成通晓所有法律、包打所有官司的“全才”。这种以诉讼业务为主的中小型律师事务所为了有效获得案源，在许多地方都倾向于将办公场所或广告牌设置在法院附近，以此吸引潜在的客户的注意，这成为一种极具特色的现象。2004 年，全国律师协会审议的《律师执业行为规范》（试行）曾有这样的表述：“在司法机关内及附近 200 米范围内设立律师广告牌和其他宣传媒介”属于不正当竞争行为。不过，这一表述没有出现在正式出台的规范文本中。

而在大城市，随着律师事务所规模的扩张，律师人数急剧增加，合伙人往往达到数百人甚至上千人，传统的合伙制显然无法适应这类大型律师事务所发展的需求。大型律师事务所的组织结构开始变得越发复杂起来。这样的复杂性主要体现在四个方面：其一，律师事务所内部逐渐采用了科层化的组织形式，律师事务所人员规模越大，科层往往越复杂。其二，责任形式上逐渐由传统的普通合伙制变为有限责任合伙制。其三，现代大型律师事务所在内部的组织管理上通常会采用分权化的组织形式。其四，大型律师事务所普遍设立了分所，形成了总所与分所相结合的巨型团队。[①] 这样的巨型团队必然要求内部的业务结构在横向层面展现出高度的分化。而这种分化直接导致律师事务所因业务开展的需要而分别建立公司、民商事、金融、证券、知识产权、资本市场、家事、刑事等各种各样的专业业务部门。于是，在这些律师事务所执业的律师的业务范围也逐渐定型，多数律师也有意将自己塑造成自己较为熟悉的一个或数个业务领域的专家，而在向客户提供法律服务时不会轻易涉足其他的业务领域。

2. 律师事务所管理结构的“脱钩”与“两结合”体制的形成

在20世纪80年代中期之前，我国律师事务所由司法部门进行单一的直接领导，律师开展业务的机构也被称为法律顾问处，而律师的身份则被定性为国家法律工作者。当时，中国律师业的社会结构基本上是由与国家的关系来定义的，律师事务所具有行政级别，律师所从事的法律领域和所服务的客户类型也都可以按照其行政级别来加以区分。

此后，律师事务所的管理结构逐渐开启了所谓的“脱钩”进程。1984年8月的全国司法行政工作会议后，一些法律顾问处改为律师事务所，并在经营管理上进行了改革的尝试。1986年7月，第一次全国律师代表大会上成立了中华全国律师协会，而且深圳、上海、北京等地也开始了合伙所和合作所的尝试。不过，真正大规模的改制还是从1988年司法部下发《合作制律师事务所试点方案》开始的。律师事务所组织形式上的变化为原有的行业行政管理体制带来了挑战，因为改制后的律师事务所成为独立核算、自负盈亏的独立主体，传统的司法行政管理模式显然已经无法适应这样的运作要求。1992年中国共产党十四大报告将法律、会计审计咨询等纳入第三产业，司法部据此在1993年发布的《关于深化律师工作改革的方案》中提出沿用至今的“两结合”管理体制，即司法行政机关的行政管理与律师协会的行业管理相结合，司法行政机关对律师业进行宏观的监督和指导，律师协会则承担具体的管理职能。

设立这样一种体制的初衷，是以此实现律师行业自治之前的过渡。然而在一定

---

① 吴洪淇．大型律师事务所破产的警示意义：从杜威路博国际律师事务所破产谈起//张志铭．师大法学：第2辑．北京：法律出版社，2017：373.

时期内，我国律师协会与司法行政机关的律师管理部门曾采取“一套人马、两块牌子”的做法，“两结合”体制在实践中就变成了“两张皮”——律协一张，司法局一张，“哪张需要贴哪张”。[①] 这种状况目前虽然得到了改善，但是许多人批评，与国外的律师协会不同，我国的各级律师协会实际上仍然是半行政化的事业单位，其在实践中的主要职责并不是为律师提供服务，而是协助司法行政机关对律师进行管理。在此背景下，律师行业组织管理方面的自治未来还有很长的路要走。

第二节 法律职业

一、法律职业的资格

法律职业专业性极强，是现代社会高度分工的产物。各国在培养法律职业人员方面均注重建立严格的准入门槛，除了实行严格的法律执业资格考试制度之外，不仅对候选人参加考试之前的职业教育有严格的要求，而且还要求通过考试者经过漫长的研修才能成为合格的司法人员。从事法律职业的人员一般有三类：一是应用类法律人才，主要指律师、法官和检察官；二是学术类法律人才，主要指法律教师和法学研究人员；三是法律辅助类技术应用人才，其主要职责是辅助律师、法官和检察官工作。此外，还包括立法人员、仲裁员、公证员等。总的来说，从法律运行即立法、司法、执法、法律监督等各个环节来看，又分别形成法律职业内部细分的职业类型。不过，法律运行的这些环节对从业者的专业性要求并不相同，因此相应的从业资格也有不同的条件。

从全球层面来看，代议制民主体制中的议员或代表的职权具有复合性，参与立法表决往往只是其工作内容之一，因此立法者实际上多数都不是法律专家，抑或并不具备较高的法律素养。当然，也不宜要求其取得法律职业的专门资格。与此相对的是，司法人员及执法人员则承担法律运行过程中的关键环节即法律适用工作，因此需要通过严格的资格条件来确保从业人员的专业素质。为此，各国普遍要求从事司法职业的人员必须通过严格的法律训练和入职考试方能获得从业资格。

在中国，法律职业资格在社会发展变迁的大背景下在过去数十年间逐渐走向了严格。改革开放后的一段时间内，各种法律职业的入职方式并不统一。法院、检察院甚至经常通过“社会招干”的方式接收来自国家机关和企事业单位的人员，而“复转军人进法院”则成为一个时代的缩影。[②] 在这一时期，所谓的“初任法官考试”和“初任检察官考试”一般局限于在法院、检察院内部进行，不仅对候选人没有教育、学历和法律培训等方面的统一要求，而且考试也常常流于形式。与此相对

---

① 刘思达．法律职业的政治命运．交大法学，2013（1）：93－100.

② 贺卫方．复转军人进法院．南方周末，1998－01－02.

的是，律师入职的规范化建设则较早。1986 年，全国律师资格考试制度建立，我国通过这种方式遴选了一大批法律服务人才。不过，在此后的很长一段时间内，虽然一直强调法律服务市场的入职资格条件，但由于律师资源有限，其在执业环境中面临基层法律工作者、各类法律咨询机构和大量“黑律师”“土律师”对业务的争夺。[①] 至今，这类未取得专门法律职业资格的法律工作者仍然在部分欠发达地区或民族地区执业。这类人员虽然有利于填补相应地区执业律师的空缺，但是也带来了无序的竞争。

2002 年，律师资格考试取消，律师、法官、检察官和公证员的职业证书的考试合并为国家司法考试。自此，法律职业资格的统一化、规范化建设得到了长足的发展。2014 年，在既有改革的基础之上，法检系统又推出员额制改革，将法检内部人员按照比例明确区分为三类，对担任法官和检察官提出进一步的严格要求。因此，从改革的趋势来看，可以说对法官任职的要求在不断提高，对于检察官的要求也出现了类似的趋势。2018 年，国家司法考试转型成国家统一法律职业资格考试。除了律师、法官、检察官和公证员而外，从事法律顾问、仲裁员（法律类）及政府部门中从事行政处罚决定审核、行政复议、行政裁决的人员都应当通过此考试方能开展执业活动。总之，从发展变迁的角度来看，中国法律职业资格的制度化建设仍在路上，未来还有较大的规范化发展空间。

二、法律职业的分化

（一）不同法律职业的分化

长期以来，基于传统落后意识和旧有司法条块分割，不同的法律职业群体固守各自的阵地，表现出相当程度的区隔。不过，相对而言，同属公权力机构的公检法机关有着较为紧密的联络。根据《中华人民共和国宪法》的规定，中国的公检法机关办理刑事案件时应当“分工负责、互相配合、互相制约”。但是在司法实践中，三机关在工作中也较为注重维护彼此间的关系。例如，对于一些证据不足的案件，法院长期以来倾向于做出“留有余地”的量刑判决，而不是直接宣告被告人无罪。这种做法给公安和检察院两家留足了脸面，从而也成为中国的无罪判决率极低的原因之一。此外，检察机关倾向于将一些原本可能被判决无罪的案件以“撤回起诉”的方式结案，而不是任由法院判决被告人无罪。这种程序一般都会获得法院的认可，原因在于可以有效避免无罪判决所导致的公安、检察院两家办案人员遭受负面考核。又如，辩护律师提出非法证据排除申请后，法院也允许检察机关在庭前会议中以主动弃用或撤回的方式柔性处理非法证据，而不是在庭审中或判决书中以非常刚性的方式排除证据，这样做的实践逻辑之一便在于柔化了刚性排除所可能招致的

---

① 王亚新．农村法律服务问题实证研究（一）．法制与社会发展，2006（3）：3－34.

来自公安和检察机关的若干阻力。[①]

相对而言，律师与警察、检察官、法官之间却存在较大程度的隔离。这种隔离首先体现为身份上的差异。不过，这种隔离状况也有一个发展过程。在改革开放初期，律师被界定为“国家的法律工作者”，主要任务是“对国家机关、企业事业单位、社会团体、人民公社和公民提供法律帮助，以维护法律的正确实施，维护国家、集体的利益和公民的合法权益”。既然是国家的法律工作者，其工作单位又是国家单位性质的法律顾问处，其身份自然与国家公务人员无实质差异，对其行为的规范自然也与国家公务人员相同。随着 1996 年《中华人民共和国律师法》的施行，律师的身份转变成“为社会提供法律服务的专业人员”。这样一种法律上的身份定位使得律师与法官等职业的“国家的法律工作者”身份截然区分开来。

其次，司法理念与制度的发展和变迁也对律师与其他法律职业的隔离产生了重要的影响。从司法传统来看，我国更接近大陆法系，司法的过程深刻地体现出职权主义模式的运作特点。然而以 1996 年《中华人民共和国刑事诉讼法》修订为标志，我国司法制度开始向具有英美法特色的当事人主义模式转型。受对抗思维及制度设计的影响，律师与其他法律职业之间表现出了越发明显的分化。就律师与警察之间的关系而言，双方在很大程度上便表现出对对方的不信任。例如，西方多个国家普遍实行的讯问嫌疑人律师在场制度一直无法在中国推行，很大程度上就是因为警察群体持集体抵制的态度，这源于其担忧律师会干扰现有的封闭式侦查程序的顺利开展。检察所承担的追诉职能，决定了其与律师之间往往存在截然对立的利益诉求，二者之间也很难建立良好的信任关系。律师与警察、检察官的紧张关系也表现在《中华人民共和国刑法》第 306 条[②]被一定程度地滥用上。公安机关、检察机关如若发现某一辩方证人作出了有利于嫌疑人或被告人的证言，或者在法庭上改变了原来所作的有罪证言，便有可能以伪证罪将该证人予以羁押，并迫使其再次改变证言。这种刑事追诉还有可能迫使证人将辩护律师牵连进来，承认证言的改变是律师“唆使”或者“引诱”的结果，从而令辩护律师成为刑事追诉的对象。正因为如此，律师普遍将这种任意对辩护律师采取刑事追诉行动的情况视为检察机关、公安机关的“职业报复”。[③]

虽然按照现代法治程序设计，法官属于诉讼“等腰三角形”结构中的居中裁判的中立方，但是法官与律师在实践中也时常表现出互不信任、相互猜疑的状况，甚至不时出现律师因不满法官的某些庭审活动而“闹庭”“愤然退庭”等现象。法官与律师的冲突在某些个案中甚至呈现出白热化的样态，有些案件中的冲突失控导致

① 闫召华．刑事非法证据“柔性排除”研究．中外法学，2018（4）：1035－1053.

② 该条第一款规定：“在刑事诉讼中，辩护人、诉讼代理人毁灭、伪造证据，帮助当事人毁灭、伪造证据，威胁、引诱证人违背事实改变证言或者作伪证的，处三年以下有期徒刑或者拘役；情节严重的，处三年以上七年以下有期徒刑。”

③ 陈瑞华．法律职业共同体形成了吗（上）：以辩护律师调查权问题为切入的分析．中国司法，2008（2）：22－27.

基本的庭审秩序都无法维持。[①] 这样一种状况无疑会令法官和律师两败俱伤，司法权威和法律尊严严重受损，并进一步导致这两种法律职业的隔离。

（二）同一法律职业内部的分化

在同一法律职业内部也存在分化现象，这在律师职业中表现得相当明显。根据刘思达的研究，中国的法律服务市场已经分化为五个空间领域，即边疆、战场、高端、后院和雷区。“边疆”是指农村地区，那里律师数量十分稀少，绝大多数纠纷都是基层法律工作者、乡镇干部和“赤脚律师”来解决的；“战场”是指城市的个人法律服务，那里律师、基层法律工作者、法律咨询公司和其他法律执业者在诉讼和其他日常法律工作中竞争激烈；“高端”是指北京和上海等全球化城市里的涉外商务法律服务，那里国内的商务律师事务所受到来自外国律师与日俱增的竞争；“后院”是指企业、政府和知识产权法律服务，那里律师、企业法律顾问、政府法制办工作人员、专利代理人和商标代理人被多个彼此之间存在利益冲突的部委分别准入管理；“雷区”是指刑事司法系统，那里律师表面上具有对刑事辩护工作的垄断，在实际工作中却被公检法机关边缘化，有时甚至会面临人身危险。[②]

具体到法律“边疆”地区的律师而言，他们和法官、基层法律工作者、司法助理员、“赤脚律师”乃至乡镇干部和村干部在内的法律服务提供者，事实上共同构成了一个相互关联的职业系统。不同的法律职业根据其所属的行政级别而分化，形成了一个县城、乡镇、村落三级的纠纷解决体系。作为国家正式法律职业之代表的律师，处于这个纠纷解决体系的最末端：在经济上，他们依靠国家的扶持；在政治上，他们被本地政府牢牢控制。因此，只有在其他法律服务提供者无法解决当事人的问题的情况下，律师才有机会介入——这一结构性的弱势地位是我国律师业在法律“边疆”地区发展缓慢的一个根本原因。[③]

法律职业内部的分化带来了多方面的影响，而收入上的差距表现得尤其明显。以律师为例，朱景文的研究显示，在 2011 年，我国拥有 21.5 万名律师，每 10 万人口拥有 15.95 名律师，律师人均业务收入为 20 万元。但是，我国律师数量和业务收入的分布是极其不平衡的。“无论从律师的数量，还是从律师所创造的财富和收入来看，我国不同省份都有着极大的差别，最多与最少的五省的差距，在律师数量上相差 17.5 倍，在律师业务收入上相差 160.1 倍，考虑到人口因素，每 10 万人口律师数量相差 6.7 倍，每名律师业务收入相差 19.5 倍。”[④] 收入上的巨大差距导致律师只是一种表面看上去比较光鲜的职业，实际上大量的律师还在为生存而战。

---

① 毛兴勤．法律职业的内在冲突与调适：以法官与律师的关系为中心．法治研究，2013（9）：125－131.

② 刘思达．割据的逻辑：中国法律服务市场的生态分析．上海：三联书店，2011：13－14.

③ 刘思达，吴洪淇．法律边疆地区的纠纷解决与职业系统．社会学研究，2010（1）：130－156.

④ 朱景文．中国法律职业：成就、问题和反思．中国高校社会科学，2013（4）：117－134.

三、法律职业共同体建设的理想与障碍

法律职业内部的群体从事不同的工作，从本质上讲是社会分工的产物。虽然工作内容有所差异，但是他们均可以称为“法律人”。按照美国法学家庞德的观点，“法律人”是指一群人从事一种有学问修养的艺术，共同发挥替公众服务的精神，虽然附带地以它谋生，但是仍不失其替公众服务的宗旨。[①] 实际上，英文中的“lawyer”除了最为常见的含义即律师而外，还可以泛指从事法律工作的“法律人”。在西方一些国家，从事不同法律职业的群体因“法律人”的共同纽带而具有较为紧密的联系，共同成为法律职业共同体的组成部分。按照强世功的说法，“在法律的天平上，在法律共同体的视野里，道德是无足轻重的，他们尊重的不是实质正义，而是形式理性。他们关心的不是道德的善恶，而仅仅是权利的分配，是更能促进社会效率的权利分配”[②]。基于法律共同体的理念，不同法律职业群体之间易于相互理解和尊重，法律的运行也因不同法律职业的共同维系而表现出良性样态。

在中国，法律职业共同体的建设近些年来随着司法体制改革向纵深推进，具备了良好的条件。律师与其他法律职业之间的关系也有可能在此基础上在未来得到更为良性的发展。在国家司法考试制度所累积经验的基础之上以及随着国家统一法律职业资格考试的推行，从事不同法律职业的群体在法律理念、法律思维和职业道德等方面都更有可能达成共识。除此之外，近年来的司法改革也为法律职业共同体的建设奠定了良好的基础。以刑事司法领域为例，一方面，协商性司法理念的传播及认罪认罚制度的推行将促使侦查和审查起诉程序大规模地从对抗转向合作，而要实现这一制度的目标，必然有赖于警察、检察官与律师之间在程序进行过程中保持良好的互动。另一方面，以审判为中心的刑事诉讼制度改革对法官的中立地位提出了更为明确的要求，法官的审判活动需要通过保障律师的合法权益而得到维系，而律师也需要在尊重法官的基础上妥善开展执业活动。而在民事司法领域，调解长期以来被视为极富特色的中国经验，当事人通过这种方式定纷止争在海量的案件中取得了良好的效果，而这一效果的实现也离不开法官与律师的良性互动。

不过，法律职业共同体的建设目前仍然面临很大困难，这主要有以下几个方面的原因。

第一，不同的法律职业在现行政法体制下有着不同的政治定位。中国特有的“分工负责、相互配合、相互制约”的司法体制，决定了律师不可能在刑事司法制度的运作中居于主流地位。名义上，公检法机关分别行使国家的侦查权、检察权和审判权，但在各级党委、政法委的领导和协调下，它们其实某种程度上都是负有专

---

① 伯曼．美国法律讲话．上海：三联书店，1988：208.

② 强世功．法律共同体宣言．中外法学，2001（3）：328－339.

政职能的“政法机关”。对律师职业行使管理职权的司法行政机关，也属于这个“政法系统”的重要组成部分。此外，在中央全面深化改革领导小组于2014年通过《关于司法体制改革试点若干问题的框架意见》之后，法院、检察院的人财物逐步开始推定省级统管改革，改变了地方司法机关“吃地方财政的饭”的旧有格局，但是地方党政部门对公检法机关在组织人事方面仍拥有控制权。越是接近基层，三机关就越发容易形成实质上的“利益一体化”以及“政法职业共同体”。在这种体制下，从事辩护和诉讼代理工作的律师处于“法律边缘人”的角色地位。

第二，不同的法律职业存在差异化较大的司法利益和职业诉求。特别是对于刑事诉讼的控辩双方而言，尽管司法理念目前一定程度上在从对抗向合作转型，但是“两造对立”仍然是基本的诉讼架构，这就决定了律师和检察官、警察之间因利益诉求的不同而很难在职业共同体的诸多方面达成绝对共识。他们在任职之前或任职初期或许因为受到过相同或类似的教育和培训，并有相同的参加法律职业资格考试的经历，但两种完全不同的职业文化会使他们的行为方式和思维习惯产生越来越大的差异。

第三，不同的法律职业缺乏有效的沟通平台。与国外一些国家的律师协会为所有“法律人”提供有效的执业沟通平台不同，我国的法律职业仍然表现出非常明显的条块分隔，各类法律职业群体由此很难有机会进行有效的沟通。例如，法官、检察官和律师分属法官协会、检察官协会和律师协会，相应的法律职业只能在现有体制中进行内部沟通。而从入职及工作之后的业务培训来看，不同的法律职业群体之间通常也并无往来。虽然这几种法律职业之间通过联席会议、学术交流等方式保持有限的互动，但是统一平台的缺位导致不同的法律职业群体之间很难进行大规模、常态化的有效沟通。

四、法律职业的流动

（一）同一法律职业的内部流动

与体制内人士相比，律师在事务所之间的流动显得频繁得多。这主要有几个方面的原因：其一，随着法律服务市场的兴盛，新的律师事务所不断增加，除了从法学院毕业生中招录一些新手而外，更为有效的渠道则是直接接收来自其他律师事务所经验丰富的律师的加盟。在此过程中，一些大型律师事务所甚至会选择整体吞并小型事务所的方式以整合资源。其二，律师事务所的高级合伙人、合伙人及普通执业律师在待遇方面存在较大差距，部分律师为了追求晋升或更高的待遇容易以跳槽的方式选择加盟新的事务所，从而拓展执业空间。其三，事务所的律师因忠诚度的不同而在系统流动方面表现出较大的差异。具体而言，从事务所创立起便一直在其中执业的律师通常忠诚度较高，选择离职的可能性相对较小。而因待遇等方面原因跳槽的律师相对更容易再次跳槽，因为事务所对其而言只是一个开展工作的平台而已，而这样的平台很难维系其忠诚度和归属感。

随着时代的发展，律师的横向流动逐渐被视为一种习以为常的现象，但此过程对法律服务市场产生了非常重要的影响。律师流动的加快固然有利于法律服务资源的优化配置，但这也带来了无序竞争的问题。

一方面，从宏观地域层面来看，东部经济发达地区拥有较为广阔的法律服务市场，长期以来对新入职律师的吸引力较强。而对于已经在中西部地区执业一定年限的律师而言，在经验积累到一定程度之后转向北上广地区开辟一片新天地，也成为很多人的选择，但这也带来律师资源过度聚集的问题。邹小华等人通过分析 2011 年中国排名前 50 位的律师事务所的总部及其分支机构在 289 个城市的空间分布发现，全国大约 80%的律师业务集中在大约 20%的城市。在律师业务集聚程度最高的 59 个城市中，又分为五个等级。其中前三个等级的 24 个城市，占到全部城市律师业务的 80.19%。第一等级城市依次为北京、上海和深圳，它们占到全部城市律师业务的 20.49%。[①] 越来越多的外地律师进入这些经济发达地区执业，转而又以这些地区较高的收费标准去外地办理案件，进一步刺激了当地的律师持续向经济发达地区流动。

为了平衡中西部法律服务市场的资源配置和保证特定地区法律人才的需求，我国在一定时期内，对艰苦边远和少数民族地区的应试人员，在报名学历条件、考试合格标准等方面适当放宽，对其取得的法律职业资格实行分别管理。法律职业资格证书在此背景下分为 A、B、C 三类。其中，A 类资格证书全国通用，但报名考试时学历要求为大学本科以上。B 类适用于放宽报名学历条件的地区，且报名学历为法律专业专科。C 类属于放宽报名学历条件地区，考试成绩的要求也相应较低。司法体制改革也对法律服务市场的平衡产生了一定的影响。例如，最高人民法院在全国设立六个巡回法庭，越来越多的本部案件改交由巡回法庭审理。这样的政策变化会激励律师资源由北京向沈阳、深圳、郑州、南京、重庆、西安这六个中心城市流动，从而促进东中西部地区律师在民商事案件中分布的均衡。[②]

另一方面，从律师事务所的微观层面来看，律师及小型律师事务所在法律服务市场近年来越发呈现出向大型律师事务所流动的态势。在此过程中，事务所的客户也在很大程度上依赖于律师的个人转移。这一转移使得律师尤其是合伙人在流动的时候能够将客户轻易地带走，从而出现了所谓的“攫取—离开”的法律现象。[③] 此外，法律职业的专业化也对人员的内部流动带来影响。例如，部分大型律师事务所近年来越发重视专业领域执业部门的建设，以此致力于在法律服务市场精耕细作，打造更富有竞争力的专业团队，这对有志于在某一领域精深开展业务的律师而言有着较强的吸引力。

---

① 邹小华，薛德升，黄颖敏．等级化、网络化与区域化：基于律师事务所空间分布的中国城市体系研究．华南师范大学学报（自然科学版），2015（2）：134－142.

② 侯猛．中国律师分布不均衡的表现与影响：从北京刑事辩护市场切入．法学，2018（3）：113－123.

③ 希尔曼．论律师的流动管理．王进喜，唐俊，译．北京：中国人民公安大学出版社，2005：19.

（二）不同法律职业的跨域流动

不同法律职业的人员也会发生跨域流动的现象。但是，这种流动在国内外表现出了很大的差异，而背后的原因也不尽相同，这里主要以法官和律师之间的流动进行阐释。在美国，大多数州都要求法官需要有从事律师职业的经验，而且担任法官意味着法律职业的至高尊荣，因此律师向法官的流动乃是常态现象。尽管美国联邦法官和重要的州的法官的收入在美国公职薪资级别中处于最高等级，但是通常不可能超越执业经验丰富的知名律师抑或那些在大城市执业的年轻律师。因此，美国律师转而担任法官，多数不是出于经济方面的原因。也就是说，职业身份的转变通常会令律师降低收入方面的预期，但是他们仍然会心甘情愿地做出这样的选择。与此相对的是，美国法官加入律师群体的情况极其罕见。这一方面是由于法官本身具有较高的社会地位并享有一份相对而言较为可观的收入，另一方面的重要原因在于美国法官实行终身制，许多人从法官的岗位退下来，年龄一般已经很大，不太可能再有精力从事律师方面的业务了。

而在中国，法官与律师之间的流动则呈现出与美国截然相反的态势。中国法官“下海”加入律师队伍的大有人在。一方面，法官按照普通公务员的退休年龄卸任后，一部分人确实还有精力从事律师业务。另一方面，更多的法官则是在入职一定年限并积累了一定的司法经验和行业资源后，因收入、职业生涯发展等原因而倾向于选择加入律师队伍。近年来，随着员额制改革的推行，相当一部分法官和检察官因入额困难或无望而选择离职，进一步促发了司法职业向律师职业的跨域流动。与此相对的是，极少有律师会选择在执业一段时间后加入法官群体。实际上，法院系统近年来一直在努力推动律师向法官流动。例如，最高人民法院原院长肖扬就曾提出，要理顺法官职业与律师职业的关系，提倡律师职业向法官职业的流动，不提倡法官向律师的流动，不提倡法官转行当律师，或者在背后做中介。[①] 公开资料显示，1999 年 3 月，最高人民法院在北京地区公开招考高级律师进法院。2014 年，十八届四中全会审议通过的《中共中央关于全面推进依法治国若干重大问题的决定》指出，要“建立从符合条件的律师、法学专家中招录立法工作者、法官、检察官制度”。2016 年，中共中央办公厅还印发了《从律师和法学专家中公开选拔立法工作者、法官、检察官办法》（简称《办法》），鼓励法律人才应聘法官、检察官等职位。但该《办法》发布以来，真正进入法官队伍的律师、学者凤毛麟角。有统计表明，截至 2019 年年初，全国 31 个省区市中仅有上海、广东、江苏、浙江、北京等地进行过六轮法官公开选拔。加上最高人民法院 2018 年年底的一次尝试，七次选拔共计划选拔 21 名法官。[②]

---

① 肖扬．在最高人民法院、司法部贯彻落实《关于规范法官和律师相互关系维护司法公正的若干规定》电视电话会议上的讲话．(2004-06-11)［2020-06-13］https://www.chinacourt.org/article/detail/2004/06/id/119388.shtml.

② 王文秋．律师里选法官，试水三年推广难．新京报，2019-03-30.

对于法官向律师的单向流动，陈海光法官于2004年的一份研究总结出了三大方面的原因，即法官经济收入相对较低，法院工作压力相对较大，法官保障制度不健全。[①] 10多年过去了，这些障碍不仅未消除，而且问题可能变得更加突出了。例如，近年来诉讼数量呈爆炸式增加，而法官数量却并未显著提升。除此之外，在现有的法院体制之下，担任一名法官也很难让律师在科层体制特色鲜明的单位里感受到职业上的荣光。而制度性的原因在于近年来法官员额制的推行也成为律师转行当法官的障碍。实际上，各省区法院系统的员额指标已经快饱和了。在这种情况下，如果再从律师、学者等外部人员中选拔法官，法院系统内部的人难免会有意见。此外，遴选法官的职级也可能引发法院内原有法官的抱怨。中国法官有四个基本的等级，分为首席大法官、大法官、高级法官和法官，而普通法官再细分为一级、二级、三级、四级、五级。从律师中遴选法官，必须考虑职级上的特殊安排而不宜将其任命为最低级的法官，这在一定程度上会堵塞部分法官的晋级通道，从而引发法院内原有法官的怨言。

本章要点

本章首先从制度层面介绍了公检法机关的组织结构，在此基础上从科层特色的角度揭示了其组织结构的实然运行面貌；律师事务所因规模不同而在组织结构方面表现出极大的差异，"脱钩"及"两结合"管理体制的形成反映出律师事务所在发展变迁过程中与国家关系的变化。法律职业的资格、不同职业之间及同一职业内部的分化、法律职业共同体建设及障碍、法律职业内部及跨域形态的流动是考察法律职业实际面貌的几个重要因素。

复习思考题

1. 简述审判委员会的运行与司法独立的关系。
2. 律师职业的内部分化呈现哪些特点？
3. 试析中美两国法官与律师职业的跨域流动差异及其原因。

推荐阅读书目

1. 布莱克．社会学视野中的司法．北京：法律出版社，2002.

2. 刘思达．失落的城邦：当代中国法律职业变迁．北京：北京大学出版社，2008.

3. 刘思达．割据的逻辑：中国法律服务市场的生态分析．上海：三联书

① 陈海光．论律师与法官职业间的人员流动．法律适用，2005（3）：65－69.

店，2011.

4. 瓦戈．法律与社会．9版．北京：中国人民大学出版社，2011.

5. 朱景文．中国法律发展报告（2012）：中国法律工作者的职业化．北京：中国人民大学出版社，2013.

6. 吴洪淇．法律职业的危机与改革．北京：中国政法大学出版社，2017.

7. 左卫民，王海萍，吕国．审判委员会制度改革实证研究．北京：北京大学出版社，2018.

第十二章

国家法与民间法

第一节 国家法与民间法的界分

一、法与法律的界分理论

在中国的法治建设中，一个不容忽视的问题就是对法律的界定以及由此而来的法律结构的划分问题。从法治发展的逻辑过程来看，法律概念的界定和法律结构的划分是进行法治建设的前提和基础，只有在界定清楚了“法律是什么”这个最基本的问题的基础上，才有可能建立完善的法律体系；同样，只有在对法律结构划分清楚之后，才能对我们的法治建设所处的整体法律框架有所认识，才能对法治建设的法律环境有一个真切的认识，从而更好地对法治建设进行定位。因此，法律概念的界定和法律结构的划分实际上可以看作法治建设的逻辑起点，它决定和影响着法治建设的逻辑进程和最终走向。因此，法律结构理论对于法治建设具有极为重要的现实借鉴意义。

在法学界，法与法律的界分一直是法哲学关注的一个重点问题，由于对法的界定的不同，对法律结构问题的回答也不相同。有人从狭义的法律定义入手，认为法是国家制定的规范性文件，在此意义上，等同于法律。有人从广义的法入手，认为法是调整社会的规则，法律只是法的一种表现形式。在对法的界定的基础上，形成观点迥异的各个法学流派，也形成了不同的法律结构学说。

古典法学理论对此大致有两种完全不同的回答：一种是法与法律一元论，认为法即法律，是由国家制定或认可的、依靠国家强制力保障实施的行为规范的总和，在国家法之外，根本不存在其他所谓的民间法、习惯法等。但是在这个问题上，更多学者持法不同于法律的二元论观点，认为法和法律是两个不同层次上的概念，法是法律的内容，法律是法的表现形式，法律只能符合而不能违反法的要求，否则就不是真正的法律。如在西方法学史上占重要地位的自然法学派就持法与法律二元论的观点，认为自然法是法，而国家实在法仅仅是法律，国家法的制定必须以自然法为依据，否则便失去了存在的依据。① 因此，严格来看，法与法律之间存在着明显的不同，而且对这种不同做出区分并不是在做文字游戏，而是有其深刻的价值意义。长期以来，人们一直生活在“法由君出”的一元法律体系中，君主的所言所行不论好坏，皆是金科玉律，不可违抗。在进入现代社会以后，国家权力急剧扩张，法律已经成为国家意志的专属工具。在这种情况下，法不同于法律的观点有助于限制国家权力的无限扩张，提高国家立法的正当性和合理性，使法律不至于沦为侵犯人权、压制民主的工具。

所以，法与法律二元论认为，法是法律的原型，法律是法的反映。在国家制定出法律之前，法就存在于我们的社会生活之中，并以一种隐性的形式指导着我们的行为，只是这时的法基本上表现为一种理念法，依靠人们的共同信念和价值共识在潜移默化地发挥作用。② 在这种理念法的基础上，经过国家权力机关的制定或认可，法具有明确的表现形式，成为普遍遵守的行为规则，于是便成为法律。因此法与法律之间既存在着一种密切的相互关系，又有着根本上的理念区分。

二、国家法与民间法

在法社会学视野下，法律被理解为规制社会运行的行为规则，民间法虽然没有经过国家的制定或认可，但它在社会运行中同样发挥着极大的作用，帮助人们在相互交往中形成大致的预期。因此，民间法也是法的重要组成部分。

（一）国家法

国家法是国家制定法的简称，有狭义和广义之分。狭义的国家法可以仅仅理解为中央国家机关制定并由国家强制力保障实施的行为规则的总和。在中国，狭义的国家法在效力上覆盖到全国范围，不仅包括全国人民代表大会及其常务委员会所制定的宪法和法律，以及最高人民法院和最高人民检察院颁布的司法解释，也包含中央国家行政机关及所属部委制定的行政法规和部门规章。相对于民间法，狭义的国家法具有以下几个特征：（1）国家性。国家法以国家名义创制，在全国范围内实施，适用范围以国家主权为界限。（2）普遍性。国家法的普遍性是因其由国家制定或认可所派生出来的特征，在一国全部地域范围内对一切人和任何组织都发生效力。（3）强制性。国家法的实施由国家强制力保证，违反国家法的行为将受到来自国家机器的惩罚。③

广义的国家法则包括国家立法机关及其授权机关制定并由国家强制力保障实施的更大范围的行为规则的总和。于是，按照《中华人民共和国宪法》和《中华人民共和国立法法》规定的立法体制，分布在我国法律位阶体系中所有的行为规则都可

---

① 张文显．20世纪西方法哲学思潮研究．北京：法律出版社，1996：40.

② 谢晖．法学范畴的矛盾辨思．济南：山东人民出版社，1999：2.

③ 于语和．民间法．上海：复旦大学出版社，2008：23-24.

以称之为国家法。因此，不仅宪法、法律（以及根据法律制定的司法解释）、行政法规和部门规章属于国家法，地方性法规、地方性规章等都可以纳入国家法的范畴。因此，广义的国家法因部分是由地方立法机关或地方行政机关制定的，并不具有国家性和普遍性特征，而只具有强制性特征。

（二）民间法

1. 民间法的界定

民间法的概念具有一定的模糊性，这决定了任何一个定义都难以在界定清楚其内涵的同时又赋予其足够的外延，这就意味着任何界定都只是从某种特定角度所做的一种解说。当前，比较有代表性的界定主要有梁治平的“知识传统说”、朱苏力的“本土资源说”、郑永流与田成有的“行为规则说”，这些理论均从不同角度揭示了民间法的内涵。

“知识传统说”认为，所谓民间法是指生自民间、出于习惯，在乡民长期的生活、劳作、交往和利益冲突中逐渐显现，因而具有自发性和丰富的地方色彩的一种知识传统。“它是在乡民长期的生活与劳作过程中逐渐形成的；它被用来分配乡民之间的权利、义务，调整和解决他们之间的利益冲突，并且主要在一套关系网络中被予以实施，它在一定程度上受制于不同的原则。”① 作为一种知识传统的民间法，与作为另一种知识传统的国家法有着根本的区别，二者不仅知识结构不同，而且知识本身也存在巨大的差异。生长在民间法传统中的人对国家法有着一种深深的隔离感，觉得那是一套脱离了自己生活体验的完全不熟悉的东西；而生活在国家法传统中的人对民间法也有着同样的误解，认为那是文化欠缺、文明缺乏的标志。②

“本土资源说”认为，民间法实际上就是本土资源，而所谓本土资源，既包括中国的历史传统，即活生生地流动着的、在亿万中国人的生活中实际影响他们行为的一些观念以及在行为中体现出来的模式，也包括当代人的社会实践中已经形成或正在萌芽发展的各种非正式的制度，如各种本土的习惯、惯例等。③ 与“知识传统说”相比，“本土资源说”不仅注意到了民间法的历史因素，即在历史中形成的各种知识传统，更看到了民间法的现代意义，即当代人在社会实践中形成的各种习惯等，赋予了民间法以浓重的时代特征。以这种观点视之，中国历史上形成的各种文化积淀固然是民间法的一种表现形式，而伴随着现代社会发展而形成的各种新的规则、习惯更代表了民间法的特色。

---

① 梁治平．清代习惯法：社会与国家．北京：中国政法大学出版社，1996：431.

② 费孝通先生曾专门撰文介绍了这两种知识传统的隔离。他说乡下人初到城市，遇到汽车手忙脚乱，不知如何是好，而城里人到了乡下，往往也是五谷不分。之所以会造成这种情况，主要是因为城里与乡下是两类完全不同的知识系统，而不是智识上的差异。详细内容参见费孝通．乡土中国 生育制度．北京：北京大学出版社，1998：“文字下乡”一章。

③ 苏力．法治及其本土资源．修订版．北京：中国政法大学出版社，2004：15.

“行为规则说”认为，“民间法意指一种存在于国家之外的社会中，自发或预设形成，由一定权力提供外在强制力来保证实施的行为规则”[①]，“民间法是独立于国家之外的，是人们在社会中根据事实和经验，依据某种社会权威和组织确立的具有一定社会强制性的人们共信共行的行为规范”[②]。这种说法从规范的角度指明了民间法的法律属性[③]，将其从模糊性的法律概称提升为具有强制力保障的法律规则，为民间法纳入整个法律体系提供了一种理论上的可能性。不过，赋予民间法太大的强制力会使人们忽视民间法的特色，在一种简单的层面上把民间法等同于国家法或者理所当然地将民间法作为国家法的一个附带的补充。因此，在把民间法视为一种行为规则时，必须界定清楚其外在强制力的范围与力度，使之与以外在强制力为根本特征的国家法有着清晰的界限和明显的区别。

2. 民间法的特征

相对于国家法，民间法主要有以下特征。

（1）效力上整体的非强制性和特定的强制性。民间法缺少国家法那样的正式权力的支持。在整体实施上，它依靠的是人们的自觉遵守和道德强制，违反了民间法便会受到舆论谴责，而这有可能比物质上的惩罚更具有约束力。当然，民间法的非强制性只是相对而言的，并不表明民间法在所有问题上一概如此。事实上，在某些特定的场合，民间法和国家法一样具有严厉的强制性。例如，在古代，对于严重违反伦理关系和家法族规的家族成员，族长依据家族的法规有权对其做出肉体上的惩罚，在极端的情况下，甚至可能会将其处死。

（2）形成上的自发性。自发性是相对于自觉性而言的，民间法作为一种社会秩序，其形成是自发发展的结果，而不是自觉建构的产物。“自生自发秩序”是著名学者哈耶克在概括西方社会发展时提出的一个概念。他认为人类社会的整个秩序，特别是法治秩序，不是因为事先的计划和理性的设计而生成的，而是“人之行动而非人之设计的结果”。与这种“自生自发秩序”近似，民间法也是社会发展的自然产物。

（3）发展过程上的不断演变性。民间法的形成过程本身就是一个流变的过程。很有可能以前被视为天经地义的行为规则在现今社会里被禁止，而以前看来不可思议的行为在今人看来则完全可以理解。在这种不断的演变过程中，民间法自身也获得了持续的发展。

（4）内容上的具体性和非体系性。在乡土社会中，民间法是作为行为规则存在的，其存在价值就在于为乡土社会中的人们提供一种具体的指导，因而在内容上民

---

① 郑永流．法的有效性与有效的法．法制与社会发展，2002（2）：23－40.

② 田成有．乡土社会中的国家法与民间法//谢晖，陈金钊．民间法：第1卷．济南：山东人民出版社，2002：4－10.

③ 范愉将民间法界定为民间社会中自然形成并长期得到遵守的原则和规则，从存在空间的角度阐释了民间法作为规范的属性。这种观点形式上属于对民间法的“民间规范说”阐释，实质上与“行为规则说”是一致的。参见范愉．纠纷解决中的民间社会规范//谢晖，陈金钊．民间法：第6卷．济南：山东人民出版社，2007：7。

间法大多是具体性的。事实上，如果对民间法进行实证的调查，我们就会发现，每一种民间法所针对的基本上是特定的具体事物或事件。例如，在乡土社会中具有重要作用的家法族规就是一类典型的民间法，它的调整对象很显然就是发生在特定家族中的关系和事件，对于与己无关的别的家族的事情，它没有丝毫的效力可言。这种具体性与针对性使得民间法具有非体系性特征，这与英美法系的习惯法有着形式上的相似之处，而与大陆法系的体系化有着显著的差异。

（5）适用范围上的地方性。民间法的地方性是指在适用范围上，民间法具有特定的适用区域而不具有普适性。现代国家法的一个突出特征就是其效力的普遍性，只要国家权力所及的一切区域，国家法都发挥强制性的作用。而民间法则不同，它没有国家的权力作为支撑，它之所以有效完全是因为生活于其间的人们的认同，是一定地方的人们在特定的历史条件下的一种自愿选择。对于这种适用上的地方性，郑永流称其为民间法的“地缘性”①。

（6）适用过程的便捷性与经济性。作为非正式的纠纷解决方式，相对于诉讼，民间法具有成本低廉、程序简便、快捷迅速、方法灵活、调整范围广等特点。它不仅可以解决一般的民事、婚姻家庭、经济纠纷，还可以解决一般的治安纠纷和轻微的刑事案件，使当事人以较低的代价获得较大的收益。

3. 民间法的表现形式

依据其调整范围和调整对象，可将民间法主要分为以下几种。

（1）家法族规。主要指在血缘基础形成的，规范家族内部的宗法事务、婚姻继承、家庭纠纷等事项的各种规章。家法族规与乡土社会“伦理本位，家族主义”的特征有着密切的关联，正是乡土社会特有的家族制度促使了家法族规的出现，而家法族规的出现对家族制度来说又是一种有力的保障。

（2）村规民约。主要指在地缘基础上形成的、调整特定村庄内部各种事务的各种规章。在国家权力机构组织力所未及的乡土社会里，这些村规民约实际上起到了国家法的作用，它不仅是当地村民在共同生活中必须遵守的一般规则，更是处理乡村纠纷、维护乡村秩序的基本依据，具有极为重要的地位。

（3）宗教法规。指处理宗教组织、宗教礼仪、宗教戒律等事务的各种规章。在现代社会中，宗教已纳入国家的调整范围之中，但是在乡土社会，宗教作为一种心理上的寄托和感情上的表达，依然具有独立于国家的一面。

（4）行业规章。主要指调整特定职业的从业条件、从业方式、行业禁忌及职业道德等方面的规则。这种规章主要存在于各种行会组织当中，是行会组织为维护行会整体利益而约定的行为准则。

（5）少数民族法。主要指调整特定的少数民族的社会组织、婚姻家庭、财产归属、民族禁忌及对违反者进行惩罚的各种规章。②

---

①② 郑永流．法的有效性与有效的法．法制与社会发展，2002（2）：23－40．

第二节　国家法与民间法的关系

一、国家法与民间法的主要区别

虽然在法社会学意义上，民间法可以看成是与国家法并驾齐驱的规则体系，但是从规范意义上看，二者仍然存在着明显的区别。

（1）强制力。国家法与民间法的首要区别在于实施时国家强制力保障的有无。民间法虽然在某些特定的场合也具有严厉的强制性，但这种强制性并不是由来自国家机器的强制力支撑，而多由宗法伦理、家族威权等因素维系，因此与国家法的强制力不可相提并论。

（2）效力渊源。国家法的效力来源于国家权力机关的认可。国家立法机关可以根据社会的需要，通过立改废的形式对现存的法律体系进行调整，既可以通过制定的形式直接进行立法活动，又可以通过认可的方式赋予某些习惯、条约、判例和其他规范以法的效力。而民间法的效力来源于民众的认同。它不是在某一时间由某个特定的人或机关制定的，而是在漫长的历史进程中逐渐形成的。

（3）表现形式。国家法一般表现为成文性的法。按表现形式的不同可分为宪法、法律、行政法规、地方性法规、行政规章等，其中宪法、法律和行政法规在整个法律体系中起着尤为重要的作用，是整个法律体系的核心。与国家法的表现形式较为单一相比，民间法的表现形式较为丰富，成文形式与不成文形式并存，主要包括家法族规、乡规民约、宗教规范和行业规章等。

（4）适用范围。国家法以国家权力为支撑，特别是就狭义的国家法而言，适用于国家之内的一切范围。现代国家的一个突出特征就是国家权力的泛化与渗透已经达到最基层的乡村社会，国家法作为国家权力的规范化表达，已随着国家权力渗透到乡村基层。而民间法只是一种地方性的规范，它只适用于特定的区域与群体，并不具有普适性的特点。

二、国家法与民间法关系的基本类型

在学理上，关于国家法与民间法的关系大致有以下三种看法。

（1）互动论。这种观点认为，国家法与民间法各司其职，是一种相辅相成的互动关系，如谢晖认为："国家法与民间法，实乃互动之存在。互动者，国家法借民间法而落其根、坐其实；民间法借国家法而显其华、壮其声……两者之共同旨趣在构织人类交往行动之秩序……故人间秩序者，国家法与民间法相须而成也。"[①] 国家

---

① 谢晖，陈金钊．民间法：第1卷．济南：山东人民出版社，2002：年刊总序2页．

法与民间法的互动近年来突出表现在民间法作为新的法源表现形态，对国家法的司法适用可构成有益的补充。例如，江苏姜堰等地的法院近年来便对民俗习惯的司法运用开展了积极实践，产生了一定的影响。①

（2）错位论。这种观点认为，在现今的乡土社会中，国家法与民间法是一种相互错位、互不交融的关系，如梁治平认为，对于生活在乡土社会中的人来说，"国家法律所代表的不但是另一种知识，而且，至少在许多场合，是一种异己的和难以理解的知识"，在国家法和民间法的相互沟通中，"农民们真正需要的法律救济，政府往往不能够及时地提供；国家施于农村的法律，未必都切合于农村的实际"②。

（3）冲突论。这种观点认为国家法与民间法之间并不总是和谐的互动关系，两者充满着冲突与对立，问题在于发生冲突时对两者的态度。朱苏力强调，"在国家法和民间法发生冲突时，不能公式化地强调以国家法来同化民间法，而是应当寻求国家制定法和民间法的相互妥协与合作"③，以寻求国家法和民间法的良性沟通。

以上三种观点都具有逻辑上的合理性，在国家法与民间法的关系问题上有着较强的解释力，只不过三者各自采用的视角不同，强调的方面也不同。互动论着眼于国家法与民间法之间的良性互动，看到了两者间的相互促进作用，但却忽略了两者之间必然存在的矛盾与冲突的一面；错位论看到了国家法与民间法本质上的不同，着重指出了两者在价值定位和功能作用上的差异，这对我们正确了解两者的适用范围有着积极的意义，但如若过分强调两者的差异而忽视了它们的相似性，同样不是科学的方法；冲突论则从社会实践出发，揭示了在法治现代化过程中国家法与民间法之间的冲突的事实，促使我们在法治建设中避免以一种过于乐观的态度对待国家立法。

第三节　国家法、民间法的冲突与秩序重建

本节以农村的殡葬改革为例，结合对河南农村的实地调查，阐述转型期国家法与民间法的冲突与秩序重建。④

一、殡葬改革中的规则冲突

在当前农村的殡葬改革中，人们操办丧事面临着两套规则，一套是在长期的自然演化中形成的传统习俗，另一套是国家制定的丧葬法规。国家认定传统的习俗是

---

① 江苏省高级人民法院课题组．民俗习惯司法运用的价值与可能性．法律适用，2008（5）.

② 梁治平．乡土社会中的法律与秩序//王铭铭，王斯福．乡土社会的秩序、公正与权威．北京：中国政法大学出版社，1997：431.

③ 苏力．法治及其本土资源．修订版．北京：中国政法大学出版社，2004：64.

④ 这部分所用案例改编自韩恒．规则的演变：对豫南农村丧葬改革的实证研究//郭星华，陆益龙，等．法律与社会：社会学和法学的视角．北京：中国人民大学出版社，2004。

愚昧落后的，并要用现代文明的方式取而代之，结果造成激烈的冲突。

（一）传统的丧葬规则

“红白喜事”是汉族民间风俗中富有魅力而又独具民族特色的一部分，其中“白喜事”就是这里我们所说的丧事。当然不同时期、不同地域的丧事也会有所不同。比如宋元时期之前，丧葬基本上是以土葬为主，火葬只不过是一种区域性的、民族性的葬俗。但从宋元时期开始，我国从北方到南方，火葬普遍流行。湖北、河南、河北、山东、江苏、陕西、四川、福建等许多地区都流行火葬。南宋时期，火葬已成为人们习以为常的丧葬礼俗。元朝取代南宋之后，火葬流行地区更广。到了明清时期，火葬便遭到朝廷的严厉禁止，土葬又逐渐替代了原来的火葬成为丧葬的主要形式。[①] 这里我们以豫南农村为例简要说明传统的丧葬规则。

在豫南农村，一般来讲，老人去世后，家人要鸣放一挂鞭炮，一来是为死者灵魂引路开道，二来是为了报丧，村里人知道这一消息后前来帮忙，准备丧礼。同时，死者家属会派人尽快将这一消息告知所有亲友；召集同姓的长者和村里有威望的人商议丧事，选择安葬的吉日；找人准备棺材，选择埋葬地点；找来“老师儿”（做饭的厨师）准备饭菜，招待乡邻亲友。家庭条件好的人家，还要请来唢呐队，鼓乐吹唱，有时请两班人马对唱，以示对老人的孝心，显示排场。若死者是女性，其娘家人到来时，唢呐队要鸣炮三响（在钢管中装上炸药，然后引爆，非常响，当地人称为“铁炮”），以示迎接。

出殡当天，死者的所有亲友及乡邻都前来为死者送葬，交上礼钱，有的还送上花圈或挽幛，死者家属大摆宴席，款待亲友乡邻。出殡时，唢呐队鸣炮三响，村里的年轻人抬着棺材走向墓地，死者亲属披麻戴孝，穿着丧服，哭唱丧歌，唢呐队吹着丧乐走在棺材前面，开道引路。鸣炮不断，纸钱纷飞，本村及邻村的妇幼老少跟随观看。从死者家中到墓地的路途中，丧队一般要停下几次，一来抬棺的人可以休息片刻，二来唢呐队要进行吹奏表演，当地人称为“串灵”，甚是热闹。到达墓地下葬时，唢呐队要再一次进行吹奏表演，死者亲属哭声连片，与亲人做最后的告别。下葬完毕，要堆起坟头，插上花圈，坟头的周围要插上彩色的小旗，作为死者在阴间的“地盘”。

安葬之后的三日内，死者的直系亲属要到死者坟前祭祀。孝子孝女披麻戴孝，带上纸钱及肉菜到死者坟前祭拜，这在当地被称为“点汤”。死者安葬的第三天，死者家属要进行修坟仪式，把前一天堆起的坟重新修圆整好，最后在坟上隆起一个坟头，当地称之为“垄坟”。按传统的丧礼，葬后还有“做七”的习俗，即人死后隔七天祭祀一次，一直祭祀到第五个七天。其中第五次祭祀较为隆重，当地人称为“五七”。在“五七”这天，死者的亲属要为死者烧纸送钱，女儿孙女要为死者送上一些纸制的祭品，有“摇钱树”“聚宝盆”“楼房”“轿车”“电视机”“自行车”“桌

① 张捷夫．我国历史上的火葬．光明日报，1996－01－23．

椅”“茶瓶”等生活用品，当然还少不了阴间的钞票，当地人称之为“扎社火”。死者家属要设宴款待，出丧那天因故没有参加葬礼的亲友，在“五七”这天也要交上礼钱参加祭祀。“五七”是出丧之外最为隆重的祭典活动。

一般而言，丧礼的隆重程度、招待亲友饭菜的多少及档次的高低，体现了此家庭在当地社会地位的高低及子女对老人的孝敬程度。应该指出的是，作为传统的这一丧葬仪式多年来在当地一直延续下来，并且得到很好的遵从，没有因为其他方面的变化而发生改变。对这一传统习俗最大的挑战来自上级的法规。

（二）政府的法规

政府的法规最早可以追溯到 1956 年，当时以毛泽东为首的 151 位国家领导人在倡议书上联合签名，表示死后自愿实行火葬，由此拉开了改革土葬习俗的序幕。不过在此之后，所倡议的火葬只是在国家工作人员中间得以贯彻，而在广大的农村地区并没有真正实施火葬改革。农村地区推行火葬则是 20 世纪 80 年代中期以后的事。

1986 年 6 月，河南省人大常委会法制委员会向省人民政府提出了《河南省殡葬管理暂行办法（草案）》，获得了省人大常委会的通过。河南省人民政府于 1986 年 7 月向各地区行政公署、各县市颁发通知，要求各地认真组织实施这一殡葬管理暂行办法。省人大当时之所以提出并批准这一殡葬管理办法，是因为在此前一年即 1985 年 2 月国务院发布了《国务院关于殡葬管理的暂行规定》（简称《暂行规定》），省政府向各地发布通知只是“为了贯彻执行国务院的关于殡葬管理的暂行规定”。1997 年 6 月，民政部召开了第三次全国殡葬工作会议，7 月国务院颁布实施了新的《殡葬管理条例》，取代原有的《暂行规定》，使得殡葬管理法规的建设迈上了一个新台阶。根据国家的殡葬改革精神，河南省也于 1999 年 7 月修订了原有的殡葬暂行管理办法，出台了《河南省殡葬管理办法》，并于 1999 年 12 月 1 日起施行。

从国家的《殡葬管理条例》《河南省殡葬管理办法》可以看出，制定殡葬法规、实施殡葬改革目的有两个：一是为了节约丧葬用地，二是为了革除传统习俗中的丧葬陋习。相应地，国家希望通过殡葬改革达到两个目标：保护土地资源和促进精神文明建设。所以殡葬改革的具体内容有两项：葬法改革和丧礼改革。前者是为了节约耕地，后者是为了促进精神文明建设。

对于葬法而言，新的法规提倡火葬。与传统的土葬一次性完成遗体处理的方式不同，火葬有遗体火化和骨灰处理两个步骤。根据《河南省殡葬管理办法》，“市辖区、县级市、建有火葬场的县和省人民政府划定实行火葬的县”，以及“未建火葬场的县人民政府所在地的镇”都属于火葬区。“划为火葬区而未建火葬场的县（市），应将火葬场的建设纳入基本建设计划，限期建成。”暂不具备条件、未划为火葬区的地区，应对传统的土葬进行改革，同时土葬区的人民政府应制定推行火葬的具体规划，创造条件，逐步推行火葬。对于骨灰处理，《河南省殡葬管理办法》

也做出了明确规定："在火葬区提倡骨灰寄存、以树代墓、撒散的方式以及其他不占或少占土地的方式处理骨灰。禁止将骨灰装棺土葬。"

对于丧礼而言，国家法规只是泛泛地提倡丧事应遵循"科学、文明、节约"的原则，"丧事从简，不得大操大办，反对铺张浪费、大摆宴席，不准借办丧事之际收礼、送礼"，或者规定一些"禁止"，比如禁止在城市街道、居民住宅区等公共场所停放遗体、搭设灵棚，禁止播放或者吹奏哀乐，禁止抛撒、焚烧冥币、纸钱，禁止在丧事活动中使用封建迷信用品和从事定阴阳、看风水等封建迷信活动等。但对于丧事承办人具体"应该"怎样做，或者说怎样做才算是"文明""科学""先进"，国家法规并没有做出具体规定。

从政府的法规可以看出，国家出台的相关法规与传统的习俗是冲突的。比如，国家的法规认为原有的土葬是"封建迷信"，是"丧葬陋习"，对之应该加以改革，改革的方向就是"实行火葬"。与原有的土葬相比，火葬具有以下好处：火葬科学先进，土葬愚昧落后；火葬经济，土葬浪费；火葬卫生，土葬污染；火葬简单省事，土葬麻烦费力。因此，实行殡葬改革有利于移风易俗，破除迷信，清除几千年封建社会遗留给人们的旧风俗、旧习惯，去掉束缚群众的精神枷锁，有利于节约耕地和林地，有利于减轻群众的经济负担，有利于环境卫生和人民的身体健康。

在民间法与国家法的规则相互冲突的情境下，农民将做出怎样的行为选择？国家的法规是否能够取代传统的习俗？国家的法规能否达到预期的社会秩序？

二、规则冲突下的秩序混乱

为了考察规则冲突下的行为选择，我们曾于2008年寒假对河南省8个县（市）中的8个村庄进行了调研。在调查的8个村庄中，实施殡葬改革以来共有61人去世（截至调查时），其中尸体火化的有33例，占总去世人数的54.1%；尸体直接安葬（没有火化）的有28例，占总去世人数的45.9%（见表12－1）。从中可以看出，农村的殡葬改革并没有达到预期的目的，农村的土葬依然盛行，农村的丧葬秩序出现了混乱。

表12－1　殡葬改革实施效果

<table>
<tr><td rowspan="4">火化33例
（54.1%）</td><td colspan="2">1例骨灰放在家中（死者为年轻人，外地务工期间遇车祸死亡，在外地火化，没有办理丧事）</td></tr>
<tr><td colspan="2">3例把骨灰安置在陵园，后来举行"起墓仪式"，将骨灰挖出，重新将骨灰葬于祖坟旁</td></tr>
<tr><td rowspan="2">29例二次装棺土葬</td><td>7例向民政部门交费后取得默认，将骨灰安葬在祖坟旁，并且按照传统丧礼操办了丧事，有的还大操大办</td></tr>
<tr><td>其余22例没有交费，火化后直接按照传统丧礼办理了丧事，有的大操大办</td></tr>
</table>

非火化 28 例（45.9%）	13 例“偷埋”	1 例事后遭到举报，家属向民政部门补交了 600 元罚款后不了了之
		1 例遭到举报后被“起尸火化”，同时家属遭到 2 000 元的罚款处理
		1 例事先上交 1 000 元钱，取得默认后，假装火化，然后再偷偷安葬
		其余 10 例“偷埋”丧事，都没有受到政府部门的干预
	15 例按传统丧礼办理	1 例事后被发现，遭到“起尸火化”，死者无儿无女，系“寡汉”（未婚）
		1 例没有在本地安葬，而是安葬在邻县亲属的土地中
		2 例“假装火化”，中途又返回土葬。其中 1 例被发现，补交2 000元罚款
		3 例事先交给民政部门一定“费用”后得到默许，按照传统丧礼操办丧事
		其余 8 例都是按照传统的丧礼操办丧事，政府部门没有干预

(一) 火化并没有达到改革的目的

在尸体火化的 33 例丧事中，只有 3 例丧事按照规定把骨灰安葬在政府划定的陵园中（事实上，这 3 位死者的家属最后也按“起墓仪式”将骨灰挖出，买了棺材，重新将骨灰葬于自家的祖坟旁边）。只有 1 例把骨灰放置在家中，其余 29 例都按照传统的丧礼把骨灰二次装棺，进行土葬。从最终结果来看，在尸体火化的丧事中，97%的人进行了土葬，只不过此时土葬的不是死者的尸体，而是死者的骨灰。

丧礼方面，在火化的 33 例丧事中，大部分都按照传统的丧礼操办了丧事，有的还“大操大办”，以表孝心。并且，一些死者家属认为，既然尸体已经按照要求火化了，丧事想怎么操办就怎么操办，家属由此获得了按传统丧礼操办丧事的“合法性”，可以大摆宴席、请唢呐队鼓乐鸣唱、隆起坟头、焚烧纸钱等。也就是说，尸体的火化不仅没有节约土地，也没有改变传统的丧礼，相反却为土葬骨灰、大操大办等提供了“合理的借口”。按照农民的话说就是，“（乡民政所）叫火化（我们）都火化了，咋埋它（乡民政所）还能管着?!”

国家的《殡葬管理条例》第二条明确规定：“殡葬管理的方针是：积极地、有步骤地实行火葬，改革土葬，节约殡葬用地，革除丧葬陋俗，提倡文明节俭办丧事。”《河南省殡葬管理办法》第三条也明确指出：“殡葬活动及其管理必须积极地、有步骤地实行火葬，改革土葬，节约殡葬用地，革除丧葬陋俗，提倡文明节俭办丧事。”从这些法律规定可以看出，殡葬改革的主要内容有两个：一是葬法改革，二是葬礼改革。前者是为了节约土地，保护土地资源；后者是为了革除传统习俗中的丧葬陋习，促进精神文明建设。但是，从尸体火化后的实际操作来看，尸体的火化并没有达到殡葬改革的最终目的，因为火化后的丧事既没有节约土地，也没有改变传统丧礼形式。

（二）土葬依然盛行

在去世的61人中，尸体直接安葬（没有火化）的有28例，占去世总人数的45.9%。

在这28例丧事中，有13例采取了“偷埋”的形式办理丧事。在这13例“偷埋”的丧事中，有1例事后遭到举报，家属向民政部门补交了600元罚款，不了了之；有1例遭到举报后被“起尸火化”，同时家属遭罚款2 000元；还有1例事先向民政部门上交了1 000元钱，取得民政部门的默认后，假装火化，然后再偷偷安葬。其余10例“偷埋”丧事，都没有受到政府部门的干预。

在28例没有火化的丧事中，还有15例按照传统的丧礼办理了丧事。在这15例丧事中，有1例事后被民政部门发现，遭到“起尸火化”；有2例“假装火化”，中途又返回土葬，其中的1例被民政部门发现，补交了2 000元罚款后不了了之；有3例在丧事之前交给民政部门一定“罚款”后得到默许，按照传统丧礼操办丧事，其中1例上交1 000元，另外2例上交2 000元；还有1例死者没有在本地安葬，而是安葬在邻县亲属的土地中（邻县的殡葬改革实施得不严格）。其余的8例都是按照传统的丧礼操办丧事，政府部门没有干预。

丧礼方面，在“偷埋”的13例丧事中，丧事的当天大部分没有按照传统的丧礼办理丧事，基本上都是“从简处理”（没有款待，没有隆坟，丧葬的仪式也大大简化），但是在之后的祭祀中（“五七”的祭祀、百天祭祀、一周年祭祀、三周年祭祀等），死者家属大都按照传统的习俗操办了祭祀，并且隆起了坟头。至于另外15例的丧事，基本上都是按照传统丧礼操办的。

（三）丧葬秩序的混乱

从实际的调查来看，在规则冲突的情境下，农村的丧葬秩序是混乱的。农民的丧葬行为既没有完全遵从传统的习俗，也没有完全遵从国家的法规，而是在变相遵从国家法规的背景下简化了传统的丧礼。国家的法规为什么没有达到预期的目的？首要的原因在于国家的法规与传统习俗的冲突。

传统的丧葬习俗是一种丧葬礼节，这种礼节是在长期的自然进化中逐渐形成的，丧葬改革之前的丧事基本上都是按照这种丧葬礼节操办的。正如费孝通所说，传统的中国社会是一个礼治社会，礼和法都是一种行为规范，礼和法不同的地方是维持规范的力量，法律是靠国家的权力来推行，礼是靠传统来约束。根据传统习俗，村民若按国家法规实行火葬，就是失礼，失礼“不但不好，而且不对，不合不成，这是个人习俗所维持的。十目所视，十手所指的，即使在没有人的地方也不能自已”①。“祖祖辈辈都是这样做的，我们也应这样做”，这就是人们的行为逻辑，人

---

① 费孝通．乡土中国 生育制度．北京：北京大学出版社，1998：52.

们没有对此产生过怀疑。传统的丧礼在漫长的历史中也会发展变化，但这种变化是连续的、自发的，是在人们自然而然的实践中发生的。

国家法规的颁布实施改变了原有习俗的自然延续，新的丧葬法规认为传统的丧葬习俗是落后的、封建的、迷信的、愚昧的，对之应该加以取缔，并进而提倡一种先进的、现代的、科学的、文明的丧葬规则。当国家法规与传统习俗发生冲突，并试图改变传统习俗的时候，实质上是在改变一种已有的、普遍的行为模式，此时国家面对的将不是一两起“犯罪”，而是大规模不断涌现的“违法犯罪活动”，法律没有力量使每一个违法行为都受到惩罚，因为要做到这一点，法律所要消耗的成本是国家难以支付的。因此，国家法规与传统习俗的相互冲突，是国家法规没有达到预期目的的主要原因。

另外，作为一种行为规则，传统的丧葬习俗为人们提供了一套行为细则，指引着人们在不同的时空条件下产生不同的行为，并赋予这些行为一定的意义。比如，在传统的丧葬习俗中，当死者尸体入棺时，身上应该穿什么、身下应该铺什么、脚上应该戴什么、手中应该握什么、头下应该枕什么、嘴里应该含什么等一系列的细节，习俗中都有明确规定，并且赋予了不同的行为不同的“说法”。也就是说，当死者去世之后，传统的丧葬习俗为其家属提供一套详细的行为细则：应该做哪些事、什么时间做、什么地点做、怎样做、为什么做等，死者家属依据这种行为细则自然而然地就完成了丧事，这就是传统的丧葬仪式。

相反，国家法规在否定传统习俗、认定传统习俗愚昧落后的同时，并没有设计出一套文明先进、行之有效的操作方案。法规中仅仅有一些“禁止”，却没有具体“应该如何做”的细则。即便是人们有意规避传统习俗，遵从国家法规，也会面临一个困境：无“法”（做法）可依。丧礼毕竟是人生中最重要的仪式之一，对于这一仪式，国家法规没有也不可能制定出一套细则。因此，人们在参与这一仪式时，只能依靠惯例，依靠以前的丧葬习俗。

三、转型期的秩序重建

关于转型中的国家法与民间法之间产生规则冲突和秩序重建的路径，朱苏力进行了探讨。在《秋菊的困惑和山杠爷的悲剧》一文中，他通过对两部文艺作品（电影）的分析指出，“关注公民权利保障”的国家法规进入农村并干预农村生活时，不仅没有令当事人感到满意，而且带来了严重的后果，损害了社会中原有的社会关系网络——社会互助，法律的实施不仅没有构建起新的秩序，反而破坏了乡村社会中原有的秩序。[1] 在《法律规避和法律多元》和《再论法律规避》两篇文章中，朱苏力通过考察社会生活实践中人们规避国家法规的现象以及民间习俗在解决纠纷中的影响后指出，法制现代化的建设应该注重中国的本土资源，这种法律的本土资源

① 苏力．法治及其本土资源．修订版．北京：中国政法大学出版社，2004：30.

并不局限于历史文献中，更可能隐藏于民间的生活习惯中。①

在某种意义上，殡葬改革无疑是法制建设中的“变法”模式，是一场有计划的社会变迁或社会工程。② 这种有计划的社会变迁是依据一定理论，借助于一定的话语，依靠国家权力强制实施的。然而我们看到，这种有计划的社会变迁并没有达到预期的目的。

既然国家法规全盘替代乡村习俗，不能实现国家的政权建设，不能达到法治的目的，甚至有时还会适得其反，那么我们就应该反思这种“变法”模式，考虑是否还有其他的法治建设模式。历史上的一些事实可能为我们提供了一些有益的启示。杜赞奇对1900—1942年华北乡村的个案考察证明，19世纪末期以前的清政府成功地在华北乡村中建立了自己的权威，这种权威的建立不是通过破坏地方现存的权力文化网络达到的，而是通过“将（地方）文化网络转化为使帝国政令法统化的工具”“使乡村精英上浮”实现的。同时他也证明了20世纪以后的国家政权“抛开甚至毁坏文化网络以深入乡村”的企图注定是要失败的。③ 同样，今天我们要建设法治国家，实现法治秩序，在使用“变法”模式而又未达到预期目的的时候，是不是也考虑一下把已有的乡村秩序“上浮”，使其“合法化”，进而来实现法治呢？

事实上，当今的一些社会实践也给我们提供了一些有益的启示。曾经有一段时间，运用国家法规禁止城市燃放烟花爆竹这一传统习俗比较盛行。然而“禁放令”实施几年来，春节的鞭炮声不是少了，而是多了，一些城市的“禁放”法规不是进一步加强，而是实行了“开禁”，划定一定的区域为燃放区，这实质上是国家法规与传统习俗的一种相互妥协。这也给我们的法治建设提供了有益的启示。当我们既不能使用“变法”模式全盘改变已有习俗，也不能“上浮”乡村已有秩序使其合法化的时候，是否考虑一下国家法律与传统习俗之间的妥协，进而创造一种新的秩序呢？

“从制度变迁的角度看，国家制定法与民间法的相互沟通、理解以及在此基础上妥协和合作将是制度创新的一个重要的途径，并且必然是一种渐进式的制度创新。”④ 经济学家通过研究中国经济领域的改革后指出，“许多实质性的经济变革，都是在正式的制度没有改、正式的‘名称’没有变的情况下，人们首先在事实上采取了与正式规则相冲突的行动，改变了事实上的行为约束，创造出了各种新的经济关系，使人们得以捕捉获利的机会”⑤。社会学家的研究也表明，中国的许多重要改革和转型过程是使用渐进式的变通方式实现的，在变通过程中特别是在开始的阶段，新的体制因素往往是以非正式的方式出现并传播的。非正式体制的生长和发育

---

① 苏力．法治及其本土资源．修订版．北京：中国政法大学出版社，2004：43－77.

② 朱苏力将“强调政府运用强制力规制经济和社会的法制建设模式”称为“变法”模式。参见苏力．法治及其本土资源．修订版．北京：中国政法大学出版社，2004：3－4.

③ 杜赞奇．文化、权力与国家：1900—1942年的华北农村．南京：江苏人民出版社，1994：521－522.

④ 同①69.

⑤ 樊纲．经济文论．北京：三联书店，1995：166－167.

往往是发生在体制运作的过程当中。[1] 回到当前农村的殡葬改革，我们认为目前的冲突（民间传统习俗与国家法规的冲突）有可能提供一种制度创新的机会，这种新的制度既不同于传统的丧葬习俗，也不同于目前的国家法规，而可能是一种新的丧葬规则。

当然，未来的农村丧葬最终将以什么方式进行，进而形成一种有效的规则，我们无法做出判断。这依赖于丧葬实践的具体发展，我们很难预测，因为理论和现实属于两个不同的场域，遵循着不同的逻辑。“现实有自己的品格，中国的现实更有自己的特点，它并不受理论的束缚，它会刺激我们的想象力，帮助我们解决难题，甚至改变我们的想法”[2]，而“制度的发生、形成和确立都是在时间流逝中完成的，是在无数人的历史活动中形成的”[3]。

本章要点

本章主要从转型社会中的法律结构来探讨国家法与民间法的关系问题。当前中国的法律结构可以被看作国家法与民间法并存的法律二元结构。在法社会学视野下，法律被理解为规制社会运行的行为规则，民间法也是社会规则的一种。

复习思考题

1. 法与法律有无区别？
2. 民间法是法吗？
3. 试述国家法和民间法的关系类型。

推荐阅读书目

1. 苏力．法治及其本土资源．北京：中国政法大学出版社，1996.
2. 梁治平．清代习惯法：社会与国家．北京：中国政法大学出版社，1996.
3. 张晋藩．中国法律的传统与近代转型．北京：法律出版社，1997.
4. 王铭铭，王斯福．乡土社会的秩序、公正与权威．北京：中国政法大学出版社，1997.
5. 田成有．乡土社会中的民间法．北京：法律出版社，2005.
6. 苏力．制度是如何形成的．广州：中山大学出版社，1999.
7. 谢晖．民间法的视野．北京：法律出版社，2016.

---

① 孙立平．实践社会学与市场转型过程分析．中国社会科学，2002（5）：83-96.

② 梁治平．市场·社会·国家//刘军宁，等．市场社会与公共秩序．北京：三联书店，1996：5.

③ 苏力．制度是如何形成的．广州：中山大学出版社，1999：92.

第三编

社会转型与法治建设

学习提要

本编主要研究社会转型时期，在中国法治建设过程中产生的、与中国社会发展密切相关的本土性、现实性问题，通过对这些具体问题的研究，试图从不同的侧面揭示社会转型与法治建设之间关系的复杂性，为我们全面厘清社会转型与法治建设之间的复杂关系提供理论支持。

第十三章

社会转型与诉讼文化

诉讼有着悠久的历史，据《说文解字》记载："诉，告也"，"讼，争也"。诉讼作为公力救济的一种具体方式，其实质是由司法机关在纠纷主体参加下，基于国家强制力，依法进行的纠纷解决。《周礼》郑玄注："争罪曰狱，争财曰讼。"在中国传统社会，诉讼一定程度上特指民事诉讼，对民事诉讼文化的分析有助于我们理解中国社会从传统到当代的转型，因而本章集中讨论的是民事诉讼文化及其转型。

本章第一节对诉讼文化的概念加以辨析，并基于诉讼文化的不同层次提出分析框架。第二节对传统诉讼文化进行梳理，提出传统社会的诉讼文化是"抑讼"的。第三节对当代诉讼文化进行梳理，提出当代诉讼文化是"励讼"的。第四节对传统诉讼文化与当代诉讼文化进行比较，并讨论诉讼文化转型所带来的社会影响。

第一节　诉讼文化及其分析框架

一、文化与法律文化

所谓文化，学者们给出了不同的定义。《辞海》从广义和狭义两个层面对"文化"加以界定："文化，广义指人类在社会实践过程中所获得的物质、精神的生产能力和创造的物质、精神财富的总和。狭义指精神生产能力和精神产品，包括一切社会意识形式：自然科学、技术科学、社会意识形态。有时又专指教育、科学、文学、艺术、卫生、体育等方面的知识与设施。"①

20 世纪 80 年代以来，法律文化成为学界（尤其是法学界）的一大研究热点，刘作翔、高鸿钧、梁治平等学者围绕法律文化展开诸多讨论。对法律文化的概念界定同样存在广义和狭义两种类型，王申对已有定义加以梳理后提出："广义的法律文化包括物质性的法律文化（比如法律制度、法律规范等，也可以称作制度形态的法律文化）和精神性的法律文化（比如法律学说、法律心理、法律思想、法律习惯

① 辞海．缩印本．上海：上海辞书出版社，2002：1765.

等，也可以称作观念形态的法律文化），即物质文化和精神文化的总和；狭义的法律文化则仅指精神性的法律文化。”①

二、诉讼文化概念辨析

相较于丰富的法律文化研究，诉讼文化的相关文献就少多了。学者们主要从广义的角度考察诉讼文化，将一切与诉讼有关的内容都纳入诉讼文化这一概念之中。

谢佑平是国内最早给诉讼文化下定义的学者，他认为：“所谓诉讼文化，是指较为普遍地存在于一个民族或国家的、与诉讼机制有关的规范、设施、制度、理论、观念和价值等一切成果的总和。”② 胡旭晟在其主编的《狱与讼：中国传统诉讼文化研究》一书中，从精神与原则、司法机构与诉讼参与人、运行机制三个维度综合地分析了传统诉讼文化的特征。李麒对诉讼文化的界定同样采取了广义的视角：“诉讼文化是指由社会的经济基础和政治结构、生活环境及生活方式所决定的，并对社会经济、政治、生活方式起巨大影响的，与特定民族及时代相联系的，在历史进程中积累下来并不断创新的有关诉讼法和诉讼活动的群体性认识、评价、行为、思维方式和制度承载等的总汇。”③ 李麒将诉讼文化的结构分为表层结构、中层结构和深层结构，并从制度、精神、思维方式三个方面对刑事诉讼文化加以分析。④

结合学者们对诉讼文化这一概念的界定和讨论，我们将广义的诉讼文化分为三个层次：诉讼活动（litigation interaction）、诉讼设置（litigation institution）和诉讼价值（litigation value）。诉讼活动指社会行动者（司法机关和当事人）围绕诉讼所展开的活动；诉讼设置指诉讼活动所依赖的社会环境，包括诉讼制度设置和社会舆论；诉讼价值指诉讼的价值取向，即诉讼在国家价值体系之中所受到的评价。

三、诉讼文化的分析框架

诉讼活动包括宏观和微观两个层面，宏观的诉讼活动指的是诉讼规模、诉讼类型等具有统计学意义的方面，微观的诉讼活动指的是不同的社会行动者围绕诉讼所进行的社会互动。无论是宏观的诉讼活动还是微观的诉讼活动，都是在特定的制度环境和舆论环境中展开的。

社会舆论指多数人对社会生活中特定事物的具有一定倾向的议论、意见及看法。社会舆论会形成一定的社会氛围，服从社会舆论的会受到褒扬、赞赏，背离社

---

① 王申．法律文化层次论：兼论中国近代法律文化演进的若干特质．学习与探索，2004（5）：34－38.

② 谢佑平．诉讼文化论：兼谈中国诉讼法制的现代化．学习与探索，1993（1）：39－45.

③ 表层结构是指具有符号和象征意义的诉讼文化的要素及其相互结合的关系。中层结构是诉讼制度及其运作方式（包括诉讼的提起、受理和裁判等各项活动的具体表现）。深层结构由诉讼的意识形态构成，包括诉讼思维、选择诉讼的动机、诉讼知识、诉讼情感、诉讼信仰、诉讼价值观、诉讼理论等及其相互联系相互作用的形式。参见李麒．市场经济与诉讼文化．北京：中国法制出版社，2007。

④ 李麒．中国传统刑事诉讼文化的双重性格．比较法研究，2013（2）：117－122.

会舆论的会受到批评、谴责，因而社会舆论对诉讼活动产生影响。此外，人是制度中的人，并且一出生就处在一定的制度之中。制度作为制约和影响人们社会行动选择的规范体系，为人们提供行为模板、范畴和模式，诉讼活动受到诉讼制度的规定和制约。

诉讼设置对诉讼活动产生影响，其本身又受到特定的诉讼价值的影响。社会舆论受到价值观、意识形态的影响无需赘言，社会制度同样蕴含着价值观与价值判断。任何社会制度的核心都是对社会成员的行为及其相互关系加以调整和规定，对社会成员地位、角色及利益关系的界定体现了特定的价值取向，因而任何制度都是在特定的价值观基础上制定与修改的，诉讼价值的改变会对诉讼设置产生影响。诉讼价值同样不是孤立存在的，诉讼价值作为意识形态的具体表现，与国家的治理理念相联系，因而对诉讼文化的分析离不开对治理理念的考察。

第二节 传统社会“抑讼”的诉讼文化

自汉代以降，儒家思想逐渐成为社会主流价值观，“无讼”[①] 理想也就成为诉讼观念的核心，随着“礼法合一”的实现而成为中国传统社会法律体系的终极价值取向。如果没有相应的措施，“无讼”理想并不会自动地变成社会现实。我们认为，这种措施就是“抑讼”，即在实践层面上对诉讼行为采取抑制、贬斥、摒弃的价值取向和具体规则。为了实现“无讼”理想，统治者从多个维度对诉讼加以抑制，根据制度化程度的不同，即规范的系统性、强制性程度以及执行主体的不同，抑讼途径可分为非制度化、制度化和半制度化三种。

一、道德教化：非制度化的抑讼途径

孔子赋予教化以极高意义：“道之以政，齐之以刑，民免而无耻；道之以德，齐之以礼，有耻且格。”（《论语·为政》）用政令、刑罚来治理百姓，虽然可以令百姓免于罪过，但他们不会有羞耻心。相反，如果用道德礼教来治理百姓，那么百姓不仅有羞耻心，还会人心归服。国家试图通过思想劝导、榜样示范、社会舆论等多种方式，努力使“无讼”的社会理想内化为民众的道德规范和行为准则。

朱熹在《四书章句集注》中引“范氏曰：听讼者，治其末，塞其流也。正其本，清其源，则无讼矣”，又引“杨氏曰：子路片言可以折狱，而不知以礼逊为国，则未能使民无讼者也。故又记孔子之言，以见圣人不以听讼为难，而以使民无讼为贵”。听讼折狱的好坏只是解决国家治理“末”和“流”的问题，通过正本清源实

① 张中秋等学者认为，先秦诸子百家的政治法律思想和理论都以“无讼”为归宿，只是实现的具体途径不同。道家倡导“无为而治”，儒家宣扬“修礼复仁”，法家则提出“以刑去刑”。参见张中秋．中西法律文化比较研究．南京：南京大学出版社，1999：233。

现“无讼”才是值得称道的。因而在中国传统社会，官吏的真正职责并不在明断案件，而是“以德化人”，恳切劝谕，通过调处平抑纠纷，努力使当事人主动息讼。正如清代刘礼松所说：“听讼而使民惕然内讼以至于无讼，此守土者之责也。”（《判语录存》）如果治下诉讼迭起，会被视为官吏德化不足的表现，只有讼清狱结，实现“无讼”，才算是真正的政绩。

孔子担任鲁国大司寇期间，劝讼息讼，成为后世官吏的楷模。官吏进行思想劝导的方式是多种多样的：有些官吏通过自我反思来感化当事人，如《后汉书·循吏列传》载：“人有蒋均者，兄弟争财，互相言讼。（许）荆对之叹曰：‘吾荷国重任，而教化不行，咎在太守。’乃顾使吏上书陈状，乞诣廷尉。均兄弟感悔，各求受罪。”有些官吏则用道德文章来感化当事人，如“况逵为光泽县尹，有兄弟争田。逵授以《伐木》之章，亲为讽咏解说。于是兄弟皆感泣求解，知争田为深耻”[①]。

“无讼”和思想劝导之所以成为官吏“听讼”实践的指南，与皇帝的价值导向同样密不可分。例如清代《钦颁州县事宜》中有“州县官为民父母，上之宣朝廷之德化以移风易俗……由听讼以驯至无讼”的文字，康熙在《圣谕十六条》中也提到“和乡党以息争讼”。皇帝希望每一个地方都治理得如舜的历山、雷泽，周公的周邦一样[②]，人们“皆以争讼为耻”，是“无讼”的地方。最高统治者也通过树立榜样来引导官吏的诉讼实践，如隋文帝在褒奖齐州参军王伽等人的诏书中曾说：“若临以至诚，明加劝导，则俗必从化，人皆迁善。往以海内乱离，德教废绝，官人无慈爱之心，兆庶怀奸诈之意，所以狱讼不息，浇薄难理。朕受命上天，安养万姓，思导圣法，以德化人，朝夕孜孜，意在如此。……若使官尽王伽之俦，人皆李参之辈，刑厝不用，其何远哉!”（《北史·列传·卷七十四》）隋文帝认为，之所以会有诉讼，与当地民众缺乏教化有关，如果官吏都认真地对民众进行道德感化、思想劝导，就有可能实现“无讼”。

可见在诉讼实践中对民众加以道德感化和思想劝导从而实现“无讼”，是一种共识，不赞同甚至反对通过诉讼来解决纠纷。然而仅靠正面引导、提高民众的道德水平是不够的，营造“抑讼”的社会舆论同样是道德教化的重要内容。

我们常能见到对诉讼持消极评价、宣扬“为讼有害”的文献材料。早在《周易》中就有“讼，有孚窒惕，中吉，终凶”的文字，认为诉讼是不吉祥的，应适可而止，即使在诉讼过程中可能会获利，最终是不会有好结果的，健讼者必有凶象。就算通过争讼赢得了利益，也并不让人佩服，“以讼受服，亦不足敬也”。朱熹曾经在其《劝谕榜》中指出：“劝谕士民：乡党族姻，所宜亲睦，或有小忿，宜各深思，更且委曲调和，未可容易论诉。既得理，亦须伤财废业，况无理不免坐罪遭刑，终

---

① 其他相关例子请参见瞿同祖．瞿同祖法学论著集：第六章“儒家思想与法家思想”，北京：中国政法大学出版社，1998：318－321。除了思想劝导外，官吏还采用其他非制度化抑讼手段，如拖延时日、重征讼费等。

必有凶，切当痛戒。”[①] 这些都试图告诫民众，诉讼对个人来说是不体面的，会破财伤身，破坏邻里乡党关系，因而诉讼有害无利，得不偿失，提起诉讼应当慎重。

此外，在社会舆论中，是否进行诉讼被视为判断一个人道德品性优劣的标准，社会舆论对为讼者加以道德贬斥，增加诉讼的道德成本。孔子说：“君子喻于义，小人喻于利。”（《论语·里仁》）在这种义利观指导下，为了争财夺利而提起诉讼，是小人行径，为君子所不齿。忍让为先、以德服人者是规矩本分的良民；睚眦必报、以讼为能者则是惹是生非的刁民。即所谓“良民畏讼，莠民不畏讼；良民以讼为祸，莠民以讼为能”（《皇朝经世文编续编》）。民众兴讼被视为道德败坏的标志，而作为诉讼代理人的讼师更被视为社会稳定的敌人，在中国传统社会长期受到打压和排挤。春秋时期的邓析，作为最早的“讼师”，因承揽诉讼、收取讼费，被批评为“不法先王，不是礼义，而好治怪说”（《荀子·非十二子》），“以非为是，以是为非”（《吕氏春秋·审应览·离谓》），最后被当权者杀而戮之。中国古代文学作品也习惯用颠倒是非、惯弄刀笔等负面词语来评价他们的行为，对讼师的贬斥可见一斑。

道德教化主要包括两个方面，即以道德感化、思想劝导为导向的官吏诉讼实践，以及宣扬“为讼有害”、对为讼者加以道德贬斥的社会舆论。从社会控制的角度来看，二者要想发挥抑讼的效果，依靠的是社会评价、内心反省等非强制性力量，需要人们自觉自愿地遵从，人们即使背离价值理想或社会舆论也不会受到严厉的直接制裁[②]，因而道德教化属于非制度化的抑讼途径。相对而言，以明文规定颁行的诉讼制度为人们提供行为模板、范畴和模式，个人的社会行为受到制度的直接规定和制约，制度化的社会规范对于抑制诉讼来说就显得十分重要。

二、诉讼限制：制度化的抑讼途径

制度化社会规范是指比较稳定、形成了书面文字并有明确适应范围的正式的社会规范体系。法律作为由国家制定或认可，并依靠国家强制力推行的社会规范体系，是对社会成员具有最强约束力的控制手段。中国传统社会的统治者通过制定严格的民事诉讼制度来增加民众提起诉讼的难度，从而形成了中国传统社会以“抑讼”为主要特征的诉讼制度，这里主要从对诉讼主体和诉讼时间这两个方面的限制进行分析。

中国传统诉讼制度从社会关系和生理状态两个维度对诉讼主体加以限制。中国传统社会十分重视伦理纲常，法律体系也对伦理关系和阶级关系加以维护，强调血缘关系及社会关系的差别，民众不得对血缘关系中处在尊长的一方，或是对社会关

① 《史记·五帝本纪》载，“历山之农者侵畔”，“河滨之渔者争坻”。而舜与他们同吃同居，最后“历山之人皆让畔”，“雷泽之人皆让居”。《史记·周本纪》中写道，周公辅佐“成康之治”，使“天下安宁，刑措四十余年不用”，“民和睦，颂声兴”。

② 官吏在诉讼实践中所进行的道德教化与社会舆论所发挥的作用有所不同，如果为讼者不服官吏的教化和调处一意孤行要提起诉讼，仍需由官吏加以审决，那大多是不会有好结果的。

系中自己所从属的一方提出诉讼，几乎历朝历代的法律都严禁子孙控告父母、祖父母，奴婢、部曲控告主人。

据《国语·周语》记载，西周时已严禁儿子对父亲提起诉讼，所谓“父子将狱，是无上下也”。在湖北云梦出土的秦简《法律答问》中，将诉讼分为“公室告”“非公室告”两类，有“子告父母，臣妾告主，非公室告，勿听”，“主擅杀、刑、髡其子、臣妾，是谓‘非公室告’，勿听。而行告，告者罪”的记载，可作为佐证。唐代实行“同居相为隐”制度，规定同居者犯罪可互相隐瞒，不可相互控告；如果有控告的，要追究其刑事责任，而且按尊卑亲疏用刑。卑告尊的，越是亲近用刑越重；相反，尊告卑的，越是亲近用刑越轻。《唐律疏议·斗讼》“告祖父母、父母”“告期亲以下缌麻以上尊长”“告缌麻以上卑幼”和“部曲奴婢告主”条对此有详细规定。宋代延续了唐律的法条，《宋刑统·斗讼》规定：“诸告期亲尊长、外祖父母、夫、夫之祖父母，虽得实，徒二年；其告事重者，减所告罪一等。”对尊长提起诉讼，即使属实，也要受到惩罚。从元代开始，实行“干名犯义”制度，进一步将亲属诉讼、主仆诉讼与道德伦理相联系。[①] 明代律令在“干名犯义”制度的基础上，继承了唐律依尊卑亲疏用刑的差异性规定，根据不同的社会关系和具体情况量刑，更加细致、全面、明确。[②]

生理状态上的限制则可概括为“老、妇、笃疾者，不得告”，法律对诉讼主体年龄、性别、健康状况加以规定，限制有特殊生理条件的人提起控告。至今可知的最早的相关法律条文是《唐律疏议·斗讼》“诸被禁囚，不得告举他事”条：“年八十以上、十岁以下及笃疾者，听告谋反、逆、叛、子孙不孝及同居之内为人侵犯者，余并不得告。官司受而为理者，各减所理罪三等。”这一规定为后世所沿用。宋元时期延续了从生理状态上限制诉讼主体的制度，将年龄限制调整至七十，允许一定条件下亲属代为诉讼。[③] 明代将年龄限制恢复为八十岁[④]，并且与唐律一样，不仅受限制的诉讼主体不能提起诉讼，而且官府也不能受理相关诉讼主体的案件，受理者同样会受到惩罚，“官司受而为理者笞五十”（《大明律·刑律》）。因而在中国传统社会，并非人人都可以作为诉讼主体提起诉讼，违反律令将受到处罚。

中国传统诉讼制度对诉讼时间也有严格限制，最迟自唐代开始，就有明确的制度对民众提起诉讼的时间加以限制。《唐令拾遗·杂令》“诉田宅婚姻债负”条记

---

① 《元史·刑法志》记载：“诸子证其父、奴讦其主，及妻妾弟侄不相容隐，凡干名犯义为风化之玷者，并禁止之。”

② “凡子孙告祖父母、父母，妻、妾告夫及夫之祖父母、父母者，杖一百，徒三年。但诬告者，绞。若告期亲尊长、外祖父母，虽得实，杖一百；大功，杖九十；小功，杖八十；缌麻，杖七十。……若奴婢告家长及家长缌麻以上亲者，与子孙卑幼罪同。若雇工人告家长及家长之亲者，各减奴婢罪一等。”

③ 宋太平兴国二年（977年）规定：“自今应论讼人有笃疾及年七十以上，所讼事不实，当坐其罪而不任者，则移于家人之次长。”（《宋会要辑稿·刑法》）元代规定：“凡陈词，年七十已上，十五已下，笃废疾，法内不合加刑，令以次少壮人陈告。若实无替代，诉身自告”，“诸妇人辄代男子告辨争讼者，禁之。若果寡居，及虽有子男，为他故所妨，事须争讼者，不在禁例。”（《元史·刑法志》）

④ 《大明律·刑律》“见禁囚不得告举他事”条规定：“其年八十以上、十岁以下及笃疾者若妇人，除谋反、逆、叛、子孙不孝或己身及同居之内为人盗、诈、侵夺财产及杀伤之类听告，余并不得告。”

载："谓诉田宅、婚姻、债负，起十月一日，至三月三十日检校，以外不合。"官府只有在十月一日至三月三十日间可以受理相关民事案件。《宋刑统·户律》特设"婚田入务"门，对唐代法条加以继承，十月一日至三月三十日的受理、审理期为"务开"或"务停"，其余时间不得提起诉讼，称之为"入务"。[①] 明代法律取消了"婚田入务"的制度，原则上当事人可以随时提起各类诉讼，然而除了重大案件外，各地官府都自行规定"放告日"，只有在"放告日"才能够提起诉讼。清代康熙年间制定"农忙停讼"条例，地方官府经常在四月一日起就在衙门两侧树立"农忙""止讼"木牌，只受理重大案件，不受理民间细事，在"农忙停讼"期间受理民事案件被视为官员的一项政务劣迹。[②] 在其余的八个月里也并非每天受理诉讼，而是沿袭明代的惯例，要在"放告日"才允许提起诉讼。[③] 在年末"封印"停止办公的一个月里也禁止诉讼，民众能起诉的日子十分有限。

从对诉讼主体和诉讼时间的限制我们可以看出，并非人人、时时都可提起诉讼，中国传统诉讼制度具有明显的"抑讼"特征。

三、民间调处：半制度化的抑讼途径

人作为社会性动物，在朝夕相处的社会生活中难免产生摩擦、矛盾和冲突。"无讼"理想追求的是民众的纠纷不经由国家强制力而得以解决，并非民众没有利益诉求、没有纠纷。纠纷的解决十分重要，若不能妥善解决，会导致民怨，危害社会稳定。根据费尔斯丁勒和萨拉特所提出的纠纷金字塔理论[④]，人们对生活中的纠纷所可能采取的解决方式包括双方协商、找第三方仲裁、提出诉讼等高低不同层次，如果大量的纠纷通过民间调处的方式得到解决，就会大大降低诉讼规模。对官府来说，田土户婚之类的民事纠纷与那些受到国家关注的重情要案相比，只是无关紧要的"细事"[⑤]，因而官府将民事纠纷交由民间组织调处，并对民间调处的结果加以认可，甚至将民间调处纳入国家司法体系之中。根据仲裁者身份的不同，民间调处包括乡里调处、宗族调处等具体类型。

乡里调处是指由乡老、里正等基层小吏调处辖区内的民事纠纷和轻微刑事案件。早在秦汉时期乡里就设有啬夫，"职听讼，收赋税"（《汉书·百官公卿表》），负有调解职责。北宋时期设有"耆长"，"主盗贼、词讼"（《宋会要·职官》）。元代

---

① 郭建，姚荣涛，王志强．中国法制史．上海：上海人民出版社，2000：452.

② 《大清律例》"告状不受理"条规定"每年自四月初一日至七月三十日，时正农忙，一切民词，除谋反、叛逆、盗贼、人命及贪赃坏法等重情，并奸牙铺户骗劫客货查有确据者，俱照常受理外，其一应户婚、田土等细事，一概不准受理。自八月初一日以后，方许听断。若农忙期内受理细事者，该督抚指名题参。"

③ 清初一般是每月逢三、逢六、逢九为放告日，清末则大多为逢三、逢八，称之为"三六九放告"或"三八放告"。（那思陆．清代州县衙门审判制度．北京：中国政法大学出版社，2006：105.）

④ 陆益龙．纠纷解决的法社会学研究：问题及范式．湖南社会科学，2009（1）：72-75.

⑤ 《大清律例》"告状不受理"条将"谋反、叛逆、盗贼、人命及贪赃坏法等"名之为"重情"，而以"细事"来指称"户婚、田土等"。

司法机关鉴于“民诉之繁，婚田为甚”（《元史·刑法志》），开始将里老纳入国家纠纷解决体系中，处理“婚姻、家财、田宅、债负”四类纠纷，“诸论诉婚姻、家财、田宅、债负，若不系违法重事，并听社长以理谕解，免使妨废农务，烦扰官司”（《元史·刑法志》）。明代设立“申明亭”，宣教礼义道德，进一步规定户婚、田土、斗殴等纠纷须先由民间的里老进行调处，调处不成方可提交官府，“民间户婚、田土、斗殴、相争一切小事，不许辄便告官，务要经由本管里甲老人理断；若不经由者，不问虚实，先将告人杖断六十，仍发回里甲老人理断”（《钦定户部教民榜文》），“若不由里老处分而径诉于官，此之为越诉”（《明会要·民政》）。可见里老调处已成为法律意义上纠纷解决的必经阶段，如果不先由里老调处就直接向官府提起诉讼，被视为“越诉”，要受到惩罚。

所谓宗族调处，是指宗族内部发生纠纷时，族长依照家法族规进行调解、处置。宋代以后随着宗族势力的扩大和族权的加强，宗族调处成为民间调处十分重要的环节，形成了独特的“宗族法诉讼模式”。

宗族法历史悠久，东汉郑玄的《诫子书》、三国诸葛亮的《诫子书》、嵇康的《家诫》、颜之推的《颜氏家训》被视为中国早期宗族法的典范。宋代家法族规逐渐进入成文法阶段，如司马光的《家范》《家仪》，陆游的《放翁家训》，朱熹的《朱子家礼》等，但仍以伦理说教为主，缺少具体规定。明代以后家法族规中惩戒条文不断增多，系统性也不断完善，宗族调处不仅仅是调解纠纷，还有裁决、处置不法行为的职能，家法族规成为国家法律的重要补充。[①]

从宗族法与国家法的关系来看，族规、族约要求族内纠纷一般先由族长调处，不得轻易向官府提起诉讼，自觉承担起调处纠纷的职能。[②] 国家也肯定了宗族在解决内部事务方面的职权，并对家法族规中的惩罚措施加以认可，明确承认宗族法的效力。[③] 如明代徽州祁门《奇峰郑氏本宗谱》中就记载了向地方官府申请制定族规的批文，该批文说：“参照所告营复宗祠以奉祀显祖、定立堂规、以联属族人等事，皆有裨于民风，且无背于国法，诚可嘉尚，拟合准行。”清代更是以法令形式将宗族调处纳入国家司法体系之中，《皇朝经世文编》记载：“凡劝道风化，以及户婚田土争竞之事，其长（族长）与副先听之，而事之大者，方许之官。”并赋予宗族缉拿不法的职权，“凡遇族姓大小事件，均听族长绅士判断。（族中）如有不法匪徒，许该姓族长绅士捆送州县审办”（《大清历朝实录·宣宗朝》）。

---

① 相关研究可参看费成康．论家族法中的惩罚办法．政治与法律，1992（5）：17－22；赵华富．徽州宗族研究．合肥：安徽大学出版社，2004：404；刘广安．论明清的家法族规．中国法学，1988（1）：103－111.

② 如安徽桐城《祝氏宗谱》规定：“族众有争竞者，必先鸣户尊、房长理处，不得速兴讼端，倘有倚分逼挟恃符欺弱及遇事挑唆者，除户长察首外，家规惩治。”江西南昌《魏氏宗谱》也规定：“族中有口角小愤及田土差役账目等项，必须先径投族众剖决是非，不得径往府县逛告滋蔓。”

③ 虽然如此，但宗族法仍服从于国家法，族长的特权受到限制。例如族长原则上不能“私刑”处死或间接处死子孙，《唐律疏议·斗讼》规定，“若子孙违犯教令，而祖父母、父母殴杀者，徒一年半；以刃杀者，徒二年；故杀者，各加一等”，《大明律·刑律》规定，“凡祖父母、父母，故杀子孙及家长故杀奴婢图赖人者，杖七十，徒一年半”。虽有如此规定，但在司法实践中往往是免议或从宽议罪。

可见民间调处尤其是宗族调处在宋代以后形成了系统的纠纷解决规范，有能力解决民事纠纷和一些轻微的刑事案件。国家也希望大量民事纠纷能在宗族、乡里内部得到解决，减轻官府的诉讼压力。于是国家在一定程度上赋予里老调处纠纷的职权，使民间调处具有强制性，纳入国家司法体系之中，成为纠纷解决的必经阶段。虽然民间调处有很强的系统性和强制性，但与国家正式制度相比具有民间自治的特征，故而我们称民间调处为“半制度化”的抑讼途径。

第三节　当代社会“励讼”的诉讼文化

一、“法治”理念与诉讼价值取向

清末以来，在西方“法治”话语的冲击下，我国传统国家治理模式和纠纷解决方式失去了合法性。改革开放以来中国共产党的治理理念开始向“法治”转变，“法”逐渐获得了至高无上的合法性。

（一）“法治”成为基本治国理念

早在1978年十一届三中全会前夕，邓小平就在《解放思想，实事求是，团结一致向前看》这一著名讲话中提出，“为了保障人民民主，必须加强法制。……做到有法可依，有法必依，执法必严，违法必究”[①]，这四句话也成为社会主义法制建设的基本内容和总的要求。1997年江泽民在党的十五大报告中强调：“进一步扩大社会主义民主，健全社会主义法制，依法治国，建设社会主义法治国家。”1999年3月15日，九届全国人大二次会议把“实行依法治国，建设社会主义法治国家”载入宪法。这两个历史事件正式宣告了法律在国家、社会事务管理中的支配性地位，“法治”成为新时期国家治理模式的核心。本节所讨论的当代社会，指的是改革开放以来的历史时期，当代诉讼文化正是在改革开放历程中，伴随着一系列治理理念转型和司法改革而逐渐形成的。

（二）诉讼价值的转变

随着“法治”成为基本治国理念，对诉讼的价值取向也在理论建构下发生转变，主要体现为以下两个方面。

一方面，树立“诉讼”在纠纷解决机制中的特殊地位。在法治的话语体系中，法被赋予最高合法性，法律也逐渐成为规范和评价人们行为（包括个人、组织以及政府行为）、解决社会纠纷的主要依据。诉讼被建构成一种最有权威、最有效的纠纷解决机制，通过诉讼能够使纠纷得到最公平、最合理的解决。

---

① 邓小平．邓小平文选：第2卷．2版．北京：人民出版社，1994：146-147.

另一方面，将“诉讼”与“权利意识”相联系。[①] 权利意识与诉讼活动之间存在正向的相关关系，通过司法途径解决纠纷是权利意识高的体现，不通过司法途径解决纠纷是缺乏权利意识的体现，诉讼规模成为衡量权利意识发达程度的指标。2004年10月，时任最高法院院长肖扬在耶鲁大学发表讲话时指出：“诉讼的增多从一个侧面说明中国社会正在变得更加民主，更加开放，更加自由，更加法治，是中国社会不断进步的一个标志。”[②]

二、励讼的社会舆论

（一）普法运动与诉讼观念改造

在改革开放初期，当时的民众不愿意或不积极主动地用司法审判的方式来解决自己与他人之间的纠纷，其原因可归结为民众缺乏法律常识，权利意识低下。在党和政府领导下，中国开展了轰轰烈烈的普法运动，普及法律常识，增强民众维权意识，从而实现对民众诉讼观念的改造。1985年11月5日，中共中央、国务院转发了中央宣传部、司法部《关于向全体公民基本普及法律常识的五年规划》的通知。同年11月22日，第六届全国人民代表大会常务委员会通过了《关于在公民中基本普及法律常识的决议》，拉开了普法运动的序幕。从“一五”普法以来，2021年已是“八五”普法了，“法治人”的理想一以贯之：对内需要民众知法守法，知道自己的权利义务，在法律的界限内行事，因此要将法律武器交给民众；对外需要民众勇于和一切违法犯罪行为做斗争，不惜一切代价捍卫自己的权利，学会用法律武器保护自己。

因此在普法过程中，系统性的法律教育固然是重要方面，提高民众权利意识，教育民众如何运用法律武器，同样是普法运动的题中之义，而结合具体案例来进行教育是实现对民众诉讼观念改造的重要途径。

（二）“王海现象”和“一元钱官司”

回顾普法运动的历程，“王海现象”可谓标志性事件。1995年3月，王海在北京隆福大厦购买了12副假冒索尼耳机，并依据原《消费者权益保护法》第四十九条成功获得加倍赔偿。[③] 此事受到《中国消费者报》的关注，并立即组织团队进行追踪报道。1995年8月4日，《中国消费者报》头版以大半个版的篇幅以《“刁民”还是聪明的消费者》为题报道了王海在北京购假索赔的行为，并在当年的8月至9月连续刊发了3期讨论。1995年11月24日，中国消费者协会举办“制止欺诈行

---

① 将诉讼与权利相联系的分析，始于耶林的权利论，而川岛武宜在《日本人的法意识》中加以系统阐述。川岛武宜认为：传统日本社会中存在避免采用诉讼方式来解决民事纠纷（即学者们常用的“厌讼”概念）的倾向，这一倾向是由日本人缺乏权利觉悟的法意识决定的。

② 肖扬．中国司法：挑战与改革．人民司法，2005（1）：4-6.

③ 该条规定：“经营者提供商品或者服务有欺诈行为的，应当按照消费者的要求增加赔偿其受到的损失，增加赔偿的金额为消费者购买商品的价款或者接受服务的费用的一倍。”

为，落实加倍赔偿”座谈会，会上专门讨论了王海购假索赔行为。[①] 在此期间，时任全国人大常委会法制工作委员会巡视员的何山给予王海极大支持，他作为《消费者权益保护法》的起草人之一，于1996年4月24日主动“以身试法”，在北京购买了一幅假冒徐悲鸿的奔马图并起诉到法院。[②] 在随后的几年里，王海在媒体上保持了相当高的曝光度，经常出现在中央电视台等主流媒体上，并被塑造成了一位维权英雄。由此我们可以看出，具有官方背景的全国性社会团体（中国消费者协会）、政府官员（何山等人）、国家主流媒体（中央电视台）在王海现象中扮演重要角色，他们试图借助“王海现象”宣传《消费者权益保护法》，增强中国消费者的依法维权意识，因而“王海现象”不是简单的个体的维权行为，而是在普法运动中有意树立的典型。

相对于“王海现象”局限于消费领域而言，以“一元钱官司”为代表的小额诉讼现象则涉及社会生活的方方面面，不仅姚明、杨澜等名人提起过一元钱官司，普通民众的一元钱官司也并不鲜见。针对这一现象，虽然有学者从诉讼成本以及自我炒作的角度对其批判和反思，但媒体报道仍以肯定为主，不少学者、法官赞赏当事人用法律维护自己正当权益的做法，认为“一元钱官司”具有较高的社会效益，体现了民众权利意识的增强。强世功的言论颇具代表性：“一个人为了几毛钱的不公正要花上几千元钱通过诉讼讨个说法，他绝不是为了获得几块钱的赔偿，而是为了在这个寻求正义的过程中捍卫作为人应当受到公正对待的尊严。”[③]

回顾中国的普法运动，我们可以看出，国家不仅希望通过普法教育有计划地使民众掌握法律知识，将法律交到民众手中，也希望民众勇于使用法律武器，懂得并敢于通过司法途径解决纠纷，而媒体则结合典型事件或日常生活中的具体问题，努力破除民众对诉讼的传统观念。

三、诉讼制度便利化、便民化

（一）法律体系的建设

经过多年的立法努力，“截至2011年8月底，中国已制定现行宪法和有效法律共240部、行政法规706部、地方性法规8 600多部，涵盖社会关系各个方面的法律部门已经齐全，各个法律部门中基本的、主要的法律已经制定，相应的行政法规和地方性法规比较完备，法律体系内部总体做到科学和谐统一，中国特色社会主义法律体系已经形成”[④]。在法律体系建设过程中，关于民事诉讼的实体法不断完善，

---

① 高秀东．王海是怎样被发现的．中国消费者报，2004-11-29.

② 王海在采访中表示：“最初的时间，我时常觉得自己一个人赤手空拳在和制假售假护假的组织斗，很苦恼，很累，就给何老师打电话求助。何老师鼓励我坚持到底，一面还真的去‘以身试法’买假索赔。”“要不是何山老师自始至终地支持，我可能不会坚持到现在。”见 http：//www.people.com.cn/GB/paper2515/14387/1279653.html。

③ 强世功．法律共同体宣言．中外法学，2001（3）：328-339.

④《中国特色社会主义法律体系》白皮书（2011-10-27）［2020-08-12］．http：//www.gov.cn/jrzg/2011-10/27/content_1979498.htm.

2010年现行有效的237件法律中，民法商法33件，经济法59件，社会法18件，民事诉讼所涉及的法律占法律总数的一半。① 此外，最高人民法院先后研究制定了大量与民事有关的司法解释和规范性文件，根据北大法宝数据，截至2013年，最高人民法院民事方面的司法解释达57件，司法解释性质文件223件。因而民事诉讼从实体法到程序法都已形成系统体系，民事诉讼方面有法可依的目标已经实现，越来越多的纠纷被纳入法律调整和司法裁判的范围，使纠纷转化为诉讼成为可能。

（二）“司法为民”与“司法便民”

法律体系的建设和完善为民众提起诉讼提供法律依据，诉讼制度为民众提起诉讼提供程序保障。自1982年《中华人民共和国民事诉讼法（试行）》出台以来，1991年颁布了新的《中华人民共和国民事诉讼法》，后又经2007年、2012年和2017年三次修正，使诉讼程序不断规范。随着诉讼程序的不断完善、规范，安定性逐渐增强，赋予所有当事人——无论社会地位高低、富贵贫贱——平等地接近法院、接近司法裁判的机会。此外，通过规定诉讼行为的形式要件（如起诉要件等）、程序进行的顺序等，达到方便当事人选择程序和实施诉讼行为的目的，从而对当事人的诉讼利益加以保证，提高当事人对诉讼程序的安全感。

步入21世纪，中国积极开展“司法为民”和“司法便民”改革。2003年8月，时任最高人民法院院长肖扬在全国高级法院院长座谈会上强调，“‘三个代表’重要思想的本质特征是‘立党为公，执政为民’，贯彻于人民法院的工作实际，就要牢固确立司法为民思想”。会上提出了11方面23项司法为民具体措施（法发〔2003〕20号）。《人民法院第二个五年改革纲要（2004—2008）》和《人民法院第三个五年改革纲要（2009－2013）》均明确提出“方便群众诉讼”。在“司法为民”理念指导下，最高人民法院印发《关于进一步加强司法便民工作的若干意见》的通知（法发〔2009〕6号）。在此我们主要结合司法便民的两个主要的制度化措施——提高诉讼效率和降低诉讼费用展开讨论。

（三）简易程序的设立和完善

简易程序的设立和完善集中体现了提高司法效率、方便民众接近司法程序的考量。全国人大常委会法制工作委员会民法室编订的《〈中华人民共和国民事诉讼法〉条文说明、立法理由及相关规定》中明确指出：简易程序是对诉讼程序烦琐、诉讼延迟、高昂讼费的一种修正，以促进民众获得简便快捷的司法救济对于司法的接近和使用，从而实现司法的大众化。回顾简易程序设立和完善的历程，早在1982年《中华人民共和国民事诉讼法（试行）》中就有关于简易程序的规定，如简单民事案件“原告可以口头起诉”，“可以用简便方式随时传唤当事人、证人”，“由审判员一人独任审判”等，这些规定在后续的修订中得到了保留。在1991年《中华人民共

---

① 中国法治建设年度报告（2010）.（2011-10-12）［2013-01-22］http：//legal.people.com.cn/GB/14962214.html.

和国民事诉讼法》中对何为“简单的民事案件”进行了明确，即“事实清楚、权利义务关系明确、争议不大的简单的民事案件”，并规定“应当在立案之日起三个月内审结”，这一规定同样在后续的修正案中得到延续。在2012年《中华人民共和国民事诉讼法》修正案中，进一步对小额诉讼案件加以明确，突破民事审判两审终审制度，规定“标的额为各省、自治区、直辖市上年度就业人员年平均工资百分之三十以下的，实行一审终审”。可以说，这些规定都出于提高司法效率的考虑，具有诉讼便利化和便民化特征。

（四）诉讼费用改革

诉讼费用改革的目的是“让老百姓打得起官司”，通过对诉讼费用的调整，使当事人在自己的民事权益受到侵犯时，能不因经济上的困难而无法行使诉权。2006年国务院公布《诉讼费用交纳办法》（国务院令第481号），在降低诉讼费用交纳标准方面做出“六项规定”：将财产案件收费比例的起点由现行的4%下调为2.5%；取消其他诉讼费和执行实际支出费用，实行先执行、后收费；将离婚案件涉及财产分割不另行收费的最高限额由财产总额不超过1万元调整为不超过20万元；行政案件不论是否涉及财产一律按件收取案件受理费；当事人申请撤诉、调解结案或者适用简易程序的案件，减半交纳案件受理费；对财产案件提起上诉的，按照不服一审判决部分的上诉请求数额交纳案件受理费。虽然相比于1989年最高人民法院颁布的《人民法院诉讼收费办法》［法（司）发〔1989〕14号］，国务院《诉讼费用交纳办法》的收费标准有增有减，但考虑到物价水平的变化，总体而言诉讼费用下调了，尤其是对于小额诉讼和中下层群众而言，收费标准明显下调。①

此外，司法改革中还针对特定人群，主要是为社会困难群体提供司法救济，突出体现为法律援助、司法救助。以司法救助②为例，2005年4月最高人民法院审判委员会修订的《最高人民法院关于对经济确有困难的当事人提供司法救助的规定》规定了十四种可以向人民法院申请司法救助的情况。

第四节　转型中的诉讼文化：从“抑讼”到“励讼”

一、诉讼文化的转型

在传统“礼治”的治理模式下，诉讼被认为破坏了社会秩序并对伦理秩序

① 具体可参见朱景文．中国人民大学中国法律发展报告2011：走向多元化的法律实施．北京：中国人民大学出版社，2011：188。

② 司法救助是指人民法院对于民事案件中有充分理由证明自己的合法权益受到侵害，但经济确有困难的当事人，施行诉讼费用的缓交、减交或免交，以及在执行案件中因被执行人确无或暂时无履行法定义务能力而无经济来源，生活极度困难的且需要救助的申请执行人发放救急资助专用基金的制度。参见江伟．民事诉讼法．北京：中国人民大学出版社，2011：268。

形成了挑战，因而“无讼”成为理想的状态。由“礼治”的治理理念和否定、贬斥的价值取向出发，努力营造“为讼有害”的社会舆论，增加民众提起诉讼的道德成本，对参与诉讼的人进行道德贬斥。在诉讼制度方面，通过限制诉讼主体和设置诉讼时限来增加民众提起诉讼的难度，使诉讼不能成为人人、时时都可采用的手段。中国传统诉讼文化以“抑讼”为主要特征，否定、限制民众通过诉讼途径解决纠纷。①

改革开放后国家的治理理念发生了转变，1997 年党的十五大报告中提出“法治国家”以及 1999 年“实行依法治国，建设社会主义法治国家”载入宪法，标志着将“法治”确立为治理理念的核心，当代诉讼文化在“法治”建设过程中逐渐形成。在价值取向上，对“诉讼”持肯定、鼓励的态度，积极树立“诉讼”在纠纷解决机制中至高无上的排他性地位，并将“诉讼”与“权利意识”绑定，参与诉讼是权利意识高的表现。

在“法治”的治理理念和“励讼”的价值取向作用下，社会舆论和诉讼制度也发生转变。普法运动不仅努力将法律武器交给民众，还试图使民众懂得并敢于运用法律武器维权，破除民众的传统诉讼观念。主流媒体对“王海现象”和一系列的“一元钱官司”的肯定集中体现了社会舆论所发生的转变。诉讼制度方面，在“司法为民”“司法便民”理念的引导下，中国的诉讼制度不断便民化、便利化，努力使得诉讼成为人们可以接触和使用的实现权利救济的手段。因此，我们认为当代中国诉讼文化是“励讼”的，鼓励、支持民众将纠纷交由司法机关解决。传统诉讼文化与当代诉讼文化的不同之处，可以用表 13－1 来表示。

表 13－1　传统诉讼文化与当代诉讼文化的比较

历史时期	传统社会	当代社会
治理理念	礼治	法治
价值取向	否定、贬斥	肯定、鼓励
社会舆论	为讼有害	依法维权
诉讼制度	限制时间、主体	便利化、便民化
诉讼文化	抑讼	励讼

二、诉讼文化转型的社会影响

诉讼文化的转型是在社会经济转型的大环境中开展的，离不开社会经济环境的影响。改革开放以来，中国社会进入快速转型期，传统纠纷解决机制的有效性受到挑战。具体表现为三个方面：其一，随着社会流动性增强，社会多元化、异质化程度加剧，传统纠纷解决机制所基于的集体意识日益弱化；其二，宗族、里老等传统

① 具体论述可参见郭星华．无讼、厌讼与抑讼：对中国传统诉讼文化的一种法社会学分析．学术月刊，2014（9）：88－95。

纠纷解决主体在革命过程中被打倒，权威弱化，单位制在改革开放中也失去原有的社会控制功能和能力；其三，在市场经济发展过程中涌现出一系列新型民事纠纷，传统纠纷解决机制无法适应这些新型纠纷。在这样的社会环境之下，如果延续传统“抑讼”的诉讼文化，不仅无法合理有效地解决纠纷，损害民众的合法权利，还会影响社会和谐。国家通过法律、诉讼来重建社会成员的普遍信任，从而弥补特殊信任削弱所带来的风险，对于实现社会再度整合十分必要。因此，诉讼文化的转型有着现实必然性。

诉讼文化的转型对社会经济转型也会产生影响，通过诉讼文化转型可实现对社会的变革，加强社会控制。诉讼是以国家强制力作为依托进行纠纷解决，国家通过参与纠纷解决，判定双方当事人的是非对错，将国家意志与现实案例相结合，从而实现对社会关系的调整，也加强了对社会成员的社会控制。然而诉讼文化转型不仅具有显功能，也具有隐功能，诉讼文化转型所隐含的风险值得我们予以重视。

首先，诉讼“以事实为依据，以法律为准绳”的纠纷解决方式舍弃道德、习惯、经验等诸多无法化约为事实的元素，因而诉讼在纠纷解决时只关注“此时此地”的事件，只进行“非黑即白”的判决。① 用诉讼的方式来解决熟人之间的纠纷，会对熟人关系产生冲击甚至导致关系破裂。以赡养诉讼为例，父母与子女对簿公堂，不仅可能无法修复已出现裂痕的社会关系，甚至可能导致亲情永久破裂，纵使物质上加以赔偿，也无法使老人精神上得到“赔偿”，相关报道并不鲜见。因此，在“励讼”的过程中，如果将原本不需要通过诉讼解决的纠纷交由司法机关解决，在一定程度上会产生副作用。

其次，“励讼”在一定程度上增加了司法机关的工作压力。全国一审诉讼率由1980年的7.82件/万人增长到2011年的56.51件/万人，其中民事一审诉讼率由1980年的5.80件/万人攀升到2011年的49.21件/万人。② 媒体上不乏“诉讼爆炸”“诉讼社会”的报道，而故意以他人受到损害为目的、无事实根据和正当理由而提起的“恶意诉讼”规模的增加也引起社会各界的关注。

以上这些风险未必成为我们否定法治、否定诉讼文化转型的根据，但是，充分反思“励讼”诉讼文化的积极作用和可能风险，吸取其他国家的经验教训③，探索符合中国国情的诉讼理念和制度设置，对于深化当代中国的社会治理和社会建设有着重大意义。

---

① 郭星华，李飞．全息：传统纠纷解决机制的现代启示．江苏社会科学，2014（4）：123-130.

② 数据来源：1980年到1988年一审收案数来自《人民法院年鉴》1988年版；1989年到2011年一审收案数来自《中国法律年鉴》1990到2012年各版。人口数据来自《中国统计年鉴》。人口数取年平均数，即以年初和年底的人口数的平均数作为该年的人口数。

③ 奥尔森《诉讼爆炸》一书对此有十分系统的论述，其他相关论述参见冉井富．当代中国民事诉讼率变迁研究．北京：中国人民大学出版社，2005：55。欧美其他国家的司法现状和问题参见朱克曼．危机中的民事司法：民事诉讼程序的比较视角．北京：中国政法大学出版社，2005。

本章要点

民事诉讼文化包括三个组成部分：诉讼活动、诉讼设置（包括诉讼制度和社会舆论）和诉讼价值。本章从治理理念入手，分别讨论了传统社会和当代社会的诉讼价值和诉讼设置，提出传统诉讼文化具有“抑讼”特征，当代诉讼文化具有“励讼”特征。在本章的最后讨论了诉讼文化转型的社会影响。

复习思考题

1. 什么是诉讼文化？诉讼文化与国家治理理念的关系是什么？

2. 传统不仅有“厌讼”的记载，也有“好讼”的文字，如何运用诉讼文化的分析视角理解这一矛盾？

3. 如何运用本章的分析视角理解清末至改革开放前的诉讼文化？

4. 改革开放以来诉讼文化转型是如何实现的？对国家运行和民众生活产生了怎样的影响？

推荐阅读书目

1. 郭星华，等．现代法治建设与传统文化变迁．北京：中国人民大学出版社，2018.

2. 黄宗智．中国的新型正义体系：实践与理论．桂林：广西师范大学出版社，2020.

3. 夏勇．走向权利的时代：中国公民权利发展研究．北京：中国政法大学出版社，2000.

4. 川岛武宜．现代化与法．北京：中国政法大学出版社，2004.

5. 胡旭晟．狱与讼：中国传统诉讼文化研究．北京：中国人民大学出版社，2012.

第十四章 社会转型与法律意识

作为社会意识的一种，法律意识是人们对法律现象的看法、情感和评价等方面的主观态度，反映了人们对法律知识的了解程度，对法律的喜恶之情以及对行为是否合法的评价等。法律意识与法治建设有着非常密切的关系：公民的法律意识是法律制度与法律实践在公民心理上的一种反映，在某种程度上反映了这个国家的法律制度和法律规范的运行情况；法律意识是沟通法律规范和法律实践的桥梁和纽带，以法律意识为中介，社会主体可以凭借自己对法律规范和法律行为的情感、认知、评价和选择，将抽象的法律规范转变为具体的法律实践；公民的法律意识与法律行为相关，法律意识决定了法律行为，法律行为是法律意识的具体反映。因此，法律意识作为法律制度的灵魂核心，不仅是法律制度产生的前提和基础，同时还是法律制度能否有效运作的重要保证。

改革开放以来，我国经历了深刻剧烈的社会转型，在社会治理方式上经历着从传统型人治社会到现代化法治社会的巨大转变，而随着法制建设的逐步完善和法治实践的逐渐开展，社会公众的法律意识也相应地发生了变化。同时，对于正在进行中的社会结构转型，法律发挥着什么样的作用，如何发挥作用，这些也将直接影响到法治建设的进程。因此，研究社会转型中的法律意识，可以为法律变迁和社会变革奠定良好的理念基础，尽可能地减少法治进程中的观念阻力。

第一节 从法制到法治：转型中国的法律意识

一、法制与法治

社会转型期，我国的社会结构、发展模式、治理方式经历着深刻的变革，由此产生诸多困难和问题，其中，社会治理方式和社会控制机制的转换尤为关键。法治建设的关键目标是维护法律的绝对权威，以法理权威取代传统权威和感召权威成为社会控制权威的主体①，确立法律至上的法治理念，形成良善立法、严格执法、普

---

① 郑杭生，郭星华．中国社会的转型与转型中的中国社会：关于当代中国社会变迁和社会主义现代化进程的几点思考．浙江学刊，1992（4）：51－57.

遍守法、认真司法的法律意识，推动法治成为社会治理的主要模式。而伴随着治理方式从传统型人治社会向现代化法治社会的转变，社会公众的法律意识也会相应地发生变化。

需要注意的是，“法制”与“法治”是在日常生活中常见的两个词语，人们有时不加区分地使用。实际上，“法制”与“法治”有一定内在联系，但内涵并不完全相同。“法制”与“法治”都是法律文化中的重要内容，都是人类文明发展到一定阶段之后的产物。简而言之，“法制”是法律制度的简称，属于法律文化中的器物层面；“法治”则是一种与“人治”相对应的治理社会的理论、原则、理念和方法[①]，是一种社会意识，属于法律文化中的观念层面。与乡规民约、民俗风情、伦理道德等非正式的社会规范相比，法制是一种正式的、相对稳定的、制度化的社会规范。法治则是与人治相对立的法律文化，核心是强调社会治理规则（主要是法律形式的规则）的普适性、稳定性和权变性。虽然法律也是由人来制定的，而且法治也不排斥人的能动性，但从法律的制定、执行到修改都必须按照法律本身制定的规则，人的能动性只能在法律规定的范围内发挥作用，而不能超越法律，这正是法治内在的本质要求。

“在近代世界，法律成了社会控制的主要手段。”[②] 在法律产生之前，当然没有法制，更不会有法治，调节、制约人们社会行为的是风俗习惯、伦理道德，这样的社会只能是人治社会。只有在人类文明发展到一定程度之后，尤其是国家出现之后，法律才产生。但是法制的产生，并不意味着法治的诞生。作为一种社会制度，法制并不必然地排斥人治，法制既可以与法治相结合，也可以与人治相结合。当法制与人治相结合时，法律权威是第二位的，政府权威是第一位的，法律制度是为人治理念服务的。这时，调节国家行为的主要是政府权威，调节民间行为的主要是道德权威，法律权威只是起一种补充和辅助的作用。当法制与法治相结合时，法律权威是第一位的，是一种超越所有权威，包括政府权威、道德权威在内的社会权威，法律成了所有社会群体、社会个人的行为准则。这时，政府权威源于法律权威，服从法律权威，道德权威只是起一种补充和辅助的作用。在法治社会里，法律权威源于大多数社会成员对法律的“合法性”的认同。所谓合法性，是指人们对法律或规则或制度的一种态度，是对有关规则的产生或有关规则制定者及其权威的判断。正如英国法学家阿蒂亚（P. S. Atiyah）所说的那样：“除非广大公众认为有某种道义上的义务遵守制定的法律，否则，法律就有可能得不到执行。”[③]

二、走向法治化的当代中国

历史地看，中国是一个缺乏法治传统的国家，中国传统社会是一个法制与人治

① 李步云．法制·民主·自由．成都：四川人民出版社，1986：153－154.

② 庞德．通过法律的社会控制．北京：商务印书馆，1984：10.

③ 阿蒂亚．法律与现代社会．香港：牛津大学出版社，1998：155.

相结合的社会。几千年来，虽然王朝兴衰，世代更替，但维持社会运行和延续的始终是一个“礼”字。礼的主要社会功能是“别贵贱，序尊卑”，确定“亲亲也，尊尊也，长长也，男女有别”的宗法等级制度。不过，在中国古代的先哲看来，礼只是用来规范贵族言行举止的社会规范，不是普适的规范，即所谓“礼不下庶人，刑不上大夫”。普通百姓的言行举止主要由“法”来规范。在中国古代，礼治是社会控制的基础，法律制度是社会控制的辅助手段。同时，“礼与法的相互渗透与结合，又构成了中华法系最本质的特征和特有的中华法文化”①。换言之，中国的社会控制体系是以人治为体，以法制为用。因此，从这个角度来说，中国虽然有和西方类似的法典，但社会成员的头脑中并没有法治的理念，中国推行法治是改革开放以后的事情。中华人民共和国成立 30 年以后，邓小平明确提出依法治国，中国社会的法治化才真正开始运行，法治建设才正式开始。

1978 年后，中国法治化进程发生的显著变化是人们有目共睹的，这种变化特别体现在我国对“法律条文”的改革上。伴随着国家的现代化进程，我国自上而下推行的司法改革正在不断深入。1949—1978 年，我国只制定了两部法律——《中华人民共和国婚姻法》（1950）和《中华人民共和国宪法》（1954）；1979 年 7 月 1 日，五届人大二次会议通过了《中华人民共和国刑法》《中华人民共和国刑事诉讼法》《中华人民共和国地方各级人民代表大会和地方各级人民政府组织法》《中华人民共和国全国人民代表大会和地方各级人民代表大会选举法》等法律，并由此揭开了新时期大规模立法的序幕。在此后的 20 年间，全国人大及其常委会共制定法律和关于法律问题的决议 350 多部（件），国务院颁布了 800 多部行政法规，平均近 20 天制定一部新法律，不到 10 天出台一部行政法规。② 以上数据表明我国法制建设的进程正在加快，法律在规范人们社会经济生活的过程中也发挥着越来越重要的作用。

从法治化建设总体进程看，当代中国的法治建设奠基于邓小平同志时期，标志性事件是“社会主义法制”概念的提出。1978 年 12 月 13 日，邓小平同志做了著名的《解放思想，实事求是，团结一致向前看》的讲话，这实际上也是十一届三中全会的主题报告。在报告中，邓小平同志第一次明确提出：“为了保障人民民主，必须加强法制。必须使民主制度化、法律化，使这种制度和法律不因领导人的改变而改变，不因领导人的看法和注意力的改变而改变。”③ 这就为以后的法治建设确定了基调，奠定了基础。随后，在此基础上又进一步提出了健全社会主义民主，加强社会主义法制的目标，确定了有法可依、有法必依、执法必严、违法必究的社会主义法制建设方针。在这一时期，中国法制建设最突出成果是 1979 年《中华人民共和国刑法》和 1982 年《中华人民共和国宪法》的制定。1979 年 7 月 1 日，第五届全国人民代表大会第二次会议上通过了第一部刑法典，法律条文共 192 条，其中，总则 89 条、分则 103 条，共规定了 129 个罪名。这部法律的制定标志着中华人民共

---

① 张晋藩．中国法律的传统与近代转型．北京：法律出版社，1997：3.

② 安群，李浩．50 年法治建设的教训与经验．法学评论，2000（1）：42－49.

③ 邓小平．邓小平文选：第 2 卷．2 版．北京：人民出版社，1994：146.

和国刑法典的从无到有，也标志着新时期中国法治建设重新迈入正轨。而 1982 年 12 月 4 日通过的现行宪法则是新时期中国法治建设的最高规范准则和最主要制度依据，其所体现的限制公权力、废除终身制、保障公民基本权利的法治思想对于公民法律意识的提高具有极其重要的推动作用。这两部法律的制定，标志着新时期中国的法治建设已经从无法阶段进入有法阶段，也标志着新时期社会公众法律意识的基本确立。2020 年 5 月 28 日第十三届全国人民代表大会第三次会议通过《中华人民共和国民法典》，自 2021 年 1 月 1 日起施行，《中华人民共和国婚姻法》《中华人民共和国继承法》《中华人民共和国民法通则》《中华人民共和国收养法》《中华人民共和国担保法》《中华人民共和国合同法》《中华人民共和国物权法》《中华人民共和国侵权责任法》《中华人民共和国民法总则》同时废止。《中华人民共和国民法典》是新中国第一部以法典命名的法律，开创了我国法典编纂立法的先河，具有里程碑意义。

可以说，从立法层面上看，我国已经取得了相当大的成就。但从现实的情况来看，随着我国法制改革的不断深入，立法越来越完善，人们的违法行为却越来越多，这更加凸显了我国法治化社会建设进程中公众法律意识的变迁。

三、法治化进程中公民法律意识之变

法律意识属于思想观念层面的认识，是社会对法律的地位和作用的观念反映，是公众对法律的情感和评价的高度凝结。从十一届三中全会开始，我国进入了革故鼎新、激荡变革的改革开放时期。改革开放时期最大的一个特点就是“变”，一切都处于变化与转型当中。改革开放以来，我国公民的法律意识大致历经了三个阶段的转变。

第一，法律意识的确立阶段。从历史上看，中国传统社会中的法律意识主要具有泛刑化思想、泛道德化倾向、伦理本位、法律工具主义、无讼主义等特点，整体上对法律持一种蔑视和轻视态度，认为“法即刑也”，违法就是判刑坐牢，对法律和诉讼抱有强烈的“贱法厌讼”心理，对司法极度不信任，即使自己的正当利益受到侵害也不愿意诉诸官府，而是宁愿委曲求全、息事宁人。“文化大革命”时期，传统文化中的“法深无善治”思想与“以阶级斗争为纲”“砸烂公检法”等观念相结合，造成社会公众的法律意识普遍呈现出法律虚无主义和法律工具主义倾向，人治色彩强烈，法治观念匮乏。“文化大革命”结束之后，人们逐渐认识到法律对保持公共秩序和社会稳定的重要性，于是提出了发展社会主义民主、健全社会主义法制的基本方针，并在 70 年代末到 80 年代初制定出了一大批法律，这对于以前忽视法律、蔑视法律甚至说是无法可依的状况来说无异于一次巨大的进步。这种进步既是对“文化大革命”中各种现象的拨乱反正，也是对现代西方法律文化和制度的一种曲折认同，为社会公众法律意识的形成奠定了心理基础，也为在社会中形成服从法律、尊重法律权威的法律意识提供了可能性。

第二，法律意识的觉醒阶段。到了 90 年代，随着我国法律体系建设的初步完善，社会公众的法律意识也有了进一步提高，由原来被动地守法畏法转变为主动地学法用法，开始尝试利用法律维护自己的合法权益，出现了一大批法律维权的经典案例，标志着我国法律权威的逐渐树立和公民法律意识的初步觉醒，中国法律意识的发展进入了觉醒阶段，“王海现象”和“一元钱官司”的大量出现，则是社会公众法律意识转变的最直接体现。通过法律保护自己的合法权益，通过司法寻求社会公正成为社会公众的普遍选择。这一阶段，随着法治建设的发展和社会的进步，人们逐渐认识到法律不仅具有维护统治秩序的工具功能，更重要的是还具有维护社会秩序、保障权利救济的价值功能。法律的形象、功能定位以及人们对司法救济的态度与方式也发生了转变，法律不再仅仅是违法犯罪的惩治者，更重要的还是公民权利的保护者。当公民的合法权益受到非法侵害的时候，人们也不再畏法厌讼，而是主动寻求司法机关的帮助，主动利用法律来寻求保护。社会公众的法律意识空前高涨。

第三，法律意识的发展阶段。进入 21 世纪以后，中国法治建设步伐加快，中国特色社会主义法律体系已经初步完备，法治成为治国理政的主要方式。在现代社会，法治具有深刻的价值内涵，它不仅要求法律要有至上的权威，同时还要求这些具有至上权威的法律本身应该是良善之法。正如亚里士多德曾指出的，“法治应包含两重意义：已成立的法律获得普遍的服从，而大家所服从的法律应该本身是制定得良好的法律”[①]。因此，在法律体系初步建立之后，法律的合法性、合理性问题开始成为社会公众所考虑的一个突出问题，这标志着法律意识的发展进入了一个新的阶段，即由注重立法的体系性转而关注立法的良善性，“孙志刚事件”无疑是这一阶段的重要标志。在法治观上，社会公众由重视立法数量、追求法律体系的完善开始转而关注立法质量、注重法律自身的良善性；在权利观上，由重视文本上的权利开始转而重视实践中的权利；在宪法观上，由忽视、蔑视宪法的作用转而开始重视宪法、重视违宪审查的作用。因此，随着法治观念日益深入人心，公众不仅对法律的外在表现形式提出了诸多意见，而且对法律的内在品性也提出了更高的要求，这实际上是我国公民法律意识进一步提升的直接体现。

第二节 法律意识与法律实践

一、法律意识与法律权威

中华人民共和国成立之后，打碎了旧的法律体系，但并没有同时建立新型的法律体制，而是以政令代替法令。因此，改革开放以后面临着双重的任务：法律制度的建设和法治意识的建设。法制建设相对比较简单：由立法机构颁布法令即可。从改革开放 40 多年的历程来看，这一任务完成得还算令人满意。但法治意识的建设

---

① 亚里士多德．政治学．北京：商务印书馆，1965：199.

就要复杂得多，它意味着观念的根本转变。这种观念即反映了人们对法律权威的认可，也直接影响基层的法律实践。

毕竟，法治意识说到底是舶来品。尽管人治意识与法制也可以并存，但以人治为本建立的法制和以法治为本建立的法制还是有本质区别的。前者是为人治服务的，法律的权威源于政府的权威（在封建社会源于皇权），二者发生冲突时，法制让位于人治。虽说古代也有“王子犯法与庶民同罪”的说法，但这只是特例。后者的权威源于法律本身，进一步地说，源于法律制度建立过程的公正性为大多数社会成员所认同，而且这种法制具有普适性。

中国社会法治化面临的困境就是法制建设依赖政府力量推行，法律权威超越政府权威；但法治的本质却要求法律权威超越政府权威。这是一个两难困境：在旧的法律体系被打碎之后，政府权威成为所有社会权威的唯一来源，不依赖政府权威，法律权威无立足之地；但在政府权威协助下建立的法律权威却要求成为社会最高权威、成为超越一切权威的权威，这正是法治的本质要求。在法律权威建立的过程中，有可能出现三种情况：法律权威超越了政府权威；政府权威仍然高于法律权威；政府权威失落、法律权威缺乏。第一种情况是法治社会，第二种情况是人治社会，第三种情况是转型社会。在转型社会里，由于存在“规范真空”以及各种规范之间存在矛盾与冲突，团体和个人将会遵循一种“有利”原则：当政府权威对自己有利时，人们以政府权威为武器维护自身的利益；当法律权威有利于自己时，人们又会以法律权威为武器维护自身的利益；当两种权威都对自己不利时，人们就有可能两种权威都不服从，这就是所谓的“社会失范”。

根据美国法社会学家泰勒（Tom Tyler）的研究，人们服从法律的动机受四个因素的影响。这四个方面的因素分别是法律的合法性、个人的道德观、禁止以及同辈群体的压力。其中后三项可以归为社会学的因素。泰勒的主要目的是研究人们为什么会服从法律，即人们服从法律的动机。泰勒认为有四个方面的因素影响了人们的行为。除此四项以外，泰勒还研究了人们的背景因素（性别、种族、年龄、收入、教育程度等）以及人们对警察和法院的评价对人们服从动机的影响。泰勒的研究结果如表 14－1。①

表 14－1　影响美国居民法律服从程度的因素

	零阶相关
法律的合法性	0.22
社会学的因素	
禁止	0.28
同辈群体的压力	0.34
个人的道德观	0.42
政治的因素	

① TYLER T. Why people obey the law. New Haven：Yale University Press，1990：90.

续表

	零阶相关
评价	0.09
背景因素	
性别	0.28
种族	−0.11
年龄	0.38
收入	−0.24
教育程度	−0.26
保守主义倾向	0.11

在众多因素中，泰勒特别提出法律的合法性对人们是否服从法律有着独立的影响，并对这一研究假设进行了验证。从零阶相关系数来看，合法性与服从之间的相关关系是显著的。运用一元回归的方法对合法性与服从之间的关系进行分析，发现合法性与服从之间的关系是线性的，当合法性的认同度提高时，人们服从的程度也在提高。合法性属于公民法律意识中的重要问题，直接关系到人们是否会服从法律，是否会运用法律手段解决问题。合法性是对法律、规则或制度的一般态度，这不是对规则内容的态度，也不是道德观上的是非态度。有关合法性的判断，是对形式、程序或来源的判断，即对有关规则的产生或有关规则制定者及其权威的判断。弗里德曼强调合法性是一种态度，它不是制度形态，而是属于意识形态，“合法性是表示一种态度，在其他情况相等的情况下，这个态度影响人们的举动。人们遵守合法的法律”[①]。因此，对法律合法性的认同程度是衡量人们法律意识强弱、衡量一个社会的法治化水平高低的重要指标。

二、“想象的法律”与“法律的想象”

对法律合法性和权威的认同程度，在一定程度上受到人们法律意识的左右，而在现实生活中，公众对于法律的理解和诠释与法律的规定和逻辑是很不一致的，更与专业法律人士对于法律的认识有所偏差。法律只是人们想象中的法律，而法律本身却又有自身独特的逻辑与程序，二者相去甚远。

如何理解法与社会的关系是法律社会学的一个根本问题。在以往的法社会学研究中有内在视角和外在视角之区分。内在视角倾向于将法律看作一种情形定位的规则，通过语词分析等技术阐释法律与社会的关系，在这种分析视角中，法律概念的内在含义是被悬置或遮蔽的[②]；而外在视角则是将法律看作社会的子系统，探讨法

① 弗里德曼．法律制度：从社会科学角度观察．北京：中国政法大学出版社，1994：144.

② 哈特．法律的概念．北京：中国大百科全书出版社，1996.

律发生作用或机制的各种外生变量。这两种视角无法很好地理解法的社会性和内生的复杂性，其对法与社会关系的解释或有限或疏离，需要引入一种新的解释视角。

在实践中探讨法与社会关系的解释，大致可从两种途径来加以审视，即超越内外两分视角的解释途径：一方面沿袭韦伯解释社会学传统，探寻普通人日常生活的"法律的意义"，此为一种阐释途径；一方面反思法学界近年来一些代表性学说及其理论意义，此为另一种阐释途径。分析这两种阐释中内在的差异和不可化约性，从而揭示出现代中国法治进程中的总体困境。

邓正来先生曾在长文《中国法学向何处去：对中国法学的批判》中指出："我们关于法律的认识乃是以我们对法律的想象为依凭的：这种关于法律的想象不仅支配着我们对中国法律/法律秩序的认识，而且还构成了中国法律/法律秩序之实践生活的一部分。因此，在这个意义上讲，重要的并不是中国法学所脱离的那个法律/法律秩序现实本身，而毋宁是中国法律在这个时代究竟是根据什么去想象那个'法律'或'法律秩序'的。"基于此，我们只有以某种方式深入正在发生的事实，通过观察人们的实际行动，记录和分析日常生活中呈现出来的具体而真实的"想象的法律"。我们只有找到这个问题的答案，才有可能转而剖析法与社会在具体情境下的真实关系，了解人们在实际生活行动中法律意识与法律行为之间的关联性。

通过大量的实地调查，基于对普通人集体诉讼的法律意识的阐释，可以发现，日常生活的普通人在面临律师专业化逻辑的压迫和政府的着意引导下，尽管其对于法律的理想化想象不断下降，但仍保有一种稳定的心理图示，表现在：首先，法的合法性来自为双方所分享的"责任"，也就是政府的义务；其次，人民的"权利"既不是公民社会先赋概念，亦不是韦伯意义上的"权力由法律为创设"的意义，而不过是一种庇护关系；最后，这种关系是一种特殊主义的，因而与西方社会中各种"法治"理念的基于平等普遍主义的逻辑大相径庭。

这种来自普通人日常生活的"想象的法律"（imagination about law）与法学界专业人士"法律的想象"（imagination of law）具有本质的不同。

中国法治过程充满了由西方概念先行带来的种种无法解释的困境，它们脱离了日常生活中普通人的主体意识。从这个角度出发，运用社会学理论，从主体视角出发，呼唤一种悬置西方话语思维、面向普通人的法律思维与意识的关怀和研究是非常有必要的。[①] 而且，对于普通大众法律意识的关怀恰是需要从基层实践中的法律行为来予以探求，这不仅包括对基层司法实践中法律实践逻辑的研究，也包括对日常生活中城市与农村普通大众法律行为的思考讨论。

---

① 储卉娟．法律的想象与想象的法律：基于法律援助实践的个案研究．北京：中国人民大学，2005.

三、法律的实践逻辑

布迪厄曾说，我们“必须承认，实践有一种逻辑，一种不是逻辑的逻辑”①。因此，对这种“不是逻辑的逻辑”的探讨，本身就有一定的风险性，如他所告诫的那样：“我们应该避免从惯习的生产过程中试图挖掘出比它们实际上所包含的更多的逻辑，实践的逻辑性只可以提炼到特定的程度，一旦超出这种程度，其逻辑将失去实践的意义。”②

经过几十年的法治建设，“‘法治’已经变成了一种公众的信仰，就如同先前中国人对‘革命’，如今对‘改革’的信仰一样”③。正是出于对“法治”的这种“信仰”，长期以来，人们几乎不假思索地认为中国正在向西方的那种法治社会靠拢，西方的今天就是中国的明天，在这种思维的推动下，我国进行了大规模的法律移植，在很短的时间内几乎建构了一整套基于西方形式理性的法律体系。在这种“加快推进社会主义法治建设”的热潮中，人们几乎无暇反思这些移植而来的法律体系在具体的实践层面上到底是怎样运作的，又是遵循着一个怎样的深层逻辑。

对程序正义的强调是西方法律最为显著的特点，也是法治得以实施的最重要的保障之一。在基层司法实践中，要保障程序的正义从而达到形式正义往往是很困难的。这一方面是因基层人力非常有限；另一方面也是因为基层社会的习惯是实质正义而非程序正义，注重的是实际效果而非过程。④ 这样，法律在实践中就形成了形式主义和实用主义的调和。实际上，法律的实际运作往往是在满足形式主义的“形式”下遵循实用主义的逻辑。

在中国基层的法律实践中，法律与其预设完全不同。就如同朱苏力曾经用诗一样的语言写道——“我和你都深深嵌在这个世界之中”⑤，我们看到在中国基层法院的司法实践中，法律也是深深地嵌入在庞杂的关系体系中。首先，与“自治主义”假设的实体自治和制度自治不同，我们的法律程序在很大程度上被行政级别系统所包容。在这个系统中，法官办案也不是简单的法条适用于案件。而是像一个官僚系统里的办事员（bureaucratic clerk），他的决策要经过各层的批准才能产生法律效力。⑥ 其次，我们的法律深深地嵌入复杂的社会关系体系之中。地方实力人物、新闻媒体、检察院，还有错综复杂的“人情”“面子”等因素都会影响到法律的运作。纯而又纯的法律逻辑在现实中是不存在的。正是这种嵌入性决定了法律在中国基层

---

① 布迪厄，华康德．实践与反思：反思社会学导引．北京：中央编译出版社，1998：133.

② 同①24.

③ 苏力．送法下乡．北京：中国政法大学出版社，2000：1.

④ 冯仕政．北京市民的法律意识//郭星华，陆益龙，等．法律与社会．北京：中国人民大学出版社，2004.

⑤ 苏力．制度是如何形成的．广州：中山大学出版社，1999：1.

⑥ ZHANG QIANFAN. The people's court in transition：the prospects of the chinese judicial reform. Journal of Contemporary China，2003（34）.

的独特个性。

法律的实践逻辑与理论逻辑不同，法律的实践过程并非法律形式主义者所想象的那样是法律内在逻辑的渐次展开，而是在实用主义逻辑主导下的一个博弈过程；在转型中国的基层司法场域中，法律的实践逻辑更具有其独特性，既与改革开放前纯粹的工具主义逻辑不同，又与法制化、科层化程度比较高的大城市中的法律实践逻辑不同。这种在基层的法律实践逻辑具有的特点为：（1）不同于形式主义的书本逻辑，即机械使用法条，就像语言的应用不是机械运用语法规则一样。（2）不同于改革开放前的工具主义逻辑——司法行政完全不分家，法律是行政的附庸。（3）具有强烈的实用主义倾向和工具主义倾向，以化解矛盾、解决问题为中心，具有说教意义的大词和具有意识形态意味的概念具有的多是象征意义。这种逻辑是中国基层司法系统所特有的，是原来传统体制延续和文化痕迹遗存的结果。①

第三节　法律意识与法治建设

一、中美城市居民法律意识的比较

美国的法治水平较高，美国人具有强烈的守法意识，这是经常耳闻的。许多学者到美国考察时，每到一地，人们在介绍当地情况时，总会不自觉地提到当地“法律是怎样规定的”②，泰勒在《人们为什么会遵守法律》一书中指出：“美国人是典型的守法市民。”③ 美国作为一个高度法治化的国度，其社会的法治化程度与现状能给予我们怎样的启示呢？人们为什么服从法律？在具体社会生活中，中美两国城市居民在法律意识上又有何差异？

2001 年，我们在北京进行了一项大型问卷调查，并将调查结果与芝加哥同类调查结果（1990）相比较，很容易便发现中美两国居民在法律方面“意识到的责任”的差异（见表 14-2）。

表 14-2　中美两国“意识到的责任”的比较（%）
（括号内为芝加哥的调查数据）

问题	同意	不同意	中立
1. 即使是在我认为法律的规定是错误的情况下，我也总是尽力去遵守法律	73.9（84）	10.9（16）	15.2
2. 人们很少找得到不遵守法律的理由	72.2（82）	14.3（18）	13.5
3. 对权威的服从和尊重是小孩子应该学习的最重要的美德	52.7（82）	12.8（18）	34.5

① 黄家亮．法律是如何实践的：以一起刑事附带民事案件为关键性个案的分析．社会中的法理，2010（1）：193-225.

② 赖尚武．美国公众的法律意识．人民法院报·国际副刊，2004-08-13.

③ TYLER T. Why people obey the law. New Haven：Yale University Press，1990：1.

从表 14－2 我们可以看出，对三个问题的同意率两国数据的差异都在 10 个百分点以上，尤其是对第三个问题的同意率，差异高达近 30 个百分点。换言之，当我国居民主观上认为法律规定是“错误”的时候，会有超过四分之一的人不遵守法律，而按自己认为是“正确”的方式行动；有超过四分之一的人或多或少能“找得到”不遵守法律的理由；有将近一半的人并不认为服从和尊重权威是一种最重要的美德。因为中国社会最重要的社会规范是伦理道德。由于中国缺乏宗教生活，伦理道德甚至部分地担当了宗教的功能①，人们对法律的服从程度远不如对伦理道德的服从程度。

在表 14－2 中，我们已经对中美居民“意识到的责任”进行了比较，并发现二者之间存在显著的差异。我们再对二者“对于法律权威的支持”进行比较（见表 14－3）。

表 14－3　中美两国“对于法律权威的支持”的比较（%）
（括号内为芝加哥的调查数据）

问题	非常同意	同意	不同意	非常不同意	中立
P1：我非常尊重北京（芝加哥）的警察	12.7（21）	63.0（61）	12.3（15）	0.4（3）	11.6
P2：总体上说，北京（芝加哥）的警察在执法时是公正的	7.9（10）	66.8（54）	10.6（31）	0.7（5）	14.0
P3：我为北京（芝加哥）的警察感到自豪	8.2（14）	52.2（61）	18.2（22）	1.1（3）	20.3
P4：我认为我应该支持北京（芝加哥）的警察的工作	18.0（25）	74.6（66）	2.0（7）	0.1（2）	5.3
P5：北京（芝加哥）的法院一般可以保证公正地审理每个案件	7.4（7）	66.3（55）	8.8（33）	0.6（5）	16.9
P6：北京（芝加哥）的法院很好地保护了公民的基本权利	7.6（5）	68.5（57）	6.1（34）	0.7（5）	17.1
P7：北京（芝加哥）的法官总体上来说是廉正的	7.2（5）	68.4（57）	7.2（31）	0.3（7）	16.9
P8：北京（芝加哥）的法院所做的决定几乎都是公正的	6.4（3）	60.0（56）	14.3（36）	0.9（5）	18.4

如果将“非常同意”和“同意”合并计算为“同意率”，我们就会发现除“P4：我认为我应该支持北京（芝加哥）警察的工作”没有显著差异之外，其余各题都有比较显著的差异。总的来说，北京的被调查者对警察、法院、法官公正性的满意度高于芝加哥，但芝加哥的被调查者比北京的被调查者对警察更为“尊重”、更为他们“自豪”。看起来，这似乎是一个自相矛盾的结果。其实，尽管美国是一个高度法治化的社会，但法律上的不公平、不公正仍然处处可见，法律面前人人平等只是

① 梁漱溟．中国文化要义．香港：三联书店，1987：90.

神话，而非事实。书面上的法律条文和实践中法律行为存在较大的距离，当事人双方的社会地位、经济收入、社会关系、职业等对法律的判决结果有很大的影响，美国法社会学家布莱克对此有十分深刻的剖析。[①] 所以，芝加哥的被调查者的“尊重”和“自豪”，应该理解为他们对司法机构权威性、合法性的尊重，正因如此，他们对司法机构的公正性提出了更高的要求，因而对司法机构在实践中存在的不公正现象更容易不满。将表 14－2 与表 14－3 结合起来分析，我们就会发现，北京的被调查者在“意识到的责任”方面弱于芝加哥，在“对于法律权威的支持”方面，尤其是对司法机构公正性的评价方面强于芝加哥；或者说，北京被调查者的“法治意识”弱于芝加哥，对司法机构的不公正现象的宽容度大于芝加哥。

从以上分析可以看出差异的主要原因是，中国居民对法律“合法性”的认同程度不如美国公民高。事实上，中国公民对法律“合法性”的认同源于对政府权威的认同，即将法律权威等同于政府权威。因为中国社会进行法治化建设基本上是一个自上而下的变法过程，变法意味着必须有一个强大的国家权威来保证实施。“在进入这一世界性现代化格局之际，中国并没有成为一个强大的国家。事实上，正是由于当时国家不强大，军队不强大，财政不强大，官僚行政机构缺乏效率，无法有效动员社会，才引出了变法的主张。因此，中国的变法或现代化同时又是一个国家重建的过程，是建立和强化国家政权的行政管理、财政税收、军队和警察，并以此保证国家推动社会现代化的过程。在这种法治化的过程中，法律主要不是或不仅是作为对国家权力行使约束而发生的，而是作为强化国家政权的力量对社会改造的工具而发生的。国家权力不仅大大膨胀了，而且社会难以对政治权力的行使构成强有力的制约。”[②] 在依靠政府权威建立法律权威的过程中，伴随法律权威的逐渐建立，政府权威必然有所下降，同时，人们对法律合法性的认同程度也将由低到高逐渐增强。

此外，我们还针对影响中美城市居民服从法律的因素进行了调查分析。[③] 通过研究我们发现中美城市居民法律意识主要有以下特点：

第一，在影响中美城市居民服从法律的因素中，均带有功利性的价值取向，但美国城市居民服从法律的原因更倾向于工具性，中国城市居民服从法律的原因中表面上是规范性的，但在其背后却隐藏着工具性的目的。第二，现代法治思想中实现正义的基础——程序公正的思想并未真正融入我国居民的法律意识，也未能成为其评价法律权威的主要标准，我国法律多元化的现状进一步加强了人们对结果公正的高度关注，这种对结果公正的高度关注一方面从逻辑上与我国居民服从法律的功利性取向相一致，另一方面也从人们的意识上进一步拉大了与法律的距离。第三，我国对法律权威合法性的高度认同实质上反映的是对政府权威合法性的高度

---

① 布莱克．社会学视野中的司法．北京：法律出版社，2002：中文版序言．

② 苏力．二十世纪中国的现代化和法治．法学研究，1998（1）：1－13.

③ 郭星华．走向法治化的中国社会：我国城市居民法治意识与法律行为的实证研究．江苏社会科学，2003（1）：81－86.

认同。这也从侧面反映了我国城市居民对法律权威合法性的认同与美国城市居民对法律权威合法性的认同存在较大的差距，这不仅体现在人们对法律权威的认同上，还体现在人们对法律本身的认识上。第四，从检验服从法律的规范性视角来看，现阶段，我国城市居民对程序公正的忽视与对法律合法性认同的缺失，在很长一段时间内，无法与人们的道德判断相一致。也就是说，人们在与法律产生距离的同时，无法有效地将其内化为自觉的价值尺度与准则，尽管这是二十年前的调查和比较研究，但也在这一定程度上反映了我国居民法律意识的现状。

尽管几十年来的司法改革使我国在立法与制度上取得了巨大的成就，人们的法律意识和主体意识逐步增强，但我国法律权威的合法性地位，以及城市居民的法律意识依然与高度法治化的国家存在较大差距。可以说，中国的法治化还有很长的道路要走。

二、我国农民的法律意识与纠纷解决

自20世纪80年代以来，国家正式的法律制度开始大规模地进入乡村社会，即所谓的“送法下乡”。但是，正如我们所看到的，现实的情况并未达到发起这场运动的人们所设想的理想状态，相反，倒是处于一种十分尴尬的境地。在很多情况下，原有的社会控制手段①仍然发挥着重要作用，人们往往规避法律或者干脆按照习俗行事。那么，目前在中国的农村，到底有哪些规范体系维持着乡村的社会秩序？在具体纠纷解决过程中，人们面对纠纷解决又会依据这些规范体系采取怎样的选择与行动呢?

我们认为，目前在中国农村存在三种规范或称控制手段：大传统、小传统和国家正式法律。大传统是指我国古代以来所形成的行为方式和价值观念。② 大传统对社会控制依据的是“礼”，“礼的制定和修改均来自先贤的典籍，具有高度的稳定性，几千年来被代代相传”③。小传统是指中华人民共和国成立以来所形成的一套行为方式和价值观念。④ 小传统的一个重要特征就是服从权威：下级服从上级，个人服从单位。随着经济体制改革和政治体制改革的推进，政府的职能正在发生转变，对市场干预的范围在缩小。但是从中国的国情出发，政府在市场经济的过渡过程中仍然发挥着积极作用。在法治建设进程中，法律是“嵌入”在大小两种传统之上的，它需要适合生存的社会和文化土壤。

具体到纠纷解决的情况中，这三种规范分别提供了三种纠纷解决途径，即社会

---

① 我们在这里所使用的“原有的社会控制手段”一词相当于法学、法社会学理论中经常出现的“习惯法”“民间法”等概念，但外延更广泛。在这里“原有的社会控制手段”是指在改革以前社会中的主要控制手段，除了民间法、习惯法以外，还应包括政府的行政控制手段。

② 郭星华．中国城市居民道德价值观念的变迁．江海学刊，2001 (3)：32-38.

③ 郭星华，王平．国家法律与民间规范的冲突和互动：关于社会转型过程中的一项法社会学实证研究．江海学刊，2003 (1)：91-98.

④ 同②.

网络[①]、政府部门和司法部门。在这三种途径中，人们将做出何种选择？有人认为，农民不知法、不懂法，是愚昧落后的，他们选择非法律的解决途径是非理性的。[②]我们不同意这样的说法。

对于农民来说，三种规范取向提供的纠纷解决途径分别属于两个领域：私人领域和公共领域。社会网络属于私人领域，是民间法认可的解决途径，它所依赖的原则是“人情”“道理”，所谓“调处以情”。农民们对它所需要的知识、运作方式、成本和收益最为熟悉。政府和司法部门都属于公共领域，它们运作的依据都是正式的条文，人们对它们所需要的知识、运作方式和成本收益的期望是陌生的，特别是司法部门。我们认为农民在纠纷处理中会根据自身所处情景的差异，遵从一种适当的规范取向，理性地选择一种适当的纠纷解决途径，以实现理想的目标。需要强调的是，我们在这里使用的“理性选择”并不是“完全理性”，而更接近于制度经济学中所提出的“有限理性”的概念。

运用社会网络解决纠纷主要有宗族调解、亲友调解、乡里调解和行会调解等形式，这种解决方式主要建立在血缘、亲缘、地缘和业缘关系的基础上。这种解决纠纷的方式在中国的历史上源远流长，而且自明代以来，国家对民间调解都有明确的规定，所以农民选择这种解决途径，首先是一种行为惯性。其次，从成本-收益的角度分析，运用社会网络解决纠纷的成本是很低的。人们可以很方便地在自己的社会网络中寻找到合适的调解人，并且只需要象征性地支付一定的报酬，甚至不需支付。通过社会网络解决纠纷，不仅解决了分歧，而且对熟人社会人际关系的影响是最小的。但是这种传统解决方式的目的不是分清当事人谁是谁非，而是要促使当事人和息相安，所以有时不能真正地保护当事人的权利。当然，由于农民对这种解决方式的运作比较熟悉，所以可以对纠纷解决的过程保持一定的控制力。

农民寻找政府部门解决纠纷的典型表现就是“上访”，但对于在权力地位上处于弱势的农民来说，找政府也面临着很大的风险。首先，行政手段的运作方式和知识对农民来说是陌生的，问题一旦进入了行政部门，农民个人就失去了控制力。其次，找政府部门存在着较高的成本。最后，政府部门中的一些不良作风也对农民很不利。

不过，司法部门是一种非常正式的纠纷解决途径，不仅有规范的条文，而且有严格的程序，它所遵循的是形式理性的法律，所以至少在程序上保证了权利的明晰，保证了公正性。但是对于农民来说，选择司法部门解决纠纷也存在着很多障碍。第一是隐性成本，或者称为心理上的障碍。特别是在乡土社会中，打官司是一件十分不光彩的事情。第二是显性成本。司法部门在村级单位中一般没有常设机

---

① “社会网络”一词借用了社会资本研究中网络理论的基本概念。社会网络学派的研究发现，镶嵌在自我网络中的关系资源可以作为工具性行动（如找工作）中被动员的资源。我们认为，人们在纠纷解决中寻找自我网络中的熟人进行调解的方式正是一种在工具性行动中动员网络资源的方式，所以在此将这种途径命名为“社会网络”。

② 黄东霞．论农民法律意识．行政与法，2001（6）：94－95.

构，即使是找派出所也要到乡里，如果要起诉就必须到县里。来来往往花费的时间和路费是很多的，而请律师，还要花费几百至几千元不等的律师费用。这样算下来，找司法部门解决就不仅仅是一件很麻烦的事情，而且对很多人来说，是消费不起的。第三是知识上的障碍，司法部门的运作依靠的是严格的法律程序，使用的是法律条文，表述时使用的是“法律话语”[①]，这些对于农民来说是非常陌生的，一旦纠纷进入了司法领域，农民经常会完全失去控制。

从以上分析可以看出，这三种规范在农村的纠纷解决中各有利弊。因此我们不能简单地认为哪一种方式最优，不能简单地认为推进法治就必须通过司法部门解决纠纷。农民是理性的，他们会根据自己所处的背景和所拥有的条件，最终选择一种方式解决纠纷（当然在这个过程中，他们也许尝试过其他解决方式），而方式的选择则依赖于人们在日常生活实践中具体的行动模式与纠纷类型。

我们在实证研究[②]中发现，当人们在生活中出现不满时，在经济地位、社会地位上处于优势和网络资源更丰富的家庭更倾向于提出要求。提出要求后，网络关系更丰富的家庭更倾向于找第三方。对于一般纠纷来说，人们更倾向于通过社会关系解决纠纷；对于严重纠纷来说，人们更倾向于通过政府部门和司法部门解决纠纷。从家庭背景考虑，经济条件比较好的家庭更倾向于选择公共机构解决纠纷。农民评价纠纷解决时并不区分分配正义和结果正义，无论是何种类型的纠纷，无论是何种背景的家庭，人们对社会网络的满意程度都是最高的，其次是政府部门，最不满意的是司法部门。可以说，大传统在当前农村社会仍然发挥着重要的作用，小传统虽然不及大传统的影响范围广，但也仍是很重要的规范。国家法虽然影响的范围很小，但在严重纠纷的解决中，它发挥着不可替代的作用，成为人们合法权利的最后一道保障。同时我们不应将农民规避法律的行为视为一种愚昧、不理性的表现，应该看到，正是由于法律的运作方式在乡村还有很多“水土不服”之处，法律对于农民来说还是一种高成本且陌生的产品，所以他们才会理性地选择规避。

所以说，在推行法治化进程中，无论是移植还是本土化的路子，都应该也必须符合实用和理性两个标准，即在法治化的进程中，既要追求法律体系的形式理性，更要考虑中国的国情，综合考虑普通大众基于传统文化的理性选择和行为惯性。只有尊重人们的行为选择规律的法律才能推行，只有结合了中国本土文化的法治化才能有旺盛的生命力。

三、法治建设何去何从

中国法治建设要走什么样的道路历来是理论界所争论的话题。一元论的代表观

---

① MERRY S E. Getting justice and getting even: legal consciousness among working-class Americans. Chicago: University of Chicago Press, 1990.

② 郭星华，王平．中国农村的纠纷与解决途径：关于中国农村法律意识与法律行为的实证研究．江苏社会科学，2004（2）：71－77.

点是“法律移植”，它要求借鉴甚至照搬西方发达国家成文的法典与制度，并依靠政府的强制力推行。然而在中国这样一个完全不同于西方文化的东方国度里，在这样一个充满地域多样性和文化多样性的社会中，这种方式显然是不具备其历史和现实基础的。在现行的法律制度中，一个突出的问题是法律运行机制的独立性差，配套机制不健全不完善。因此要改革法律制度，关键是建立独立的法律机制，培育公民的法律意识，建构起适合法律制度运行的配套机制。

在我国，公民的法律意识、公民对法律的内在认同与公民个人的道德价值判断紧密相连。通过加强政府强制性的社会控制手段必将耗费巨大的社会资源，而加强社会主义的道德建设和塑造良好的社会道德氛围必将成为提高我国公民服从法律的有效手段。因为道德建设是我国公民内化责任与义务及其法律权威的最有效的手段，这种自愿性的服从的成本是非常小的。[①] 同时，尽管政府、单位、居委会等长期充当我国社会非诉讼调解制度载体的角色，但随着社会法治化进程的加快，其地位将逐渐降低。但受我国长期的法律文化和法律传统的影响，这种多元化的纠纷解决途径在相当长的一段时期内，依然具有不可忽视的作用。因此，中国的历史和现实决定了我们在法治建设中，不能单纯地依靠政府的权威或移植某一种或几种西方的法治建设理论，而是必须借助于本土资源，培育公民对法律的内在道德认同，转变公民的法律意识，在实践中不断协调多种本土资源与现代法治精神之间的适当妥协与合作，在法治建设的本土化与国际化过程中创造出属于适应我国社会发展状况的法律制度和配套机制。

当代的中国社会迫切需要法治，而法治的逐步实现也必将为人们的生活带来很多好处，但法治并不能包罗所有的社会领域，也不能够解决所有的社会问题。特别是在今天的中国，法治的目标不得不借助政府权威的支持和其他社会制度与社会实践的发展才能够达到，这对我国如何能够保证法治建设与整个社会系统的和谐发展提出了挑战：一方面，我国正处于社会转型期，社会与国家面临的问题日益增多，也更加复杂；另一方面，中国的法治建设作为社会变迁的一部分，不得不面对和解决其他国家和社会在不同历史阶段分别遇到和处理的某些问题。也就是说，既要实现真正的法治，又要在缺乏法治经验的情况下适应当代社会的复杂性；既要保证法律权威彻底脱离政府权威的影子，又要充分保证社会的稳定和国家在社会发展中的主导地位。

尽管处于社会转型期的中国社会面临着一系列重大的问题，但这也促使人们对国家与社会提出新的要求：既需要一个强有力和守法的政府，也需要一个健康而有活力的社会，更需要无数享有自由与权利的个人。如何创造一种有效的制度和社会结构，实现国家、社会与个人之间的适度平衡，应当是未来几十年内中国政治、法律与社会理论和实践的主要任务。通过推行法治，进一步加快法治建设，转变公民的法律意识，提高公民的政治参与能力，使现代法治精神融入整个社会，逐步建立

① 赖尚武．美国公众的法律意识．人民法院报·国际副刊，2004-08-13.

一个现代的、多元的和谐社会，应当是我国转型时期的重要目标。

本章要点

本章主要从法律意识角度来探讨社会转型时期的法治建设问题。法律意识是法律制度与法律实践在公民心理上的一种反映。在社会转型的过程中，公民的法律意识也经历了剧烈变迁的过程，呈现出不同的阶段性特点。探究公民的法律意识既需要研究基层的法律实践，也需要了解公民日常生活中的法律行为，在此基础上可以为认识和推进法律变迁和社会变革奠定良好的理念基础，从而尽可能地减少法治化建设进程中的观念阻力。

复习思考题

1. 如何理解法律意识及其重要性和必要性？
2. 社会转型时期我国法律意识变迁有何特点？
3. 如何理解转型期社会公众与基层司法的法律意识与实践逻辑？
4. 国内外在法律意识上的差异对于当今我国法治化建设有何启示？

推荐阅读书目

1. 泰勒．人们为什么遵守法律．北京：中国法制出版社，2015.
2. 阿蒂亚．法律与现代社会．香港：牛津大学出版社，1998.
3. 川岛武宜．现代化与法．北京：中国政法大学出版社，1994.
4. 张晋藩．中国法律的传统与近代转型．北京：法律出版社，1997.
5. 梁治平．法治在中国：制度、话语与实践．北京：中国政法大学出版社，2002.
6. 夏勇．走向权利的时代：中国公民权利发展研究．修订版．北京：中国政法大学出版社，1999.

第十五章

社会转型与纠纷解决

20 世纪 60 年代以来，纠纷及其解决机制日益成为各国法学界，特别是法社会学、法人类学、诉讼法学等学科的重要研究领域，其中法人类学侧重于不同文化和社会里的非正式纠纷解决机制，诉讼法学侧重于诉讼解决的法律机制，而法社会学则更多侧重于法律和非正式纠纷解决机制在社会情境中的关系和互动，从具体纠纷和解决过程中透视法律与社会的复杂关联。

法社会学的这一关注点对于理解改革开放后的中国社会与法律至关重要。伴随着剧烈的社会结构转型，中国社会的流动性在 20 世纪 70 年代之后呈现加速度，利益格局出现巨大调整，社会矛盾不断激化，纠纷大量涌现，种类也日趋复杂。在此背景下，国家大力推进法制现代化建设，力图通过国家司法系统来有效解决纠纷，恢复和谐的社会秩序。经历了四十余年的发展，国家已经建立了相对完备的法律体系和运作机制，人们的法制观念也得到了极大提高，然而在实践中，普通民众和学者们却越来越感到法律的无力，纠纷和冲突仍大量出现，总体呈不断攀升之势，部分大中城市出现“诉讼爆炸”，法院等纠纷解决机构的负担越来越重，面临着前所未有的挑战。

总体来说，当前中国民间纠纷的内容与形式都发生了很大的变化，且变化的态势复杂而充满动力，呈现出与社会转型更深层次的关联：第一，从内容来看，新型案件不断出现，起因和内容日益复杂化。城市拆迁安置、农村征地、“三农”问题、企业改制、工程建设、劳资纠纷、医疗纠纷、环境污染问题、贪污腐败等成为社会冲突的多发领域。虽然纠纷产生的具体原因是多方面的，但其根源都与社会转型时期的深层矛盾相关。第二，从冲突程度来看，某些纠纷往往容易激化，引起刑事案件或群体性事件。信息的迅速传播与互联网的瞬时性和匿名性，容易将许多个人性、地方性和隐性的冲突公之于众，引起人们的猜测、评论，激起人们的不满情绪，从而将诉讼带到法庭之外，成为公众性事件。第三，从当事人来看，困难群体极易卷入纠纷，其权益会一定程度上受到侵犯，其权益表达和救济则常会遭遇到一定程度的障碍，导致纠纷主体诉诸非常规纠纷解决途径，权利救济往往带有保障生存权的性质，远远超出法律系统所预设的权利/义务情境。

面对（国家）法律和社会（纠纷）之间的困境，运用法社会学视角，准确理解当前中国社会出现的大量纠纷，变得至关重要。唯有如此，才能建立针对中国当下需求的纠纷解决和疏导体系，使日常纠纷不致激化成社会性矛盾。总体来说，我们认为，转型期中国的纠纷解决呈现出三个主要特点：多元性、过程性以及建构性。

第一节　多元化纠纷解决机制

一、多元性

多元性是法社会学视野中的纠纷及其解决的重要特征。在法社会学的研究视野中，纠纷是指特定的主体基于利益冲突而产生的一种双边或多边的对抗行为。它也被社会学家称为冲突、争议、争执，其本质可归纳为利益冲突，即有限的利益在社会主体间分配时，因出现不公平或不合理而产生的一种对立不和谐的状态，包括紧张、敌意、竞争、暴力冲突以及目标和价值上的分歧等表现形式。① 因此，法社会学对纠纷的理解比法律范畴内的纠纷要宽泛得多。法律纠纷，通常指属于法律调整范围的纠纷，既包括由于法律所确认的权利受到侵害或无法实现时提出的救济诉求，也包括需要并可能通过司法裁决做出判断的各种利益纷争。“可诉性”或“可司法性”概念通常是区分法律纠纷与其他纠纷的标准。也就是说，法社会学对纠纷的研究并不仅仅局限于人们在行动层面上表现出来的不和谐以及相冲突的纠纷，而是将纠纷概念的外延拓展到日常生活中人们在主观层面上的情绪和态度，也就是人们在生活中遇到或感受到的所有不公正，即所有的冤情（grievance）、争执或纠纷（dispute）。②

纠纷解决（dispute resolution），是指在纠纷发生后，特定的解决主体依据一定的规则和手段，消除冲突状态，对损害进行救济、恢复秩序的活动。社会的复杂性决定了社会矛盾和纠纷的多元性，社会矛盾纠纷的多元性则必然要求解决社会矛盾纠纷的方式也具有多元性。基于当事人自己、社会及国家这三种渠道，纠纷解决方式大致被分为自力救济、社会救济和公力救济三种类型。自力救济指的是双方当事人依靠自身力量通过自决或和解的方式寻求纠纷解决，没有第三方的参与。社会救济与公力救济都有中立第三方参与纠纷解决，其区别在于社会救济中的第三方不具有公权力，而在公力救济中的第三方以国家强制力为依托。③

在实际调查中，学者们则进一步将这三种类型细化为具体的纠纷解决方式。例如，美国社会学家布莱克把纠纷解决或冲突管理机制分为私力救济、回避、交涉和

---

① 罗伯逊．社会学：上册．北京：商务印书馆，1994：25.

② FELSTINER W，ABEL R L，SARAT A. The emergence and transformation of disputes：naming，blaming，claiming… . Law & Society Review，1981（15）.

③ 左卫民．变革时代的纠纷解决及其研究进路．四川大学学报（哲学社会科学版），2007（2）：110-116.

通过第三方解决或忍让，依据有无第三方在场和第三方的性质，则可以将以上纠纷解决方式归为以下三类：仅有纠纷当事双方参与的谈判；通过中立的调解人的帮助；将纠纷交给一个仲裁方去做裁决。他特别强调，调解人或中间人的参与使得纠纷成为三方参与的过程。调解人的作用并非是要强加一个结果给纠纷当事人，而是作为一个传递信息的桥梁或通道来帮助纠纷当事人自己找到解决的办法。[①] 不仅纠纷解决方式多种多样，纠纷当事人对具体解决机制的选择也具有多元性。相关研究中，最为经典的是费尔斯丁勒和萨拉特提出的纠纷金字塔理论。他们根据在美国进行的调查发现，大多数纠纷在金字塔的较低层次（协商、调解等）就得以解决，只有少数纠纷会上升到司法程序。上升到司法程序的纠纷越多，说明低层次的纠纷解决渠道较少为人们所选择，如果让更多的人选择基层的纠纷解决方式，那么就会大大降低正式法律意义上的纠纷。[②]

二、法治秩序下的多元化纠纷解决

对于转型期中国社会而言，司法系统远远无法应对呈现爆炸状态的社会纠纷。法学界已经日益认识到，尽管法律规范在社会规则体系中具有至上性，但并不意味着社会需要以法律规则统辖一切，也不意味着法律是唯一评判是非对错的标准。鉴于此，他们开始建构法治秩序下的多元化纠纷解决系统，以此来满足纠纷解决的实际需要。[③]

具体来说，解决纠纷的方式主要有两种：一是诉讼方式，由法院进行审理和裁判，司法解决是最后的解决方式，具有极大的权威；二是诉讼外方式，即非诉讼纠纷解决，也称为替代性纠纷解决机制（alternative dispute resolution，ADR），学界的讨论热点在于非诉讼纠纷解决机制及其与司法诉讼制度的衔接。

替代性纠纷解决机制的概念最初源于美国，原来是指 20 世纪逐步发展起来的各种诉讼外纠纷解决方式，现已引申为对世界各国普遍存在的、诉讼制度以外的非诉讼纠纷解决程序或机制的总称。狭义的替代性纠纷解决机制不包括仲裁和行政机关的准司法纠纷解决，并区别于一般组织或行政机构的管理型、职能型活动，以及行政机关附带性的纠纷解决工作，也不同于单方面的问题解决，如信访、申诉等。一般认为，替代性纠纷解决机制要求有第三方的参加，以此区别于纯粹的“私了”。替代性纠纷解决机制的形式多样，其特征大致包括：（1）代替性，对审判的代替。（2）选择性，依当事人自主合意和选择而启动。（3）通过促成当事人的妥协与和解来解决纠纷。[④]

---

① 布莱克．社会学视野中的司法．北京：法律出版社，2002.

② FELSTINER W，ABEL R L，SARAT A. The emergence and transformation of disputes：naming，blaming，claiming... . Law & Society Review，1981（15）.

③ 范愉．非诉讼纠纷解决机制（ADR）与法治的可持续发展：纠纷解决与 ADR 研究的方法与理念．法制现代化，2004（9）：18－57.

④ 范愉．纠纷解决的理论与实践．北京：清华大学出版社，2007.

对替代性纠纷解决机制的关注与法律多元主义思潮兴起有着密切的关联。最初，法律多元主义的出现是作为对国家法中心主义的回应，即反对法学界提出的只有国家法才是法律的论断。事实上，如多元主义者所声明的一样，在处理纠纷问题上国家法并非是唯一的，甚至在维护社会秩序上也并非如所宣称的那样有用。为了反对法律的中心主义，马林诺夫斯基提出，在无国家社会中，社会规范扮演了和法律规范同样重要的角色，这些没有成文的规范就像国家法律一样。[①] 长期以来法律人类学家始终将纠纷研究的重点放在原始部落社会，其研究的成果极少受到其他学科的重视。随着世界范围内意识形态多元主义的盛行，坚持文化多元主义的人类学也开始加入到这种趋势中。在此基础上，美国当代著名人类学者吉尔茨提出法律是一种“地方性知识”，这逐渐被各专业领域学者广泛认同和不断引用。在 20 世纪 80 年代后，法律人类学家对纠纷的研究重心转向西方发达社会内部，开始关注与正式的法律文化并存的、民间的、大众的法律文化。

受到经济、法律力量以及学科发展等多种因素的影响，西方国家特别是美国掀起了一股研究替代性纠纷解决机制、寻求庭外公正的热潮。对于那些致力于进行司法改革的法学家和社会科学家来说，人类学家关于纠纷研究的民族志资料中大量非诉讼的纠纷解决案例以及形式多样的纠纷解决方式和社会控制手段，为他们的庭外非正式纠纷解决研究提供了丰富而翔实的素材。[②] 如劳拉·纳德（Laura Nader）所说，“法律是社会控制的一种形式，但并非是最为必要的形式”[③]。

对于发展中国家特别是努力通过法律移植实现法制现代化的国家而言，替代性纠纷解决机制其重要意义并非为了应对所谓“诉讼爆炸”，而是一种法治和社会可持续发展的需要。现代法治的建立和发展是一个循序渐进的过程，不可能一蹴而就，而诉讼程序及法律适用如何与传统社会和社会主体的习惯及观念相协调，同样是一个需要逐步适应的问题。

三、民间规范与纠纷解决

（一）民间社会规范的界定

习惯及其他社会民间社会规范作为事实的法秩序的一部分，属于法社会学研究中的“非正式的法”“活法”（living law）或“行动中的法”（law in action）的范畴，这些在民间社会中自然形成并长期得到遵从的原则和规则，经常被作为一种社会控制机制，应用于纠纷解决和确认事实上的权利义务。法律人类学的法律多元的

---

① 马林诺夫斯基．原始社会的犯罪与风俗．北京：法律出版社，2007：3－7.

② 非正式法庭以外的纠纷解决是法人类学重要的研究领域，吸引了众多的法人类学家的关注，在此我们仅仅罗列以下较为突出的学者：P. J. Bohannan，Simon Robert，June Starr，Laura Nader，Sally Falk Moore，P. H. Gilliver，Barbara Yngvesson，Arnold L. Epstein，Max Gluckman，Leopold Pospisil。

③ NADER L. No access to law：alternatives to the American judicial system. New York：Academic Press，1980.

研究框架，把民间法作为与国家法并存的法的重要组成部分。[①] 在目前国内的研究中，这些民间社会规范也往往被统称为习惯法或民间法。如果从国家的角度界定法律，那么法律之外的社会规范可以统称为民间社会规范或社会规范。[②]

西方法社会学对于社会规范与非正式制度的关注和研究已经形成了一种传统或流派，在欧洲大陆，从历史法学派，马克思、埃利希、涂尔干到卢曼等人为代表的法社会学传统，不仅对其法律制度及社会制度的解释和建构起到了深远的影响，并且也形成了一种实证主义学风，这些学者都强调法与习惯及其他社会规范的内在联系，埃利希更是创立了有关“活法”的理念。美国法学界则从庞德，经法律现实主义发展为法与社会研究学派。20 世纪 60 年代后，受到实证主义思潮的影响，布莱克用科学的方法预测和解释了法律在整个社会领域中的变化。此后，埃克里森的《无需法律的秩序：邻人如何解决纠纷》和波斯纳的《法律与社会规范》延续了这一传统，进一步阐发了民间社会规范的意义，并使法律与其他社会规范及非正式制度关系的研究更加系统化。[③]

法律与习惯等各种民间社会规范都属于社会规范的范畴，前者依托于国家权力，后者则植根于民间社会生活。在社会治理中，法律及各种民间社会规范往往会并行不悖地存在，成为社会主体纠纷解决的依据或规则。法治并不意味着否定社会自治，也不意味着国家可以通过法律控制社会生活的每个角落，并通过司法权和法律职业垄断或包揽全部纠纷解决活动。

（二）民间社会规范的形态

尽管民间社会规范通常保持着相对保守和稳定的特点，但是其形态和内容却并非一成不变，特别是在社会转型过程中，习惯和社会规范都呈现出了不同程度的发展和演变。在此，所列举的几种民间社会规范并不是基于历史的视角，而是完全着眼于今天的社会现实。其基本形式大致可归纳如下。

1. 传统风俗习惯

习惯，是特定共同体或地区长期逐渐形成的行为方式和社会规范。一些历史上形成的习惯源远流长，作为特定社会主体的生活方式，对他们影响至深。这些规则尽管多数并没有见诸文字，但通常能够为民众遵行，其中有些带有普遍性或共通性，有些则带有鲜明的地方性或差异性，并能兼顾对个别例外情况的调整。例如，子（女）从父姓，从夫居，婚丧嫁娶和殡葬习俗，养老育幼的习惯等。这些

---

① 参见千叶正士．法律多元：从日本法律文化迈向一般理论．北京：中国政法大学出版社，1997。但应注意的是，尽管目前不少学者在论文中直接以民间法来指代民间社会规范，但是范愉认为，“民间法”概念并非一个严谨的学术概念，主张慎用。参见范愉．试论民间社会规范与国家法的统一适用//民间法：1 卷．济南：山东人民出版社，2002。

② 在美国的法与社会研究中，社会规范或非正式规则的概念，是指法律以外的社会规范，与本书中所提到的民间社会规范内涵与外延大致相同。由于在广义的社会规范概念中，法律也是社会规范的一种，因此为了与法律区别开来，特意将法律以外的社会规范称为民间社会规范。

③ 波斯纳．法律与社会规范．北京：中国政法大学出版社，2004.

习惯尽管多数并没有被我国现行法律所确认和吸收，甚至也未必被“先进文化”所认同，但长久以来一直被代代传承和恪守，尤其是在保留地域共同体特征的基层农村。

2. 民族习惯

民族习惯，主要是指少数民族长久形成并遵从的特殊风俗习惯。我国被称为“中华多元一体”格局[①]，共有56个民族，其支派则数不胜数。每一个民族，甚至其中一个分支又都有其特定的生活方式，这些习惯涉及婚姻家庭、财产、继承、收养、交易、环保、社区公共事务以及纠纷解决等方面，其中一些与宗教、祭祀等有着密切关联。在我们民族区域自治制度下，尊重少数民族习惯本身是宪法原则，一些地方性法规和政策都有相应的规定，特别是涉及婚俗、继承和日常生活方式方面的民族习惯一般会受到尊重和保护，一些与文化传统息息相关的民族习惯也作为历史文化遗产得到保护和发扬。

3. 公序良俗、公共道德

民事活动和市场行为中，社会主体都会遵从大量传统和新生的社会规范，那些符合社会公共利益和道德的基本原则和规则就被视为公序良俗。例如，亲属和邻里之间以及交易伙伴之间的诚信、互助、协商、礼让等，以及长久约定俗成的惯例。当双方存在密切关系和高度信赖时，借贷行为可能无须出具借条或采用特殊的方式记录，这种不规范的债权或交易的效力会得到普遍承认，“欠债还钱”被作为天经地义的道德准则。尽管在当代法治社会，尊重公序良俗和公共道德已经被确认为民法的基本原则，并可以被采纳为裁判依据，但是这并不意味着它们在具体的民事纠纷和权益诉求中可以当然地成为法的渊源或基准。究竟何为公序良俗，哪些习俗能被承认为“经验法则”，则需要法官具体裁量判断，而公共道德与法律规则及原则之间的平衡则更是司法的难题，更多体现在个案平衡中。

4. 自治性规范

自治性规范主要指自治共同体制定的公约，或长期形成并得到共同体确认的惯例，包括乡规民约以及行业惯例、规则和标准等。这些规范主要调整共同体成员（个人及其相互间）与共同体之间的关系，在共同体内部具有实际的规范作用。自治性规范与法律的关系实质上反映着基层社会自治与国家集权之间的关系。在社会治理和纠纷解决实践中，其作用取决于国家对社会自治的态度，也取决于公众对自治和社会共同体的认同程度。

5. 其他社会规范

其他社会规范，包括情理、私力救济机构的管理和行规、带有原始宗教性质的迷信、赌咒发誓和类似规则与习俗，以及在社会发展和实践中不断形成的新的规范。例如，随着新型的通信工具和技术手段出现的网络、电子交易行为中形成的惯

---

① 费孝通．中华民族多元一体格局．修订本．北京：中央民族大学出版社，1999．

例和规则等。

（三）民间社会规范与纠纷解决

尽管社会变迁在迅速改变着人们的生活方式和解决方式，但各种形态的习惯和民间社会规范仍然在继续存留、生成和发展，并在解决纠纷过程中发挥着依据作用。法治社会的治理机制和规则体系应该是多元化的，社会在建立法治权威的同时，应当对民间社会规范及其调整机制给予充分的重视和宽容。

事实上，基础社会的许多纠纷不仅难以简单地以法律规则做出胜负分明的裁判，有些纠纷甚至是由于法律的制定而产生的。在当代法治社会的纠纷解决中，司法诉讼的功能、价值和地位是不言而喻的，但是对一般民间纠纷，特别是乡土社会的民间纠纷而言，各种民间社会规范和行政性纠纷解决机制则具有更大的实用性，当事人对于规则、方式和结构具有更多的选择性、自主性、参与性和认同感，同时可以减少司法救济和地下私力救济的风险，且具有低成本、高效益的优势。

民间社会规范在纠纷解决中的应用，依据纠纷的类型、纠纷发生地、解纷机构等因素而有所侧重，具体如下。

（1）不同的解纷机构与规则（规范）的关系。在司法、行政和民间解纷机构中，法律与民间社会规范的地位和作用存在本质的不同。在法院等国家司法权威机构中，主要是依据国家法，而在民间调解机构中，多遵从习惯和风俗。

（2）纠纷解决方式与规则之间的关系。在不同的纠纷解决程序和手段中，法律与习惯等社会规范的应用会有完全不同的形态。裁决方式倾向于依据确定性的法律规则和惯例，而调解等协商性方式则具有选择规则的灵活性。

（3）地区因素与民间规则的应用。城市生活的流动性和人与人之间的理性关系原则，使得都市人更易于接受现代法治的观念。而在中国农村和少数民族地区，传统的风俗习惯依旧深深地影响着人们的日常生活，法律的正当性很难得到人们的认同，人们也更乐意依照民间社会规范来解决纠纷。

第二节　纠纷解决的过程分析

一、过程性

针对纠纷解决的过程性，美国人类学家劳拉·纳德等概括了一个经典的分析框架，即把纠纷过程分为三个阶段：一是“不满”或前冲突阶段（the grievance or pre-conflict），这是一种单向的过程，指当事人意识到或觉得自己受到不公平待遇或者权益受到侵害，从而心怀不满，并可能采取某些单向的行动（诸如忍受、回避和提出问题）的过程。二是冲突阶段（conflict stage），这是一个双向的过程，指受害方选择对抗，并向侵害方表达不满的冲突阶段。冲突也可以通过侵害方施行强力或与受害方谈判解决而升级或减缓。三是“纠纷”处理阶段（the dispute stage），这是一个三方参与的过程，冲突由于被公开化而升级导致纠纷，其意义在于纠纷对周围的人和社会产生了一定的影响。上述纠纷的展开过程并不一定具有顺序性，受害方可以不与侵害方对抗而直接选择纠纷。①

注重纠纷及其解决的过程而非结果，意味着将纠纷处置和纠纷程序看作核心主题。在此研究路径下，纠纷的结果并非一个固定不变的或能够直接预见到的东西。纠纷的生成与解决是一个动态的过程，如果将研究视野局限于纠纷的解决，则既难以深刻地揭示纠纷解决方式的运作特点，也无法客观评价其效果。纠纷解决涉及各种国家权力、非国家权力、当事人及其他相关人员的关系互动，是一种实践形态，而不仅仅是一个结构概念。过程分析要求在法律的实践中、在具体的实践中、在关系或者关系的关系中对纠纷解决进行细致的、解剖麻雀式的分析，“把这些个人的行动与他们的动机、周围环境中的各种状况等因素结合起来加以考虑，并在此基础上弄清制度在实际上的运行过程”②。对纠纷过程的关注让我们将注意力投向了鲜活、复杂而变动不居的经验事实，通过对纠纷过程的展示，观察各种纠纷当事人、旁观者以及第三方在纠纷过程中的行动和策略，了解各种纠纷解决方式的存在形式及运作机理。

个案方法是对纠纷过程进行研究的有效方法。在《晒延人的方式》一书中，卢埃林和霍贝尔断言疑难个案将成为研究法律问题时的基本单位，是“发现法律的最安全的光明大道，是最有启示性的”③。要想深入了解一个社会中的法律，就必须通过“研究一些是非瓜葛、争执冤屈和麻烦事，查究因何发生争议和如何解决……以及问题发生的内在动机和处理后的结果”④。因为“社会生活中总有一部分展示文化冲突，体现多种不同的利益要求，表达各种权力范式、宗教、政治、人格、正义观的交织与互动，疑难案例就是这一部分社会生活的集中展示。不但新法律的制定、旧法律的执行，而且文化的其他重要方面的维续和繁荣都会在冲突中显现”⑤。他们主张，麻烦事件是一扇最好的窗户，透过它，研究者可以观察被共同接受的规范、惩罚、补救机制以及社会的冤屈及其解决。当规范被违反且人们采取行为补救时，法律才真正显现。无论细节如何，由谁或哪个群体承担纠正补救行动，在何裁判地以何种仪式、方法消除麻烦，这些都是“法律材料”。⑥

---

① NADER L，TODD H F，Jr. The disputing process：law in ten societies. New York：Columbia University Press，1978：Introduction.

② 棚濑孝雄．纠纷的解决与审判制度．北京：中国政法大学出版社，1994：35.

③ LLEWELLYN K，HOEBEL E A. The Cheyenne way：conflict and case law in primitive jurisprudence. Norman：University of Oklahoma Press，1941：29.

④ CONLEY J M，O 'BARR W M. A classic in spite of itself：the Cheyenne way and the case method in legal anthropology. Law & Society Review，2004 (29)：179.

⑤ 霍贝尔．原始人的法：法律的动态比较研究．北京：法律出版社，2006：34.

⑥ 同③21.

二、宗族村落的纠纷解决与法律的差序利用[①]

（一）纠纷解决与地方性知识

人类学家吉尔茨以“地方性知识”这一概念，从文化的视角呈现了不同区域的民众其意义世界的分歧和冲突，而在中国法治建设进程中，一个突出的问题就是如何处理好法律的现代性与地方性之间的关系。从现代性的一面来看，值得注意的是法律体系中从西方移植而来的部分如何才能适应中国的传统文化与社会现实；而从地方性的一面来看，重点则是中国的本土文化和社会现实会如何影响法律对于纠纷解决的作用和意义。[②]

中国的传统法律规定因血缘亲疏及社会身份的分殊而有所差别，瞿同祖就此将中国古代法律的主要特征归结到家族主义和阶级概念之上。而作为古代法律所着重维护的制度和社会秩序，上述二者正是儒家意识形态的核心和中国社会的基础。[③] 费孝通于此也有精辟的总结，他指出，不同于西洋社会的团体格局，中国乡土社会呈现的是“差序格局”。在这种格局中，作为乡土社会之基本社群的家并没有一个清晰的界限，伸缩性极强。个人以“‘己’为中心……和别人所联系成的社会关系……像水的波纹一般，一圈圈推出去，愈推愈远，也愈推愈薄”。此处所体现的是对人伦的考究，伦重在分别，是有差等的次序。这样，社会实为“一根根私人联系所构成的网络”，网络的每一个结点都附着相应的道德要素，所有的价值标准都不能超脱于差序的人伦而存在。[④] 中国农村虽历经数次重大变革的洗礼，但总体而言，至今仍未完全摆脱上述乡土社会的特征。[⑤]

与此相对的是，近三四十年间国家法律一直在向乡间渗透，政府通过诸如重建国家意识形态、开展普法运动和向基层扩张司法机构等方式，使得国家法律日益为民众所知晓和认可。法律之起作用，并不必然在诉讼之中，它还可以经由话语运用，在正式司法途径之外发挥其能量；因此即便在民间纠纷调解之中，法律作为纠纷解决方式与地方文化之间还是会有遭遇的机会。

（二）法律的差序利用

调查地潘村是一个距江西上饶临湖县城约 28 千米的自然村，共有 300 多户人家，约 1 400 人。与省内许多农村一样，潘村是一个宗族村落，全村皆为潘姓

---

① 这部分所涉及的个案研究改编自陈伟杰，郭星华．法律的差序利用：以一个宗族村落的纠纷调解为例．中国农业大学学报（社会科学版），2009（2）：35－42。

② 郭星华，黄家亮．社会学视野下法律的现代性与地方性．中国人民大学学报，2007（5）：117－123.

③ 瞿同祖．中国法律与中国社会．北京：中华书局，2006：24－36.

④ 费孝通．乡土中国 生育制度．北京：北京大学出版社，2000：24－36.

⑤ 对于当代中国农村仍具有乡土社会特征的讨论，可参见梁治平．乡土社会中的法律与秩序//王铭铭、王斯福．乡土社会的秩序、公正与权威．北京：中国政法大学出版社，1997。

人家，属典型的单一宗族聚居村。潘氏先祖于初唐迁至此地，繁衍至今。中华人民共和国成立后宗族活动一度销声匿迹，直至 1988 年，族谱得到重修，组织活动趋于活跃。

潘村宗族具有五级结构，由上至下为族、分、房、头、户。具体说来，村中有一族三分八房二十六头三百多户。五个层级中，“族”不设族长，“分”“房”和“头”则各有其领袖，但仅“房”的领袖拥有“房长”这样的明确称谓。在上述五级结构中，“房”和“分”最为重要，而其中更须格外引起重视的则是“房”这一级。

“房长”这一称呼频繁地出现在潘村人的言谈当中，其在家族议事中的职能亦为人所肯定；各分尽管亦有其头人，不过面对多次询问，潘村人通常只是说，某某人是负责某个分的，至于其具体的称谓、职责，则始终语焉不详；各头的负责人则是协同本房房长处理族务的。潘村的事务，各房各分自行商讨，其中几位在村委会中担任干部的族人并不行使权力——他们只管行政事务，只有房长才是真正的组织者。除了参与族中公事之外，房长还有相当重要的一项职能，就是处理纠纷。当纠纷只涉及一房之内时，本房房长会从中协调，促成纠纷当事人解决问题；当纠纷牵涉不同的房时，双方房长会携手“穿针引线”。

涉及的调查案例分别属于房内、房际（族内）和族间的个人纠纷。在这三个案例中，纠纷当事人对法律的利用呈现出不同的面貌。

案例一：房内纠纷——人身伤害

下分老四房潘庆材有一个本房侄孙，与庆材老伴的外甥女谈恋爱。2007 年端午节前，潘庆材的老伴代男方上门送 10 元钱。女方嫌钱少。后来，双方恋爱关系告吹。按潘庆材老伴的说法，女方并没退回那 10 元钱，而潘庆材侄孙家认为钱已退回，却被庆材老伴私吞，并且认为庆材老伴在女方家说了一些坏话。一天，庆材侄孙之母碰上庆材老伴，双方为此事发生争执，其间庆材老伴可能有伤人之语，话锋直指对方刚刚去世的丈夫。庆材侄孙之母情绪失控，打伤了庆材老伴的头部。庆材老伴被送到医院，缝了 36 针。受害者家属并没有报警。由于是房内纠纷，前房长、现下分领头人潘庆槐和现任房长潘庆纺出面在两家之间进行调解，施害人的家属给了受害方一定的金钱补偿。因伤者在医院治疗时检查出患有脑瘤，围绕未付的那部分中是否掺和了与治疗脑瘤有关的费用，当事双方争执不下。此事至本次调查结束时尚未完结，但调解人潘庆纺表示，这件事情最终仍会在家中解决。

案例二：房际纠纷——婚外情

上分细房一男子（下简称男方及男方当事人）与下分老四房一个人家的媳妇（下简称女方及女方当事人）发生婚外情，被发现后女方家庭出于维护自家名声的考虑，诬告男方当事人强奸，男方当事人为此被拘留。男方家人偕己方房长主动找到对方房长要求内部解决。于是，双方房长同当事双方家庭频频沟通协商，却一时未能议妥处理方案。恰好在此过程中，男方当事人的母亲和妻子辱骂女方当事人，纠纷调解人之一、下分老四房房长潘庆纺借此提出以处理男方当事人母亲和妻子的办法来平息纠纷。由于男方当事人受羁押，而且男方家庭只有三名男丁，对方则有九名男丁，力量上明显处于弱势，加之自觉理亏，这一在外人看来是蒙受屈辱的方案被男方家长接受并执行：男方象征性地赔偿 1 200 元（根据女方丈夫往返路费和误工费计算得出），同时，向对方赔礼道歉，具体的形式是男方母亲放鞭炮，男方当事人的妻子向女方当事人及其丈夫下跪。女方最后撤回强奸指控，男方当事人在拘留五天后终于回到家中。

案例三：族际纠纷——逃婚

李村（与潘村相邻，属同一个行政村）一女子在外打工，与一异乡男子交往并怀有身孕。父母不允，将其骗回家，逼其堕胎并嫁与潘村一男子，收彩礼 40 000 元。该女婚后三天借故逃离，远走他乡。潘家多方打听知悉此事缘由后，将问题反映至乡政府及派出所。因双方只依当地习俗办了喜事而未办理婚姻登记手续，此纠纷不被受理。控诉无门，而女方又拒绝退还彩礼，新郎情急之下身绑炸药包上门滋事。情势严峻，使得李村人对女方施压，要求平息事端。后潘村宗族领袖出面，会同李村中有威望者，召集当事双方家人协商，最后男方获赔 22 000 元。

通过对案例所涉纠纷解决过程的考察，我们发现，潘村人在民间纠纷处理过程中，并非一成不变地遵循某种传统，而是将法律作为谈判工具加以灵活运用。当然，他们通常不会实质性地突破他们所能承受的限度，而是在传统所留下的各种缝隙中寻找合适的方式，这样既可帮助他们达成自己的目的，又不至于因背离传统而陷入紧张状态。正因为他们共同持有关于“家”的信念，他们所利用的工具——法律，在进入这个村落时，就可能会经历一番被形塑的过程，从而在不同的血缘距离中呈现出不同的面目。换言之，在潘村纠纷的民间调解过程中，存在着对法律的差序利用。

在潘村中，“家”一如传统社会中所表现的那样，是一个具有伸缩性的概念，人们通常认为同族是一家，但是族、分、房、头和户五级结构自上而下意味着血缘关系的不断接近，因此，层级越往下沉，“家”的概念越强。“房”是一个重要的分界点——人们往往以“是哪个房的”来指称一个人的归属，显示出“房”的关系界定作用。这样，法律话语进入时经历这种差序格局重塑的可能性就大大增加了：在房内、族内和族外这样不同的范围中，法律运用呈现出不同的强度——越接近波心的地方，越有可能施加较小的强度；反之，越远离波心的地方，越有可能施加较高的强度。

在中国宗族社会中所观察的案例所涉及的，是在正式的司法运作之外，由血缘关系亲疏引起的法律运用强度的差异。引起这种差异的关键，在于国家法律主要是用来调节与外人间关系的工具。中国人向来秉持家和为贵和家丑不可外扬的观念，如果内部纠纷采用法律手段来解决，带来的结果通常就是关系的破裂以及家丑的散布。正是在纠纷解决过程当中，地方传统因素对当事各方形成各种有形或无形的压力，从而影响当事人的选择。当事人如果一意孤行，则可能使自己脱出赖以生存的地方环境而陷于孤立。只有在那些远离乡土的人当中这样的束缚才有可能显得微不足道。因此，对当事人而言，尽量遵从地方传统习惯是一种合理的选择；而对调解人来说，其扮演的角色一方面可加强自身的权威，另一方面则反映了一种卫道士的信念。在当代中国乡村中，这种利用法律解决纠纷的差序格局因其适应了地方情境而具有一定的正当性。

三、纠纷解决过程中的“情理”与“法理”

（一）中国纠纷解决过程中重视“情理”的传统

在中国传统社会中，人们往往倾向于从具体情境和人际关系中来判断是非曲直，强调“合情合理”“入情入理”“通情达理”。中国人的行为是根据不同人、不同情况而做出的，可称其为情境性的行动模式。

《论语》中记载了这么一个故事：“叶公语孔子曰：‘吾党有直躬者，其父攘羊，而子证之。’孔子曰：‘吾党之直者异于是。父为子隐，子为父隐，直在其中矣。’”意思是正直的人见到别人偷东西，应该出面作证，亲人之间应该相互保护。

《孟子》中“窃负而逃”的故事，设定了一个更加复杂的情境：“桃应问曰：‘舜为天子，皋陶为士，瞽瞍杀人，则如之何？’孟子曰：‘执之而已矣。’‘然则舜不禁与？’曰：‘夫舜恶得而禁之？夫有所受之也。’‘然则舜如之何？’曰：‘舜视弃天下犹弃敝屣也。窃负而逃，遵海滨而处，终身欣然，乐而忘天下。’”这个故事设定了至少六种相互存在矛盾的关系组成的情境：舜作为天子应该遵守法律；舜作为天子应该支持士执行法律；皋陶为士，有人犯法时应该执行法律；瞽瞍杀人违犯了法律；瞽瞍是天子舜的父亲；舜应该保护瞽瞍。试问：在这样的情境下应怎么办？

这两个故事，都不是对单一关系命题应如何判断进行讨论，而是看重如何在特殊情境下对各个关系命题进行权衡。这种把某一特殊情境中各种情况综合权衡，以寻求解决方案的行为方式，依据的就是“情理”。这与先把事情类型化，再寻求一般性解决方案的行为方式完全不同。

正是因为中国人遵循“情理”的行为模式，中国传统的解决纠纷过程也主要是依据“情理”着力于恢复或调整双方的关系，而不是从一般规范来判断某一件事的是非曲直。史华慈在《论中国的法律观》一文中指出：（司法组织）不是根据法律判断人的行为是否适当，而是根据社会关系判断人的行为是否适当。[①] 情境是多个单一关系的重叠、嵌套，任何法律都不可能事先提供全部甚至大部分情境的解决方案，依“情理”反复调试就成为寻找纠纷解决方案的必然过程。滋贺秀三在探讨清代民事审判的性质时，将以“息事宁讼”为目的的民间调解界定为一种教谕。“在

① 史华慈．论中国的法律观//张静．身份认同研究：观念·态度·理据．上海：上海人民出版社，2006：200.

那里，地方官以地方官的威信和行使一定强制力的权限为背景，主要依靠建立在情理基础上的判断——如果有相关的法律条文则不妨参考之——来劝导说服当事人以平息纠纷。”① 农业社会聚族而居的血缘关系和世代相邻的地缘关系，也使“宗族、行会以及由年长绅士掌握非正式管理权的乡村共同体等等——这些和其他法律之外的团体通过对其成员们反复灌输道德信条、调解纠纷，或在必要时施行强制性惩罚，来化解中国社会中不可避免的各种矛盾”②。

总之，中国传统纠纷解决是基于“情理”对情境困境中的各种因素进行权衡，恢复双方原有社会关系为中心的恢复性法律。

（二）“法理”与“情理”的冲突与融合

现代性法律的“法理”是以个人权利保护和高度的形式化、逻辑化为内容的。正如韦伯所指出的，西方现代法律和其他法律之不同之处，主要是因为它的“形式理性”。他认为，西方现代大陆形式主义法律传统的出发点是有关权利和权利保护的普遍原则。它要求所有的法庭判决都必须通过“法律的逻辑”，从权利原则推导出来。“每个具体的司法判决”都应当是“一个抽象的法律前提向一个具体的‘事实情形’的适用”；而且，“借助于法律的逻辑体系，任何具体案件的判决都必定可以从抽象的法律前提推导出来”。③

比较“情理”与“法理”两种规范，我们可以看到依据“情理”解决纠纷是为处在特殊情境中的纠纷双方的关系冲突提供解决方案。而现代法律则是通过把相互牵连、相互重叠的多种关系构成的情境割裂隔离开，通过“一个抽象的法律前提向一个具体的‘事实情形’的适用”来形成“具体的司法判决”。由于“法理”与“情理”之间的分歧，常常出现“合情不合法”“合法不合情”的冲突，使得“法理”往往不能为解决“情理”问题提供足够的支持，从而使“情理”语言不断地出现在司法过程中。

“情理”与“法理”之间的冲突，是中国民间纠纷解决所面对的难题，而后者也构成了“情理”与“法理”互动的基本场域。一方面，“情理”是中国人的行为模式和纠纷解决的主要依据，而强调逻辑和规范的一般性的“法理”不能满足人们的需要，使人们产生对法律的失望，这将伤害人们对整个法律制度的信任和认同。而另一方面，强调情境的特殊性又阻碍普遍性社会规范的建立和施行。

以解决纠纷为出发点，消解“情理”与“法理”之冲突，可以采取以下策略。

其一，在立法和司法组织建设中，注重吸收“情理”的传统。正如朱苏力所说的，“中国的法治之路必须注重利用中国本土的资源，注重中国法律文化的传统和

① 滋贺秀三．中国法文化的考察：以诉讼的形态为素材//滋贺秀三，等．明清时期的民事审判与民间契约．北京：法律出版社，1998：85.

② 同①107.

③ 韦伯．经济与社会：下卷．北京：商务印书馆，2004：199－216.

实际”[①]，立法者和法律学者应当研究如何把“情理”原则更多地纳入法律的规范之中，使“情理”在法律中有更明确的地位，而不是在实践中借“法理”之名，行“情理”之实。

其二，法治建设进程应当是与本土法律文化和社会现实发展相协调的过程，不可操之过急。萨维尼曾指出，法律植根于一个民族的历史当中，它“就像语言一样，不是任意的、故意的意志的产物，而是缓慢的、有机的发展结果”[②]。因此，立法者应该做民族精神的真正代表，而不能试图通过立法来改变社会规则的自然演进过程。

其三，重视法律的地方性，将风俗习惯的内容纳入法律体系之中。前面的分析中已指出，“情理”中包含对一般性社会规范的权衡，一般性社会规范既包括国家法律也包括民间风俗习惯，目前许多民间冲突正是起因于国家法律与民间风俗习惯的冲突。因此，立法必须在现存的社会风尚中寻求立足之地，立法如果要做到难以被破坏，就必须与社会风尚相一致。[③]

其四，注重法律之外的规范体系建设。由于对法治过度推崇，使法律原则向其他社会规范领域不适当地扩散。但法律的作用总是有限的，有些社会领域法律并不能有效地去调节，可以将其让位于家庭伦理、公共道德、职业道德、风俗、行业或社区规范等规范体系去调节，以达到“各安其位、各尽其能”的效果。

第三节 当代中国纠纷解决机制的转型

近代以来，尤其是改革开放以来，中国纠纷解决机制发生深刻转变，主要表现为：路径选择维度从“抑讼”转向“励讼”；边界划定维度从“全息”转向“片段”；关系区分维度从“差异化”转向“均等化”。纠纷解决机制的转型受到社会变迁、国家治理理念转变、东西方文化碰撞等要素的影响。

一、路径选择的转型：从抑讼到励讼

纠纷解决的第一步是对纠纷解决方式的选择，即路径选择（route selection）。已有对路径选择的研究多从民众的角度入手，立足民众的偏好与行动，或宏观地借助问卷调查加以定量描述，或微观地结合个案研究加以定性阐释，我们称之为需求视角。与需求视角相联系，是将路径选择转型视为社会变迁的结果，简言之，社会变迁产生了传统纠纷解决方式无法应对的新型矛盾和问题，促使诉讼扮演日益重要

---

① 苏力．法治及其本土资源．北京：中国政法大学出版社，1996：6.

② 科特威尔．法律社会学导论．北京：华夏出版社，1989：24.

③ TREVINO A J. The sociology of law：classical and contemporary perspectives. New York St. Martin Press，1996：30－33，50－54.

的角色。[①] 需求视角具有一定的解释力，然而当事人对纠纷解决方式的选择是在特定的价值体系和制度环境下形成的，受到不同纠纷解决方式的可接近程度以及相互关系设定的制约。需求视角未能对价值体系和制度环境的变迁给予足够的关注，也就无法充分理解路径选择的现代转型。下面我们从治理视角来理解路径选择的现代转型。国家在开展社会治理过程中，对不同的纠纷解决方式有两种偏好：其一是倚重调解，即限制民众通过诉讼途径解决纠纷，这种偏好我们称之为抑讼（anti-litigation）；其二是倚重诉讼，即鼓励民众将纠纷交由司法机关解决，这种偏好我们称之为励讼（bene-litigation）。

法制史学者论述中国传统诉讼文化或纠纷解决特质时，均引用孔子“无讼”的社会理想这一古代关于诉讼价值的核心表述作为论述的起点。孔子说：“听讼，吾犹人也，必也使无讼乎。”（《论语·颜渊》）孔子虽然像别人一样听理各种诉讼，但追求的却是人世间没有诉讼的境界。在儒家思想体系中，诉讼活动与“无讼”的儒家社会理想相背离，对伦理秩序、社会秩序形成挑战，因而对诉讼的价值取向是否定、贬斥的，需要对诉讼加以抑制。由这一否定、贬斥的价值取向出发，形成了“抑讼”的诉讼设置。社会舆论方面，一方面通过“教化”进行道德感化，劝民息讼，另一方面对为讼者加以道德贬斥，营造“为讼有害”的社会舆论，以增加诉讼的道德成本。诉讼制度方面，通过限制诉讼主体和诉讼时点来增加民众提起诉讼的难度，使得诉讼不能成为人人、时时均可接触的途径。汉至清末这一漫长历史时期内，虽然在不同时段抑讼力度有所区别，但整体上古代社会纠纷解决的路径选择呈现出“抑讼”特征。[②]

清末以来，在内忧外患的冲击下，封建社会的纠纷解决机制受到挑战。自五四运动宣传“打倒孔家店”以后，儒家思想就逐渐失去其主流地位，“无讼”不再是精英们的价值理想，诉讼也不再是具有否定价值的纠纷解决方式。在封建法统被废除的同时，封建传统诉讼文化中的种种制度性、半制度性限制得以废除。中国共产党在根据地建设时期，逐渐形成了革命的诉讼文化传统，积极开展诉讼制度改革，便利人民诉讼，民众通过诉讼解决纠纷具有正当性。1950 年，时任最高人民法院院长沈钧儒在人民政协全国委员会第二次会议上做《人民法院工作报告》时指出：“关于人民法院的审判方式和工作制度方面，废除了旧法院压迫人民，愚弄人民的司法制度，建立了依靠人民，联系人民和便利人民的司法制度……在诉讼程序上废除了旧法院繁琐迟滞的诉讼程序，实行了简捷易行的诉讼办法，各级法院设立了问事代书处，帮助人民解决困难，便利人民进行诉讼。”[③] 然而革命时期中国共产党在民事纠纷解决方面仍着重调解，1943 年《陕甘宁边区民刑事件调解条例》颁布实施，该条例规定：除了一切民事纠纷均应实行调解外，一些重大刑事案件以外的一

① 董磊明，陈柏峰，聂良波．结构混乱与迎法下乡：河南宋村法律实践的解读．中国社会科学，2008（5）：7－100．

② 郭星华．无讼、厌讼与抑讼：对中国传统诉讼文化的法社会学分析．学术月刊，2014（9）：88－95．

③ 沈钧儒．人民法院工作报告．人民日报，1950－06－21．

般刑事案件亦在调解之列。中国共产党注重调解的一个直接目的是试图通过调解控制诉讼规模。1944 年 6 月，边区议会通过《普遍建立调解制度，订立乡村公约，切实做到减少人民诉讼纠纷》的提案。1950 年《中央人民政府政务院关于加强人民司法工作的指示》中同样指出："应尽量采取群众调解的办法以减少人民讼争。"虽然中国共产党废除了"诉讼介绍制"，禁止"先调解后诉讼"，但在纠纷解决实践中仍然将调解前置于诉讼。以调解为主、审判为辅的司法原则贯穿于革命时期的民事纠纷解决之中。[①]

改革开放以来，尤其是党的十五大报告中提出"依法治国"以及 1999 年"实行依法治国，建设社会主义法治国家"载入宪法以来，积极树立"诉讼"在纠纷解决机制中至高无上的排他性地位，并将"诉讼"与"权利意识"相联系，认为参与诉讼是权利意识强的表现，进一步赋予诉讼正当性。在此过程中塑造了当代对于诉讼肯定、支持的价值取向，即"励讼"的价值取向。

在"励讼"的价值取向作用下，诉讼设置发生转变。社会舆论方面，普法运动不仅将法律武器交给民众，还努力使民众懂得并敢于运用法律武器维权。"王海现象"和一系列的"一元钱官司"在媒体上被赋予崇高的社会意义，法制栏目也结合日常生活中的纠纷来教育民众该如何打官司，破除民众的传统诉讼观念。诉讼制度方面，在"司法为民""诉讼便民"理念的引导下，中国的诉讼制度不断便民化、便利化，努力使诉讼成为人们可以接触和使用的实现权利救济的手段。而司法机关和法律从业人员在现实的司法实践中通过参与普法运动、提供诉讼服务、开展机构改革等方式将"励讼"的诉讼设置转化为社会现实。因此，我们认为当代中国纠纷解决的路径选择具有"励讼"特征。[②]

可见，中国纠纷解决的路径选择经历了从"抑讼"到"励讼"的变迁过程。对诉讼的价值取向从封建社会的否定、贬斥，到革命时期的消极、保守，再到当代的积极、肯定，发生了巨大反转。诉讼的制度设置，从封建社会对主体、时间的明确而严格的限制，到革命时期诉讼便民制度与调解前置实践并存，再到改革开放以来逐渐推进的诉讼便利化改革，同样发生了显著转变。

这种转型背后蕴含着社会治理模式的变迁。首先，从"简约治理"向"介入治理"的转变。黄宗智曾基于他对传统社会的研究提出"简约治理"这一概念："清代对民法的整体看法被概括在它的'细事'范畴中。……这种有了控诉才介入，并尽可能依赖民间调解和半正式程序的治理的基本进路，不仅运用于民法体系中，也广泛地运用于整个清代地方行政中。……清代利用准官员和纠纷解决机制进行地方治理的方法也许可以用'简约治理'和'简约主义'来概括。"[③] 这一

---

① 张健．民国时期国共两党民事调解的比较研究：国家权力下沉背景下的社会治理与社会动员．甘肃政法学院学报，2015（2）：103-111.

② 郭星华，郑日强．励讼：当代中国诉讼文化的变迁．广西民族大学学报（哲学社会科学版），2015（4）：2-9.

③ 黄宗智．过去和现在：中国民事法律实践的探索．北京：法律出版社，2009：62-63.

特征在革命时期得到延续，直至改革开放前，中国共产党都努力将民事纠纷交由基层组织自行调处，使司法工作更好地为中心工作服务。改革开放以后民事纠纷摆脱了“细事”这一标签，民事诉讼的重要性得到司法机关的重视。正如2000年时任最高人民法院副院长唐德华在第六次全国民事审判工作会议上讲话时所说：“法律规定应当由法院受理的民事案件，不能以复杂、疑难为由而不予受理；法律没有规定应否受理的，如果受理对经济发展和社会稳定有利，也要积极受理。”① 中国逐渐由“简约治理”转向“介入治理”，司法机关从传统时期努力与民事纠纷保持距离转变为当代积极介入到民事纠纷的解决之中。其次，从“礼治”和“法治”的转变。在“礼治”社会，对于社会的治理在于建构与维持秩序，国家强制力只对冲击秩序、挑战秩序的人予以处理，秩序内的纠纷、矛盾则交由宗族、里老调处。国家希望社会自己解决纠纷，国家机构也尊重民间组织开展的纠纷解决，并一定程度上认可其效力。② 在“法治”社会，“法”在治理体系中具有至高无上的权威，国家不仅试图通过法律来确立社会秩序，而且试图用法律解决社会运行过程中出现的各类纠纷，将社会生活的各个方面都纳入法律体系之中。这正是国家介入民事纠纷的解决，鼓励、支持、吸引民众将纠纷交由司法机关解决的动力。

纠纷解决路径选择的转型是在特定社会治理理念指导下，通过对诉讼观念的改造和对诉讼制度的修正来实现的。“礼治”“简约治理”与“抑讼”的路径选择可谓一以贯之，而“法治”“介入治理”与“励讼”的路径选择则内在地相互亲和。

二、边界划定的转型：从全息到片段

不同的纠纷解决方式具有不同的规则和特质，当事人一旦选择了特定的纠纷解决方式，也就让渡了对纠纷解决走向的控制权，需要按该方式的规则和特质来解决纠纷。已有研究较多地关注纠纷解决的互动过程和规范适用，但我们需要超越具体的纠纷解决实践，来考察两个前置性的维度：边界划定和关系区分。

我们首先讨论纠纷解决过程中第三方如何划定纠纷的边界（边界划定，boundary delimitation）的问题。在此我们借助“初级纠纷”（primary dispute）和“次级纠纷”（secondary dispute）这一组概念加以分析。如果将纠纷视为一个谱系，纠纷存在一个产生、演化、积累、升级的过程。我们用D_n代表纠纷，n即双方发生纠纷的次数。如果$n=1$，说明双方当事人在发生纠纷之前互不相识，或者相识但之前没有发生过纠纷，这种没有历史渊源的纠纷我们称之为初级纠纷。如果$n>1$，说明双方当事人曾发生过纠纷，存在积怨，纠纷有可追溯的历史，我们称之为次级纠纷。

---

① 唐德华．更新观念 深化改革 为建立和完善现代民事审判制度而奋斗//民事审判指导与参考：第四卷．北京：法律出版社，2000.

② 郭星华．无讼、厌讼与抑讼：对中国传统诉讼文化的法社会学分析．学术月刊，2014（9）：88－95.

例如，同样是过失杀人，有的是突发性的，并无历史恩怨的刑事案件（初级纠纷），有的则是从极度微小的民事纠纷演化而来的刑事案件（次级纠纷）。次级纠纷缘起于之前尚未得到解决的初级纠纷，如果次级纠纷依然无法得到有效解决，就会形成新的紧张和激烈程度更高的次级纠纷。[①]

对于初级纠纷，没有可追溯的历史，纠纷的边界是明确的。对于次级纠纷，则存在不同的边界划定：若不追溯次级纠纷的过往，总是将 D_n 视为 D_1，我们称之为“片段”（*segment*）式的边界划定；若对次级纠纷的历史脉络和因果联系予以追溯，认为 D_n 纠纷是 D_{n-1} 乃至 D_{n-x} 演化而来，我们称之为“全息”（hologram）式的边界划定。“全息-片段”是一个相对的概念，在次级纠纷的解决过程中，第三方如何划定与本次纠纷有关的边界，是否追溯过往纠纷，追溯到什么程度，在不同历史时期，对于不同纠纷解决方式存在不同标准。

自古以来调解采取的是近乎“全息”的逻辑，历史地、整体地把握纠纷的“全息”状态。调解过程中，不仅依据“此时此地”的事实，还要追溯“彼时彼地”的事实，观照双方当事人既往社会关系的纠葛，了解现今纠纷产生的历史缘由。此外，调解在解决过去纠纷的同时还要面向未来。调解人不仅让当事人考虑与当下纠纷相关联的过去的关系和情感，而且还要帮助当事人从整体上考量双方的关系，促使双方当事人从长远利益出发冷静地处理已发生的纠纷。调解的基础是达成“合意”，也只有通过全息的边界划定，才能化解双方当事人的心结，从而化解纠纷。因此，全息的边界划定是调解的内在要求。然而，调解过程中究竟如何体现“全息”，还未见学者开展实证研究，调解的中介人员对于纠纷边界划定的具体方式与过程亦有待研究。

相较而言，诉讼是作为一种针对法律上关注的事实做出一刀两断式判断的纠纷解决方式，对应的是“片段”的逻辑。当代民事诉讼讲究的是就事论事，对事实与纠纷做出非此即彼的是非判断，通过“甩干”来把社会性、非相关的因素排除。[②]历史上的诉讼亦具有“片段”特征。早在南宋抚州《词讼约束》就警告当事人“一状诉两事不受”，南宋《约束榜》规定“状词并直述事情，不得繁词带论二事”以及“一名不得听两状”。清代明确要求每一诉状只能起诉一件事情，不得同时牵涉他事，避免使案情过于复杂，增加司法官员审案的精力与难度。[③] 遗憾的是，我们所能见到的只有古代有限的法律文书，无法有效还原古代庭审现场对纠纷边界的划定。古代诉讼过程中是否考察了纠纷的历史演进，有待开展更深入的研究，也企盼能有更多的资料问世。

因此，虽然诉讼、调解均以解决发生在过去的当事人之间的纠纷为己任，但在划定纠纷的边界时存在差异：调解方式倾向于“全息”的边界划定，将次级纠纷视为一个谱系，借助历史演进来解决纠纷；诉讼方式倾向于“片段”的边界划定，集

---

① 郭星华，李飞．全息：传统纠纷解决机制的现代启示．江苏社会科学，2014（4）：123-130.

② 刘正强．“甩干”机制：中国乡村司法的运行逻辑．社会，2014（5）：147-173.

③ 潘宇．明清讼师秘本中的状词解析．法制与社会发展，2007（3）.

中关注提交至法院的特定纠纷。

除了分析调解与诉讼两种方式各自所具有的全息与片段特质之外，我们提出，对纠纷解决机制是全息还是片段的分析还需综合考察方式之间的联系。在古代社会，以乡里调处、宗族调处为代表的民间调处在纠纷解决中扮演重要角色，明清时期已形成系统规范并被纳入国家司法体系之中。黄宗智发现，在清代官府断案和社区调解之间存在一个两者相互作用的“第三领域”（the third realm）。当事人一旦在衙门提出状告，其所在的社区亲族或村庄领导就会更积极地试图调解纠纷，乡里调查也会被纳入法庭判决。因此，县官在审理案件的过程中，借助乡里调处，实现“片段”与“全息”的结合。

在革命时期，在群众运动与政权建设过程中，传统地方精英（士绅、地主、富农）在阶级话语下逐渐失去权威，家族组织作为封建典型亦被悉数清除。古代第三领域的合作模式无法持续，中国共产党在根据地时期探索出了新的融合诉讼与调解、片段与全息的方式，即“马锡五审判方式”。这一审判方式被提升到了共产党落实群众路线的高度而得以推广。陕甘宁边区的法官深入乡村、社区，走访群众、调查案情，巡回开庭。法官到法庭外进行调查研究，承担诉讼资料、证据的收集等职权。司法调解成为中国共产党在纠纷解决机制建设方面的重要创新，这是另一种结合全息与片段的可能，即法官直接对纠纷加以全息的把握。

由此可见，传统社会通过特定方式来弥补“片段”和“全息”的断裂所导致的纠纷解决无效问题。古代施行的是第三领域，勾连法庭审理和民间调处；根据地到革命时期的典型是“马锡五审判方式”，法官走进群众了解案件。20 世纪 90 年代以来，随着司法改革的开展，民事诉讼由“职权主义”转向“当事人主义”：诉讼过程由当事人主导，当事人要负责证据的调查、准备和提出；法官不能在当事人指明的证据范围以外依职权主动收集证据，仅处于消极的中立的裁判者地位，着重坐堂审案。这一改革逻辑认为通过法庭辩论可以实现对事实的把握[①]，然而从边界划定的角度分析，这最多只能是对纠纷片段的把握，诉讼的“片段”特性更加明显。

2003 年开始中国司法实践再度进入了一个“调解优先”的时代[②]，而法庭调解的复兴也有助于法官把握事件的来龙去脉。此外，一些法官重新深入实地、访问群众，做系统的“调查研究”。时任上海市长宁区人民法院院长邹碧华主编的《法庭上的心理学》一书，书中所述办案法官对疑难案件所进行的调查，正是一种“全息”的边界划定，而实践表明，这一做法切实地推动了“案结事了人和”。

但此时通过司法调解实现对纠纷的全息把握面临诸多困难：一方面，随着经济的发展，财产和债务纠纷数量增多，出现了很多新型纠纷；另一方面，学院派法官由于缺乏生活阅历，并不熟悉、胜任这一工作方式。随着“案多人少”已逐渐成为

---

① 李浩．调解归调解，审判归审判：民事审判中的调审分离．中国法学，2013（3）：5－18.

② 邵六益．悖论与必然：法院调解的回归（2003—2012）．华东政法大学学报，2013（5）：112－124.

普遍现象，在发达地区尤为严重，每个法官所需完成工作量极大，开展调查研究回溯纠纷的演变历程过于费时费力，法院调解效果已难以同革命时期以及 20 世纪 90 年代以前相比。

三、关系区分的转型：从差异化到均等化

关系区分有两种理想类型：如果不考虑社会主体在社会关系方面的差异，享有同等的法定权利和义务，我们称之为均等化（equalization）的关系区分；如果根据社会关系的不同视为存在等级差异的社会主体，享有不同的法定权利和义务，我们称之为差异化（differentiation）的关系区分。

（一） 立法层面的转型

古代立法采取差异化的关系区分是学者们的共识。在儒家思想体系中，主奴之间和家族内部的尊卑等级森严，体现出上下有别的封建伦理。西汉之后，儒家伦理的原则日益支配和规范着法制的发展。隋唐时期“礼”被奉为法律领域最高的价值评判标准，儒家伦理道德成为各个领域立法的准则。从《唐律疏议》到《大清律例》，法律体系均规定了差异化的主体地位，赋予封建贵族、官僚和家长、族长以特殊法律地位，享受法定特权，以维护社会等级秩序和家族伦理秩序。具体而言，不同身份有不同的起诉权利，历代法律都不同程度地限制奴婢和卑幼控告主人和尊长，同时又赋予父祖、尊长以控告子孙、卑幼的特权。此外，惩罚力度因服制而异，表现为量刑上的双向加减——按亲属服制的亲疏而递增或递减，卑犯尊则加重，尊犯卑则减轻。这在亲属相殴、亲属相奸、亲属相盗几种犯罪的相关法条中尤为突出。例如根据唐律规定，尊长殴卑幼处罚比普通人轻，而卑幼殴尊长处罚比普通人重。① 正如布迪、莫里斯所指出的：中国古代的各朝法律都确认家族内部这种基于性别、辈分、亲疏程度的不同身份，而这种家族内部的身份差别甚至比一般的社会地位差别更为复杂。②

随着封建特权在革命时期被打倒，中国的法律体系转为采取均等化的关系区分。《中华人民共和国宪法》第三十三条规定：“中华人民共和国公民在法律面前一律平等。”这种立法层面从差异化到均等化的转变，背后体现的是自文艺复兴、启蒙运动以来“人人平等”的现代价值观。“法律面前人人平等”逐渐被纳入近代资本主义国家的法律制度，在大陆法系和英美法系中均成为基本的立法原则。

（二） 司法层面的转型

马克斯·韦伯曾对中国古代的司法实践有如下判断：中国的法官不会根据形式

---

① 胡旭晟．狱与讼：中国传统诉讼文化研究．北京：中国人民大学出版社，2012：93.

② 布迪，莫里斯．华帝国的法律．朱勇，译．南京：江苏人民出版社，2008：21.

的律令和“一视同仁”来进行审判，而会根据被审者的实际身份或者根据实际结果的公正与适当来判决。[①] 在韦伯的论述中，司法实践方面是对立法层面差异化关系区分的落实。然而如果我们从差异化关系区分角度理解古代的司法实践，则会有新的认识：一方面，身份地位不同的社会主体相互侵犯会受到不同的惩罚；另一方面，社会主体如若触犯法律则受到与其身份地位相匹配的处罚，“依律判决”在司法实践中得以严格落实。因此，虽然古代判决结果因社会关系的不同而存在差异（difference），但是同一类型内判决结果的变异（variation）幅度很小。

当代中国从立法上确立了均等化的关系区分，以期在司法实践中同样实现均等化，即“同案同判”——法官在审理案件的时候，只关注案件本身，依法判决，不关注当事人之间的社会关系。然而“同案不同判”却无法避免，美国法社会学家布莱克在梳理各国实证研究的基础上，概括出一条适用于世界各地及贯穿历史的法律行为原理：“上行的法律严于下行的法律。”社会地位低者侵害社会地位高者（上行，矛头向上），会受到比社会地位高者侵害社会地位低者（下行，矛头向下）更重的惩罚。不同的社会关系影响判决结果，始终如一的依法裁判并不存在，同案不同判反而是常态。

布莱克所揭示的是因社会地位（等级秩序）不同而导致判决结果不同。即使不同社会地位的群体和个人在法律上享有同等权利和义务，但由于各自在行使权利的手段上存在差别，也会导致实际行使权利上的差别。除了这一情况之外，我们提出另一种导致判决结果差异化的因素——伦理关系。媒体上不乏父（母）子相讼，且所宣传的判决多是严格依照法律条文进行的裁决，但我们的研究却发现，在一些亲亲相犯导致过失杀人的刑事案件判决中，父亲杀死儿子与儿子杀死父亲相比，所受到的刑罚更轻。[②] 由此我们可以看到，法官对于父（母）子相讼存在两种处置方式：其一是将父（母）子视为平等主体，不考虑伦理关系，依照法律进行裁决；其二是从孝道角度考虑伦理关系，在自由裁量权范围内有轻重差别。从法理上讲，前者具有合法性，但对于如何处理父（母）子关系以及家庭伦理关系，国家价值导向中存在张力：一方面，如前文所述，现代思想——无论是西方自由主义还是马克思主义——均强调人人平等，在中国革命时期，尤其强调打破旧家庭，否定旧伦理；另一方面，家庭伦理对于维持社会稳定和社会秩序发挥着重要作用，需要家庭作为国家治理的细胞，孝道等传统道德伦理仍得到肯定、宣传。因此，国家对伦理关系缺乏统一、明确的话语体系，这使得两类处置方式均有其意识形态基础，导致父（母）子诉讼的判决结果存在较大变异，缺乏稳定性、统一性。对于民众来说，已有研究发现，中国人仍然十分重视伦理关系，差序格局仍影响着人们的行动。[③] 在

---

① 韦伯．儒教与道教．洪天福，译．南京：江苏人民出版社，1995：74.

② 郭星华，刘蔚．孝文化的法律表达：亲亲相犯的差异化处置：对两起故意杀人案件的法社会学分析．国家行政学院学报，2015（2）：85-89.

③ 马戎．“差序格局”：中国传统社会结构和中国人行为的解读．北京大学学报（哲学社会科学版），2007（2）：131-142.

价值观趋于多元的今天，基于社会关系进行差异化的处置能否得到民众的认可，同样值得考察。

我们这里结合社会统计学中“组间差异”和“组内变异”这一组概念来进一步厘清前文对关系区分的论述：古代法律体系是差异化的关系区分，根据不同的社会关系类型，将纠纷分成若干类型，不同类型在法律适用、量刑标准上存在差异，而同一类型内判决结果变异较小。在古代的司法实践中，组间差异较大，而组内变异较小。当代法律体系是均等化的关系区分，不同社会主体享有同等的权利和义务，不同社会关系之间的纠纷不具有法律意义上的差别，但这并没有使得判决均等化，相反，由于在家庭伦理等方面缺乏统一的话语体系，使得同一类型内判决结果存在较大变异。换言之，在当代的司法实践中，组间差异较小，而组内变异较大。

当然，需要强调的是以上三个维度内两种类型的区分是理想类型的划分，而不是非此即彼的二分，也就是说，没有绝对的抑讼或励讼，只有力度强弱的区别；没有绝对的全息和片段，只有边界大小的区别；没有绝对的均等和差异，只有关系高低的区别。纠纷解决机制的转型既是社会变迁的结果，同时也会对人们的纠纷解决方式和社会秩序重塑产生深刻的影响。

本章要点

本章主要介绍了纠纷解决的概念、基本理论、研究方法，及其在社会转型期的主要议题。面对从传统到现代、从本土到全球化的转型，纠纷解决在中国展现出多元性、过程性与建构性三个主要特点，对这些特性的研究，将极大地帮助我们更深入地理解转型中法律与社会之间的复杂关联。

复习思考题

1. 社会学视野中的纠纷解决有何特殊性?
2. 如何理解纠纷解决的多元性?
3. 如何用社会学的研究方法理解纠纷解决过程?
4. 纠纷解决的建构性对于理解法律与社会的关系有何启示?

推荐阅读书目

1. 郭星华，等．社会转型中的纠纷解决．北京：中国人民大学出版社，2013.
2. 棚濑孝雄．纠纷的解决与审判制度．北京：中国政法大学出版社，1994.
3. 波斯纳．法律与社会规范．北京：中国政法大学出版社，2004.
4. 千叶正士．法律多元：从日本法律文化迈向一般理论．北京：中国政法大学出版社，1997.

5. 高见泽磨．现代中国的纠纷与法．北京：法律出版社，2003.

6. 范愉．纠纷解决的理论与实践．北京：清华大学出版社，2007.

7. MOORE S F. Law as process：an anthropological approach. London：Routledge & Kegan Paul，1978.

8. NADER L，TODD H F，Jr. The disputing process：law in ten societies. New York：Columbia University Press，1978.

第十六章
社会转型与犯罪治理

第一节　当代中国犯罪问题现状

犯罪是社会的一扇窗户，犯罪状况往往是社会变革的集中反映。中华人民共和国成立以来，在70多年的历史发展中，我国犯罪现象先后出现了多个高峰期都与当时特定的历史背景密切相关。

一、1978—2010年中国犯罪率描述

犯罪率一般用每10万人口的犯罪数量表示。① 我国自1978年改革开放以来，犯罪率呈现急剧上升的状态。1978年全国刑事犯罪总数为53万多起，犯罪率每10万人约56起，到1990年犯罪率突破每10万人200起，2001年犯罪率突破了300起，而到2006年，犯罪率约为1978年的7倍，达到了每10万人354起。犯罪的绝对数从1978年的50多万起到1990年突破了200万大关，而2001年更突破400万起，2006年犯罪总数为465万多起，是1978年犯罪总数的约8.8倍。犯罪总量在28年间平均增长8.4%，而犯罪率在此间年均增长了约7.1%。表16-1列出了1978—2006年间刑事立案数和犯罪数。

表16-1　1978—2006年中国内地刑事立案数和犯罪率

年份	刑事犯罪立案数（万件）	立案率（每10万人立案数）	年份	刑事犯罪立案数（万件）	立案率（每10万人立案数）
1978	53.6	55.7	1980	75.7	76.7
1979	63.6	65.2	1981	89	89.4

① 犯罪率的计算一般为全国公安机关当年的刑事案件立案数/当年全国人口总数，以每10万人为计算单位。尽管事实上立案数与犯罪实际发生数是两个不同的概念，一般来说，立案数往往小于犯罪实际发生数，即存在大量的犯罪黑数，但考虑到实际的犯罪数量非常难以掌握，因此在计算犯罪率时，多是以公安机关的立案数作为重要的指标。因此这里的犯罪率实际上是立案率，但是为了符合人们惯常的理解，在本书中依然用立案率代替犯罪率。

续表

年份	刑事犯罪立案数（万件）	立案率（每10万人立案数）	年份	刑事犯罪立案数（万件）	立案率（每10万人立案数）
1982	74.3	77.4	1995	162.1	133.8
1983	61	59.5	1996	160	130.8
1984	51.4	49.9	1997	161.3	130.5
1985	54.2	52.1	1998	198.6	159.2
1986	54.7	51.9	1999	224.9	178.8
1987	57	54.1	2000	363.7	287
1988	82.8	77.4	2001	445.8	349.3
1989	197.1	181.5	2002	433.7	337.6
1990	221.7	204.3	2003	439.4	340
1991	236.5	204.3	2004	471.9	362.9
1992	158.3	135	2005	464.8	355.5
1993	161.7	136.4	2006	465.3	354
1994	166	138.6			

社会犯罪现象是社会结构的极端表征，是社会变革的晴雨表。从改革开放后的社会转型至今，中国的犯罪数总量和犯罪率都呈现上升的趋势。尽管在这期间，由于国家的社会政策和统计方式的改变，也带来过少许的回落和波动（见图16－1），但其中有1983年开展的为期3年的依法严厉打击刑事犯罪活动的斗争带来的短期效应。1988—1989年立案率的大幅上升，主要原因是根据过去各地都存在刑事案件立案统计不实的问题，各级公安机关在解决这个问题方面取得较大进展。另外，当时刑事案件确实增加了，据一些地方的调查，实际发案数1989年比1988年上升30%～40%。1992年立案率的下降是由于公安部门修订了盗窃案刑事立案标准：将原来的盗窃数额价值人民币城市80元、农村40元即要刑事立案，修订为1992年以后的盗窃数额价值人民币一般地区300～500元，少数经济发展较快地区可为600元即要刑事立案，而盗窃案通常占公安机关刑事立案总数的69.70%左右。[①] 1998年刑事立案率又有较大幅度的上升，至2001年达到一个较高的阶位，其后在波动中又略有上升，到2004年达到这一时期的最高峰，并且，2001—2006年立案率持续处于一个高位平台上。倘若忽略犯罪黑数，仍以司法统计数据为准，且对数据不做技术处理，考察改革开放以来的犯罪率状况，可以看出，在社会转型这一过程中，犯罪率增长幅度巨大，而且伴随改革的深化和社会转型带来的剧烈震荡，犯罪率将会不断攀高。

根据中国社会科学院发布的2010年《法治蓝皮书》显示，受到经济危机的影响，2009年中国犯罪数量打破了2000年以来一直保持的平稳态势，出现大幅增长，其中暴力犯罪、财产犯罪等案件大量增加，全年刑事立案数达到530万件。

① 中国法律年鉴（1990）. 北京：法律出版社，1990.

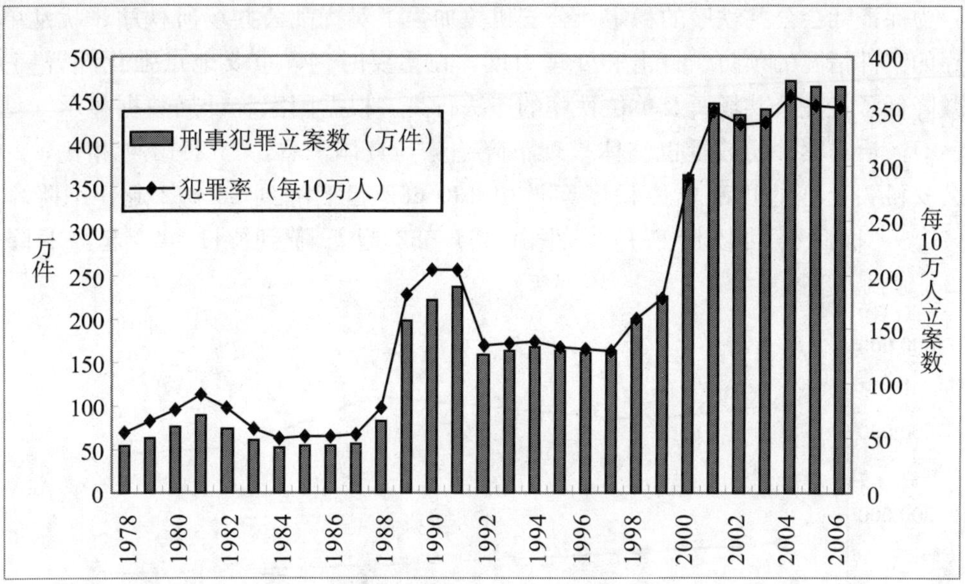

图 16－1　1978—2006 年中国内地刑事立案数和犯罪率波动一览图

二、2013 年以来中国犯罪问题概述

（一）刑事案件和治安案件数据急剧下降

2013 年以来，为进一步提高人民群众的获得感、幸福感、安全感，我国公安机关加大了人民群众最为关心的人身安全案件的防控与打击力度，根据国家统计局数据显示（见图 16－2），2013—2018 年，公安机关立案的杀人、伤害、抢劫案件均呈明显下降趋势，2018 年三类案件总数为 130 329 起，较 2013 年的 318 743 起下降率达到 59.11%。随着视频监控系统布控范围的增加、公安机关大数据应用的普及与人脸识别技术的不断完善，公安机关对于人民群众的人身安全保障不断强化，人民群众安全感不断提升。

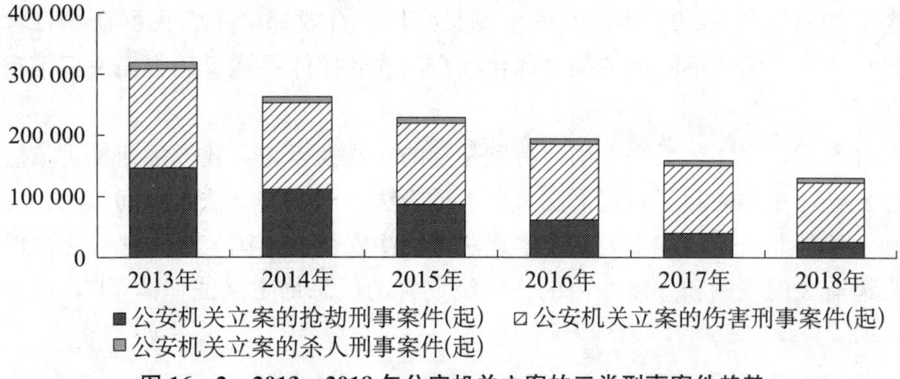

图 16－2　2013—2018 年公安机关立案的三类刑事案件趋势

资料来源：国家统计局年度数据。

为保证社会公共秩序的稳定，公安机关加强了对扰乱公共场所秩序、扰乱单位秩序的案件情况的预防、打击和处理力度，在重要时刻、重要地点强化部署警力，有效降低了扰乱公共场所及单位秩序的违法行为。根据国家统计局数据显示（见图16－3），治安案件的数量也整体呈现下降趋势，具体来看，与2013年相比，2018年公安机关受理的扰乱单位秩序案件由130 652起下降到58 872起，下降率为54.94%；扰乱公共场所秩序案件由464 682起下降到341 448起，下降率为26.52%。①

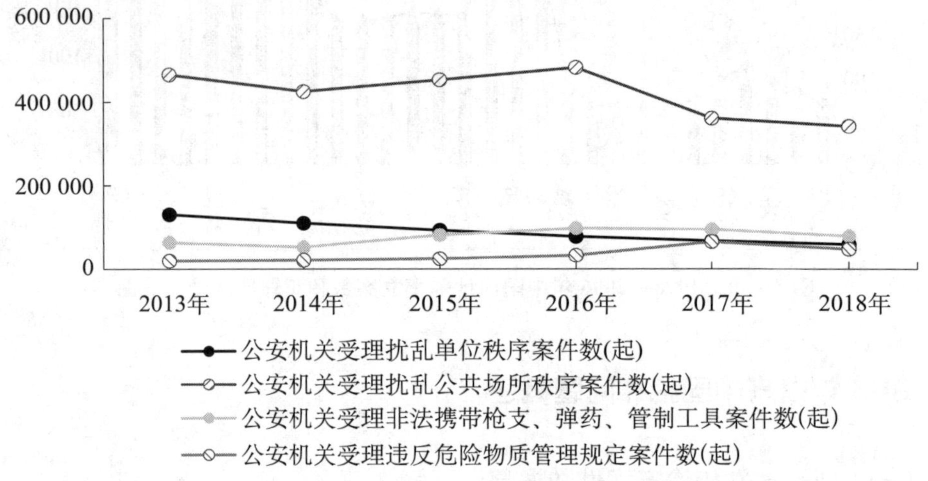

图16－3　2013—2018年公安机关受理的四类治安案件趋势

资料来源：国家统计局年度数据。

（二）暴恐案件得到有效控制，但形势依然严峻

通过梳理和解读我国当前用户最多的四大门户网站（新浪、腾讯、网易和搜狐）公布的数据和相关新闻报道可见，2012—2015年，我国境内发生典型恐怖袭击事件的数量呈现较为明显的“倒V”型（见图16－4）特征。图中数据显示，2015—2017年，虽然暴恐案件从整体上得到了有效的控制，但依然呈现每年发生1起暴恐案件的问题。2018年没有发生暴恐案件，有效保障了人民群众的日常生产生活秩序。这表明，不断成熟的立体化社会治安防控体系在反恐方面发挥了重要保障作用。

具体来讲，在法治反恐方面，特别是党的十八大以来，我国加速推进依法反恐进程，已经逐步构建起了包括刑法、刑事诉讼法、国家安全法、反间谍法、反恐怖主义法、境外非政府组织境内活动管理法、网络安全法、国家情报法等法律以及地方与反恐有关的条例和办法在内的、系统完善的反恐怖主义法律体系②，成为我国

① 周延东，宫志刚．2018年中国社会治安形势分析报告//李培林，陈光金，张翼．2019年中国社会形势分析与预测．北京：社会科学文献出版社，2018.

② 不断完善的中国反恐怖主义法律体系．人民日报，2018－10－15.

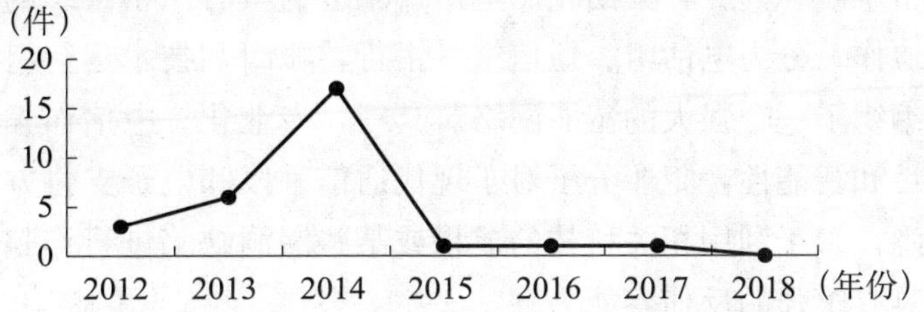

图 16-4 2012—2018 年我国典型恐怖袭击案件数量

资料来源：根据我国四大门户网站（新浪、网易、搜狐和腾讯）新闻报道收集整理而成。

反恐工作的有力制度支撑。在全民反恐方面，我国不断推动反恐专业队伍同人民群众有机融合，并逐渐完善相关奖励机制，例如，北京市打造“北京反恐”微信平台，并施行相应的《群众举报涉恐涉暴奖励办法》，助力全民反恐。

在我国反恐局势趋于稳定的良好情况下，国际社会在反恐领域仍然面临一系列严峻挑战和亟须解决的新问题，仍有造成大量人员伤亡的典型恐怖袭击事件。例如，“1·27 喀布尔自杀式汽车炸弹恐怖袭击事件”造成 103 人死亡，235 人受伤；“4·22 阿富汗选民登记中心爆炸恐怖袭击事件”造成 57 人死亡，119 人受伤；“叙利亚毒气恐怖袭击事件”造成至少 70 人死亡，400 人受伤。从涉恐地域和暴恐手段方面看，在亚非国家恐怖组织主要依靠“自杀式”炸弹袭击和路边炸弹袭击等方式实施恐怖主义活动。而在欧美国家，恐怖组织和恐怖分子主要发动“独狼式”袭击[①]，这种袭击方式因其隐蔽性较强，导致欧美民众在日常生活中经常处于恐慌状态，给社会稳定带来了严重威胁。值得注意的是，以毒气炸弹等化学武器为暴恐手段的恐怖袭击是近年来国际上出现的新变化，这种恐怖活动防控难度极大，影响范围较广，极易造成大量人员伤亡和民众恐慌。同时，无人机在国际上的广泛使用，也成为恐怖分子实施暴恐行为的新手段和新武器。例如，在 2018 年上半年，俄国驻扎在叙利亚的塔尔图斯海军基地和赫麦米姆空军基地就遭到 4 起通过无人机发起的恐怖袭击。[②] 以上内容折射出目前恐怖袭击“暴恐大案多发”“暴恐新手段层出不穷”等新动向和新趋势，对我国反恐工作部署具有重要警示意义。[③]

（三）新型经济违法犯罪案件频发

近年来，新型经济违法犯罪案件频发，主要表现在如下两个方面。

第一，电信诈骗案件高发，且涉外案件增多。“互联网金融”“虚拟货币”以及“金融互助”等成为不法分子进行诈骗的重要平台。据调查分析，当前电信诈骗表现出如下几个特征：其一，跨境化。电信诈骗犯罪集团的组织者常常身在境外，利用国外服务器，甚至实现多次转接，构建电信诈骗网络平台，具有极强的隐蔽性，

① 2018 年上半年国际恐怖主义态势报告．搜狐网，2018-10-16.

② 无人机成恐怖袭击武器，俄罗斯损失惨重．搜狐网，2018-7-12.

③ 周延东，宫志刚．2018 年中国社会治安形势分析报告//李培林，陈光金，张翼．2019 年中国社会形势分析与预测．北京：社会科学文献出版社，2018.

大大增加了打击难度。其二，集团化。电信诈骗多为具有严密组织的集团作案，分工明确，有机协作，分为电话组、短信组、银行转账组和技术运行组等等，表现出极高的效率，编织了一个强大的犯罪网络。其三，专业化。电信诈骗集团手段表现出极强的科技性和智能性，犯罪分子对于现代通信手段和电子支付方式运行规则和程序都十分熟悉，善于利用相关科技的成果或某些漏洞缺陷进行诈骗，作案工具不断更新换代，具有很强的反侦察能力。①

第二，传销犯罪依然突出。从其特点来看，一是犯罪分子常常以“资本运作”“连锁经营”“直销”等名义，采取“一日游”“看房团”“集中授课”等手段诱骗强迫群众加入传销组织；二是犯罪团伙组织严密、行踪隐蔽、人员分散，骨干分子幕后操纵、异地遥控，发现和侦查难度大；三是网络传销发展迅速，不法分子依托互联网及微博、微信、手机 App、QQ 等社交工具和第三方支付手段发展会员、划拨资金，蔓延传播加速，涉及人员广泛，严重威胁到人民群众的财产安全。

三、当代中国犯罪状况的特点

第二次世界大战以后，几乎所有的国家都面临犯罪增长的趋势，犯罪行为越来越怪异，社会治安形势越来越错综复杂。中国作为一个处于转型中的后发展国家，势必要经历经济高速发展带来的高犯罪率，同时还要承担社会结构急剧变化引发的犯罪问题。改革开放以来，我国的犯罪最为显著的特点有如下几点。

（1）从犯罪类型看，经济犯罪突出，新型犯罪层出不穷。在我国现代化建设中，市场经济的负面影响和新旧体制转轨过程中存在的空隙和漏洞，使得经济犯罪案件的数量增加，一些大要案件频繁发生，危害很大。而且，随着科学技术的不断进步，对外经济交往的日益扩大，经济犯罪的种类增多，新型犯罪大量涌现，如利用手机短信、互联网进行诈骗，银行卡犯罪，非法传销，变相传销等。暴力犯罪数量增加显著且手段更加凶狠残暴。社会结构分化，贫富差距悬殊，价值观缺失或混乱，以及各种社会不公现象，造成了人们的心理失衡，出现了各种变态型暴力犯罪、集体性暴力犯罪、非目标性暴力犯罪和校园暴力等。有组织犯罪猖獗，甚至某些地区出现了明显的黑社会性质的犯罪组织，而且这些犯罪组织的犯罪内容主要涉及赌博、毒品犯罪、拐卖妇女儿童犯罪甚至邪教组织犯罪，其危害性、毒害范围的广泛性都是过去所不能想象的。尤其是犯罪朝着集团化、武装化、企业化方向发展，在某些地区黑社会组织的力量还渗透到当地政府之中，严重影响了当地的社会经济发展和居民安全。

（2）从犯罪主体看，流动人口犯罪依旧在犯罪整体中占有较大比重。随着我国城市化进程的推进，社会流动加快，户籍制度松动，大量外地人口聚集城市，一方

---

① 周延东，宫志刚．2015 年中国社会治安形势分析报告//李培林，陈光金，张翼．2016 年中国社会形势分析与预测．北京：社会科学文献出版社，2015．

面带动了城市的繁荣发展，另一方面也带来了城市的高犯罪率。城市生活的匿名性、丰富的物质生活对人欲望的刺激、初级劳动力市场和次级劳动力市场的分割等是诱发犯罪的主要原因。青少年犯罪问题已经成为严重的社会问题，相比成年人犯罪，青少年犯罪更具贪婪性、疯狂性、团伙性、反复性的特点。另外，老人犯罪和女性犯罪的数量也在不断增多，犯罪类型日趋多样化，犯罪手段更加狡猾、隐蔽。

(3) 从犯罪区域上看，东南沿海与中西部内陆地区之间、城乡之间的犯罪有着明显的差距。总体来说，东南沿海地区较之中西部内陆地区、城市较之农村，犯罪率更高，增长更快。但是近年来，许多新型犯罪也逐渐从东南沿海地区渗入中西部地区，从城市转向农村。除了一些传统的犯罪类型如拐卖妇女儿童在农村多发之外，现在农村中甚至出现了黑恶势力操纵农村日常管理的现象，有些村庄还形成集体性的犯罪趋势，如制造贩卖毒品、烟草，伪造证件等。

第二节　转型期暴力犯罪的实证研究

一、当代中国犯罪问题研究成果

从中华人民共和国成立一直到20世纪80年代，国内对于犯罪现象的专门研究处于停滞阶段。直到20世纪80年代以后，犯罪问题日益严重，极大地损害了改革开放的成果，才使得犯罪学研究的重要性被提升，对犯罪问题的研究开始兴起。在短短的30年里，针对当代中国社会转型过程中出现的犯罪热点、焦点、难点，针对不同的犯罪群体展开了诸多对策性的研究，研究成果不计其数，为改革发展的实践提供了重要的智力支持。其中具有代表性的有郭星华的《当代中国社会转型与犯罪研究》、俞雷的《中国现阶段犯罪问题研究》、张小虎的《转型期中国社会犯罪原因探析》以及康树华的《当代中国热点与新型犯罪透视》。有更多的研究是针对不同地区（城市、农村或者是特定的省市地区），不同案件类型（暴力犯罪、有组织犯罪、恐怖主义犯罪、拐卖人口犯罪、诈骗犯罪、职务犯罪、商业犯罪等），不同犯罪主体（女性犯罪、农民工犯罪、青少年犯罪、大学生犯罪、白领犯罪、刑释和解教人员重新犯罪等），具体分析了犯罪的原因和条件。还有一些研究则论述了某些特定的因素同犯罪的关系，如“利益剥夺”与角色落差对青年农民工犯罪的影响[①]，心理因素与农村女性犯罪[②]。鉴于犯罪成因十分复杂，它同社会各个方面有着纵横交错的联系，因此有学者提出“罪因体系”[③] 概念，建议把罪因纳入一个体

---

① 张勇濂．“利益剥夺”与角色落差：青年农民工犯罪原因分析与对策建议．中国青年研究，2008 (11)：58-62.

② 薛明哲．当前我国农村女性犯罪的现状、心理原因及预防对策．警官文苑，2008 (4)；杨慧芳．女性犯罪的人格、应付方式、情境因素与犯罪行为的研究．上海：华东师范大学，2003：42-45.

③ 晏德君，刘汉华．罪因研究与预防犯罪．湖北警官学院学报，1999 (2)：42-45.

系，分层加以考察，以便分层次地研究预防和控制犯罪的措施。改革开放步伐的加快、社会转型的全面深化，带来了经济的高速增长，同时也带来了犯罪率的增长。许多学者都关注到社会变迁对犯罪问题的影响，试图从社会转型的宏大背景出发，探寻微观个体的犯罪行为，如中国现代化进程中的犯罪问题[①]、社会转型与犯罪的关系[②]、当代中国社会结构与犯罪[③]等。

从20世纪的最后20年开始，在犯罪控制实践的呼唤和理论研究者的辛勤努力下，中国的犯罪问题研究取得了开拓性进展。但与已经有两百年历史的西方犯罪学相比，中国的犯罪学以及对犯罪问题的研究还处于起步阶段，其研究方法和成果还存在一定的不足。

第一，缺乏本土化的犯罪理论。虽然国内每年关于犯罪问题的研究不计其数，但是多数的文章都是移植借鉴西方犯罪学理论用以解释当今中国的犯罪问题。这些研究既没有确切可信、信息翔实的数据资料，也没有来自真实世界的田野调查，其结论多是将一些不完整的案例信息加以综合。而要构建中国本土化的犯罪学理论，绝不是一蹴而就的事，这需要研究者们埋下头、俯下身子踏踏实实地做好基础工作，唯有打下厚实的基础，才能做到厚积而薄发。

第二，缺乏创新和批判精神。回顾30年来中国犯罪问题的研究路径，无外乎"犯罪现象""犯罪原因""犯罪对策"的三段模式。[④] 研究成果千篇一律，缺乏创新精神。犯罪行为作为一种反社会行为，人类对其认识和理解也是一个不断变化发展的过程。对于犯罪问题的看法和评价也是一个从一元化到多元化的发展历程，即由绝对主义犯罪观向价值中立犯罪观转变、由科学主义犯罪观向人本主义犯罪观转变、由结构主义犯罪观向过程主义犯罪观转变、由国家控制的犯罪观向社会控制的犯罪观转变。如果对犯罪问题的研究缺乏批判精神，就无法获得新的、具有活力的研究发现，只能使我们的犯罪问题研究跟在决策者和司法实践的后面亦步亦趋，对官方话语进行注释和解说，缺乏学术上的独立性，其研究成果只能是一些僵化的理论条文和空洞的措施口号。

第三，缺乏多学科的综合研究。在我国，犯罪问题主要是司法实践部门和法学界的任务，研究者的学科背景单一（大多数是法学背景），其他社会科学由于缺乏信息资源的优势、研究资料匮乏、研究进入困难等现实问题，对犯罪问题的研究较少涉足。而犯罪问题作为一种复杂的社会问题，只有综合运用多学科的知识，吸收不同学科的方法优势，才能拓宽犯罪学派和理论，丰富人类对犯罪问题的认识，寻找到合理有效的降低犯罪率的方法和对策。

---

① 王丽华．试论我国现代化进程中的犯罪问题．河南省政法管理干部学院学报，2006（4）：208－210.

② 王雪．变革与阵痛：论社会转型与犯罪．法制与社会，2009（19）：17－18.

③ 张小虎．当代中国社会结构与犯罪．北京：群众出版社，2009.

④ 严励．再论犯罪学研究的路径选择：以中国犯罪学研究为视角//犯罪学论丛：第6卷．北京：中国检察出版社，2008：1－19.

二、暴力犯罪成因研究：从纠纷到犯罪

（一）理论传统

一般来说，犯罪学的研究主要包括三个方面，即犯罪现象、犯罪原因和犯罪对策，其中对犯罪原因的探讨是整个犯罪问题研究的重中之重，因为只有找寻到犯罪的真正根源才能做到对症下药，解决犯罪问题。回顾西方主要的犯罪学理论和流派，主要有以下三个理论传统。

第一个传统是古典犯罪学。它将暴力行为者视为“理性人”，进而将暴力行为看作一种工具性行动。例如，贝卡利亚（Cesare Beccaria，1738—1794）主张的“自由意志论”认为，犯罪是人们理性选择的结果，犯罪者从犯罪行为中获得的快乐、收益要大于他们付出的痛苦、成本，因此政府需要用超过犯罪收益的惩罚来威慑潜在的犯罪者。新古典犯罪学继承了古典犯罪学的衣钵，仍然将犯罪人视为理性人，将威慑作为理论的核心概念。但是当代的威慑力研究却显示，人们对刑罚威慑力的感知是存在差异的，而且个体的是非观念以及对规范的评价都会影响到他们对违法与否的选择。

第二个传统是精神病学对暴力行为的诊断。这一研究传统认为，暴力行为者是受魔怔支配的“非正常人”，暴力行为是精神疾病和神经官能症的结果。暴力的精神病学研究结果也确实告诉我们，精神疾病与暴力行为确实有关，并且由精神疾病引发的暴力犯罪与正常人的暴力犯罪在犯罪行为模式上存在差别。这种差别大致可归纳为：精神疾病型犯罪没有确切的行动动机和目标，与利益纠葛无关，无预谋，不虑及后果，攻击对象多为家人和熟人；正常人的暴力犯罪有明确的动机和目标，有计划性，考虑风险和后果，伤害对象多为陌生人或者有利害冲突的熟人。

第三个传统是犯罪生物学。与精神病学的立场相似，犯罪生物学也对古典犯罪学的理性人假设进行了批评，强调犯罪人与正常人之间存在本质差异。这一研究范式的代表人物龙勃罗梭（Cesare Lombroso，1835—1909）在《犯罪人》中提出了天生犯罪人论，认为犯罪人是未脱野性之人，进化水平低于常人，他们与癫痫病人在身体特征上具有诸多相似性，如大颌骨、突出的颧骨。另外，当代的生物学研究同样认为某些个体的犯罪行为是人的理性之外的因素——生物学因素作用的结果，并且将研究对象扩展到家族遗传、智商、染色体、荷尔蒙，甚至女性的产后综合征。

可以说，精神病学、生物学都倾向于对暴力行为进行躯体化的解释，都认为暴力行为者与正常人存在差异，只是它们各自强调的“差异”有所不同而已。而古典犯罪学则并不承认这种差异的存在，认为人都是理性的，具有衡量利弊的能力，暴力行为是理性判断的结果，尽管这一预设在后来的研究中得到修正和限定，但并没有被颠覆。[①]

---

① 关于西方犯罪学理论的梳理，参见邢朝国．情境、情感与力：暴力产生的一个解释框架．中国农业大学学报（社会科学版），2014（1）：41－50。

（二）特殊的暴力犯罪：纠纷引发的暴力[①]

这部分我们将重点探讨一类特殊的暴力犯罪，即从民间纠纷激化而来的暴力犯罪。与传统理论不同的是，这类犯罪更多地与转型期中国的社会矛盾以及纠纷解决过程相关。

目前我国由民间纠纷所引发的刑事犯罪有逐渐增多的趋势。2008 年 1 月至 10 月，全国公安机关共处理民间治安纠纷 208.8 万起，与 2007 年同期相比上升 15%。导致民间纠纷向刑事犯罪演变的原因是复杂的，既有个体层次的分析（如犯罪生物学、犯罪心理学），也有社会层次的解释（如社会解组、紧张/失范理论）。当然，不同的理论范式具有不同的问题意识，关照事物的不同面向。从宏观社会学的想象力来看，纠纷和暴力已不再是单纯的个人困扰，而是一种公共论题，即社会力量对个体选择和际遇的限制。这里所说的社会力量与社会结构和制度设置有关。法社会学视野中的暴力犯罪，必须应对这样的研究议题——中国社会的纠纷解决机制的运行状况何以引发暴力事件？

研究者通过一项针对民间纠纷与暴力犯罪的监狱调查发现，相当数量的暴力犯罪起源于细碎的日常纠纷，这类纠纷在既往纠纷解决机制的理论分析中长期被忽视，它们无法被常规的纠纷解决机制所消化和解决，最终“溢出”纠纷解决机制之外，成为国家暴力治理的对象。

借助纠纷解决理论的经典金字塔模型，可以更对这类纠纷和暴力犯罪有更清晰的认识。在 20 世纪 80 年代费尔斯丁勒和萨拉特等人提出“纠纷金字塔”（dispute pyramid）理论以来，这一基本模型就成为主要理论解释之一，成为研究民间纠纷解决的一套有效的描述和分析工具。

纠纷金字塔理论范式包括三个基本假设：第一，按照双方解决还是引入第三方，非正式权威介入还是正式权威介入，纠纷解决机制被分为不同层次，且同时存在。也就是说，多种纠纷机制分层级的同时存在，构成了纠纷解决机制体系最基本的前提。第二，人们在生活中产生的大部分冤屈（grievance），都会在较低层次得到解决，只有少数冤情会上升到司法程序中的纠纷，即金字塔顶。第三，纠纷金字塔的结构取决于各个层次纠纷解决情况。低层次纠纷解决比例的减少，相应就会使高层次纠纷解决比例上升；上升到司法程序的纠纷即纠纷金字塔顶的越多，说明低层次的纠纷解决渠道较少为人们所选择。换句话说，如果让更多的人选择基层的纠纷解决方式，那么就会大大降低正式法律意义上的纠纷（见图 16－5）。

麦宜生结合中国的经验，对纠纷金字塔理论做了进一步修正，提出“纠纷宝塔”（dispute pagoda）的概念。通过 2002 年对 6 个省 3 000 户农村居民法律意识的调查，麦宜生发现纠纷金字塔的范式并不能很准确地概括中国农民的纠纷及其解决

---

① 这部分所使用的个案调查改编自储卉娟．暴力的弱者：对传统纠纷解决研究的补充．学术研究．2010（2）：60－69。

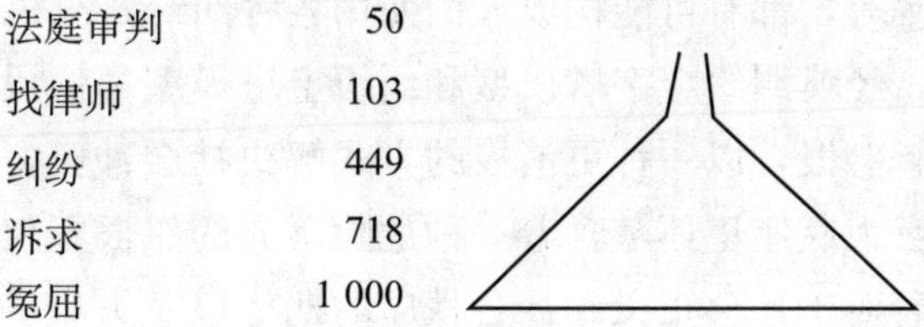

图 16-5　经典纠纷金字塔模型

情况，因为在不同类型的纠纷和不同方式的纠纷解决之间，并不存在此消彼长的相互关系。也就是说，纠纷宝塔各个层次之间的关系是相对封闭的，各个层次的纠纷及纠纷解决的比例的增长或下降，并不一定会导致其他层次，尤其是塔顶结构的变化（见图 16-6）。

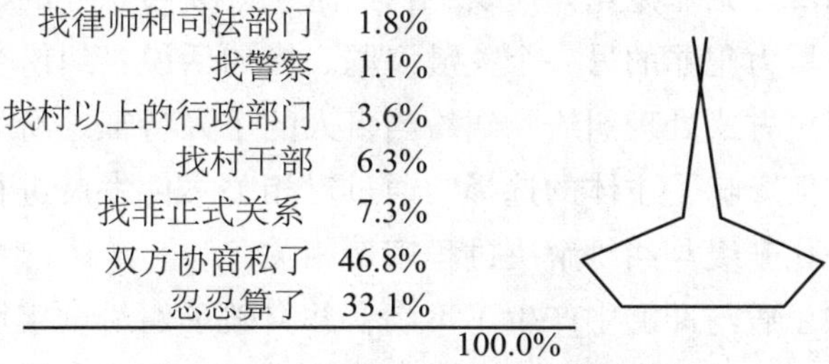

图 16-6　纠纷宝塔模型

纠纷解决金字塔和宝塔模型，对于我们理解中国社会总体的纠纷解决机制有非常重大的意义和推进作用。但相对于真实社会而言，这些模型无疑具有超越于现实的稳定性。任何人都不会否认，在现实生活中，总是会有一些民间纠纷，或者说怨恨，实际上并没有被解决，它们或者成为下一次纠纷的背景或者催化剂，或者成为暴力事件的原因（见图 16-7）。

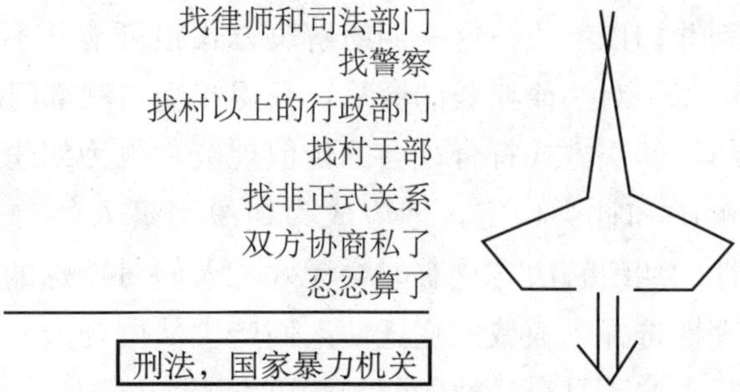

图 16-7　纠纷漏斗模型

这些从日常纠纷的激化而发生的暴力罪犯，在某种程度上构成了一个长期被忽视的人群。研究者对于人们为什么规避法律已经做出种种的研究和假设，但是在这个群体里，规避法律并不能意味着人们可以选择非国家法的纠纷解决机制。也就是说，不但国家法对于民间纠纷的适用存在障碍，就连学者们一致呼吁要得到更多关注的民间秩序和行政权力，对于人们来说同样也存在障碍。障碍产生的原因可能是多种多样的，个人的法律意识、社会的流动性、人们所占据的相对经济地位、人际资源、社会威望，等等，都有可能构成人们使用各种纠纷解决机制的障碍。

针对这种情况，经典纠纷金字塔模型和纠纷宝塔模型都假设人们还可以通过忍让和双方协商来消解怨恨，以一种更消极的方式解决社会冲突。但是纠纷漏斗模型表明，在金字塔的巨大底座里还蕴含着一种危险，人的怨恨不仅仅是现实利益上的冲突，同时还牵连着对于社会正义和社会秩序的期望以及失望。大量的纠纷得不到社会渠道和国家层面的疏解，积聚在底座，当有一天无法再忍，或者当事人“脾气不好”、忍耐度有限，或者协商双方力量悬殊时，没有第三方存在的对峙形态极容易导致纠纷向暴力层面的升级。

（三）路径：从纠纷到暴力犯罪①

从日常纠纷到暴力犯罪究竟如何发生？其激化升级与怎样的因素相关？这构成了法社会学视野中暴力犯罪的另一个关键议题。换句话说，纠纷当事人为何选择不具合法性的纠纷解决方式处理纠纷？纠纷当事人的个人特征、所处的特殊环境，以及纠纷解决过程如何影响了主体的选择？通过对相关案件发展进行梳理与剖析，研究者发现，这种激化升级与纠纷解决过程密切相关。

首先，人们在矛盾与冲突中产生了不满，并突破了纠纷金字塔的最底层，上升到纠纷层面。在纠纷产生后，人们总是要考虑采取何种策略才能解决纠纷并最大限度地维护自己的利益。有些纠纷当事人会选择单独谈判，即在没有第三方参与的情况下通过纠纷双方的妥协与让步化解纠纷。但绝大部分的纠纷需要第三方进行调解或判决，选择谁来充当这个第三方调解人就是纠纷当事人所要考虑的内容。

对纠纷解决中的第三方和具体解决方式的选择有具有合法性与不具合法性之分。具有合法性的纠纷解决方式一定包含了纠纷双方所共同认可和服从的权威力量，这与合意性有一定的差异。例如纠纷一方当事人将纠纷送入司法程序，让司法部门对纠纷进行判别并加以解决，这一纠纷解决方式很可能并不是另一方当事人所希望采取的方式，但基于对法律权威的服从，只得接受司法部门的调解或审判。

具有合法性的纠纷解决方式符合社会的价值规范，也为纠纷各方所普遍认可和服从，有利于纠纷解决和社会稳定，理应成为纠纷当事人的首选。但在现实生活中，由于具有合法性的纠纷解决方式有时会无效、人们对特殊的纠纷和所处的特殊环境权衡利弊做出理性选择、权威的变迁使人们产生认同与服从差异等原因，纠纷当事人也会常常选择一些不具合法性的纠纷解决方式。

这些不具合法性的纠纷解决方式包括两种类型。一种类型是由于权威的变迁和人们的认同差异，纠纷一方认为某种纠纷解决方式包含着某种权威力量，因而选择该方式用以解决纠纷，但这种方式所包含的权威不为另一方当事人所认同，从而无法产生服从，造成这种纠纷解决方式的无效。段洪利寻求老师和保安亲戚的帮助符

① 这部分所使用的个案调查改编自王希．从民间纠纷到刑事犯罪：对一起由婚外情引发的凶杀案的法社会学分析．北京：中国人民大学，2010。

合了自己对权威的认同和服从，但由于权威的变迁和价值观念的转变，这两种方式在如今的纠纷解决领域并不存在合法性，因而对纠纷的解决无法起到积极的推进作用。不过，由于这一类型的纠纷解决方式在一定程度上仍包含了某种权威性，并且符合社会规范，所以不会对纠纷解决产生负面影响，也不会对社会秩序造成威胁和破坏，可以说是“无功亦无过”。但纠纷解决的目的就在于平息纷争，若一种纠纷解决方式“无功”，也就意味着失败。

另一种类型是当事人所采取的违背社会规范的纠纷解决方式，包括强制、威胁、暴力等手段。这种类型的纠纷解决方式无权威可言，是一种以强力为基础的示威，是双方强力的比拼。到了纠纷发展的后期，忍无可忍采取暴力，则既不符合社会价值规范，也违背了社会行为规范。这种类型的不具合法性的纠纷解决方式不仅会对纠纷产生加深、恶化的影响，又会对社会秩序造成极大的破坏，可以说是纠纷解决中最坏的结果。

借鉴纠纷金字塔的思路，同样可以用一张金字塔形的纠纷走势图来直观地描绘以上路径（见图 16－8）。

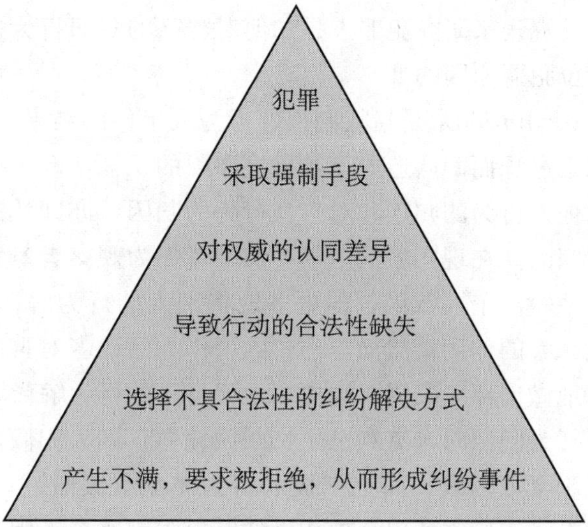

图 16－8　纠纷升级至犯罪的走势图

当然，并非所有的纠纷当事人都会选择不具合法性的纠纷解决方式，也并非所有的不具合法性的纠纷解决方式都会导致最终的犯罪。在这个金字塔中，处于任何一层的纠纷当事人都不一定会上升到更高一层，即处于任何一个阶段的人们都有可能放弃不具合法性的纠纷解决方式转而寻求具有合法性的纠纷解决方式，因而越到高处，处于每一层的人数将越会递减，从而形成一个金字塔状。当一个纠纷事件从金字塔的底层逐步进行到最顶层，那么我们就说这个纠纷完成了一个不具合法性纠纷解决机制的完整路径。

迈向犯罪的金字塔为我们引导纠纷解决和维护社会秩序提供了重要的启示。为了不让纠纷当事人到达犯罪的顶端，我们可以在金字塔的每一层增加分叉，为人们提供正确的引导和更多的选择。比如在第二层完善司法部门的执法方式，维护法律的公平正义；在第三层加强文化传播，树立普遍权威；在第四层普及法律常识，加强人们的法律意识等。通过这些针对性的措施引导人们选择具有合法性的纠纷解决方式，使纠纷得以解决，秩序得以维护。

三、暴力犯罪者的自我归因①

（一）归因理论与自我归因

尽管上述这些经典的犯罪学理论从不同的视角为人们解释犯罪行为的动因提供了各种解释，但是却忽略了犯罪者自身对其犯罪行为的归因。那么犯罪人是如何解释自己的犯罪行为，如何将自己的犯罪行为归因的呢？下面我们通过对经验调查资料的分析，解释犯罪人对犯罪行为的自我归因问题。

这些理论有一个共同的特点，即都是研究者作为“他者”从犯罪人之外来考察犯罪的原因，而不是犯罪人本身归结的原因。本书试图突破上述研究的这些局限性，从“主体性”的视角来研究犯罪人是如何对自己的犯罪行为进行归因的，即犯罪人自己是如何定位犯罪原因的。

归因（causal attribution）是指人们根据行为或事件的结果，通过知觉、思维、判断等内部信息加工过程而确认造成该结果之原因的认知活动。根据归因对象的不同，归因可分为对他人行为的归因和对自身行为的归因，亦即从活动者与观察者两个不同的角度进行归因。在现实生活中，当归因者作为观察者对别人的行为进行归因时，倾向于更多地做出个人归因，即更多地将别人的行为解释为个人因素使然，而忽略了外部情境因素的作用；然而，当归因者作为活动者对自己的行为做出归因时，则倾向于更多地做出环境归因，即更多地将自己的行为解释为环境因素使然。

人们在对自身行为归因时具有利己主义归因偏向，即人们倾向于把积极的行为结果（成功）归因于个人因素，而把消极的行为结果（失败）归因于环境因素。②从认知偏向角度来看，人们之所以会把积极的结果归因于个人因素而把消极的结果归因于环境因素，是由于这两种结果与人们事先对结果的预期不同。一般地说，当一种结果符合个体对结果的预期时，它就和个体的认识处于协调一致的状态，将这种结果归因于个人因素不会导致认识上的失调，因此个人归因易为个体认知系统所接受；反之，当一种结果不符合个体的预期时，它就和个体的认识处于不协调的状态，将这种结果归因于个人因素会导致认识上的失调，不易为个体的认知系统所接受，而把它归因于环境因素反而能降低失调感，维持个体认知的同一性。在现实生活中，多数人都是期望或预期成功的，很少人在自己从事某种活动之前就预期自己

---

① 这部分所使用的个案调查改编自郭星华．从“他者”到“主体”：一项关于犯罪人自我归因的实证研究．中国人民大学学报，2010（3）：118-123。

② 刘永芳．归因理论及其应用．济南：山东人民出版社，1998：2，64-65.

会失败，因此人们会更多地对成功做出个人归因，对失败做出环境归因。

（二）犯罪归因的理论模型

以下分析所运用的数据来自对东北某市的四座监狱进行的问卷调查，这四座监狱共关押了 9 800 名男性犯人。我们以“纠纷是否发生在农村”和“纠纷是否发生在熟人之间”为条件进行抽选，符合这两个条件的犯人共有 312 人，除去住院和当日值日的犯罪人之外，对余下的 290 名犯罪人发放了问卷，并对其中的 12 人做了深入的访谈，最后获得有效问卷 272 份。有关罪犯归因的问题主要设置了内部原因、外部原因、社会原因等几个问题。

犯罪行为是一种特殊的社会行为，是一种触犯了刑法并要受到刑法制裁的行为。那么，作为犯罪行为的实施者，他们会对自己的犯罪行为做出怎样的归因呢？通过对问卷资料进行整理分析，我们发现：

（1）犯罪人对自己犯罪原因的归因，做出外部归因的要比做出内部归因的略多一些，这一结果与归因理论中的利己主义倾向是一致的。

（2）在做出内部归因时，犯罪人主要是将犯罪原因归结为自身的人格特征（“脾气不好”为 38.1%，“咽不下这口气”为 16.7%，合计为 54.8%），其次是自身知识方面的欠缺（“不懂法律”为 34.6%），再次是社会地位的低下（“无权无势”为 5.4%）。

（3）在做出外部归因时，犯罪人强调的是受害人的人格特征（“对方不讲理”为 39.3%）以及社会环境（“社会风气差”为 42.9%）。

通过 logistic 回归模型，分析了犯罪人在对自己犯罪原因进行归因时，是倾向于做出内部归因还是外部归因，以及与是否关心村委会工作、与邻居的交往情况、与受害者的关系、受教育程度和法律意识高低的相关程度（见表 16－2）。

表 16－2　罪犯自我归因的 logistic 回归模型

自变量	模型	
	系数	标准误差
截距	1.883 6**	0.974 7
是否关心村委会工作	−0.325 5**	0.155 5
跟邻居的交往情况	0.684 5**	0.325 7
与受害者的关系	−0.306 9*	0.327 7
受教育程度	−0.746 6**	0.349 2
法律意识高低	0.362 7*	0.419 5
Log-likelihood	−111.871 7	
LR chi2（5）	20.68***	
Pseudo R2	0.116 4	

注：p 为显著性水平。* $p<0.1$；** $p<0.05$；*** $p<0.01$。

通过分析，得到下面的结论：

（1）对村委会工作的关心程度越高，越倾向于做出外部归因。

（2）与邻居经常串门的人跟那些不常串门的人相比，更倾向于做出内部归因。

（3）与受害者打过交道的人更倾向于做出外部归因，与受害者没有打过交道的人更倾向于做出内部归因。

（4）受教育程度相对较高的人较容易做出外部归因。

（5）法律意识越强的人越容易做出内部归因。

换言之，倾向于做出内部归因的是有着这样一些特征的犯罪人：他们文化程度比较低，与受害方很少打交道，不太关心外部事务，但是有较强的法律意识，并且热心社会交往。

（三）结论

从主体性的视角对犯罪人的自我归因进行研究的重要意义在于对监狱犯人的改造。因为对自己的犯罪行为做出外部归因的犯罪人与做出内部归因的犯罪人，他们对自己所犯罪行的认识、他们对监管改造的反应以及他们的心理状态都是不一样的。美国心理学家韦纳（B. Weiner）就认为，归因会影响到期望的改变和情感反应，而这种归因后果影响后继行为的动机，即成败归因—情感反应和对未来事件的预期—后继行为动机。[①] 如果我们能够对做出不同归因的犯罪人采取不同的改造教育措施，改造的效果将是不一样的。毕竟，剥夺犯罪人的自由、强制他们改造，既是对他们所犯罪行的惩罚，也是一种促使他们改过自新、重新回归社会的手段。

第三节　社区警务与犯罪防控

一、社区警务的概念

“社区”一词来源于拉丁语，其本意为“关系密切的伙伴和共同体”。在学术界，普遍认为“社区”概念源自滕尼斯1887年出版的代表作《共同体与社会》。滕尼斯认为，社区的核心理念在于体现一种“共同体的价值取向”，强调的是人与人之间相互依赖、休戚与共的社会关系和社区情感，具有共同的风俗习惯和价值伦理。“社区”不只是短暂性的、表面的共同生活，而是具有持久性的、真实的共同生活。[②] 与滕尼斯观点相似，希勒里（Hillery）将社区定义为“那些具有一个或多个共同体要素以及在同一区域内保持社会接触的人群”；毕德尔（Biddle）则不注重地理位置，更强调共同目标，认为“社区是一种共同的观念和认同”；麦克米兰

---

① 张爱卿．归因理论研究的新进展．教育研究与实验，2003（1）：38-41.

② 滕尼斯．共同体与社会．北京：商务印书馆，1999：53-54.

(McMillian）和查韦斯（Chavis）以“归属感”为核心要素，将社区视为一种把人们联系在一起的共同情感、理想和承诺。[①] 可见，“意识”“情感”和“关系”成为社区概念的核心意涵。

从社区内涵上来讲，社区警务与社区警务工作是不同的。社区警务工作主要包括开展群众工作、掌握社情民意、管理实有人口、组织安全防范和维护治安秩序等具体的工作内容；而在法社会学视野下，社区警务不仅仅是一种具体的警务工作，更是一种警务思路、警务理念、警务战略和警务哲学。如此，将社会学中强调的意识、认同和关系等内涵融入社区警务概念之中，强调“共同体意识”“警民联系”“多元合作”等基本理念，具有更重要的理论意义和实践意义。综上所述，社区警务是指警方与社区形成情感认同的共同体，共同发现和解决社区所关注的治安问题，并采取各种合法手段和方式，开发社区资源，强化自治互助，以全面、系统、长效地维护社区治安秩序的思维模式和方法体系。

二、社区警务的产生发展历程

（一）西方社区警务产生发展历程的四大阶段

第一，政治化时代：现代警察的建立。18 世纪以来，工业化和城市化迅速发展，由此产生了严重的阶级分化和阶级对立，导致犯罪增长，治安秩序混乱，西方传统的社会治理模式逐渐失灵。1829 年，伦敦大都会警察的成立成为现代警察建立的标志。现代警察有着统一的制服和警械，主要以徒步巡逻的形式开展工作，这一时期警察工作具有明显的地方性特色，警察立足在社区中，与社区关系密切，在为群众提供安全服务方面取得了良好的效果。但这时的警察组织是在政治控制下运行的，政客与警察相互利用。政客不关心这些人能否胜任工作，而是鼓励政治赞助和对朋友的报答；而警察则鼓励市民为政客投票，警察腐败现象严重。

第二，职业化时代：警察专业化建设。为了更有效地治理警察腐败和摆脱政治特性，20 世纪 30 年代，开启了以美国警察专业化建设为标志的第二次警务改革。这次改革的目的是通过专业化建设摆脱地方政治对警察的控制，警察逐渐成为独立的、高效率的专业化队伍，警察腐败问题得到有效缓解。经过改革，打击犯罪成为这一时期的核心警务工作，警务部门分工逐渐明确，逐渐建立了巡逻模式和快速反应机制。但是，警务社会工作相关内容逐渐消失，警民关系开始疏远。

第三，科技化时代：警务现代化建设。20 世纪 30 年代到 60 年代，进入第三次警务改革时期，强调科学技术成果在警务领域的应用，其基本目标仍然是打击和控制犯罪。在这一时期，科学技术成果被广泛应用到警务工作之中，无线电话、视频监控、刑事鉴定技术等现代化装备大大提高了警察的工作效率，使之逐渐成为高度

① 潘泽泉．行动中的社区建设：转型和发展．北京：中国人民大学出版社，2014：5－8.

现代化的职业队伍。然而，警察越来越依赖科学技术和现代装备，较少直接和民众进行互动交流，警民关系进一步疏远，犯罪率不但没有降低，反而有所提升。

第四，社区时代：社区警务建设。第四次警务革命是建立在对第三次警务革命反思和批判基础上的，其核心理念就是回归社区。20 世纪 70 年代，美国休斯敦警察局率先提出回归社区警务，其他国家也开始纷纷施行。在这一时期，警务工作以预防犯罪和提供服务为主要目标，通过与社区居民交流沟通，深入社区解决问题，维护公共关系，形成了警察与公众密切合作的局面，在预防违法犯罪、维护社会治安秩序等方面取得了良好的治理效果。①

（二）中国社区警务转型发展历程

在基层社会治理方面，我国有着悠久的历史传统和实践经验，例如汉代的“什伍之法”、唐代的“乡里之制”、宋代的“保甲制”、明代的“十家牌法”、清代的“牌甲制”等，都是通过构建安全共同体来实现对基层社会的有序治理。中华人民共和国成立后，民众将负责基层社会治安秩序的警察称为“片警”，基层警察分片负责社区的相关工作，其主要职责是走访调查、宣传发动、巡逻守护、实地检查、警情通报等。可见，中国在基层社区安全治理方面有着丰富的实践基础，笼统地将“社区警务”视为从他国引进的舶来品是不科学的。

当然，改革开放以来，我国也学习和借鉴了他国在社区警务工作中的一些先进经验，并逐渐上升为一种警务战略。20 世纪 90 年代初，我国的警务学者开始研究国外社区警务工作理论和实践经验，为我国推动社区警务改革提供有力支撑。1997 年 4 月，全国公安派出所工作改革会议在江苏苏州召开，明确了派出所社区治安管理和防范的基本职责，并提出将“发案少、秩序好、社会稳定、群众满意”作为基层警务战略的基本目标。2000 年 12 月，中共中央办公厅、国务院办公厅转发《民政部关于在全国推进城市社区建设的意见》，明确指出，建立社会治安综合治理网络，有条件的地方，要根据社区规模的调整，按照“一区（社区）一警”的模式调整民警责任区，设立社区警务室，健全社会治安防范体系，实行群防群治。2002 年 3 月，公安部在杭州召开的全国公安派出所工作会议上，明确要求全国大中城市公安机关在 2004 年之前全面实施社区警务战略。2002 年 8 月，公安部、民政部联合发布《关于加强社区警务建设的意见》，明确社区警务建设的内容和要求，成为建设和发展社区警务的指导性文件。2006 年 9 月，公安部下发《关于实施社区和农村警务战略的决定》，全面推动和部署在全国实施社区和农村警务改革战略，并要求与社区建设同步规划、同步推进、同步发展。2007 年 10 月，党的十七大报告提出要“改善和加强城乡社区警务工作”。进入新时代，“社区警务”作为我国基层警务的关键载体有序运行，对于维护安全有序的政治社会环境和人民的安居乐业发挥着日益重要的作用。

---

① 皮克，格伦索．社区警务战略与实践．5 版．北京：中国人民公安大学出版社，2011：4－25.

三、社区警务的基本特征

（一）社会性

社区警务认为，犯罪的根源在于社会，打击、预防和控制犯罪的根本力量也在于社会，社会是预防和控制犯罪的主体。社区警务工作仅仅依靠警察之力是不可能从根本上解决违法犯罪问题的，必须依赖社区和社区居民。正如社区警务树理论所提出的，要将社区警务工作比作一棵大树，树干是警察机关，树枝、树叶、果实是警察机关中的各个部门与警种，树下的土壤是社区，树根扎在社区之中，要强调警务工作依赖于社区。

（二）预防性

预防和减少犯罪是社区警务的核心目标。在我国公安学学术界和实务界有一个著名的“沙堆理论”，这一理论指出，要想维护正常的社会治安秩序，就必须着眼于清理沙堆底层，立足于社会治安基础工作，加强对人、地、事、物和组织的管理控制，打击轻微违法犯罪活动，进而控制违法犯罪总量，遏制和减少重大恶性案件的发生。[①] 因此，要强调预防在社区警务中的重要性，社区民警要同有关部门紧密配合，充分动员社区居民，调动一切积极因素，运用各种手段，避免和减少违法犯罪的发生。

（三）系统性

社区警务是一项系统工程，不能只是在公安的视角下进行理解，而要“跳出公安”进行思考和实践，这就需要全方位地了解社区的基本情况。具体来看，一是社区自然环境状况，如地理位置、地形地貌、气候条件以及各种自然资源等；二是社区基础设施状况，如社区道路桥梁、文体商贸场所、娱乐场所等；三是社区人口状况，如年龄结构、职业类型、宗教信仰等；四是社区经济状况，如区域产业结构、经济发展水平以及面临的主要风险点等；五是社区文化状况，如社区历史沿革、文化特点和风俗习惯等；六是社区居民关系状况，如居委会、业委会、物业和社区居民之间的关系密切程度等。只有通过对社区进行全方位的系统了解，才能为做好社区警务工作奠定扎实的基础。

（四）服务性

社区警务不只是打击违法犯罪，还要提供相关的安全服务。随着警务工作的不断细化，除了警察“职业规范”之外，各个警种逐渐形成了专业化的“分专业规范”，与刑警、网警等警种的专业能力相比，社区民警更强调一种综合素质，

---

① 万川．社会治安沙堆效应原理述评．中国人民公安大学学报（社会科学版），2012（5）82－86.

其中，“服务性”也是社区民警最为重要的“分专业规范”。[①] 因此，社区民警不仅要具备专业警察基本的法律知识和执法能力，而且要具备良好的服务意识和服务能力。

四、社会转型背景下社区警务实践路径

（一）打造整洁有序的社区形象

社区空间形象对于社区治安秩序具有重要作用。破窗理论指出，如果有一个建筑物的窗户被破坏，且这扇窗户又未能得到及时的修复，其他人便可能受到暗示性的纵容去打烂更多的窗户。破窗户给人造成一种无序的感觉，违法犯罪就容易严重滋生，导致社区混乱无序。社区空间形象存在着“对内”和“对外”的双向影响。对外而言，直接影响着外界对其评价，认为“环境杂乱”必然地与“管理无序”相连接，此类社区极易成为违法犯罪分子的作案目标；对内而言，杂乱的空间形象会导致社区成员对社区环境责任心的弱化，反之，良好的形象能够推动社区居民形成健康负责的心态。[②] 具体来讲，就要营建整洁有序的社区空间环境，确保社区基础设施完好，提升社区安全空间防范水平。

（二）提供优质的警务服务

社区警务工作要充分了解社区成员在社区生活实践中的多重需求。当前，诸多社区犯罪、社区治安侵害以及社区矛盾纠纷都是因为社区居民的现实需求没有得到满足而产生的，这就需要对社区居民需求进行准确的了解和评估，如停车位需求、环境需求、活动场所需求、青少年学习培训需求和限制外来人员出入以确保安全的需求等等。因此，要求从“关注解决犯罪”走向“解决更多问题”、从“重点事件事故”走向“居民的问题和利益”。以社区民警为例，其职责包括主动处理好经济发展与社区安全、环境保护和日常生活之间的平衡关系，实现社区可持续发展，推动社区公民的话语权，保障社区居民利益表达机制畅通。此外，还要加速推进居民在社区警务室的“一站式”服务，提供预防犯罪信息、警报许可申请和证件护照申请等服务工作，将其作为提升居民生活质量的部门之一。当前，诸多警务室的设计及运作程序显得十分“刻板”“冷漠”或“感觉不友好”，很少有人会主动走进警务室。在此方面，社区警务要强调“警务室温情”的概念，就是在警务室的设计和舒适度上采用新方法，如设置让社区居民坐着舒适的会客厅，供居民开会和接受培训的社区空间，等等。通过提供优质的社区警务服务，满足社区成员的需求，提升社

① 周延东，郭星华．职业角色与专业分角色：矫正角色失调的一种新视角．探索，2015（2）：114－118.

② 周延东．形象、权力与关系：“村改居”社区安全空间治理新框架．社会建设，2017（4）：78－84.

区成员参与社区安全治理的积极性。①

（三）加强社区成员的关系联结

“警力有限，民力无穷”，良好的警民关系和邻里关系对于社区安全治理具有重要意义。这就需要促进社区成员之间的关系联结，打造社区共同体，通过社区居民之间的合作来预防和控制犯罪。具体来讲，一是要充分发挥社区精英和积极分子的重要作用，赋予其经济利益和荣誉声望，以带动凝聚社区成员。二是要挖掘“本土性知识”和“地方性文化”，推动社区文化认同，增强社区居民情感连接。② 三是要依托“业缘”“地缘”和“趣缘”等联结路径，推进社区成员之间的沟通交流。四是要顺应信息化需求，通过微博、微信或社区 App 等网络平台，促进社区居民在线互动，实现网上互动与网下管理的有机结合。五是要拓展社区公共互动空间，如增设文娱活动设施、小区座椅等，增加社区居民在公共空间的逗留时间，进而加强社区居民之间的交流。五是要构建“多元共治机制”，推动居委会、业委会、物业、社区民警、企业及社会组织的互动联系，形成合力。

（四）重塑基层社区权力

要确保社区安全有序，就要尽可能把资源、服务、管理放到基层，使基层有职有权有物，更好地为群众提供精准有效的服务和管理。这就要进一步提升社区居委会、社区民警对于社区资源的控制和分配能力，增强社区成员对于社区治理组织的依赖性，促进社区成员联系。在动员社会组织和市场力量参与社区安全治理的过程中，要尽可能避免将社区居委会、社区警务的相关行政服务职能直接让专业社会组织承接的问题。虽然这会让社区居委会干部和社区民警有更多时间和精力开展居民自治工作，但失去了行政服务职能，也就减少了居委会同社区居民进行日常化、多层次和全方位的接触，导致社区居委会和普通居民之间又增加了一个栏杆，对于凝聚国家认同、改善府民关系和开展社会动员都十分不利。③ 因此，要以制度化的方式明确社会组织更多地承接形式化的普查、检查、台账报表等工作，并充分发挥自身的专业优势，避免对社区居委会、社区警务室进行一刀切的去行政化。

本章要点

本章主要以实证研究展现了转型时期犯罪问题的复杂性与社会性。与以犯罪人特征为主要研究对象的犯罪学经典理论有所区别，社会学视角下的犯罪问题呈现出与社会结构性变化的紧密关联，犯罪很多时候不仅与主体相关，也与社会结构相

---

① 周延东，曹蕗蕗．从居住共同体走向新生活共同体：社区安全治理的反思．湘潭大学学报（哲学社会科学版），2015（6）：33－36.

② 周延东，郭星华．家文化对社区安全治理的启示与实践．新视野，2016（1）：113－117.

③ 周延东．社区治理的“关系式动员”研究．中国特色社会主义研究，2020（1）：81－87.

关。只有认识到这一点，才能发掘犯罪行为背后的社会意涵。

复习思考题

1. 谈谈中国改革开放以来犯罪率变化的主要特点和阶段。
2. 当代中国犯罪状况的特点有哪些？
3. 试述西方犯罪学理论的主要脉络。
4. 归因的内涵是什么？有几种归因类型？
5. 如何理解纠纷金字塔？它对于理解中国犯罪问题的成因有何借鉴意义？

推荐阅读书目

1. 严景耀．中国的犯罪问题与社会变迁的关系．北京：北京大学出版社，1986.
2. 郭星华．当代中国社会转型与犯罪研究．北京：文物出版社，1999.
3. 康树华，张小虎．犯罪学．北京：北京大学出版社，2004.
4. 吴宗宪．西方犯罪学．北京：法律出版社，2006.
5. 萨瑟兰，等．犯罪学原理．北京：中国人民公安大学出版社，2009.
6. 博格，等．犯罪学导论：犯罪、司法与社会．2 版．北京：清华大学出版社，2009.
7. 戈夫曼．在逃：一个美国城市中的逃亡生活．北京：中国人民大学出版社，2019.

附 录

法社会学理论的本土化探索

近代以来，以儒家思想为核心的中国文化与以“工具理性”（instrumental rationality）为特征的西方文化发生了正面的冲突与交锋。依仗船坚炮利，西方文化在交锋中节节胜利，中国文化则是且战且退：先是“师夷长技以制夷”，再是“中学为体、西学为用”，最后是“全盘西化”。虽然在 20 世纪 30 年代出现过短暂的“国学热”“社会学本土化”运动等等，但总体来说，整个近代史就是西方文化逐渐占据主流话语的过程，“言必称希腊”“言必称西洋”“言必称美国”，几乎就是中国近代以来学术界的真实写照。中华人民共和国成立之后，前期是“言必称苏联”，后期则是一片混沌与动乱。到了改革开放初期，国门洞开，西方文化再次蜂拥而入，“言必称美国”的盛况再现。虽然其间也有不少有识之士在呼吁、在呐喊、在身体力行地探索中国理论，但终究不是学术主流。

应该感谢改革开放 40 余年来取得的伟大成就，曾经被外人视为“古董”、国人视为“垃圾”的中国文化重新得到了人们的关注。毕竟，经济基础决定上层建筑，始于 2008 年的一场金融危机，以摧枯拉朽之势横扫全球，所到之处哀鸿遍野、一片狼藉，中国也未能幸免。但中国却在短时间内率先经济复苏，再次让世界刮目相看。从“北京共识”到“中国经验”再到“中国模式”，一波又一波研究中国的热潮在世界范围内掀起。然而，“中国理论”却始终走在了“中国实践”的后面，很难起到给予“中国实践”以前瞻性的指导，丰沃的“中国经验”土壤却未能产生出丰硕的“中国理论”，不能不说是一件十分遗憾的事情。

当然，有识之士、探路之人还是有的。以社会学研究领域为例，费孝通教授在晚年的学术生涯中，念兹在兹的就是“文化自觉”①；郑杭生教授则明确倡导“理论自觉”②，他与他的研究团队一直致力于探索“中国特色”“中国风格”“中国气派”的社会学理论，并做出了卓越的贡献。在这样一种理论倡导之下，我们的研究团队自 1996 年开始，一直致力于法社会学理论本土化的努力，并取得了一些有意义的研究成果。这里，我们将分法治建设的法社会学探索、犯罪问题的法社会学探索、

① 费孝通．反思·对话·文化自觉．北京大学学报（哲学社会科学版），1997（3）：15－22.

② 郑杭生．促进中国社会学的“理论自觉”：我们需要什么样的中国社会学？．江苏社会科学，2009（5）：1－7.

民间纠纷的法社会学探索三个部分，对这些研究成果进行概括性的总结。这些研究成果绝大部分都是在实证研究的基础上，通过提炼、概括再上升到理论层面上来的。①

一、法治建设的法社会学探索

（一）法律的双向诠释

如何理解法与社会的关系是法律社会学的一个根本问题。在以往的法社会学研究中有内在视角和外在视角之区分。内在视角倾向于将法律看作一种情形定位的规则（rule-situation），通过语词分析等技术阐释法律与社会的关系，在这种分析视角中，法律概念的内在含义是被悬置或遮蔽的②；而外在视角则是将法律看作社会的子系统，探讨法律发生作用或机制的各种外生变量。但这两种视角都无法很好地理解法的社会性和内生的复杂性，其对法与社会关系的解释或有限或疏离，因而需要引入一种新的解释视角。

从法的意义这一视角出发，我们会发现一种超越内外两分视角的可能：一方面沿袭韦伯解释社会学的传统，探寻普通人日常生活的“法律的意义”，此为一种阐释途径；一方面反思法学界近年来一些有代表性的学说及其理论意义，此为另一种阐释途径。通过分析这两种阐释中内在的差异和不可化约性，揭示出现代中国法治进程中的总体困境。

通过对普通人集体诉讼的法律意识的阐释可以发现，日常生活中的普通人在面临律师专业化逻辑的压迫和政府的着意引导下，尽管其对于法律的理想化想象不断下降，但仍保有一种稳定的心理图示：首先，法的合法性来自为双方所分享的“责任”，也就是政府的义务；其次，人民的“权利”既不是公民社会先赋的概念，亦不是韦伯意义上的“权力由法律为创设”的意义，而不过是一种庇护关系；最后，这种关系是一种特殊主义的，因而与西方社会中各种“法治”理念的基于平等普遍主义的逻辑大相径庭。

这种来自普通人日常生活的“想象的法律”（imagination about law）与法学界专业人士“法律的想象”（imagination of law）具有本质的不同。以国内目前法学界三种关于法与社会的主要理论为例，“本土资源论”对法律做出传统与现代的区分，带有强烈的话语霸权色彩，它一方面以各种方式肯定了地方性知识的合法性，另一方面却又引入了“规则与制度的国家法模式”作为法律概念的基本预设，最终回归于这一过程对“规则与制度”、对国家法的意义上；“法律多元论”来自埃利希的“活法”概念，其与普通法的自我理解相一致，然而，这种概念和中国立法和法律适用运用大陆法系的现实相抵触；在“法律治理论”中，国家治理的概念原本是

---

① 以下介绍的实证研究和案例，部分已经用于教材正文，并结合各章主题进行理论拓展。特此说明。

② 哈特．法律的概念．北京：中国大百科全书出版社，1996：57.

欧洲国家的牧领概念，不能直接运用于中国国情，此外，“法律治理论”仍然是按照一种强势的西方发展的逻辑来审视评价中国的未来发展方向与现实发展的距离，从而陷入一种循环论之中。这些来自法学界、具有代表性的理论在批判中国法律“唯西方是瞻”的现实时，落入了其批判的窠臼之中，从而表现出一种完全不同于普通人日常生活中“法律的想象”的“想象的法律”。

中国法治过程充满了由于西方概念先行带来的种种无法解释的困境，它们脱离了日常生活中人的主体意识。从这个角度而言，运用社会学理论，从主体视角出发，呼唤一种悬置西方话语思维、面向普通人的法律思维与意识的关怀和研究是非常有必要的。[①]

（二）法律的“在场”与“不在场”

学术界对法律实践及其困境的解读可从“文化”“制度”和“关系”三个层面进行。其中，法律实践被看成某种特定历史文化的生成物，“法律文化”被建构出来，它“使法律的结构性安排合法化并支持其运作”；法律实践的困境被视为传统文化与现代文化间、本土文化与西方文化间的矛盾所致，国家法律作为社会规范之一与其他的社会规范（道德、传统习俗、习惯等）展开互动、冲突、合作或竞争。

“制度”层面则遵循结构功能主义的路径，即将法律视为具有特定社会功能的建制。例如，卢曼指出，法律是社会的一种基本系统，其功能在于为社会成员提供了一般化的行为预期，法律构成了行为的前提。但是，功能主义固有的目的论倾向使得其在解释法律与社会内在联系的同时，难以解释功能缺失、扭曲变形乃至完全失效的情况。它更像是一种理想类型，因而无法提供对于实践的合理解释。

“关系”层面的理论则关注了微观意义的层面操作。“关系”层面沟通宏观或微观层面的联系，比较有代表性的分析方式来自福柯的“谱系学”，这种研究思路往往运用“关系/事件”方法，将国家法律视为权力运作中的一环。

但是，无论是从“文化”“制度”还是从“关系”的角度出发，我们都需要指出，这三种理论都是把法律作为外在于行动者意识的客观实在物来研究；无论是在“文化”“制度”，还是在“关系”中，出于客观主义理论建构的需要和受制于研究方法的匮乏，法律实践中行动者的主体意识往往处于被化约或被遮蔽的状态。我们需要从主体角度展开对意识的社会学分析，从而对于法律实践中的困境做出一种新的阐释。

从现象学方法论视角开展研究，要求研究者克服自然态度（natural attitude）或者自然主义（naturalism）的态度，悬置（epoché/suspension of judgment）一切包括形而上学在内的理论成果，只接受直观给予其意识的东西，并在不否认自身意

---

① 储卉娟．法律的想象与想象的法律：基于法律援助事件的个案研究．北京：中国人民大学，2005.

识权能性的前提下，“如实地追复描画”以把握相关研究现象及其本质。① 在这种视角下的法律实践清晰地呈现出一种双重意义结构，即形式与本质不相称，甚至相互脱离：法律固然可以通过法官的在场进入人们的视阈从而获得意义，但他的在场并不意味着法律实质的、当然的在场，作为法律核心内容的意义消解在对人情关系、对当事人的道德诉求乃至“法律人”的自身偏好的考虑之中，法律因而呈现出某种被代表或“暗示”的不在场之意。一方面，法官显而易见的存在具有意义，若非他“在场”，研究所展现的事件就不属于现今中国的法律实践；另一方面，这些“存在者”的在场形式之所以能够成立，是因为它们无时无刻不在“呼唤”着以国家强制力为保证的法律权利义务规定，尽管这种权利义务规定其实并不在场——或者是法官没有严格遵照其执行，甚或完全抛开法律规定的权利义务关系进行纠纷处理，又或者是纠纷当事人根本没能意识到它们的存在。在中国的法律实践领域中，行动者可以根据不同的情境和考虑等赋予不特定事物以法律意义，导致法律形式与本质的不相称性，从而导致现今中国立法与法律实践出现多种脱节之处。但从另一层面分析这个问题，特别是当悬置了西方式的理想法律图景时，我们似乎可以看到，现代法律在中国民间社会中确实存在着微弱但正在发育的影响力。②

（三）法律的实践逻辑

在法理学的研究中总是出现各种各样的二元对立，如形式主义与工具主义、内在视角与外在视角等。但这些二元对立尚不足以回答现实生活中法律的实践过程和形态。如果抛开这些概念面向现实本身，我们或许可以发现这些对立在实践中均是不存在的。面对复杂的、流动的、不规整的事实，既有研究缺乏一种有效的概念提炼来概括中国基层法院特殊的运作逻辑。

通过对中部某省一桩刑事附带民事诉讼的案件，我们试图找出这样一种现实运作的逻辑，并将其与法社会学传统中的形式主义逻辑和工具主义逻辑进行比较。

我们发现，法律的实践逻辑与理论逻辑不同，法律的实践过程并非法律形式主义者所想象的那样是法律内在逻辑的渐次展开，而是在实用主义逻辑主导下的一个博弈过程；在转型中国的基层司法场域中，法律的实践逻辑更具有其独特性，既与改革开放前纯粹的工具主义逻辑不同，又与法制化、科层化程度比较高的大城市中的法律实践逻辑不同。这种基层法律的实践逻辑具有的特点为：(1) 不同于形式主义的书本逻辑，即机械使用法条，就像语言的应用不是机械运用语法规则一样。(2) 不同于改革开放前的工具主义逻辑——司法行政完全不分家，法律是行政的附庸。(3) 具有强烈的实用主义倾向和严重的工具主义倾向，以化解矛盾、解决问题为中心，具有说教意义的大词和具有意识形态意味的概念至多起到象征意义。必须指出，这种逻辑是中国基层司法系统所特有的，是原来传统体制延续和文化痕迹遗

① 胡塞尔．逻辑研究：第2卷．上海：上海译文出版社，1999：89.

② 郭星华，邱洪敏．法律的“在场”与“不在场”：对一起赡养纠纷调解事件的法社会学分析．中国农业大学学报（社会科学版），2007 (3)：3-15.

存的结果。[①]

（四）从"送法下乡"到理性选择

乡土社会秩序何以建立和维系一直是学界探讨的焦点话题，而作为乡土社会外生性力量的国家司法权力如何深入乡土社会，并在乡土社会扎根以及建立法律秩序又是其中一个极为关键的问题。20世纪80年代以来的"普法运动"和"送法下乡"是学术界讨论这一问题后的流行结论，这一论证认为法制是现代社会的基本特征和保障，"基层司法建设"是建设现代法治国家的重要"方略"[②]。"送法下乡"的结论曾在知识界掀起了一场关于法律移植与本土资源、法律的现代性与地方性以及国家法与民间法之间关系的论争。

近年来，针对"送法下乡"的结论，董磊明等认为当下的中国农村"结构混乱"，具有明显的现代性特征，已不再是传统意义上的"乡土中国"和"熟人社会"，因此法律在乡土社会的实践场景和逻辑已发生变化，乡土社会对法律的需求增大。这些变化使得"迎法下乡"具有现实的可能性。[③] 在"迎法下乡"的框架中，乡土社会已不仅仅是一个"立法和执法对象"，农民也从单纯的国家司法权力规训的客体和法律知识的被动接受者转变成具有能动性的法律实践主体。

我们认为，"迎法下乡"的结论是建立在农民相信法律权威，对法律有着较高信任度的基础上的。如果人们的"迎法"行动是基于对法律的信任，相信法律会公正地解决纠纷、提供正义、维护自身的合法权益，那么这种"迎法"是有发展潜力的，具有一定的解释力。但是，如果人们的"迎法"行为是基于私人关系网络之上，将法律当作一种权势以及压制他人的工具，那么这种"迎法"也只是少数拥有特殊关系网络、在案件的社会地位结构[④]中处于优势位置的人所借助的工具而已，其普遍性和潜力就要被质疑。问题在于这一假设并不为事实所证明。

农民的法律实践同样经历了盖勒格尔（Mary E. Gallagher）所说的"知情祛魅"（informed disenchantment）过程。所谓"知情祛魅"是指法律参与者在法律知识的获得、对法院和律师惯用策略的理解以及自身运用法律的效能感得到提高的同时（即所谓的"知情"），对法律的不公正性以及法律制度弊端的失望和沮丧。在基层法制建设尚不完善、司法制度弊端重重的状况下，农民的法律实践和法律参与本身就是一个逐渐重新认识法律、理性对待法律的过程，即法律的祛魅化。祛魅后的法律已经不再是或者不仅仅是高高在上的、体现正义的神圣武器，而是"脆弱、多变、难以捉摸的东西，很容易被人操纵利用，常常服务于金钱和权势……有时候变

---

① 黄家亮．法律在基层法院中的实践逻辑：对一起刑事附带民事案件的法社会学考察．北京：中国人民大学，2006.

② 王铭铭．漂泊的洞察．上海：上海三联书店，2003：203.

③ 董磊明，等．结构混乱与迎法下乡：河南宋村法律实践的解读．中国社会科学，2008（5）：87－100.

④ 布莱克对案件的社会地位结构与法律量的相对关系进行了详细分析。参见布莱克．社会学视野中的司法．北京：法律出版社，2002：9。

成了某个人的意志"[①]。农民的法律意识俨然呈现出多样性、矛盾性的特征。[②]

因此农民面对纠纷，动用或不动用法律途径解决实际上是出于一种理性选择。在结构混乱、多种权威共存于乡土社会的状况下，农民在处理纠纷时更可能根据自身的知识、经验、技能和资源选择相应的纠纷解决途径，如公力救济、社会型救济和私力救济。我们也曾经通过对中国农村居民发生纠纷的现状与类型进行实证研究，指出农村纠纷一般存在三种解决途径，即社会网络、政府部门和司法机构，并认为人们在选择纠纷解决途径时既有行为习惯的影响，也有理性的权衡。[③]

在法律实践的"知情祛魅"的逻辑下，农民的"迎法"行为多半不是基于对法律权威的信任，这从主体角度抑制了农民的法律需求。此外，基层法制建设和司法体制的诸多缺陷和弊端从外在限制了农民的法律需求。因此，农民的"迎法"行为难以具有扩展性和持续性。在乡土社会结构混乱和权威多元的场域下，农民不仅对法律有着一个较为理性的认知，而且根据自身的经验、资源和逻辑对纠纷解决途径进行着理性选择。因此，乡土社会的法律实践是一个从基层法制建设魅化法律的"送法下乡"到法律祛魅化后的理性选择过程，而非简单的"送法""迎法"的转换。[④]

（五）中美法律意识的比较

法律意识一直是法社会学关注的问题之一，关于人们为什么服从法律的问题，美国社会学家泰勒曾提出一个经典的理论框架，即人们服从法律是由于法律的合法性、个人的道德观、工具性限制以及同辈群体的压力。[⑤] 其中，后三者超越了法律本身，而更多地与社会因素相联系。

我们按照这一框架，重点从合法性感知差异上分析了中美两国人存在的差异。进一步，我们还将分析影响中国人法律服从行为的因素。

首先，在合法性方面，美国人对法律的服从和尊重要显著高于中国人。这是由于有着浓重人治历史传统的中国，对社会规范（伦理道德、习俗规范）的服从程度要远远地高于对于法律的服从程度；对司法机构不公正的容忍度，中国人更高；在法律参与的责任上，美国人意识到的程度更高。

其次，在影响人们法律服从的因素上，我们发现，受教育程度、行政级别和年龄都具有显著的统计意义。受教育程度越高，行政级别越高，服从法律的程度越

---

① 冯象．木腿正义：关于法律与文学．广州：中山大学出版社，1999：24.

② 尤伊克和西尔贝通过考察美国普通公民是如何理解法律和使用法律的，提出了法律意识的三种理想类型，即敬畏法律（stand before the law）、利用法律（play with the law）和对抗法律（act against the law）。参见尤伊克，西尔贝．法律的公共空间：日常生活中的故事．北京：商务印书馆，2005：79－295。

③ 郭星华，王平．中国农村的纠纷与解决途径：关于中国农村法律意识与法律行为的实证研究．江苏社会科学，2004（2）：71－77.

④ 郭星华，邢朝国．从送法下乡到理性选择：乡土社会的法律实践．黑龙江社会科学，2010（1）：129－133。

⑤ TYLER T. Why people obey the law. New Haven：Yale University，1990.

低。后者与服从法律的程度呈正相关关系，即年龄越大，服从法律的程度越高。受教育程度越高，反叛权威的心理越强，理性思维能力越强，越有可能按照自己理解的“正确方式”行事，因而越有可能不服从法律。行政级别高的人应该具有更强的法治意识，但他们服从法律的程度却更低。究其原因，第一，行政级别与受教育程度有较强的正相关关系，即意味着受教育程度高；第二，行政级别高，往往更重视政府权威，在“法大”与“权大”的权衡中，有可能倾向后者，这就导致服从法律的程度降低。这与以前的研究结果也相互验证，行政级别高的人群违法犯罪率并不比普通人群更低。此外，尊重权威、遵守规范、服从法律是一个社会化过程，在社会化过程中，人们逐渐学会遵守各种社会规范，因而年龄越大，服从社会规范（包括法律）的程度越高。

中美服从法律的程度存在较为显著的差异，我国居民对司法机构的公正性有较大的宽容度，由于对法律是否服从源于人们是否认同法律的“合法性”，对法律合法性的认同程度是衡量人们法律意识的强弱、衡量一个社会的法治化水平高低的重要指标，因此，在走向法治化社会的过程中，虽然中国法律权威的建立有赖于政府权威，但法律权威只有尽早脱离政府权威，中国法治化进程才有可能完成。[①]

（六）全息：立足中国本土的法律治理模式

自清末立宪修律以来，我国开始了漫长而曲折的现代法治建设之路。在取得法治建设巨大成就的同时，也必须看到我国的法治建设一直深受西方法治模式和法律文化的影响，移植于西方的法治体系与传统文化有着较为明显的历史裂痕。于是，当“先进”“文明”“普适”的西方法治随着现代化的大潮大举推进时，被打上“落后”“愚昧”“地方性”标签的传统文化只能步步退让，它所维持的地方秩序也在逐步瓦解。法治在现代社会固然有其总体上的合理性，但传统文化的遗产在当今语境下绝不应该被一味地摒弃和批判，它同样有其积极的历史和社会价值。通过考察中国传统社会纠纷解决机制的价值理念和运作逻辑，我们发现了一种与西方法治传统迥异的法律治理模式，即“全息”模式，其特点在于不仅要解决次级纠纷，还要安抚和彻底解决社会生活中的初级纠纷。

纠纷是人类社会的一种普遍现象，社会中的大量纠纷往往源于人与人之间的生活琐事，通过忍让、双方协商私了就能得以解决，并不需要中立第三方的介入，我们将这类纠纷称之为“初级纠纷”（primary dispute）。一旦双方无法自行解决，相关的主张和利益诉求无法得到满足，初级纠纷就会流向纠纷金字塔的高层从而得以升级，也就会对社会秩序形成一定的冲击，此时需要中立第三方的介入。这个第三方在传统社会可能是宗族长老、头人、乡绅或官衙，在现代社会可能是政府、司法部门或其他仲裁机构。我们将此类纠纷称之为“次级纠纷”（secondary dispute）。

---

① 郭星华．我们为什么遵守法律（Why do we obey the law）．中国社会学与人类学，2008（4）．

很显然，无论在紧张程度还是激烈程度上次级纠纷都要高于初级纠纷。如果将纠纷作为一个谱系，在这个谱系中，次级纠纷缘起于之前尚未得到解决的初级纠纷。如果次级纠纷依然无法得到有效解决，就会形成新的紧张-激烈程度更高的次级纠纷，日常生活中的“民转刑”案件就说明了这一点（见图附-1）。

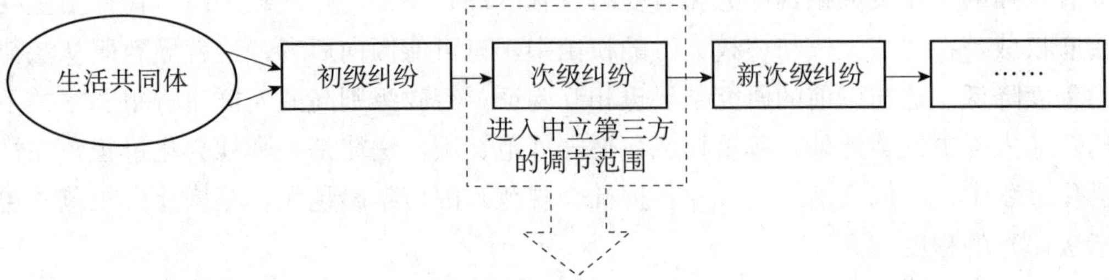

图附-1　纠纷谱系图

对于民间纠纷的处理，现代法治尤其是现代审判方式基本只关注进入其视野的“此时此地”发生的次级纠纷，并只对这一部分的纠纷做出“非白即黑”的裁判，以实现其程序上的正义。而问题在于次级纠纷只涉及了当事人全部关系中出现纠纷的一小部分，这样一种“外科手术式”的“片段式”处理方法虽然使纠纷得以暂时解决，但时常不能令双方满意，并且人们受损的社会关系未得到及时修补，也随之埋下了将来新的纠纷乃至更大冲突发生的隐患。电影《秋菊打官司》对此有过生动的描述：秋菊最终讨到了法律上的“说法”，但这个“说法”却不是她希望得到的结果。而在现实社会中，纠纷是呈谱系状的，一起纠纷的产生往往会牵涉到过去的许多人和事（即“彼时彼地”）。此时纠纷中受害的一方，在过去的事件中有可能是伤害他人的一方，法治如此“片段式”的处理方式当然很难让当事人服气。

纠纷的谱系化存在决定了其实践逻辑是“全息”的。所谓“全息”，是指部分能够反映整体的全部信息，强调的是一种最大限度和最彻底的整体性，即“在一个整体中，不仅整体具有整体性，而且每个部分也具有整体性”。将全息所揭示的这种“全整体性”以及部分与整体之间的关系引入纠纷研究，很容易看到现代法治在纠纷解决中的局限：由于它将视野仅集中在一个部分（次级纠纷），致使纠纷的整体性没有得到全部呈现。

纠纷的全息性则要求第三方在解决纠纷特别是熟人之间的纠纷时应观照到双方当事人既往社会关系的纠葛、现今纠纷产生的历史缘由和将来关系的修补。不仅依据“此时此地”的事实，还要追溯“彼时彼地”的事实，同时也需考量当事人双方未来的关系走向，努力还原纠纷“全息”的过程。①

（七）司法信任的认知偏移

当代中国法治建设的一项重要议题就是司法公信力建设的问题，即要努力提高

① 郭星华，李飞．全息：传统纠纷解决机制的现代启示．江苏社会科学，2014（4）：123－130.

社会大众对司法的信任程度和服从程度。没有公信力的司法，既没有有效的权威，也不可能得到公众的信服。司法界、学术界普遍认为当代中国存在“司法公信力缺失”的问题，但多项调查数据却显示民众司法信任度较高，我们将这一矛盾现象称为“司法信任认知偏移”。为了对司法信任开展深入系统研究，我们一方面将司法信任置于信任格局中加以理解，另一方面考察了司法信任的阶层分化。

首先，司法信任呈现“梯度信任”的格局。基于中国人民大学中国调查与数据中心主持的2010年度和2012年度“中国综合社会调查”（Chinese General Social Survey，CGSS）所收集的数据来考察司法信任的全国性情况时，我们发现：我国的司法信任程度高。CGSS2010和CGSS2012的数据表明，中国民众整体上对法院和法官有着较高的司法信任感，持信任评价的被访者超过70%，分别为2010年的73.46%和2012年的78.70%。对比海外学者的研究，如王家英等学者基于第四期亚洲民主动态调查（Asian Barometer Survey）数据发现，中国内地民众的司法信任程度处于较高水平，仅次于新加坡，高于日本和中国香港地区，远高于韩国和中国台湾地区。但与国家层面的机构相比，司法信任度还是相对较低。民众更相信高层级的政府而非法院，其直接体现便是法学界和司法界常谈论的“信访不信法”。“司法公信力不足”的认知是在国内国际比较中形成的，“司法信任认知偏移”背后蕴含着东西方文化、体制之间的差异。

其次，不同社会阶层的民众在司法信任方面存在显著差异，呈现出“反梯度”的特征。我们采用受教育程度、个人年收入、社会经济地位指数这三个社会分层变量对司法信任进行分析时就会发现，被访者的司法信任会呈现出一种所谓的“反梯度信任”（counter-gradient trust），即低层的群体对司法信任的程度较高，高层的群体对司法信任的程度较低，更信任法院、法官的群体是社会分层中处于下层的群体，即司法信任是一种下层的信任。社会分层的标准是多元的，但不同维度均呈现出相同的、一致的趋势，这就使“反梯度”的司法信任呈现出结构性特征，使司法信任的群体分化转为阶层分化。社会中上层是使用司法资源的主体，也是占据网络话语权的群体，他们通过各种新媒体手段，形成所谓的“主流舆论”。他们较低的司法信任度通过司法实践和社会舆论影响司法界、法学界对司法公信力的感知。“司法公信力不足”的认知是基于社会中上层群体的司法信任状态，并不一定反映人数更多的社会中下层的司法信任状态，即民意的主流。司法信任感较高的中下层民众，作为“沉默的多数人”，由于缺乏舆论话语权未能成为“主流舆论”的一部分，从社会整体上看，就产生所谓的“司法信任认知偏移”现象。[①]

（八）新时期社会秩序重建

社会秩序一直是社会学研究的核心议题。衡量社会秩序的一个标志就是，在某种社会情景中，某个人的社会行为是可以预期的，这种预期越可靠、越稳定，社会

① 郭星华，郑日强．司法信任的梯度与反梯度．江苏社会科学，2016（5）：89－95．

秩序就越良好。形成良好社会秩序的前提是，大多数社会成员认同、遵守社会规范，而且这种规范是稳定的。

所谓社会秩序的重建，是指用一套全新的社会规范取代旧的社会规范。在这一过程中，必定会出现这样的现象：新的社会规范尚未建立或尚未完善，还不为人所熟悉，还不具有约束与指导人们社会行为的功能；与此同时，旧的社会规范开始失去约束与指导人们社会行为的功能。在这一过程中，人们或无所适从，或寻找缝隙、谋取私利，社会处在"失范"状态。当代中国社会就处在这样的"失范"状态之中，新旧两种社会规范处在激烈的冲突之中。社会现实中诸多纠纷就是由新旧规范的冲突及社会失范所导致的。

社会秩序重建，意味着人们要遵循与以前不同的行为规范。新旧两种社会规范的差异越大，社会秩序重建的难度也就越大。当前中国社会正在经历从传统社会向现代社会转换的过程。传统社会中的"传统"分为两个部分：一个是"大传统"，即中国社会几千年沿袭下来的思想、价值观念、道德、风俗等；另一个"小传统"，即中华人民共和国成立以来所形成的社会结构、价值观念和行为方式。"大传统"社会治理结构是"德主刑辅"，维系社会秩序的社会规范主要是伦理道德、风俗习惯，辅之以刑罚，这种治理结构实施的社会基础是"熟人社会"。"小传统"社会治理结构是"单位"，社会资源的分配权力相对集中，兼有"熟人社会"的特征。

进入社会转型期后，"熟人社会"变成了"陌生人社会"，"大传统"社会中维系社会秩序的伦理道德、风俗习惯、社会舆论等，失去了产生约束力的社会土壤；"小传统"社会中维系社会秩序的"单位制"已经解体，也失去了约束、指导人们社会行为的效力。现在，约束与指导人们社会行为、调节人们社会关系的主要是法律，而法律的权威并未真正树立起来。这就是社会秩序重建面临的困境，也是产生"社会失范"的根本原因。

社会秩序重建的过程虽然困难重重、乱象丛生，但这是一个阵痛的过程，也是一个涅槃的过程。度过这一阵痛期，就会迎来一个崭新的社会秩序。法律作为当代中国社会的主要规范，也是社会秩序重建的主要规范，要发挥应有的功能，需解决的问题有以下三个。

第一，法律合法性（正当性）问题。我国的法治建设不是简单地移植西方的法律体系，而是要坚持党的领导、人民当家做主、依法治国有机统一。我国的法治建设不是与中国历史脱节的"另起炉灶"，而是在观照中国"大传统"文化与"小传统"文化的基础上，结合当代中国的国情与国际准则，建立的一套中国特色的法治体系。

第二，法律实践问题。被认真、严格实施的法律才是有生命力的法律。在长时间服从法律的过程中，法律这个本来外在于个体的社会规范，逐渐转化为个体内在的行为准则，人人守法、事事遵法蔚然成风。法律的权威是在认真、严格的法律实施中被树立起来的。

第三，法治与德治相结合的问题。法律规定是"禁止性"的，而不是"倡导性”的。与之可以互补的就是伦理道德，它既有“禁止性”的，也有“倡导性的”，即鼓励人们的美德行为。这个“德”，既来自“大传统”的“仁义礼智信”的美德，也来自“小传统”的社会主义的集体主义美德。我们的任务就是在传承这两种美德的基础上，建立符合当代中国国情的德治。①

二、犯罪问题的法社会学探索

（一）社会转型与犯罪成本

美国犯罪学家路易斯·谢利（Louise Shelley）在《犯罪与现代化》一书中通过对200年间反映犯罪状况及其变化的调查资料的分析指出，现代化进程的发展将会给过去和现在各方面都极不相同的国家带来共同的犯罪情况，在某种意义上甚至可以说，犯罪是现代化进程中的一种代价，因此，经济发展和犯罪增加的对应关系是现代化进程中的一个普遍现象。但是这一理论只是展现了经济发展和犯罪之间的表面统计关系，而没有明确揭示犯罪率随经济发展的作用机制。如果引入犯罪成本这一变量，我们可以从中获得更为明确的解释。

犯罪成本与两个因素有关，一个因素是将会受到惩处，另一个因素是受到惩处的可能性，不妨称之为定罪概率。犯罪成本由三部分组成，除法律惩处之外，还有社会惩处和良心惩处，可用以下公式表示：

$$C=(L+S)HP$$

其中，C表示犯罪成本，L表示法律惩处，S表示社会惩处，H表示良心惩处，P表示定罪概率。

一种犯罪行为是否实施，不仅与犯罪成本有关，还与因实施犯罪而给罪犯带来利润的多寡有关，其关系可用下式表示：

$$B=I/C$$

其中，B表示犯罪行为发生的可能性，I表示犯罪获利，C表示犯罪成本。

显然，犯罪成本越高，犯罪获利越小，实施犯罪行为的可能性越小；反之，当犯罪成本下降，犯罪获利增大时，实施犯罪行为的可能性将会增大，从宏观上看，就是犯罪率上升。下面我们就对影响犯罪成本的四项因子逐一进行分析。

从法律惩处来看，如果是在一个比较稳定的法治社会，法律惩处的强度也是相对稳定的。通过加大法律惩处的力度来提高犯罪成本，以遏制犯罪率的上升，是有一定效果的。

再来看看社会惩处。所谓社会惩处，是指除受到法律惩处之外的其他一切来自社会的惩处，这些惩处通常包括党纪、政纪、校纪、厂纪的处分，刑满释放之后受到的社会冷遇，如机会的丧失、生活空间的狭小等。

此外是良心惩处。来自良心的惩处借助的是罪犯本人内心的力量，惩处的表现

---

① 郭星华．新时期社会秩序重建的困境及对策：人民论坛，2019（22）：108-110.

形式是使罪犯产生焦虑、不安、悔恨等情绪体验。

最后是定罪概率。定罪概率是指某种犯罪行为实施之后，罪犯被司法机关定罪并受到法律惩处的可能性大小。

从犯罪成本模型 $C=(L+S)HP$ 来分析，法律惩处、社会惩处、良心惩处的强度越高，犯罪成本越高。当然，犯罪成本高有利于遏制犯罪，但并不等于说越高越好。因为过高的犯罪成本有可能造成两种后果：一种是严刑峻法施暴政，如秦始皇的“焚书坑儒”、清代的“文字狱”，这些对社会的进步与发展是有害的。另一种是万马齐喑、死水一潭，如我国 20 世纪六七十年代，当时实际上是以高强度的社会惩处为手段，以牺牲人们一定程度的自由为代价，来换取相对稳定的社会局面的。在当今世界社会现代化的潮流中，这种做法显然是不可取的，历史也不可能逆转。

除了犯罪成本，影响犯罪率的另一个因素就是犯罪获利。犯罪获利是指犯罪行为实施之后能给罪犯带来的好处或利益，这种利益有可能是物质性的如金钱、财产，有可能是社会性的如权力、地位，还有可能是心理性的，如报复心理的满足。一般来说，犯罪获利主要是物质性的利益。前面已经提到过，犯罪行为实施的可能性可以用公式 $B=I/C$ 来表示，一般来说，犯罪获利要大于犯罪成本，犯罪获利（I）与犯罪成本（C）之比越高，犯罪行为实施的可能性越大。①

（二）犯罪人的自我归因

对于犯罪的归因问题，基本上可以分为差异交往理论、内部原因说、自我归因说等。这些归因理论存在的共同问题是，没有将犯罪人的犯罪归因与他的社会行动、社会关系和所处的社会环境联系起来，从而使得研究结果不具有较强的解释力。

我们力图通过归因的分类，将人群分为对他人行为的归因和对自身行为的归因。在现实生活中，当归因者作为观察者对别人的行为进行归因时，倾向于更多地做出个人归因，即更多地将别人的行为解释为他个人的因素使然，而忽略外部情境因素的作用；然而，当归因者作为活动者对自己的行为做出归因时，则倾向于更多地做出环境归因，即更多地将自己的行为解释为环境因素使然。

那么，罪犯的归因究竟是怎样的？他们是如何归纳不同层次不同类型的原因的？其内部结构又是怎样的一种关系呢？我们发现：

（1）犯罪人对自己犯罪原因的归因，做出外部归因的与做出内部归因的比例比较接近，做出外部归因的要多一些，这一结果与归因理论中的利己主义倾向是一致的。

（2）在做出内部归因时，犯罪人主要是将犯罪原因归结为自身的人格特征，其次是自身知识方面的欠缺，再次是社会地位的低下。

---

① 郭星华．当代中国社会转型与犯罪研究．北京：文物出版社，1999：62.

（3）在做出外部归因时，犯罪人强调的是受害人的人格特征以及社会环境。

那么，罪犯对自身做出内部归因或外部归因的影响因素有哪些？通过对相关因素做出 Logistic 分析，我们发现：

（1）对村委会工作的关心程度越高，越倾向于做出外部归因。

（2）与邻居经常串门的人跟那些不常串门的人相比，更倾向于做出内部归因。

（3）与对方打过交道的人更倾向于做出外部归因，与对方没有打过交道的人更倾向于做出内部归因。

（4）受教育程度相对较高的人较容易做出外部归因。

（5）法律意识越强的人，越容易做出内部归因。

换言之，倾向于做出内部归因的是有着这样一些特征的犯罪人：他们文化程度比较低，与受害方很少打交道，不太关心外部事务，但是有较强的法律意识，并且热心社会交往。

这一结论具有较高的现实意义。倾向于做出内部归因的犯罪人，他们大多将犯罪原因归结为自己的人格特征这样稳定的因素，这样一类犯罪人容易产生所谓的“习得无助”感，他们的自我评价就会降低，动机也减弱到最低水平，这不利于他们在监狱里的改造；倾向于做出外部归因的犯罪人，他们将犯罪原因归结为受害人的人格特征和社会环境，他们虽然不容易产生“习得无助”感，但是他们将犯罪原因归于他人与社会，而不是从自身寻找缘由，这对促使他们从思想深处认识自己的罪行也是不利的，容易产生所谓的反社会人格。此外，结合表 16－2 我们还可以看出影响犯罪人做出不同归因类别的有哪些因素。概括地说，对于那些做出外部归因的犯罪人，在监管教育的过程中，努力提高他们的法律意识，提高他们的社会交往能力，可以帮助犯罪人正确认识自己犯罪的原因，以防止他们反社会人格的形成；对于那些做出内部归因的犯罪人，提高他们的文化程度，引导他们多关心外部事务，可以有效地减缓他们的“习得无助”感，提高他们改过自新、重新做人的动机。简言之，只有对于做出不同归因的犯罪人，施以不同的管教方法，才能收到良好的改造效果。①

（三）女犯的生活世界

国内对女性犯罪的研究尽管日益增多，但仍存在着较多的问题：缺乏本土化的女性犯罪理论，缺乏对女性犯罪的本质性认识，缺乏“他者的表述”和“主体”的视角。我们期望通过实证调研，倾听女性罪犯的内心声音，并从生活世界的角度来探寻关于女性犯罪的原因。

生活世界就是指我们常人所感觉到的、日常在其中生活着的世界，是人的具体的日常生活实践所形成的每个人的具体的、特殊的（不同于别人的）生活环境和生

① 郭星华．从他者到主体：一项关于犯罪人自我归因的实证研究．中国人民大学学报，2010（3）：118－123.

活圈子。尽管胡塞尔对于“生活世界”始终没有给出一个明确的定义，但是他却为这个概念总结了以下四个方面的特征，即“非课题性的、奠基性的、直观的、主观的世界”①。生活世界是相对于科学世界而提出的，今天科学世界已经牢牢地占据了我们的生活和思想，我们反而把自己每日生活其中的生活世界忘记了。在胡塞尔看来，生活世界是人的生活的“原本”世界，相对于科学而言，它是“前科学的”世界，是科学理论和科学世界的前提。也就是说，科学以及人对世界的“科学性”的理解是以这个“生活世界”为基础的。人的生活目标规定着个人的生活世界的“边界”，胡塞尔以人的职业来划分不同的生活世界，因为职业决定了生活世界的现实性和可能性。

那么女性罪犯的生活世界究竟是怎样的？我们发现，核心家庭成为农村最基本的家庭单位，由经济划分的边界则使得人们的生活空间变得更为逼仄和狭小，但是这种被挤压的生活空间却因为农村延续的生活形态而无法分割，各种人情关系出现扭曲和变形。这种特定的生活空间就成为触发纠纷最为根本的社会因素。

但是，单纯纠纷并不足以构成女性犯罪的原因。在某些情况下，女性在攀爬纠纷金字塔的过程中，通过私力救济、行政机关、司法机关成为无效的解决方式。这些方式或是由于村庄传统权威和秩序的瓦解而无法应用，或是由于法律本身的超然性与现实生活的复杂性脱节而无法直接应用实施，因此一些女性在攀爬的过程中可能会一次次地摔下来，而成为现实生活中的“西西弗”，并最终走向自杀式的暴力犯罪，从而构成了农村女性从纠纷到犯罪的行动轨迹（见图附-2）。

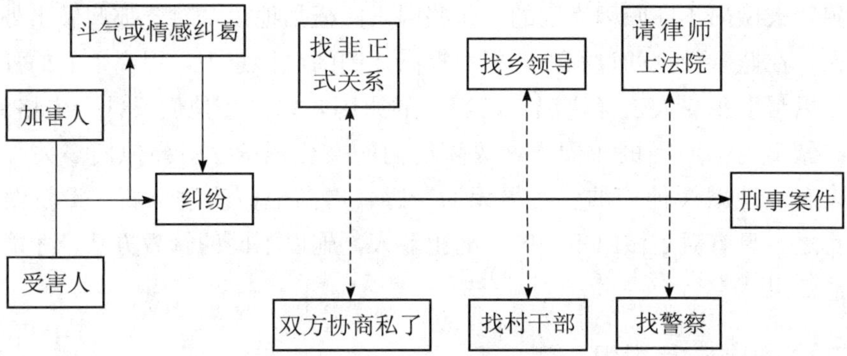

图附-2 农村妇女从纠纷到犯罪的行动轨迹

① 这里的“非课题性”与“自然态度”有关，它是指我们在自然的观点中直接地面对现实世界，将现实世界的存在看作一个毋庸置疑的、不言自明的前提，不将它看作问题，不把它当作课题来探讨。“奠基性”是指所有对“生活世界”的探讨都必须以“生活世界”本身的存在为前提。因此，“生活世界”的态度要先于其他的态度并构成其他态度的基础，或者说，其他的态度都奠基于“生活世界”的态度之中。“只要我们不再陷身于我们的科学思维，只要我们能够觉察到我们科学家是人，并且是生活世界的一个组成部分，那么整个科学都与我们一起进入到这个——主观、相对的——生活世界之中。”“主观、相对的”是指“生活世界”随个体自我主观视阈的运动而发生变化，每个人的“生活世界”是各不相同的，因而“生活世界”的真理是相对于每个个体而言的真理。“直观”意味着日常的、伸手可及的、非抽象的。参见倪梁康．现象学及其效应：胡塞尔与当代德国哲学．北京：三联书店，1994：131-133。

从与农村男性同样的犯罪轨迹来看，我们发现，在父权制度下，无论是在正式的纠纷解决过程中，还是在非正式的纠纷解决过程中，真正能够代表家庭的依然是男人。而女性参与的争吵、打架都被人们忽略为女性之间的“斗气”，而女性主动去寻求权威帮助，也被当成是女性“告状”。女性在打斗的时候，往往由于身体的弱势，使得原本的身体抗衡变得更加委屈、受伤害，而这反而刺激她们产生以死相拼的想法。因此与男性相比，女性的这种激情犯罪更接近自杀行为。此外，相对于男性，女性对各种权威的信任程度更高，因此在遇到纠纷时，她们采取的态度更为积极和主动。但是一旦这种积极和主动遭遇到现实的挫折，则更可能造成一种挫败感和失落感，反而激起女性动用极端手段解决问题的勇气和决心。

因此，我们可以看到女性罪犯在其特有的生活世界中，一步步地从纠纷走向犯罪。从主体的角度来看，女性犯罪的悲剧有其特定的生活逻辑，而不应被简单的概念所遮蔽。女性犯罪的轨迹与转型中乡土社会权威和秩序的瓦解、现代纠纷解决途径的失效、女性自主意识的勃兴遭遇延续的父权制度紧密相关，而与一般意义上的激情犯罪有着明显的差异。因此，有必要重新审视此种犯罪，并从制度设计上贴近女性的生活世界，以减少此类悲剧的发生。①

（四）堕入犯罪的“漏斗效应”

关于民间纠纷的解决途径，最为基本的是经典纠纷金字塔模型（见图 16－5），这是 20 世纪 80 年代由费尔斯丁勒和萨拉特等人提出的。它比较清楚地展现了各种纠纷解决途径的发生过程和次序。21 世纪初，麦宜生在对中国农村纠纷的调研中对这一项模型进行了改进，提出了纠纷宝塔模型（见图 16－6），即强调中国农村居民在遇到纠纷时，特别倚重双方之间的忍耐、协商等私力救济方式。我们在对东北某监狱进行调研时发现，这一宝塔模型仍然不足以充分地展现部分民间纠纷发展的逻辑。因为无论是纠纷金字塔模型还是宝塔模型，均有三个潜在的前提假设：第一，按照双方解决还是引入第三方，非正式权威介入还是正式权威介入，纠纷解决机制被分为不同层次，且同时存在。也就是说，多种纠纷机制分层级地同时存在，构成了纠纷解决机制体系最基本的前提。第二，人们在生活中产生的大部分冤屈都会在较低层次得到解决，只有少数冤情会上升到司法程序中的纠纷，即金字塔顶。第三，纠纷金字塔的结构取决于各个层次的纠纷解决情况。低层次纠纷解决比例减少，相应地就会使高层次纠纷解决比例上升；上升到司法程序的纠纷即纠纷金字塔顶的越多，说明低层次的纠纷解决渠道越少为人们所选择。换言之，如果让更多的人选择基层的纠纷解决方式，那么就会大大降低正式法律意义上的纠纷。②

然而，任何人都不会否认，在现实生活中，总是会有一些民间纠纷，或者说怨恨实际上并没有被解决，它们或者成为下一次纠纷的背景、催化剂，或者成为暴力

---

① 张晓红．纠纷与抗争：对农村女性犯罪的田野研究．北京：中国人民大学，2010.

② 陆益龙．纠纷解决的法社会学研究：问题及范式．湖南社会科学，2009 (1)：72－75.

事件的原因。无论是纠纷金字塔还是纠纷宝塔都没有很好地对这一部分情况进行解释。这一部分实际上就是“失落纠纷”，即没有通过各种正式的和非正式的渠道消化和解决的纠纷。我们称此类效应为堕入犯罪的“漏斗效应”（见图 16－7）。

通过对此类效应的数据考量和案例分析，我们能够发现，其基本特征为：第一，在纠纷发生之后，大多数当事人希望以私了的方式来解决纠纷。第二，被调查的这些纠纷大部分发生在“相对经济地位较低”的服刑人员和“相对经济地位较高”的受害者之间。第三，这些人员对公共活动的参与度和关注度均非常低。

将以上发现作为新分析框架的唤起因素，我们发现，在刑事领域加以分析，国家-社会框架的回应将是无法避免的。无论是法律文化论还是法律技术论抑或法律权力论，都难以对此类“失落纠纷”做出一个合理的阐释。法律文化论设定了国家与社会的二分格局，主张在国家机器之外保有一个相对独立的社区独立空间，但是难以回答以下问题：这些本来属于民间细故的民事纠纷，何以会升级为暴力事件？为什么在这些纠纷当中，非诉讼的解决机制竟然没有起作用？法律技术论强调国家法律的唯一技术性，在所有刑事案件的背后，国家法律的确取得了一个最终的胜利，其代价却是普通人成为暴力的受害者。法律权力论则无法解释作为非权力资源的漏斗纠纷现象。

因此后续研究需要考虑到个人的法律意识、社会的流动性、人们所占据的相对经济地位、人际资源、社会威望等多种因素，并提出一个可能的分析框架纳入这些因素，详细地分析可能构成人们使用各种纠纷解决机制的障碍。[①]

三、民间纠纷的法社会学探索

（一）从抑讼到励讼：中国纠纷解决文化的历史变迁

诉讼文化在某种程度上决定着民间纠纷进入法律视野的可能性。广义的诉讼文化分为三个层次：诉讼认知与诉讼活动、诉讼设置（包括制度环境与舆论环境）和诉讼价值；狭义的诉讼文化特指诉讼价值和诉讼设置。

我们认为，当代中国诉讼文化所面对的传统包括封建社会的“礼治”传统和共产党在改革开放前形成的政法传统。在封建社会，对诉讼的价值取向是否定、贬斥的，形成了“抑讼”的诉讼文化。社会舆论方面，一方面通过“教化”劝民息讼，另一方面对为讼者加以道德贬斥，以增加诉讼的道德成本。诉讼制度方面，通过限制诉讼主体和设置诉讼时限以提高民众提起诉讼的难度，使诉讼不能成为人人、时时均可便利接触的途径。共产党在革命过程中逐渐形成了政法传统的治理理念和机制，对于民事诉讼持消极、保守的价值取向。虽然共产党破除了封建社会一系列的制度障碍，但社会舆论对诉讼持消极态度，在纠纷解决实践中，大量的民事

---

① 储卉娟．暴力的弱者：对传统纠纷解决研究的补充：基于东北某市监狱的实证研究．学术研究，2010(2)：60－69.

纠纷前置性地交由基层组织调处。因此政法传统的诉讼文化同样具有“抑讼”特征。

改革开放后的治理理念向“法治”转变，诉讼文化也逐渐转型。在“法治”建设过程中，中国社会的“法化”程度不断提高，司法机关积极介入民事纠纷的解决，不仅努力树立“诉讼”在纠纷解决机制中至高无上的排他性权威，还将“诉讼”与“权利意识”相联系，参与诉讼是权利意识高的表现。因而当代中国诉讼文化对于诉讼的价值取向是支持、肯定的。

在“法治”的治理理念和“励讼”的价值取向作用下，社会舆论和诉讼制度也发生转变。在普法运动中不仅将法律武器交给民众，还努力使民众懂得并敢于运用法律武器维权。“王海现象”和“一元钱官司”在媒体上被赋予崇高的社会意义，法制栏目也结合日常生活中的纠纷来指导民众该如何打官司，破除民众的传统诉讼观念。诉讼制度方面，在“司法为民”“诉讼便民”观念的引导下，中国的诉讼制度不断便民化、便利化，努力使诉讼成为民众可便利接触的权利救济途径。司法机关和法律从业人员也在现实的司法实践中通过参与普法运动、提供诉讼服务、开展机构改革等方式将“励讼”的诉讼文化转化为现实。

因此，我们认为当代中国诉讼文化是“励讼”的，即鼓励民众将纠纷交由司法机关解决。“励讼”的诉讼文化对社会造成一系列的影响，也构成了我们讨论民间纠纷在当代社会生活中处境的基本背景。[①]

（二）法律的“差序利用”

人类学家吉尔茨以“地方性知识”这一概念，从文化的视角呈现了不同区域的民众在意义世界中的分歧和冲突。尽管有文化相对主义之嫌，“地方性知识”还是刻画了外来法律与本土现实的某种紧张关系。朱苏力早年正是以此为理论的出发点，论证中国法治建设需要借重本土资源。这一论断背后隐藏的问题就是中国应该如何构建自己的法律体系。一个国家的法律体系依其价值来源不同可分为内生型、植入型和混合型三种类型。现今中国法治建设的艰巨性正是由其混合型特征决定的。这种混合型特征表现为法律体系的构成因素既包括外来法律文化，也包括本土法律文化以及社会现实。这些因素的长期共存是一个无法回避的事实，因此无论是以文化相对论排斥外来法律，还是秉持纯粹形式论试图照搬外来法律，都是不可取的。这样，在中国法治建设进程中一个突出的问题就是如何处理好法律的现代性与地方性之间的关系。从现代性的一面来看，值得关注的是法律体系中那些从西方移植而来的部分如何才能适应中国的传统文化与社会现实；而从地方性的一面来看，值得关注的一点则是中国的本土文化和社会现实会如何影响法律的运作。

中国的传统法律规定因血缘亲疏及社会身份的分殊而有所差别，瞿同祖就此将中国古代法律的主要特征归结到家族主义和阶级概念之上。而作为古代法律所着重

---

① 郑日强．励讼：当代中国诉讼文化的变迁．北京：中国人民大学，2014.

维护的制度和社会秩序，上述两者正是儒家意识形态的核心和中国社会的基础。[1]费孝通于此也有精辟的总结，他指出，不同于西洋社会的团体格局，中国乡土社会呈现的是“差序格局”。在这种格局中，作为乡土社会之基本社群的家并没有一个清晰的界限，伸缩性极强。个人“以‘己’为中心……和别人所联系成的社会关系……像水的波纹一般，一圈圈推出去，愈推愈远，也愈推愈薄”[2]。此处所体现的是对人伦的考究，伦重在分别，是有差等的次序。这样，社会实为“一根根私人联系所构成的网络”，网络的每一个结点都附着相应的道德要素，所有的价值标准都不能超脱于差序的人伦而存在。中国农村虽历经数次重大变革的洗礼，但总体而言，至今仍未完全摆脱上述乡土社会的特征，宗族势力较为强盛的地区更是如此。

通过对农村的调查表明，在正式的司法运作之外，由血缘关系亲疏引起了法律运用强度的差异。引起这种差异的关键在于国家法律主要是用来调节与外人间关系的工具。中国人向来秉持“家和为贵”和“家丑不可外扬”的观念，如果内部纠纷采用法律手段来解决，带来的结果通常就是关系的破裂以及家丑的散布；而且，在纠纷解决过程中，地方传统势力会对当事各方形成各种有形或无形的压力，从而影响当事人的选择。当事人如果一意孤行，则可能使自己脱出赖以生存的地方环境而陷于孤立。只有在那些远离乡土的人当中，这样的束缚才有可能显得微不足道。因此，对当事人而言，尽量遵从地方传统习惯是一种合理的选择；而对调解人来说，其扮演的角色一方面可加强自身的权威，另一方面则反映了一种卫道士的信念。在当代中国乡村中，这种利用法律的差序格局因其适应了地方情境而具有一定的正当性。

因此从更广泛的意义上来说，旧的传统固然沉淀至今，新的传统亦在不断地生成，在社会的发展变化中不断地建立相互融通的途径，才是中国法治建设的康庄大道。[3]

（三）初级关系的变迁与民间纠纷解决

初级关系是初级群体内成员间基于血缘、姻亲和邻里等形成的人际关系。初级关系在传统社会承载了诸多的功能：第一，个体最初的社会化进程是在初级关系中进行的，其基本内容包括成员个性的形成、技能的获得、文化的植入等，这是个体通往社会的一座不可或缺的桥梁；第二，初级关系能够满足人们心理和情感等方面的需要，是人们主要的认同和安全来源，特别是在快节奏、高压力的现代社会，人们更需要减轻心理压力、防止人性异化；第三，初级关系作为最基本的社会关系，是在潜移默化中保存和传递社会文化的重要力量，因而其对于维护社会秩序和实现社会控制所起的作用并不亚于正式的规范体系。

---

① 瞿同祖．中国法律与中国社会．北京：中华书局，2007.

② 费孝通．乡土中国 生育制度．北京：北京大学出版社，1998.

③ 郭星华，陈伟杰．法律的差序利用：以一个宗族村落的纠纷调解为例．中国农业大学学报（社会科学版），2009（2）：35-42.

当代中国正处于快速的社会结构转型过程中，在两个层面上深深地撼动了原有的社会关系结构：一是按照科层制和技术理性的要求，对原有的建立在官僚制和行政控制基础上的次级关系进行了改造，使其符合社会分化和组织化的要求；二是基于同一种理念，在次级群体中对初级关系进行了清理并在全社会范围内对其进行了价值重估。

社会结构转型所导致的单位的变迁，从个体和微观方面来看就是人们日常生活和职业生活的逐步分离并按各自的方向进行演化。职业生活作为次级关系的载体，其演化理应按照工具理性的要求，实现与科层制相符的社会分工和人力配置。日常生活作为初级关系的载体，将为人们提供情感支持和精神慰藉，以防范现代化和过度职业化所可能带来的异化。职业生活作为次级关系的载体，其演化理应按照工具理性的要求，实现与科层制相符的社会分工和人力配置。我们仍然要以一种建设性的眼光来看待这些问题，将其视作构建一种新的社会秩序的必经阶段。因此一个基本的共识可以达成：民间纠纷的化解需要一套制度性的体系和机制，这套体系和机制的形成同时意味着对一种新的民间秩序的建构。新的民间秩序的建立与形成必然以我们对以法律为代表的正式制度建设与初级关系功能的重新认识为前提。

至于中国民间社会特别是乡村社会，其封闭性的自治体系已经打破，现代化未至，现代病却捷足先登，承受着社会转型的代价。法律尽管是一种由官方主导和推动的强势规范，但它在乡村社会治理中所遭遇的难题和困境说明，法律是事本主义的，它更适合解决功利性、工具性、一次性的次级社会关系问题，也即陌生人之间的问题。以外部力量对民间秩序的整合不但不能替代自发秩序的生成，而且会为社会运行带来新的风险，“造成一个法律更多但秩序更少的世界”。而对于初级关系的调整，即便它能够建构一种“事实”“权利”与“义务”的模式，那也是以对初级关系的破坏和带来巨大的副作用为代价的——这是法律不应僭越的界限。[①]

（四）弱者诉讼的谋略

什么是诉讼中的弱者？一是把法律过程（主要是司法过程）看作博弈过程，那么由于对弈的双方或多或少存在经济地位、社会声誉和关系网络等资源或能力上的差异，在一些极端情形下，双方的差异悬殊就构成了“强者”和“弱者”的区分。二是在司法场域中，相对于那些具有国家公权力的法院等司法机构，普通当事人处于权力向度上的不利位置，从而成为事实上的“弱者”。在特定司法场域中，游走于法律规则与外部社会环境中的弱者在诉讼过程中运用了一系列——无论是发生于前台还是后台——公开正式的或隐秘细碎的策略，从而实现“用策略的辩证法取代模型的机械学”的目的。我们有必要弄清楚以下问题：弱者的策略有哪些？他们的行动逻辑是怎样的？这与他们的法律意识有怎样的关系？

通过对中部某市一桩小区居民诉房地产开发商案件的解读，我们得以概括提炼

① 郭星华，刘正强．初级关系变迁与民间纠纷解决．江苏行政学院学报，2009（1）．

出诉讼中的弱者的第一手资料。我们认为，弱者的诉讼策略可以分为两种类型：第一种是力量的平衡——通过引入法律之外的力量，如通过援引政策制度、寻找并利用自身与社会强势群体直接或间接的关系、制造舆论场等手段，使弱者与强者之间形成对抗、拉锯的态势，或至少形成两种力量大体平衡的局面。该案突出地表现为原告寻找媒体的过程。原告方从一开始就试图引入媒体力量对法院施压，尽管最终因为律师的干预而作罢，但这一几乎是“下意识”的行为足以见得媒体对司法实践的渗入性。更为重要的是，媒体追求“眼球效应”和商业利益最大化的原则与弱者引入法外力量的诉求结合在一起，在个别极端成功案例的示范作用下，使得“媒体的权威”得以再生产，而“法律的权威”却形成了某种与之对立甚至对抗的关系，受到诸多贬抑。这种策略不独为弱者所用，却在弱者身上得到最为典型的体现。第二种是斯科特“弱者的武器”意义上的计谋。比如，在该案中，可以看到弱者有意识地限定出庭人员结构、营造法庭情境等隐秘手段。这是弱者才会使用的手段，它借助于公众的同情心理。在复杂的司法场域里，弱者必须通过对有形和无形力量的双重应用，才能改变自身在资源权力结构中的不利位置，并进而获取关系权力结构中的有利地位。吊诡的是，无论是哪种手段或力量，都超越了法律本身的框架，虽然行动目标直指“公平和正义”。这种手段和目的不相称的背后，反映出弱者诉讼的边界：弱者可以尽自己所能调动一切法律之外的社会资源（包括求助于专业法律人员如律师），却不能控制法律规则的适用；弱者可以影响甚至营造舆论，却必须在有限合理的范围内，避免踩踏政治的红线；弱者的诉讼似乎是有限力度的，却并非毫无意义，事实上正是这些策略无时无刻不在反映和形塑着弱者的法律意识，从而为法律的发展和变迁提供某种自下而上的可能，而这或许才是法治的核心要旨和重要路向。①

（五）法律的“甩干”机制

中国以政府为主导推行法治的进程已经持续了40年，从法制到法治、从器物到文化、从制度到观念、权力意识、自由精神等已经逐渐成为民众的共识。法律对社会事务的支配，无论在广度、深度上还是数量、质量上，都有了革命性的变化。然而，法律作为一种由官方主导和推动的强势规范，并没有建立在社会充分分化和理性化的基础上，它充其量只是建立了一个关于个人权利的文本体系。同样，法律关系作为契约关系的一种高级形式，并没有实现个体意义上完全的自我定义。法治的进程没有触动到人际关系的组合方式。这一点在婚姻关系上体现得比较明显。离婚诉讼从表面上看是一种发生在有私密关系的夫妻之间的诉讼，即身份之诉，而实际上诉讼的结果将决定以姻亲为媒介的初级关系网络是否得以重建。

诉讼程序对于离婚结婚的解决从某种意义上说是一种“甩干”程序。唯有通过法院这台“甩干机”的高速运转，法律的“外衣”才可以做成，一桩纠纷也可以披

① 郭星华，张晶．弱者的诉讼：过程与策略．中国农业大学学报（社会科学版），2010（1）：55－62.

上这件“外衣”并以法律纠纷的面貌呈现。有两种途径通向这种甩干过程：一是问题化，即当事人将纠纷上升到问题的维度，对日常生活中的琐事和矛盾重新解释；二是法律化，即把问题进一步解释为一个法律问题，对该问题进行程序化的表述和包装。

想象中的法律世界的构建正是在这些话语的逻辑中展开与互动活动中完成的。基层社会是一个关系社会，从广义上讲，打官司就是打关系，诉讼程序的启动导致诉讼双方对自己的初级关系和社会资源进行再动员；从狭义上讲，打官司就是打证据，诉讼双方不得不以证据化的方式对以前的婚姻生活进行各自的事后建构。在建构过程中，正式的对话与交涉是以法律话语来进行的，它的适用使当事人双方的关系变得简单、刚性而且便于操作。初级关系——不管是基于地缘、血缘还是姻亲、朋党——是高度情境化的或特殊主义的，它所包含的丰富的感情、伦理等内容无法化约为一种精确的法律话语。

“甩干”机制还包括了一个子环节，即“熨平”机制。法律与生活之间的印痕始终是存在的，必须通过档案整理工作等环节将纠纷诉讼在法律文本上变得更加平滑、整洁和无可挑剔。

“甩干”机制形象地指出了生活世界与法律系统之间的链接关系，并指出了这种关系在中国基层情境中的特殊性。[①]

（六）法律的合理差异化处置

改革开放以来，法律面前人人平等是现代法治建设中最常见的口号，但却未被充分理解和认识。事实上，法律面前人人平等有两种内涵：一是应然的价值层面，即法律将所有社会成员都视为平等的社会主体，都具有平等的法律地位；二是实然的现实层面，即法律本身规定不同社会主体具有不同的权利和义务，如若触犯法律须受到相对应的处罚。这样的解释实际上反映了两种不同的历史脉络和主张。

对法律面前人人平等两种内涵的阐释体现了立法表达和司法实践中的两种思路：一是立法思路，即在价值理念和表达上，不同主体在法律上被视为具有平等身份地位的社会主体；二是执法思路，即在法律规定和司法实践中，不同的社会主体具有不同的权利义务，触犯法律将会受到差异化处罚。从二者的关系来看，立法主张上的法律面前人人平等可以推出执法思路中现实层面的法律规定和司法实践中的差异化处置，也即价值理念指导现实实践，但现实执法层面中的差异化处置并不能推出立法层面关于人人平等的价值追求。换句话说，实然层面的执法思路是应然层面立法思路的必要但不充分条件。然而，正是法律面前人人平等在应然与实然上存在鸿沟，加之我国的法治化进程中对西方现代法律制度大规模地移植和借鉴，进而造成了我们现代法治建设的一个困境：仅是作为价值理念层面重视、强调法律面前人人平等，却忽视了更为重要的现实执法中法律差异化处置这一内涵，否定了法律

① 刘正强．乡村纠纷的事件与文本：对鲁西县离婚纠纷的法社会学分析．北京：中国人民大学，2009.

差异化处置的正当性。

在当今法治化进程中，法律面前人人平等的两种内涵是不可分离的结合体，缺乏平等价值理念的指导，在现实法律条文和司法实践中法律的差异化处置也就缺少了内在的正当性。面对当前法治建设中法律面前人人平等在实然与应然层面的鸿沟，我们认为结合中国法律文化的传统和实际，观照国外有益经验，应当赋予合理的差异化处置以正当性，法律的差异化处置是有差别的实质正义，而非无差别的形式平等。概而言之，我们所主张的是应当赋予法律差异化处置以正当性，这种差异化处置是在有根据、合理的范围之内的，而非摒弃应然的平等原则、不顾现实情况的法律差异化处置。①

四、小结

由于历史的原因，现代社会科学理论多发端于西方社会。但是，即使是马克思主义，也有一个将普遍真理与中国革命的具体实践相结合的过程，更何况包括法社会学在内的现代社会学理论未必都是真理，这些理论更需要与中国现代化的具体实践相结合。另外，"中国理论"也需要借鉴西方社会学理论，与之对话、交流，而不是自我欣赏式的"闭门造车"。中国现代法治化建设并不是一个简单的颁布法律、法规，构建一个完善的法律体系的过程，而是一个重建社会秩序的复杂过程。只有认识到这一点，并且深入研究施行法律、法规所需要的社会人文环境，以及施行的社会效果，我们才不会草率地得出"法治社会就是和谐社会"之类流于浅薄的结论，才能真正创造出既能指导中国实践又能与西方理论对话的"中国理论"。

---

① 郭星华，刘蔚．现代法治的困境：均等化处置抑或差异化处置．人文杂志，2016（1）：105－110.

图书在版编目（CIP）数据

法社会学教程 / 黄家亮，郭星华主编．--3 版．--北京：中国人民大学出版社，2021.8

新编 21 世纪社会学系列教材

ISBN 978-7-300-29747-7

Ⅰ.①法… Ⅱ.①黄… ②郭… Ⅲ.①法律社会学—教材 Ⅳ.①D902

中国版本图书馆 CIP 数据核字（2021）第 158454 号

北京高等教育精品教材

新编 21 世纪社会学系列教材

法社会学教程（第三版）

主 编 黄家亮 郭星华

Fa Shehuixue Jiaocheng

出版发行	中国人民大学出版社		
社 址	北京中关村大街 31 号	**邮政编码**	100080
电 话	010－62511242（总编室）		010－62511770（质管部）
	010－82501766（邮购部）		010－62514148（门市部）
	010－62515195（发行公司）		010－62515275（盗版举报）
网 址	http://www.crup.com.cn		
经 销	新华书店		
印 刷	北京昌联印刷有限公司	**版 次**	2011 年 1 月第 1 版
开 本	787 mm×1092 mm 1/16		2021 年 8 月第 3 版
印 张	22 插页 1	**印 次**	2024 年 7 月第 5 次印刷
字 数	452 000	**定 价**	58.00 元

关联课程教材推荐

书号	书名	作者	定价
978-7-300-29054-6	社会统计学	孙凤	48.00 元
978-7-300-28794-2	发展社会学	吴忠民 江立华	49.80 元
978-7-300-28683-9	环境社会学	洪大用	49.80 元
978-7-300-28456-9	组织社会学（第四版）	于显洋	59.00 元
978-7-300-28381-4	应用社会学（第三版）	李强　郑路	59.90 元

配套教学资源支持

尊敬的老师：

衷心感谢您选择人大版教材！相关的配套教学资源，请到中国人民大学出版社官网（www.crup.com.cn）下载。部分教学资源需要验证您的教师身份后，才可以下载，请您登录出版社官网后，点右上角“注册”，填写“会员中心”的“我的教师认证”项目，等待后台审核。我们将尽快为您开通下载权限。

如您急需教学资源或教材样书，也可以直接与我们的编辑联系：

龚洪训　　电话：010-62515637　　电子邮箱：6130616@qq.com

专业教师 QQ 群：
195761402（全国社会学教师 QQ 群）
欢迎您登录浏览人大社网站，了解图书信息，共享教学资源
期待您加入专业教师 QQ 群，开展学术讨论，交流教学心得